21世纪高职高专经管类核心课程规划教材

新编国际贸易实务

（第二版）

主　编　易兰华
副主编　张丽莉　孙继红

上海财经大学出版社

图书在版编目(CIP)数据

新编国际贸易实务/易兰华主编. —2版. —上海:上海财经大学出版社,2012.9
(21世纪高职高专经管类核心课程规划教材)
ISBN 978-7-5642-1393-0/F·1393

Ⅰ.①新… Ⅱ.①易…②张…③孙… Ⅲ.①国际贸易-贸易实务-高等职业教育-教材 Ⅳ.①F740.4

中国版本图书馆CIP数据核字(2012)第124972号

□ 责任编辑 吴晓群
□ 封面设计 张克瑶
□ 责任校对 卓 妍 廖沛昕

XINBIAN GUOJI MAOYI SHIWU
新编国际贸易实务
(第二版)

主 编 易兰华
副主编 张丽莉 孙继红

上海财经大学出版社出版发行
(上海市武东路321号乙 邮编200434)
网 址:http://www.sufep.com
电子邮箱:webmaster @ sufep.com
全国新华书店经销
上海译文印刷厂印刷
上海远大印务发展有限公司装订
2012年9月第2版 2012年9月第1次印刷

787mm×1092mm 1/16 19.5印张 499千字
印数:6 001—10 000 定价:39.00元

前　言

湖南商务职业技术学院国际贸易实务专业是湖南省教育教学改革试点专业、湖南省职业院校第一批精品专业。

《新编国际贸易实务》作为省级精品专业核心主干课程之一的校本教材，自2008年出版以来，得到了广大老师和学生的好评。同时，随着《跟单信用证统一惯例》(UCP600)和《国际贸易术语解释通则2010》的先后生效与实行，不少老师在提出中肯意见的同时，对本书的再版提出了殷切的希望，这令我们在心存感激的同时，也有了结合这几年精品专业建设所取得的经验进行教材修订的想法。

经过近一年的努力，修订本终于与大家见面了。修订本在基本保持原教材注重实践性教学，以及强调教、学、做三者合一等特点的基础上做了以下改进：

(1)在内容安排上，引用最新的国际惯例《国际贸易术语解释通则2010》和UCP600，系统阐述国际贸易的有关知识，并新增了对国际贸易方式的阐述与练习。

(2)在结构安排上，修订本以项目为导向，以订立与履行合同为主线，将教材的章节安排从原来的10章调整至现在的16章，使教材结构更加合理。

(3)在案例安排上，不仅对原来的大部分案例进行了更新，采用最新案例，还使案例与实例贯穿每章的开头、中间与结尾，使案例与理论结合更加紧密，更便于开展案例教学。

在教材修订过程中，由易兰华拟定教材修订与编写大纲，张丽莉负责组织统稿，并由易兰华、张丽莉对有关章节内容进行修改和总撰。孙继红老师对教材进行了审核。参加此次教材修订编写的人员有：湖南商务职业技术学院谢丽云(第一、二章)、熊卉(第三、十三章)、毛姣艳(第四、五、六章)、易兰华(第七、十一章)、彭庆(第八章)、倪莹莹(第九、十章)、张丽莉(第十二、十四、十五章)和孙继红(第十六章)。

本书在修订过程中，参阅了大量相关著作与报刊，并采用了许多专家、学者的文献资料，在此对原著作者致以最诚挚的谢意。上海财经大学出版社的领导、编辑为本书的修订付出了很多心血，湖南商务职业技术学院领导及经贸系易能主任为本书的修订提供了大力支持，在此一并表示衷心的感谢。

由于编者水平有限，书中错误或疏漏之处在所难免，敬请广大读者批评、指正。

易兰华

2012年8月

E-mail：yilanhua@126.com

目　录

模块一 国际贸易准备

第一章　国际贸易方式

学习指导

通过本章的学习，要求了解各种贸易方式的基本概念和特点；掌握各种贸易方式的作用、使用条件和程序；理解包销、代理、寄售等协议的主要内容和注意事项，掌握拍卖、招标、投标等贸易方式的具体程序，能够根据产品情况以及国际市场行情，选用合适的贸易方式。

导入案例

美国某公司与中国香港A公司签订一份独家代理协议，指定中国香港公司为独家代理。在订立协议时，美国公司正在试验改进现有产品的性能。不久美国公司实验成功，并把这项改进后的同类产品指定中国香港另一家公司作独家代理。

思考：美国公司有无这种权利？为什么？

第一节　包销与代理

一、包销

（一）包销的含义

包销(Exclusive Sales)是经销方式的一种。经销(Distribution)是指进口商(即经销商，Distributor)与国外出口商(即供货商，Supplier)达成协议，承担在规定的期限和地域内购销指定商品的一种做法。

经销可分为两种不同的做法：

(1)一般经销，又称定销。在这种方式下，经销商不享有独家专营权，供货商可在同一时间、同一地区委派几家商号来经销同类商品。这种经销商与国外供货商之间的关系同一般进口商和出口商之间的关系并无本质区别，所不同的只是确立了相对长期和稳固的购销关系。

(2)独家经销，又称包销，是指经销商在规定的期限和地域内，对指定的商品享有独家专营权。

可见，包销与一般经销的区别就在于经销商是否享有独家专营权。

（二）包销的性质

包销业务中的两个当事人——供货人和包销人——之间是一种买卖关系，即供货人是卖方，包销人是买方。双方通过订立包销协议确立对等的权利和义务。只有包销人承担从供货商那里购进指定商品的义务，供货人才能给予他独家经营的权利。从法律上讲，供货人和包销人是货主对货主(Principal to Principal)的关系。在这种关系下，供货人按照协议规定向包销人供应指定的商品，包销人是以自己的名义买进商品，自行销售，自负盈亏，承担货价涨落及库存积压的风险。包销人在协议规定的区域内转售这些商品时，也是以自己的名义进行。接受转售商品的当地客户与外国供货人之间不存在合同关系。

(三)包销协议的主要内容

包销协议即独家经销协议(Exclusive Sales Agreement),是出口商和包销商之间订立的确立双方法律关系的契约,体现了双方的权利和义务。

通常,包销协议主要包括以下内容:

1. 包销商专卖权

在协议中首先要订明包销商的委任和包销专卖权的授予,这是包销协议中最基本的一项内容。

2. 包销商品的品种、名称和规格

包销协议一般都限制包销商只能经营出口商供应的商品,不得经营来自其他方面的同类商品或竞争商品,以保证包销商投入主要精力,销售其包销的商品。

3. 包销地区

包销地区是指包销商进行销售的地理范围,通常有下列约定方法:确定一个国家或几个国家;确定一个国家中的几个城市;确定一个城市等。

确定包销地区的大小要考虑包销的规模及能力、包销商所能控制的销售网络、包销商品的性质及种类、市场的差异程度、包销地区的地理位置等因素。

在包销协议中,出口商在包销区域内不得再指定其他经销商经营同类商品,以维护包销商的专营权。为维护出口商的利益,包销协议也常常规定包销商不得将包销商品越区销售。

4. 最低购买的商品数量或金额

协议规定在一定的期限内,包销商应约定最低购买经销的商品数量和金额,同时规定在不能完成或超额完成销售额时的处理办法。

5. 作价方法

包销商品的作价方法有两种:一种是在规定的期限内,一次作价,即无论协议期限内包销商品价格涨落与否,以协议规定价格为准;另一种是在规定的包销期限内分批作价。

6. 包销期限

在我国的出口业务中,往往在签订包销协议时明确规定期限,可规定为签字生效日起1年或若干年。一般还要规定延期条款,可以经双方协商后延期,也可以规定在协议到期前若干天如没有发出终止协议的通知,则可继续延长一期。

除了协议期限届满可以终止外,如遇到下列情况之一,也可以中止协议:

(1) 任何一方有实质性的违约行为,并在接到另一方要求纠正该违约行为的书面通知后的一段时间内未能加以纠正。

(2) 任何一人发生破产清理或公司改组等严重事项,另一方发出终止协议的书面通知。

(3) 由于发生了人力不可抗拒的意外事件,造成协议落空,而且遭受事件的一方在一定期限之后仍无法履行协议规定的义务,另一方发出终止协议的书面通知。

7. 包销商的其他义务

包销商的其他义务主要包括:做好广告宣传、市场调研和维护供货人权益等。在包销协议中通常规定,包销商有义务为其所经营的商品做广告宣传工作,以促进销售。在协议中,还可规定包销人有承担市场调研的义务,以供出口人参考制定销售策略和改进产品质量。有的包销协议还规定,如在包销地区内发现供货人的商标权或专利权受到侵害,包销人要及时采取保护性措施。

除上述主要内容外，还应规定不可抗力及仲裁条款等一般交易条件，其规定方法与一般买卖合同大致相同。

【案例1—1】 我国A公司与美国B公司签订了一份独家经销协议，将自己的产品在美国的独家经销权授予B公司，期限为1年。1年来，B公司因销售不力，致使A公司蒙受巨大损失。

【任务】 试分析A公司经营失误的原因。

二、代理

代理(Agency)也是国际贸易活动中的常见做法，是指出口商(委托人)授权国外代理人代表出口商，向其他中间商或用户销售其产品的一种贸易方式。

(一)代理的特点

(1)代理人与委托人之间的关系属于委托代理关系。代理人在代理业务中，只是代表委托人进行交易，如招揽客户、招揽订单、代表委托人签订买卖合同、处理委托人的货物、收妥货款等，他本身并不作为合同一方参与交易。

(2)代理人通常运用委托人的资金进行业务活动。

(3)代理人一般不以自己的名义与第三者签订合同。

(4)代理人不管交易的盈亏，只收取佣金。

(二)代理的种类

代理贸易方式在具体运用时，可根据出口商赋予的特许经营权分为三种类型，具体如表1.1所示。

表1.1　代理的三种类型

分类	总代理 (General Agency)	独家代理 (Exclusive Agency或Sole Agency)	佣金代理 (Commission-Agency)
概念	在指定地区的全权代理。总代理除了有权代理委托人进行签订买卖合同、处理货物等商业活动外，还进行一些非商业性活动	指委托人给予代理商在一定的地区和一定期限内享有代销指定货物的专营权	又称一般代理，是指在同一代理地区、时间及期限内，同时有几个代理人代表委托人行为的代理
权限	有权指派分代理，并可分享代理的佣金	只要在一定地区和规定的期限内做成该项货物的交易，无论是由代理商签约，还是由委托人直接签约，代理商都按成交金额提取佣金	根据推销商品的实际金额、协议规定的办法和百分率向委托人计收佣金

【导入案例分析】 在本章的导入案例中，美国公司没有这种权利。独家代理是指在指定地区和期限内，委托人给予代理人独家代理某项商品权利的方式。委托人在指定地区内不得委托其他代理人。委托人在特定地区和一定期限内享有代销指定商品的专营权。本案中，美国公司经改进后的商品与指定商品仍为同类商品，所以，美国公司应将该商品的经营权给予中国香港A公司，而无权将该商品的经营权给予A公司以外的另一家公司。

（三）销售代理协议的主要内容

代理协议是明确委托人和代理人之间权利与义务的法律文件。协议内容由双方当事人按照契约自由的原则，根据双方的合意加以规定。销售代理协议主要包括以下内容：

1. 代理商品和地区

协议要明确规定代理商品的品名、规格以及代理权行使的地理范围。在独家代理的情况下，其规定方法与包销协议大体相同。

2. 代理人的权利与义务

这是代理协议的核心部分。一般应包括下述内容：

(1)明确代理人的权利范围，是否有权代表委托人订立合同，或从事其他事务。另外，还应规定代理人有无专营权。

(2)规定代理人在一定时期内应推销商品的最低销售额，并说明是按 FOB 价还是 CIF 价计算。

(3)代理人应在代理权行使的范围内，保护委托人的合法权益。代理人在协议有效期内无权代理与委托人商品相竞争的商品，也无权代表协议地区内的其他相竞争的公司。对于在代理区域内发生的侵犯委托人工业产权等的不法行为，代理人有义务通知委托人，以便采取必要措施。

(4)代理人应承担市场调研和广告宣传的义务。代理人应定期或不定期地向委托人汇报有关代销商品的市场情况，组织广告宣传工作，并与委托人磋商广告内容及广告形式。

3. 委托人的权利与义务

委托人的权利主要体现在对客户的订单有权接受，也有权拒绝。对于拒绝订单的理由，可以不作解释，代理人也不能要求佣金；但对于代理人在授权范围内按委托人规定的条件与客户订立的合同，委托人应保证执行。

委托人有义务维护代理人的合法权益，保证按协议规定的条件向代理人支付佣金。在独家代理的情况下，委托人要尽力维护代理人的专营权。如由于委托人的责任给代理人造成损失，委托人应予以补偿。

许多代理协议还规定委托人有义务向代理人提供推销产品所需的材料。对于代理人代表委托人对当地客户进行诉讼所支付的费用，委托人应给予补偿。

4. 佣金的支付

佣金是代理人为委托人提供服务所获得的报酬。代理协议要规定在什么情况下代理人可以获得佣金。有的协议规定，对直接由代理人在规定的区域内获得的订单而达成的交易，代理人有权得到佣金。在独家代理的协议中常常规定，如委托人直接与代理区域内的客户签订买卖合同，代理人仍可获取佣金。

协议中还要规定佣金率、佣金的计算基础、佣金的支付时间和方法。佣金率的高低一般视商品特点、市场情况、成交金额及竞争程度等因素而定。佣金的计算基础有不同的规定方法，通常以发票净售价为基础，对发票净售价的构成或贸易术语也应予以明确。佣金的支付可在交易达成后逐笔结算支付，也可定期结算累计支付，支付佣金多采用汇付方式。

除上述基本内容外，关于不可抗力和仲裁等条款的规定，与经销协议和一般买卖合同的做法大致相同。

第二节　寄售与展卖

一、寄售

(一)寄售的含义与性质

寄售(Consignment)是一种委托代售的贸易方式,其一般做法是,寄售人先将准备销售的货物运往国外寄售地,委托当地代销人按照寄售协议规定的条件代为销售后,再由代销人同货主结算货款。与先出售、后出运货物的一般贸易方式不同,寄售是先出运、后出售商品。

寄售是按双方签订的协议进行的,寄售人和代销人之间不是买卖关系,而是委托与受托关系,代销人也是一个赚取佣金的受托人,其权利和义务与代理人相似,但又有区别。最主要的区别是代理人在从事授权范围内的事务时,可以用委托人的名义,也可以用自己的名义,而寄售下的代销人只能以自己的名义处理寄售合同中规定的事务,而且代销人同第三方从事的法律行为不能直接对寄售人发生效力。由此可见,寄售既不同于包销,又与一般的代理业务有区别。

(二)寄售的特点

在国际贸易中采用的寄售方式与正常的买断方式相比,对代销人有利,适用于较难销售的商品,具体优缺点如表 1.2 所示。

表 1.2　寄售方式的优点和缺点

项目＼类别	寄售人	代销人
寄售方式的优点	货物出售前,拥有货物的所有权,可根据市场的情况进行销售处理,有利于随行就市;寄售是凭现货进行的交易,货物与买主直接见面,有利于促进成交	代销人不负担风险和费用,一般不需垫付资金,多销多得,有利于促进其经营积极性
寄售方式的缺点	资金周转期长,费用增加,风险较大,收汇很不安全,特别是货物到达目的地后,如遇市场不景气,货物一时不能出售或代销商有意压低价格就比较被动	一般没有什么弊端

(三)寄售协议的主要内容

寄售协议是寄售人和代销人之间就双方的权利、义务以及寄售业务中的有关问题签订的法律文件。寄售协议中一般应包括下列内容:协议性质、寄售地区、寄售商品名称、规格、数量、作价方法、佣金的支付、货款的收付等。为了订好寄售协议,要特别注意以下事项:

1. 寄售商品的作价方法

寄售商品的作价方法大致有以下四种:

(1)规定最低限价。代销人在不低于最低限价的前提下,可以任意出售货物,否则,必须事先征得寄售人同意。

(2)随行就市。代销人可在不低于当地市价的情况下出售寄售货物,寄售人不作限价。采用这种做法,代销人有较大的自主权。

(3)销售前征得寄售人同意。代销人在得到买主的递价后,立即征求寄售人意见,确认同意后才能出售货物。也有的是由寄售人根据代销人提供的行情报告,规定一定时期的销售价格，由代销人据以对外成交。

(4)规定结算价格。货物售出后，双方依据协议中规定的价格进行结算。代销人实际出售货物的价格，寄售人不予干涉，其差额作为代销人的收入。采用这种做法，代销人须承担一定的风险。

2. 佣金的问题

佣金是寄售人付给代销人作为其提供服务的报酬。在佣金条款中，一般应规定佣金的计算基础、佣金率以及佣金的支付时间和方法等内容。

3. 货款的收付

在寄售方式下，贷款多数是在货物售出后收回。寄售人和代销人之间通常采用记账的方法进行定期或不定期的结算，由代销人将货款汇给寄售人，或者由寄售人用托收方式向代销人收款。

【案例 1—2】 我国某公司以寄售方式向科威特装运出口一批商品，货物到达目的地后，经努力推销仍无法顺利销售，最后只能装运回国。

【任务】 试根据此案例评析寄售方式存在的缺点。

二、展卖

(一)展卖的含义及做法

展卖(Fairs and Sales)是出口商利用展览会和博览会及其他交易会形式，对商品实行展、销结合的一种贸易方式。

展卖可以采取各种不同的方式。从展卖商品的所有方与客户的关系来看，展卖的做法主要有两种：一是将货物通过签约方式卖断给国外客户，双方是一种买卖关系，由客户在国外举办或参加展览会，货价有所优惠，货款可在展览会后或定期结算。二是由双方合作，展卖时货物所有权不变，展品出售的价格由货主决定。国外客户承担运输、保险、劳务及其他费用，货物出售后收取一定手续费作为补偿。展卖结束后，没有售出的货物可以折价卖给合作的客户，或运往其他地方进行另一次展卖。

除此之外，还可以将寄售与展卖方式结合起来使用，即在寄售协议中规定，代销人将寄售的商品在当地展卖。至于展卖的有关事项，既可在该协议中同时规定，也可另签协议作出规定。

无论是哪一种做法，展卖作为一种商品推销方式，其基本特点可概括为：把出口商品的展览和推销有机地结合起来，边展边销，以销为主。展卖这种方式的优点主要表现在以下几个方面：

(1)有利于宣传出口商品，扩大影响，招揽潜在买主，促进交易。

(2)有利于建立和发展客户关系，扩大销售地区和范围。

(3)有利于开展市场调研，听到消费者的意见，改进产品质量、规格、款式等，增强出口竞争力。

(二)我国开展的展卖方式

我国从 20 世纪 50 年代起就开始举办广州中国出口商品交易会，以后又陆续在各城市开展了各种类型的交易会、展览会、小交会，并多次参加国外举办的博览会。随着改革开放的深入进行，展卖业务在我国也得到更为广泛的运用，极大地促进了我国对外经济贸易的发展。

1. 国际博览会

国际博览会也称国际集市，是指在一定地点定期举办的，由一国或多国联合主办，邀请各国商人参加交易的贸易形式。这一方式不仅为买卖双方提供了交易方便，而且越来越多地作为产品介绍和广告宣传以打开销路，以及作为介绍新产品、新工艺以进行技术交流的重要方式。参加博览会的商人除进行现场交易外，还可通过这一机会同世界各国建立更广泛的商业关系。

国际博览会可分为综合性和专业性两种类型。凡各种商品均可参加展出和交易的博览会属于综合性的，又称“水平型博览会”，比较著名的有智利的圣地亚哥和叙利亚的大马士革的国际博览会，其展出期限长，规模大，而且对普通公众开放，被当地人习称为“庙会”；凡只限某类专业性商品参加展览和交易的博览会属于专业性的，又称“垂直型博览会”，例如，比较著名的纽伦堡的玩具展览会、慕尼黑的体育用品展览会及法兰克福的消费品展览会等都是专业性很强的国际博览会。

中国曾多次参加各国举办的国际博览会，并于1985年1月在北京建成了自己的博览会场馆——中国国际展览中心。同年11月，中国第一次作为东道主举办了亚洲及太平洋地区第四届国际贸易博览会，从此揭开了在此举办大型国际性博览会和展览会的序幕。近年来，频繁开展的国内外展览会为加强中国与世界各国的贸易联系与经济交往发挥了重要作用。

2. 中国进出口商品交易会

中国进出口商品交易会(China Import and Export Fair)又称广州交易会，是中国各进出口公司联合举办的、邀请国外客户参加的一种展览与交易相结合的商品展销会。我国于1957年春举办了首届广交会，以后每年春、秋两季各举办一次。50多年来，中国利用广交会定期邀请国外客户来华集中谈判成交，根据“平等互利、互通有无”的对外贸易原则，以出口为主，进出口结合，有买有卖，形式多样，从而有效地促进了中国的对外贸易发展，加强了中国同世界各国的经济联系。

中国进出口商品交易会的作用主要表现在以下几个方面：

(1)参加交易会的各国客商和友好团体众多，为集中成交创造了有利条件。

(2)加强了与各国客户的广泛联系，便于了解国外市场动态，开展行情调研，熟悉客户的资信和能力。

(3)有利于生产厂商和其他有关部门直接听取客户对产品的要求和反馈。

(4)由于交易会采取当面洽商、看样成交的方式，从而有利于发现问题并及时解决。

在广交会闭会期间，在某些商品的产地或出口口岸等地还会举办一些专业性的小型交易会，简称“小交会”，如地毯交易会、工艺品交易会、服装交易会、化工交易会等。小交会的特点是专业性强，成交高度集中，交易方式灵活，减轻了广交会过于集中的弊端，对于推销新小商品起到了积极作用。

(三)开展展卖业务应注意的问题

展卖是一种将产品宣传、推销和市场调研结合起来的贸易方式。它所带来的经济效益不能单纯地从一次展卖会的销售额来衡量。经验证明，一次成功的展卖会后，由于建立了广泛的客户联系，往往会给参展者带来数量可观的订单。当然，并非每次展卖会都会硕果累累。要想取得展卖的成功，还应注意下列问题：

1. 选择适当的展卖商品

展卖这种交易方式并不是对所有商品都普遍适用的，它主要适合于一些品种、规格复杂，用户对造型、设计要求严格，而且性能变化较快的商品，如机械、电子、轻工、化工、工艺、玩具、纺织产品等。选择参展商品时，要注意先进性、新颖性和多样性，要能反映现代科技水平，代表时代潮流。

2. 选择好合作的客户

到国外参加展卖会之前，应选择合适的客户作为合作伙伴。选择的客户必须具有一定的经营能力，对当地市场十分熟悉，并有较为广泛的业务联系或销售系统。通过客户开展宣传组织工作，扩大影响，联系各界人士，这对展卖的成功具有重要作用。

3. 选择合适的展出地点

一般来说，应考虑选择一些交易比较集中、市场潜力较大、有发展前途的集散地进行展卖。同时还应考虑当地的各项设施，如展出场地、旅馆、通信、交通等基本设施所能提供的方便条件和这些服务的收费水平。

4. 选择适当的展卖时机

这对于一些销售季节性强的商品尤为重要。一般来说，应选择该商品的销售旺季进行展卖，每次展出的时间不宜过长，以免耗费过大，影响经济效益。

第三节　招标—投标与拍卖

一、招标—投标

招标—投标是一种传统的贸易方式。一些政府机构、市政部门和公用事业单位经常用招标方式采购物资、设备，勘探、开发资源或招揽、承包工程项目，有些国家也用招标方式进口大宗商品。本节仅介绍商品采购中的招标与投标。

（一）招标—投标的含义

招标与投标是一种贸易方式的两个方面。

招标是指招标人（买方）发出招标通知，说明拟采购商品的名称、规格、数量及其他条件，并邀请投标人（卖方）在规定的时间、地点按照一定的程序进行投标的行为。

投标是指投标人（卖方）应招标人的邀请，按照招标的要求和条件，在规定的时间内向招标人递价，争取中标的行为。

招标—投标方式与逐笔售定方式相比，有很大的区别。招标—投标方式中，投标人是按照招标人规定的时间、地点和交易条件进行竞卖，双方没有反复磋商的过程。投标人发出的投标书是一次性报盘。鉴于招标—投标是一种竞卖方式，卖方之间的竞争使买方在价格及其他条件上有较多的比较、选择，因此，在大宗物资的采购中，这一方式被广泛运用。

（二）招标—投标的基本做法

商品采购中的招标—投标业务基本包括四个步骤：招标、投标、开标和评标、签约。

1. 招标

国际招标主要有公开招标和非公开招标两种。

（1）公开招标是指招标人在国内外报纸杂志上发布招标公告，使所有合法的投标者都有机会参与竞争。这种做法又称无限竞争性招标。公开招标通常要先进行资格预审，即对打算参加投标的企业的能力、资金和信誉等方面情况进行预先审查，只有通过了资格预审的企业才有权参加投标。进行资格预审有利于提高投标质量。

（2）非公开招标又称选择性招标，是指招标人不公开发布招标通告，只是根据以往的业务关系和情报资料，向少数客户发出招标通知。这种做法也称为有限竞争性招标。非公开招标多用于购买技术要求高的专业性设备或成套设备，应邀参加投标的企业通常是经验丰富、技术装备优良、在该行业中享有一定声誉的企业。

2. 投标

投标人首先要取得招标文件，认真分析研究之后，编制投标书。投标书实质上是一项有效期至规定开标日期的发盘，内容必须十分明确，中标后与招标人签订合同所要包含的重要内容应全部列入。投标既是商业行为，又是法律行为。因此，投标人在确定投标条件时，价格应注意保本求利，过高不易中标，而过低则易发生亏损。投标书应在投标截止日期之前送达招标人或其指定的收件人，逾期无效。按照一般惯例，投标人在投标截止期之前，即投标生效之前，可以书面提出修改或撤回。

3. 开标和评标

开标有公开开标和不公开开标两种方式。招标人应在招标通告中对开标方式作出规定。

公开开标是指招标人在规定的时间和地点当众启封投标书、宣读内容，投标人都可参加，监视开标。不公开开标则是由开标人自行开标和评标，选定中标人，投标人不参加。

开标后，招标人对各个投标人提出的条件进行评审、比较，选择对自己最有利的投标人作为中标人的过程称为评标。如果招标人认为所有的投标均不理想或所报的条件不符合要求，可宣布招标失败，并拒绝全部投标。

4. 签约

招标人选定中标人之后，要向其发出中标通知书，约定双方签约的时间和地点。中标人签约时要提交履约保证金，取代原投标保证金，用以担保中标人将遵照合同履行义务。

【案例1－3】 某机构拟通过招标方式建造办公大楼。该机构在发出的招标书中规定，投标人在投标时，要提供合同金额10％的履约保证金。开标后，某建筑公司中标。取得承建权后，此建筑公司却因种种原因不履行合约，并向该机构提出退回全部保证金的要求，但遭拒绝。

【任务】 分析该机构的拒绝退款是否有理并说明理由。

二、拍卖

拍卖（Auction）是由经营拍卖业务的拍卖行接受货主的委托，在规定的时间和场所，按照一定的章程和规则，以公开叫价的方法，把货物卖给出价最高的买主的一种现货交易方式。

（一）拍卖的特点和程序

通过拍卖成交的商品通常是品质难以标准化，或难以久存，或按传统习惯采用拍卖方式进行交易的商品，如裘皮、茶叶、烟草、羊毛、木材、古玩和艺术品等。

拍卖是一种公开竞买的现货交易，做法是：事先看货→当场叫价→落槌成交。拍卖对买主的要求较高，买方须对货物有关情况进行调研，可以查看货物，做到心中有数，否则容易吃亏。拍卖开始后，买主当场出价，公开竞买，由拍卖主持人代表货主选择交易对象。成交后，买主即可付款提货。拍卖后，卖方或拍卖举办人对货物的品质一般不负赔偿责任。按质论价、优质高价的特点在拍卖中表现得尤为突出，故对卖方较为有利，往往可以使卖方获得较高的价格。

拍卖程序不同于一般的出口交易，其交易过程大致要经过准备、看货、出价成交和付款交货四个阶段。

（二）拍卖的种类

根据出价方法的不同，拍卖可分为以下三种：

1. 增价拍卖

增价拍卖也称英式拍卖，是最常用的一种拍卖方式。拍卖时由拍卖人提出一批货物，宣布预定的最低价格，然后由竞买者相继叫价，竞相加价，有时还规定每次加价的金额额度，直到拍卖人认为无人再出更高的价格时，则用击槌动作表示竞买结束，将这批商品卖给最后出价最高的人。在拍卖人击槌前，竞买者可以撤销出价。

2. 减价拍卖

减价拍卖又称荷兰式拍卖。这种方式先由拍卖人喊出最高价格，然后逐渐减低叫价，直到有某一竞买者认为已经低到可以接受的价格，表示买进为止。

3. 密封递价拍卖

密封递价拍卖又称招标式拍卖。采用这种方法时，先由拍卖人公布每批商品的具体情况和拍卖条件等，然后由各买方在规定时间内将自己的出价密封递交拍卖人，以供拍卖人进行审查比较，决定将该货物卖给哪一个竞买者。这种方法不是公开竞买，拍卖人有时要考虑除价格以外的其他因素。有些国家的政府或海关在处理库存物资或没收货物时往往采用这种拍卖方式。

【案例 1—4】 某公司在拍卖行经竞买获得精美瓷器一批。在商品拍卖时，拍卖条件中规定："买方对货物的过目与不过目，卖方对商品的品质概不负责。"该公司在将这批瓷器通过公司所属商行销售时，发现有部分瓷器出现网纹，从而严重影响这部分商品的销售。买方因此向拍卖行提出索赔，却遭到拍卖行的拒绝。

【任务】 分析拍卖行的拒绝是否有道理并说明理由。

第四节　商品期货交易

一、期货交易的含义

期货交易是指在期货交易所内，按一定规章制度进行的期货合同的买卖。期货交易与现货交易有明显的区别。现货交易，无论是即期交货还是远期交货，交易双方都必须交付实际货物，转移货物所有权；而期货交易买卖的是标准期货合约，必须在商品交易所内进行，一般不涉及货物的实际交割，只需在期货合同到期前平仓。所谓平仓或对冲，是指在期货合同到期前，交易者做一笔方向相反、交割月份和数量相同的期货合约交易，从而解除其实物交割的义务。

期货市场是指按照一定的规章制度买卖期货合同的有组织的市场。它由期货交易所、期货清算所、期货经纪行以及期货交易者等构成。期货交易者通常都是通过期货佣金商下单，由佣金商的指定场内经纪人在期货交易所执行，交易达成后，所有合约都要通过清算所统一清算结算。选择一个好的期货佣金商是进行期货交易最重要的一步，决定着交易的成功与否。

目前，期货交易所已遍布世界各地，特别是在美国、英国、日本、中国香港、新加坡等地的期货交易所在国际期货市场上占有非常重要的地位。其中，交易量比较大的著名交易所有：美国的芝加哥商品交易所、芝加哥商业交易所、纽约商品交易所、纽约商业交易所，英国的伦敦金属交易所，日本的东京工业品交易所、谷物交易所，中国香港的期货交易所，以及新加坡的国际金融交易所等。就商品期货交易而言，交易的品种基本上属于供求量较大、价格波动频繁的初级产品，如谷物、棉花、食糖、咖啡、可可、油料、活牲畜、木材、有色金属、原油，以及贵金属、金、银等。

期货交易的做法有多种，其中最常见的是套期保值和投机交易。

二、套期保值的含义及操作方法

套期保值又称海琴(Hedging)，是期货市场交易者将期货交易与现货交易结合起来进行的一种市场行为。套期保值的通常做法是，在买入或卖出实际货物的同时，在期货市场上卖出或买入同等数量的期货合约。套期保值者一般是从事实际交易的经营者和生产者。套期保值之所以能转移现货价格波动的风险，是因为同一商品的实物价格与期货价格变化的趋势基本上是一致的。在购入(卖出)现货的同时售出(买入)期货，这样在现货市场和期货市场上做等量相反的交易，必然会出现一亏一盈的情况，套期保值者正是希望以此来以盈补亏。

套期保值者在期货市场上的做法有两种：卖期保值和买期保值。

(一)卖期保值

卖期保值通常是经营者买进一批实物，为避免价格下跌而遭受损失，在交易所预售同等数量的期货合约，进行保值。

例如，某谷物公司在9月上旬以每蒲式耳3.65美元的价格收购一批小麦，共计10万蒲式耳，并已存入仓库待售。然而该公司一时找不到买主。为了防止在货物待售期间小麦价格下跌而蒙受损失，公司遂在芝加哥商品交易所出售20个合同的小麦期货，价格为每蒲式耳3.70美元，交割月份为12月。其后，小麦价格果然下降。10月，该公司终于将10万蒲式耳的小麦售出，价格为每蒲式耳3.55美元，即每蒲式耳损失0.10美元。但与此同时，芝加哥商品交易所的小麦价格也下降了，该谷物商又购进20个12月的小麦期货合同，价格降为每蒲式耳3.60美元，即每蒲式耳盈利0.10美元。交易过程如表1.3所示。

表1.3　卖期保值交易

日　期	现货市场	期货市场
9月15日	买入现货小麦存仓 价格为3.65美元/蒲式耳	出售12月小麦期货 价格为3.70美元/蒲式耳
10月15日	售出小麦价格为3.55美元/蒲式耳	购入12月小麦期货 价格为3.60美元/蒲式耳
结果	亏损0.10美元	盈利0.10美元

从上例可以看出，由于该谷物公司及时做了卖期保值，期货市场的盈利恰好弥补了现货市场由于价格变动所带来的损失，套期保值起到了转移风险的作用。

(二)买期保值

与卖期保值恰好相反，买期保值是经营者卖出一笔日后交货的实物，为避免交货时商品价格上涨，在交易所买入期货合约，以弥补可能的损失。

例如，某粮食公司与玉米加工商签订了一份销售合同，出售5万蒲式耳的玉米，12月交货，价格为每蒲式耳2.45美元。该公司在合同签订时，手头并无现货。为了履行合同，该公司必须在12月份交货前购入玉米现货，但又担心临近交货期时购入玉米的价格会上涨，于是就在期货市场上购入玉米期货合同，价格为每蒲式耳2.40美元。到11月底，该公司收购玉米现货的价格已涨到每蒲式耳2.58美元。与此同时，期货价格也上涨至每蒲式耳2.53美元。于是，该公司就以出售玉米期货的方式在期货市场上平仓。交易过程如表1.4所示。

表 1.4 买期保值交易

日 期	现货市场	期货市场
9月2日	出售12月交货的玉米 价格为2.45美元/蒲式耳	买入12月玉米期货 价格为2.40美元/蒲式耳
11月25日	购入12月交货的玉米 价格为2.58美元/蒲式耳	卖出12月玉米期货 价格为2.53美元/蒲式耳
结果	亏损0.13美元	盈利0.13美元

上述交易情况表明，由于玉米价格上涨，粮食公司在现货交易中蒙受每蒲式耳0.13美元的损失，但由于适时地做了买期保值，在期货市场上盈利每蒲式耳0.13美元。期货市场的盈利弥补了现货市场价格波动所带来的损失。

三、投机交易

前述套期保值的目的是为了转移价格风险，而从事投机交易者则要承担风险并追求利润。投机交易的基本原则是低价买进，高价抛出，即贱买贵卖，以获取两次交易的差价。期货市场上的主要投机活动是买空(又称多头)和卖空(又称空头)。

1. 买空

使用此种方法的商人在预计价格上涨时，先买进期货合约，使自己处于多头，等到价格上涨后再卖出对冲，从中获利。

2. 卖空

使用此种方法的商人是估计行情看跌，所以先抛出期货合约，使自己处于空头，等价格下跌到一定程度再补进对冲，同样赚取差价。

投机商是根据他们各自对期货市场价格走向进行的预测，选择多头或是空头。他们进行投机交易时面临盈利和亏损两种可能，能否获利主要取决于他们对行情预测的准确程度。从事投机交易的商人有的交易规模较小，低价时迅速买进，涨价时立即抛出，当日平仓，追求小利而不冒大的风险；有些大投机商则以大进大出的方式牟取暴利，他们以各种方式预测市场动向，寻找有利时机入市，由于成交量大，他们对市场有较大的影响力。由此可见，从事投机交易的商人在动机上完全不同于从事套期保值者。投机商人对实际货物本身并不感兴趣，他们关心的只是如何通过贱买贵卖来盈利。

【案例1—5】 我国某粮油食品进出口公司某年8月以255美元/公吨的价格收购100公吨小麦，并存入仓库准备出口。为防止库存小麦在待售期间价格下跌而蒙受损失，该食品公司欲利用套期保值交易来防止价格变动的风险。

【任务】 分析该公司应做卖期保值交易还是买期保值交易，并说明理由。

第五节 对销贸易与加工贸易

一、对销贸易

(一)对销贸易的含义和基本特征

对销贸易(Counter Trade)是指在互惠的前提下，由两个或两个以上的贸易方达成协议，规定一方的进口产品可以部分或者全部以相对的出口产品来支付。

对销贸易不同于单边进出口，实质上是进口与出口相结合的方式，一方商品或劳务的出口必须以进口为条件，体现了互惠的特点，即相互提供出口的机会。另外，在对销贸易方式下，一方从国外进口货物，不是用现汇支付，而是用相对的出口产品来支付。这样做有利于保持国际收支的平衡，对外汇储备较紧张的国家具有重要意义。

对销贸易有多种形式，但归纳起来最基本的有三种：易货贸易（Barter Trade）、反购或互购（Counter Purchase）、补偿贸易（Compensation Trade）。

（二）易货贸易

易货有狭义和广义之分。狭义的易货是纯粹的以货换货方式，不用货币支付。其特征是交换商品的价值相等或相近，没有第三者参加，并且是一次性交易，履约期较短。这种传统的直接易货贸易是一种古老的贸易方式，可以追溯到很久以前，在作为一般等价物的货币出现之前，人们就是用这种方式交换各自的劳动产品的。但这种易货方式具有很大的局限性，在现代国际贸易中很少采用。

现代易货贸易都是采用比较灵活的方式，即所谓广义的易货。这种易货方式主要有以下两种不同的做法：

1. 记账易货贸易

一方用一种出口货物交换对方出口的另一种货物，双方都将货值记账，互相抵冲，货款逐笔平衡，无需使用现汇支付，或者在一定时期内平衡（如有逆差，再以现汇或商品支付）。采用这种方式时，进出口可以同时进行，也可以先后进行，但一般来说，时间间隔都不长。例如，孟加拉国黄麻出口公司采取易货方式出口黄麻，要求双方都在银行开立账户，账户保持平衡。又如，建国初期我国与斯里兰卡的米胶协议，我国以大米交换对方的橡胶。

2. 对开信用证方式

这是指进口和出口同时成交，金额大致相等，双方都采用信用证方式支付货款，也就是双方都开立以对方为受益人的信用证，并在信用证中规定一方开出的信用证要在收到对方开出的信用证时才生效；也可以采用保留押金方式，具体做法是先开出的信用证先生效，但是结汇后，银行把款扣下，留做该受益人开回头证时的押金。这样一来，表面上看双方都以信用证支付货款，但实际上货款无法从银行提出，还是以货换货。

（三）反购或互购

即出口方在出售货物给进口商时，承诺在规定的期限内向进口商购买一定数量或金额的商品。互购贸易涉及两个既独立又相互联系的合同，每个合同都以货币支付，金额不要求等值。这样虽然在两个合同中都使用货币支付，但由于双方都承担了反购义务，实际上在一定的时间内，还是等于相互交换货物。这在一定程度上可以解决一方支付能力不足的问题。

要求反购的数额可以相当于进口数额的全部或一定的百分比。在互购这种方式下，第一个合同的出口方只是承诺在以后数月甚至数年中向进口方反购货物。怎样才能保证第一个合同中的出口方顺利履行其反购义务，就是一个大问题。这个问题的解决与否必将影响这种贸易方式的发展。

（四）补偿贸易

补偿贸易是指在信贷的基础上，一方进口机器设备或技术，不用现汇支付，而以产品和劳务分期偿还价款的一种贸易做法。

补偿贸易的做法有以下三种：

1. 直接产品补偿

双方在协议中约定，由设备供应方向设备进口方承诺购买一定数量或金额的由该设备直接生产出来的产品。这是补偿贸易最基本的做法。但这种做法有一定的局限性，它要求生产出来的直接产品及其质量必须是对方所需要的，或者在国际市场上有销路，否则不易为对方所接受。

2. 间接产品补偿

即引进设备方用自己所能控制的其他产品偿还。比如，俄罗斯从意大利购进一批大口径钢管，65%的货款用废金属、煤、铁矿石分期偿还。这种做法虽有点像反购，但不是反购，因为它仍是在一个补偿贸易合同中，而反购则是分别签订两个单独的合同。

3. 劳务补偿

这是将补偿贸易与来料加工相结合的做法，即由一方提供设备的同时还提供原材料，委托对方加工装配，另一方用加工费收入分期偿还设备款。

二、加工贸易

加工贸易是指一国的企业利用自己的设备和生产能力，对来自国外的原材料、零部件或元器件进行加工、制造或装配，然后再将产品销往国外的做法。加工贸易又分为来料加工和进料加工两种。

(一)来料加工

来料加工在我国又称为对外加工装配业务。广义的来料加工包括来料加工和来件装配两个方面，是指由外商提供一定的原材料、零部件、元器件，由我方按对方的要求进行加工或装配，成品交由对方处置，我方按照约定收取工缴费作为报酬。

1. 来料加工业务的性质

来料加工业务与一般进出口贸易不同。一般进出口贸易属于货物买卖，来料加工业务虽有原材料、零部件的进口和成品的出口，但却不属于货物买卖。因为原料和成品的所有权始终属于委托方，并未发生转移，我方只提供劳务并收取约定的工缴费。因此，可以说来料加工这种委托加工的方式属于劳务贸易的范畴，是以商品为载体的劳务出口。

2. 来料加工业务的作用

来料加工业务对我方有着积极的作用，具体如下：

(1)可以发挥本国的生产潜力，补充国内原材料的不足，为国家增加外汇收入。

(2)引进国外的先进技术和管理经验，有利于提高生产技术和管理水平。

(3)有利于发挥我国劳动力众多的优势，增加就业机会，繁荣地方经济。

对委托方来讲，来料加工业务也可降低其产品成本，增强竞争力，并有利于委托方所在国的产业结构调整。

(二)进料加工

1. 进料加工的含义

进料加工一般是指从国外购进原料，加工生产出成品再销往国外。由于进口原料的目的是为了扶植出口，因此进料加工又称为"以进养出"。我国开展的以进养出业务，除了包括进口轻工、纺织、机械、电子行业的原材料、零部件、原器件，加工、制造或装配出成品再出口外，还包括从国外引进农、牧、渔业的优良品种，经过种植或繁育出成品再出口。

进料加工与前述来料加工有相似之处，即都是"两头在外"的加工贸易方式，但两者又有明显的不同：第一，来料加工在加工过程中未发生所有权的转移，原料运进和成品运出属于同一笔交易，原料供应者即成品接受者；而在进料加工中，原料进口和成品出口是两笔不同的交易，均发生了所有权的转移，原料供应者与成品购买者之间也没有必然的联系。第二，在来料加工中，我方不用考虑原料的来源和成品销路，不担风险，只收取工缴费；而在进料加工中，我方是赚取从原料到成品的附加价值，要自筹资金、自寻销路、自担风险、自负盈亏。

2. 进料加工业务的做法

进料加工的具体做法，归纳起来大致有以下三种：

(1)先签订进口原料的合同，加工出成品后再寻找市场和买主。这种做法的好处是进料时可选择适当时机，低价时购进，而且，一旦签订出口合同，就可尽快安排生产，保证及时交货，交货期短。但采取这种做法时，要随时了解国外市场动向，以保证所生产的产品能适销对路，否则产品无销路，就会造成库存积压。

(2)先签订出口合同，再根据国外买方的订货要求从国外购进原料，加工生产，然后交货。这种做法的优点是产品销路有保障，但要注意所需的原料来源必须落实，否则会影响成品质量或导致无法按时交货。

(3)对口合同方式，即与对方签订进口原料合同的同时签订出口成品的合同，原料的提供者也就是成品的购买者。但两个合同相互独立，分别结算。这样做，原料来源和成品销路均有保证，但适用面较窄，不易成交。实际做法中，有时原料提供者与成品购买者可以是不同的人。

第六节 专业技能实训

任务一 国际贸易方式的选用

【目的要求】

能根据中小企业的实际情况来选择国际贸易方式以开拓国际市场。

【背景材料】

美国干产量是世界上最高的(干是一种奶油制成的西餐食品)，然而出口很少，由于澳大利亚和新西兰的生产成本比美国低很多，两国在世界干市场上占据了支配地位。但是美国一家名为伊诺的食品公司竟成功地打进了欧洲干市场，成为向欧洲出口干的第一家美国公司。

伊诺食品公司于 1973 年建立，其产品是一种半软的加香料特制干，到 1980 年销售总额为 1 200 万美元。伊诺食品公司也向澳大利亚、加拿大和日本出口少量产品，然而据调查，其在欧洲特制干市场的销售额高达 2 亿美元，相当于美国特制干市场的 10 倍。如此大的市场，确实很有吸引力。

1980 年 11 月，在法国巴黎一次重要的国际食品博览会上，伊诺公司“朗得尔”干被引入市场，并且获得了博览会的好评。以后该公司在瑞典进行了试销，在 10 个月内夺取了瑞典特制干市场的 20%，成果辉煌。这大大鼓舞了伊诺公司，使其决定真正打入欧洲市场。

为了打入欧洲市场，公司决定对出口欧洲的干提供价格补贴。由于公司总部距离欧洲太远，伊诺决定在巴黎建立一个市场经营子公司。公司的市场副总经理说：“建立这个子公司是必要的，要靠它来管理我们欧洲业务的发展，并在世界几家最大干制造企业卧虎藏龙的市场上，保证我们良好的形象。”子公司的责任是保证维持零售的库存，控制欧洲的销售渠道，同时，还指定一家法国公司担任经销商，调整从美国装运来的货物，向全欧洲 200 多家超级市场和大的零售商店发售产品。

除此之外，伊诺公司研制了一种新的包装。这种包装有一个不透气但可以重新封口的容器，可以防潮，从而把储藏期延长了 3 个月。该公司还开发了多种口味的干，其中，法国味的洋葱干是它的一个拳头产品，因为欧洲干制造企业没有生产这个品种。

思考：

(1)中小企业如何成功打入国际市场?

(2)打入国际市场的重要条件是什么?

(3)具备重要条件后应做何具体工作使自己占据优势地位?

【实训指南】

伊诺公司的做法是，首先通过贸易方式进入市场。最初且最有效的方法是参加各种展会，包括全球零部件展会和博览会，通过锲而不舍的努力和优良的服务，赢得了很多客户。在通常使用的贸易方式中，又可以分为直销、通过当地经销商开拓市场和通过代理商销售三种方式，具体方式视具体情况而定。其次，在前面这种方式的基础上，加深对当地市场的了解，寻找可靠的合作伙伴，建立合资的销售公司或独资的公司，以利用外方的销售渠道扩大销路。

伊诺公司在其国际化经营中实行专业化经营，获得了核心竞争力。其在进入初期采用贸易进入方式，在积累一定经验的基础上，再采取其他的进入方式，如合资或独资，稳扎稳打做好国际市场。

中小企业进入国际市场的方式主要有以下三种：

(1)贸易进入方式。所谓贸易进入方式，是指产品在本国生产，然后通过贸易方式借助于一定的销售网络将自己的产品打入国际市场，同时积累国际化经营经验，不断跟踪国际市场需求，改进产品质量，适应国际市场需求的变化。这是企业从事国际化经营的初级方式，也是难度较小的方式，其优点是对企业跨国管理方面的要求较低、成本较低，但这不是绝对的，当目标市场国家贸易壁垒较高时，其交易成本较高且不稳定。

(2)许可进入方式。许可进入方式是指许可人通过许可协议把“无形财产的权力”授予被许可人，供后者使用一段时间，作为回报，许可人从被许可人处获得使用费。该方式的优点在于许可人不必承担用于打开外国市场所需的开发成本和风险，缺点是它不能使企业获得为实现经验曲线所需的对生产、营销和战略的严密控制。

(3)投资进入方式。投资进入方式包括两种：与东道国伙伴建立合资企业和在东道国建立独资企业。合资进入方式有利于通过合资双方的优势互补实现双赢，但在合资过程中组织不得力会使关键的技术控制权落入合资对方手中；独资方式可以避免这一弊端，但独资进入的难度及面临的风险也是所有进入方式中最大的。

在进入国际市场期间，要充分利用电子商务新工具来开拓国际市场空间。

中小企业在通过网络获取信息的同时，可以通过电子商务，在网络上寻找供应商或采购商，降低企业的采购成本和销售成本，开拓采购和销售新渠道，提高产品在国际市场上的竞争力。电子商务给中小企业带来了新的生机，中小企业应利用现代化的电子商务工具，在全球范围内拓展自己的市场，跟大公司一样参与国际竞争。

任务二 案例分析

【背景材料】

某公司研制出一种新产品，为打开产品的销路，公司决定将产品运往俄罗斯，采用寄售方式出售。在代售方出售商品后，我方收到对方的结算清单，其中包括商品在出售前所花费的有关费用的收据。

问：寄售方式下，商品出售前的有关费用应由谁承担？为什么?

【分析】

在寄售方式下，商品出售前的有关费用应由寄售人(即我方)承担。寄售方式的特点是：(1)寄售是凭实物进行买卖的现货交易；(2)寄售是一种先出运而后成交的贸易方式；(3)寄售人与委托人之间属于委托代售关系；(4)货物出售以前的所有风险由寄售人承担，因而寄售费用应由我方承担。

任务三 思考与练习

一、判断题

1. 一般经销与包销的不同之处在于：一般经销人享有专营权，而包销人则不享有专营权。(　　)

2. 来料加工方式中料件和加工后成品的所有权属于外商，而不属于来料加工厂。（ ）

3. 进料加工是指进口料件由经营企业付汇进口，制成品由经营企业外销出口的经营活动。（ ）

4. 一般来说，展览会是定期和固定地点的，而博览会则是不定期和不固定地点的。（ ）

5. 补偿贸易中，贸易双方都十分关心生产情况，机器设备和技术出口方必须承诺回购进口方的产品。（ ）

6. 寄售是先出运、后成交的贸易方式，属于现货买卖。（ ）

7. 套期保值的基本做法是期货交易者在购进（或出售）现货的同时，在期货市场上出售（或购进）同等数量的期货。（ ）

8. 政府采购物资，大部分采用非竞争性的招标方法。（ ）

9. 代理人在一定时期内推销的商品有一个最高代销额。（ ）

10. 招标人发出的标书在送达投标人时生效。（ ）

二、单项选择题

1. 享有独家专营权的贸易方式是（ ）。

A. 包销　B. 寄售　C. 经销　D. 代理

2. 包销协议从实质上说是一份（ ）。

A. 买卖合同　B. 代理合同　C. 寄售合同　D. 拍卖合同

3. 对外加工装配业务承接方无论是采用来料加工还是来件装配方式，其赚取的都是（ ）。

A. 商业利润　B. 工缴费用　C. 佣金　D. 手续费

4. 来料加工和进料加工（ ）。

A. 均是一笔交易　B. 均是两笔交易

C. 前者是一笔交易，后者是两笔交易　D. 前者是两笔交易，后者是一笔交易

5. 拍卖的特点是（ ）。

A. 卖主之间的竞争　B. 买主之间的竞争

C. 买主与卖主之间的竞争　D. 拍卖行与拍卖行之间的竞争

6. 投标人发出的标书是一项（ ）。

A. 不可撤销的发盘　B. 可撤销的发盘　C. 可随时修改的发盘　D. 有条件的发盘

7. 某进出口公司9月间在现货市场出售小麦一批，进货价为每公吨110美元，12月份交货。为了避免市场价格下跌的风险，该公司以相同价格和数量在期货市场购进12月份交割的期货合同，这种做法被称为（ ）。

A. 卖期保值　B. 买期保值　C. 多头　D. 空头

8. 在寄售协议下，货物的所有权在寄售地出售前属于（ ）。

A. 代理人　B. 寄售人　C. 代销人　D. 包销人

三、多项选择题

1. 在代理中，代理人不妥当的行为有（ ）。

A. 向委托人公开一切重要过程

B. 向委托人公开买主的有关资料

C. 未经委托人的允许，充当买主的代理人

D. 决定接受订单

E. 未经委托人的授权，对所代销的商品给予买主保证和承诺

2. 加工贸易的特征有（ ）。

A. 经营企业和生产企业不承担风险

B. 两头在外

C. 加工增值

D. 物件保税

E. 无需政府补贴

3. 寄售方式的主要优点有(　　)。

A. 有利于利用国外的销售渠道和调动国外代销人推销商品的积极性

B. 为买主提供了便利,有助于调动国外买方订购商品的积极性

C. 有利于开拓市场和扩大销路

D. 有利于寄售人的资金周转

E. 有利于随行就市和提高出售价格

4. 拍卖的基本程序有(　　)。

A. 拍卖准备　　B. 预先看货

C. 正式拍卖　　D. 成交与交货

E. 付款与提货

5. 在寄售协议中,应具体规定寄售货物的作价办法。寄售人一般可以采取下述办法授权代销人掌握价格(　　)。

A. 规定最低限价　　B. 规定最高限价

C. 按当地市价出售　　D. 销售价格必须征得寄售人的同意

E. 销售价格必须征得代销人的同意

四、简答题

1. 出口业务中的包销和独家代理有何异同?

2. 对销贸易与正常进出口贸易的关键区别是什么?

3. 来料加工与进料加工的异同点是什么?

第二章　国际贸易术语

学习指导

通过本章的学习，要求了解有关贸易术语的国际贸易惯例，掌握主要贸易术语中买卖双方责任、风险、费用的划分，并能够在实际业务中正确、灵活地使用贸易术语。

导入案例

CIF 合同不是到货合同

我国某外贸公司出口一批圣诞礼品给英国客户，采用 CIF 术语，凭不可撤销即期信用证付款。由于礼品的销售时间性很强，到货的早晚会直接影响货物的价格，因此，在合同中对到货时间做了如下规定："10 月份自中国某港口装运，卖方保证载货轮船于 12 月 20 日到达英国目的港。如载货轮船迟于 12 月 20 日到达英国目的港，在买方的要求下，卖方必须同意取消合同，如货款已经收妥，则须退还买方。"合同订立后，该外贸公司于 10 月中旬将货物装船出口，凭信用证规定的单据(发票、提单、保险单等)向银行收妥了货款。不料，轮船在航行过程中，主机损坏，无法继续航行。为保证如期到达目的港，该外贸公司以重金租用大马力拖轮拖带该轮船继续前进。但因途中又遇大风浪，致使该轮到达目的港的时间超过了 12 月 20 日。该外贸公司最终因这笔交易遭受重大经济损失。

思考：

(1)如按《国际贸易术语解释通则 2000》的解释，采用 CIF 术语成交时我方承担的主要义务是什么？

(2)当合同中的规定与惯例不符时，惯例的规定是否对双方有约束力？

(3)如果按英商的要求保证货物在 12 月 20 日前到达目的港，该合同应适用哪种贸易术语成交？

(4)该外贸公司从中应吸取什么教训？

第一节　贸易术语与国际贸易惯例

一、贸易术语的含义与作用

(一)贸易术语

贸易术语(Trade Terms)是国际贸易发展到一定历史阶段的产物。它的产生、发展与国际贸易的特点以及国际运输、保险及通信事业的发展是密切相关的。国际贸易的买卖双方分处两国，相距遥远，在卖方交货和买方接货的过程中，涉及许多问题，例如：(1)在何时、何地办理货物的交接？(2)由谁租船、订舱和支付运费？(3)由谁办理货运保险？(4)由谁承担货运途中可能出现的各种风险？(5)由谁办理进出口清关等业务手续？

买卖双方在磋商交易和订立合同时，对上述问题必须明确规定，如果每笔交易都要求双方对有关手续、费用和风险逐项洽商，将耗费大量的时间和费用，并影响交易的达成。为此，在国际贸易的长期实践中，逐渐形成了具有广泛共识的习惯做法，形成了各种不同的贸易术语。通过使用贸易术语，明确了买卖双方在手续、费用和风险方面的责任划分，促进交易的达成。

贸易术语又称贸易条件、价格术语。它是用一个简短的概念(如“Free on Board”)或首字母的缩写(如“FOB”)来说明交货地点和买卖双方有关费用、风险和责任的划分，确定卖方交货和买方接货应尽义务和商品的价格构成的专门用语。

在国际贸易中采用某种专门的贸易术语，主要是为了确定交货条件，即说明买卖双方在交接货物方面彼此承担责任、费用和风险的划分。例如，按装运港船上交货条件(FOB)成交与按完税后交货条件(DDP)成交，由于交货条件不同，买卖双方各自承担的责任、费用和风险就有实质性区别。其中，“责任”是指因交货地点不同而产生的租船订舱、装卸货物、投保、办理进出口手续等有关事宜，“费用”是指因货物的移动而产生的运费、保险费、装卸费、仓储费等，“风险”是指可能遭遇的自然灾害、意外事故和各种外来风险等。

同时，贸易术语也用来表示成交商品的价格构成因素，特别是货价中所包含的从属费用。不同的贸易术语表明买卖双方各自承担不同的责任、费用和风险，而责任、费用和风险的大小直接影响成交商品的价格。一般来说，凡使用出口国国内交货的各种贸易术语，如工厂交货(EXW)和装运港船边交货(FAS)等术语，卖方承担的责任、费用和风险都比较小，商品价格构成中有关的费用因素少；反之，凡使用进口国交货的各种贸易术语，如运输终端交货(DAT)和指定目的地交货(DAP)等术语，卖方承担的责任、费用和风险则较大，这些因素直接反映到成交商品的价格上。

由此可见，贸易术语具有两重性，一方面表示交货条件，另一方面表示成交商品的价格构成。

(二)贸易术语的作用

第一，每种贸易术语都有其特定的含义，在交易磋商时，买卖双方只要商订按何种术语成交，就明确了双方在交接货物方面所应承担的责任、费用和风险，这就简化了交易手续，缩短了洽商交易的时间，从而有利于买卖双方迅速达成交易和订立合同。

第二，由于贸易术语能够表明商品的价格构成，买卖双方确定成交价格时，必然要考虑采用的术语中包含哪些从属费用，如运费、保险费、装卸费、关税等，这就有利于买卖双方进行比价和加强成本核算。

第三，买卖双方商订合同时，如某些合同条款规定得不够明确，致使履约过程中产生的争议不能依据合同的规定解决，在此情况下，可以援引有关贸易术语的一般解释来处理。因此，熟练掌握贸易术语，有利于避免或减少及妥善解决贸易争端。

二、有关贸易术语的国际贸易惯例

国际贸易惯例是指在长期的国际贸易实践中逐渐形成的一些习惯做法及统一解释，由有权威的国际贸易组织、商会、团体以文件的形式公布于众，并得到各国贸易界公认、接受和使用的贸易规则。国际贸易惯例虽然不是法律，不具强制性，但一经采用，就对当事人具有法律约束力。在使用国际贸易惯例时，我们要注意以下内容：

——国际贸易惯例并非法律，因此，对买卖双方没有约束性，可采用也可不采用；

——如果买卖双方在合同中明确表示采用某种惯例，则被采用的惯例对买卖双方均有约束力；

——如果合同中明确采用某种惯例，但又在合同中规定与所采用的惯例不同或相抵触的条款，只要这些条款与本国法律不矛盾，就将受到有关国家的法律的承认和保护，即以合同条款为准；

——如果合同中既未对某一问题做出明确规定，也未订明采用某一惯例，当发生争议付诸诉讼或提交仲裁时，法庭和仲裁机构可引用惯例作为判决或裁决的依据。

目前，国际上有较大影响的关于贸易术语的贸易惯例有三个：一是由国际法协会制定的《1932 年华沙—牛津规则》(Warsaw—Oxford Rules 1932)。二是由美国商业团体制定的《1941 年美国对外贸易定义修订本》(Revised American Foreign Trade Definition)，它对六种贸易术语做了解释。该规则在美洲国家采用较多，与这些国家进行贸易时应注意该惯例的解释。三是国际商会(International Chamber of Commerce，ICC)制定的《国际贸易术语解释通则》(International Rules for the Interpretation of Trade Terms，INCOTERMS)。

(一)《1932 年华沙—牛津规则》

《1932 年华沙—牛津规则》是由国际法协会制定的。该规则详细解释了 CIF 合同的性质，买卖双方所承担的责任、费用和风险的划分，以及货物所有权转移等问题。它为按 CIF 贸易术语成交的买卖双方提供了一套责任具体、明确、易于使用的统一规则。该规则只解释了 CIF 这一个贸易术语。该规则自 1932 年公布后，一直沿用至今。

(二)《1941 年美国对外贸易定义修正本》

1919 年，美国 9 家商业团体共同制定了有关美国对外贸易定义的统一解释，即《美国出口报价及其缩写条例》，并于 1941 年在美国第 27 届全国对外贸易会议上对该条例做了修订，改名为《1941 年美国对外贸易定义修订本》。

该定义规定和解释的贸易术语有：

(1)Ex Point of Origin——产地交货；

(2)Free on Board，简称 FOB——在运输工具上交货；

(3)Free Alongside，简称 FAS——在运输工具旁边交货；

(4)Cost and Freight，简称 C&F——成本加运费；

(5)Cost，Insurance and Freight，简称 CIF——成本加保险费、运费；

(6)Ex Dock——目的港码头交货。

《1941 年美国对外贸易定义修正本》主要在美洲国家有很大的影响力，由于它对贸易术语的解释，尤其是对 FOB 和 FAS 术语的解释与国际商会的《国际贸易术语解释通则》有明显的差异，因此，在同美洲国家进行交易时应加以注意，以减少双方的争端。同时，为了具体说明买卖双方在各种贸易术语下承担的权利和义务，在此修订本所列各种贸易术语之后，一般附有注解，这些注解实际上是贸易术语定义不可分割的组成部分，因此，为充分了解在各种贸易术语下买卖双方承担的权利和义务，不仅应考虑定义本身，还应明了附加的有关贸易术语的注解。

(三)《国际贸易术语解释通则》

《国际贸易术语解释通则》是国际商会为统一各种贸易术语的解释而制定的一项重要文件。其宗旨是为国际贸易中最普遍使用的贸易术语提供一套统一解释的国际规则，以避免因各国不同解释而出现的不确定性，或至少在相当程度上减少这种不确定性。《国际贸易术语解释通则》的最早版本始于1936年，之后于1953年进行了修改，1967、1976、1980、1990年分别进行了修订。在20世纪90年代后期，为使贸易术语更加适应世界上无关税区的发展、交易中使用电子信息的增多以及运输方式的变化，国际商会再次对《国际贸易术语解释通则》进行修订，并于1999年7月公布了《国际贸易术语解释通则2000》，该通则于2000年1月1日起生效。

为进一步适应国际贸易的快速发展和国际贸易领域发生的新变化，国际商会于2007年发起对《国际贸易术语解释通则2000》(INCOTERMS 2000)进行修订的动议，并组建了修订小组。《国际贸易术语解释通则2010》(INCOTERMS 2010)于2010年9月正式面世，并于2011年1月1日正式生效。《国际贸易术语解释通则2010》考虑了无关税区不断扩大、商业交易中电子信息使用的增加、货物运输中对安全问题的进一步关注及运输方式的变化，更新并整合了与"交货"相关的规则，将术语总数由原来的13种减至11种，并对所有规则做出了更加简洁、明确的陈述。

虽然《国际贸易术语解释通则2010》于2011年1月1日正式生效，但其实施之后并非《国际贸易术语解释通则2000》就自动作废。因为国际贸易惯例本身不是法律，对国际贸易当事人不产生必然的强制性约束力。国际贸易惯例在适用的时间效力上并不存在"新法取代旧法"的说法，当事人在订立外贸合同时仍然可以选用适用《国际贸易术语解释通则2000》甚至《国际贸易术语解释通则1990》。

考虑到《国际贸易术语解释通则2000》仍然是未来几年国际货物买卖合同的主角，除非特别说明，本章有关国际贸易术语的内容仍然按《国际贸易术语解释通则2000》解释。

《国际贸易术语解释通则》只适用于"有形货物"的销货合同中买卖双方的权利、义务及与交货有关的事项，如货物的进出口通关、谁承担装卸费用和货物灭失或损坏的风险，以及保险合同或运输合同由谁来签订等。对于无形商品的贸易，《国际贸易术语解释通则》并不适用。

国际商会根据贸易术语首字母和卖方义务的不同类型，将《国际贸易术语解释通则2000》中的13种贸易术语归纳为E、F、C、D四组(详见表2.1)。

我们应从卖方的角度来理解各贸易术语。E组是启运术语，指卖方在产地交货；F组和C组是装运术语，指卖方在双方约定的装运地点完成交货给承运人就算履行了交货义务，无需保证按时到货；D组是到达术语，指卖方在约定的到货地点完成交货，卖方要保证按时、保质、保量将货物交给买方才算履行合同。在签订合同时，注意不要将违背术语的内容订入合同，造成自相矛盾，改变合同的性质。

各种贸易术语都有其特定的风险和费用划分点。F组术语的风险划分点和费用划分点相同，如FOB的风险划分点和费用划分点都是在装运港买方指定的轮船船上。C组术语的风险划分点与费用划分点是不同的，风险划分点在装运地，而费用划分点在目的地。例如，CFR伦敦，风险划分点是装运港船上，费用划分点是目的港伦敦。

《国际贸易术语解释通则2000》对买卖双方的义务划分采取了相互对应的标准化的规定。在《国际贸易术语解释通则2000》中，所有术语下当事人的义务均用10个项目列出，卖方在每一项目中的地位"对应"了买方在同一项目中相应的地位，以利彼此对照检查，便利了双方当事人对通则的使用。现将各种贸易术语中买卖双方相对应的10项义务分别列示于表2.2中。

表 2.1　　13 种贸易术语简表

组别	术语性质	术语缩写	术语名称		交货地点	运输方式
			英　文	中　文		
E 组	启运术语	EXW	EX Works	工厂交货(指定地点)	产地、工厂	任何
F 组	装运术语（主要运费未付）	FCA	Free Carrier	交至承运人(指定地点)	出口国内地、港口	任何
		FAS	Free Alongside Ship	船边交货(指定装运港)	装运港口	水运
		FOB	Free On Board	船上交货(指定装运港)	装运港口	水运
C 组	装运术语（主要运费已付）	CFR	Cost and Freight	成本加运费(指定目的港)	装运港口	水运
		CIF	Cost, Insurance and Freight	成本、保险费加运费付至(指定目的港)	装运港口	水运
		CPT	Carriage Paid to	运费付至(指定目的港)	出口国内地、港口	任何
		CIP	Carriage and Insurance Paid to	运费、保险费付至(指定目的地)	出口国内地、港口	任何
D 组	到达术语	DAF	Delivered at Frontier	边境交货(指定地点)	边境指定地点	任何
		DES	Delivered EX Ship	目的港船上交货(指定目的港)	目的港口	水运
		DEQ	Delivered EX Quay	目的港码头交货(指定目的港)	目的港口	水运
		DDU	Delivered Duty Unpaid	未完税交货(指定目的地)	进口国内	任何
		DDP	Delivered Duty Paid	完税后交货(指定目的地)	进口国内	任何

表 2.2　　买卖双方的义务

A　卖方义务	B　买方义务
A1　提供符合合同规定的货物	B1　支付货款
A2　许可证,批准文件及海关手续	B2　许可证,批准文件及海关手续
A3　运输合同与保险合同	B3　运输合同
A4　交货	B4　受领货物
A5　风险转移	B5　风险转移
A6　费用划分	B6　费用划分
A7　通知买方	B7　通知卖方
A8　交货凭证,运输单证或相等的电子信息	B8　交货凭证,运输单证或相等的电子信息
A9　核查、包装及标记	B9　货物检验
A10　其他义务	B10　其他义务

第二节　常用的 6 种贸易术语

在《国际贸易术语解释通则 2000》的 13 种贸易术语中,FOB、CFR、CIF、FCA、CPT、CIP 是 6 种最常用的贸易术语,其中,FOB、CFR 和 CIF 这 3 种术语使用率最高,它们是在装运港船上完成交货的术语。

一、FOB

FOB 即 Free on Board (... named port of shipment)——船上交货(……指定装运港),是指当货物在指定的装运港越过船舷,卖方即完成交货义务。这意味着买方必须从该点起承担货物灭失或损坏的一切风险、责任和费用。FOB 术语要求卖方办理货物出口清关手续。

该术语仅适用于海运或内河运输。如当事各方无意越过船舷交货,则应使用 FCA 术语。

(一)买卖双方基本义务的划分

按国际商会《国际贸易术语解释通则 2000》对 FOB 的解释,买卖双方各自承担的基本责任与义务归纳如表 2.3 所示。

表 2.3　FOB 术语买卖双方责任划分一览表

分类	卖　方	买　方
常规责任	负责在合同规定的时间和指定的装运港将货物装上指派的船只,并给予买方充分的通知	收取货物,支付货款
	办理货物出口所需的海关手续,取得出口许可证或其他核准书	办理货物进口所需的海关手续,取得进口许可证或其他核准书
	提供交货凭证、运输单据或有同等作用的电子信息	接受与合同相符的单据
共同责任	承担货物在装运港船越过船舷前的各种费用和风险	承担货物越过装运港船舷后的各种费用和风险
主要责任		负责租船订舱,支付运费,给予卖方关于船名、装船地点和要求交货时间的充分通知;办理保险,支付保险费

(二)FOB 术语的变形

按 FOB 术语成交,卖方负担货物装上船之前的一切费用。装运港的装船费用主要包括装船费以及与装船有关的理舱费和平舱费。理舱费是指货物入舱后进行安置和平整所需的费用。平舱费是指对装入大舱的散装货物进行平整所需的费用。如买方采用班轮运输,因班轮运费已包含装货费用,所以装船费用由买方负担。如大宗货物采用程租船运输,则买卖双方应规定装船费用由何方负担,并在合同中用文字做出具体规定;也可以在 FOB 术语后加列字句或缩写,即用 FOB 术语的变形来表示,如表 2.4 所示。

表 2.4　FOB 术语的变形及装船费用的规定

FOB 术语的变形	装船费用的规定
FOB Liner Terms(班轮条件)	装船费由支付运费的一方(即买方)负担
FOB under Tackle(吊钩下交货)	卖方将货物置于轮船吊钩所及之处,从货物起吊开始的装船费用由买方负担
FOB Stowed, FOBS(包括理舱)	卖方负责将货物装入船舱并负担理舱费在内的装船费用
FOB Trimmed, FOBT(包括平舱)	卖方负责将货物装入船舱并负担平舱费在内的装船费用
FOB Stowed and Trimmed, FOBST(包括理舱和平舱)	卖方负责理舱费和平舱费在内的装船费用

需要注意的是,上述 FOB 术语的几种变形只是用以明确有关装船费用的负担问题,并未改变 FOB 术语交货地点和风险划分的界限。

(三)使用 FOB 术语应注意的问题

1. 风险划分以"船舷为界"的确切含义

以装运港船舷作为划分风险的界限是 FOB、CFR 和 CIF 同其他贸易术语的重要区别之一。"船舷为界"表明货物在装上船之前的风险,包括在装船时货物跌落码头或海中所造成的损失,均由卖方承担;货物装上船之后,包括在起航前和在运输过程中所发生的损坏或灭失,则由买方承担。以"船舷为界"划分风险是历史上形成的一项行之有效的规则,由于其界限分明,易于理解和接受,故沿用至今。严格地讲,"船舷为界"只是说明风险划分的界限,它并不表示买卖双方的责任和费用划分的界限。这是因为装船作业是一个连续的过程,在卖方承担装船责任的情况下,他必须完成这一全过程。关于费用划分问题,《国际贸易术语解释通则 2000》中有关 FOB 的卖方义务的第 6 条规定:"卖方必须支付与货物有关的一切费用,直至货物在指定装运港越过船舷时为止。"这实际上是指,在一般情况下,卖方要承担装船的主要费用,而不包括货物装上船后的理舱费和平舱费。但在实际业务中,买卖双方完全可以出于不同的考虑,对于装船费用负担问题做出各种不同的规定。

2. 租船订舱与装船通知

按《国际贸易术语解释通则 2000》的规定,在 FOB 条件下,买方负责租船订舱,并将船名、船期通知卖方。在具体业务中,卖方也可以接受买方的委托代为租船订舱或投保,但纯属代办,如卖方不能完成买方的委托,买方不得因此向卖方提出任何异议或借以撤销合同。如买方负责租船订舱,卖方负责装货,就涉及船货衔接问题。一般情况下,如果船只按时到达,而卖方货物未备齐,则卖方应承担由此造成的空舱费和滞期费;未经卖方同意,船只提前到达,卖方不负担空舱费等。

同时,卖方交货后应给予买方充分的通知,以便买方办理保险,否则由此造成的损失由卖方负责。

课内思考题

1. 如采用 FOB 贸易术语成交,货物采用班轮运输,买卖双方的合同中是否需要规定贸易术语变形?

2. FOB 变形是否改变买卖双方风险划分的界限和交货地点?

3.《1941 年美国对外贸易定义修订本》对 FOB 的不同解释

美国、加拿大和一些拉美国家较多采用《1941 年美国对外贸易定义修订本》的解释。该定义将 FOB 分为 6 种类型,其中,仅第 5 种"指定装运港船上交货",即 FOB Vessel(... named port of shipment)与《国际贸易术语解释通则 2000》对 FOB 的解释基本相似。然而两者在费用负担等方面仍有很大不同,主要表现在如表 2.5 所示的两个方面。

表 2.5　FOB 术语解释差异对照表

FOB Vessel(... named port of shipment)	Free on Board (... named port of shipment)
买方付费,卖方协助买方取得出口所需证件	卖方办理货物出口所需证件和手续
买方负担出口税额和其他税捐费用	卖方负担一切出口税捐及费用

在同美国、加拿大和拉美国家商人订立 FOB 合同时,应注明双方采用《国际贸易术语解释

通则 2000》的规则，以免引发争议。

二、CFR

CFR 即 Cost and Freight(… named port of destination)——成本加运费(……指定目的港)，是指当货物在装运港越过船舷时卖方即完成交货，但卖方必须支付将货物运至指定目的港所需的运费和有关费用；交货后货物灭失或损坏的风险，以及由于各种事件造成的任何额外费用即由卖方转移到买方。这里所指的成本相当于 FOB 价，故 CFR 术语的基本含义是在 FOB 价的基础上加上装运港至目的港的通常运费。

该术语仅适用于海运或内河运输。如当事各方无意越过船舷交货，则应使用 CPT 术语。

(一)买卖双方基本义务的划分

CFR 术语的货价构成包括从装运港至目的港的正常运费(主要运费已付)，卖方要负责订立运输合同和安排运送货物。但由于 CFR 术语和 FOB 术语都属于在装运港船上交货，货物风险的划分以装运港船舷为界，故货物中途灭失或损坏的风险以及货物装船后中途发生事件产生的任何额外费用，概由买方负担。CFR 术语买卖双方各自承担的基本责任与义务归纳如表 2.6 所示。

表 2.6　CFR 术语买卖双方责任划分一览表

分类	卖　方	买　方
常规责任	负责在合同规定的时间和指定的装运港将货物装上指派的船只，并给予买方充分的通知	收取货物，支付货款
	办理货物出口所需的海关手续，取得出口许可证或其他核准书	办理货物进口所需的海关手续，取得进口许可证或其他核准书
	提供交货凭证、运输单据或有同等作用的电子信息	接受与合同相符的单据
共同责任	承担货物在装运港越过船舷前的各种费用和风险	承担货物越过装运港船舷后的各种费用和风险
主要责任	负责租船订舱，支付运费	办理保险，支付保险费

(二)使用 CFR 术语应注意的问题

在 CFR 条件下，根据国际贸易惯例的解释和有些国家的法律规定，卖方在货物装船后必须及时向买方发出装船通知，以便买方及时办理保险手续，防止漏保。对此，买卖双方往往还要在合同中做出明确规定。如果卖方不及时发出装船通知，致使买方未能投保，卖方要承担货物在运输途中的风险和责任。这就是说，如果货物在运输途中遭到损坏或灭失，由于卖方未发出装船通知使买方漏保，卖方就不能以风险在船舷转移为由免除责任。

三、CIF

CIF 即 Cost, Insurance and Freight(… named port of destination)——成本、保险费加运费(……指定目的港)，是指在装运港当货物越过船舷时卖方即完成交货。卖方必须支付将货物运至指定的目的港所需的成本、运费和保险费，但交货后货物灭失或损坏的风险，以及由于各种事件造成的任何额外费用，自卖方转移到买方。该术语仅适用于海运或内河运输。如当事各方无意越过船舷交货，则应使用 CIP 术语。

CIF 与 CFR 的不同之处在于：以 CIF 方式成交，卖方还承担为货物办理运输保险并支付保险费到指定目的港的义务。

(一)买卖双方基本义务的划分

CIF术语买卖双方各自承担的基本责任与义务归纳如表2.7所示。

表2.7 CIF术语买卖双方责任划分一览表

分类	卖 方	买 方
常规责任	负责在合同规定的时间和指定的装运港将货物装上指派的船只,并给予买方充分的通知	收取货物,支付货款
	办理货物出口所需的海关手续,取得出口许可证或其他核准书	办理货物进口所需的海关手续,取得进口许可证或其他核准书
	提供交货凭证、运输单据或有同等作用的电子信息	接受与合同相符的单据
共同责任	承担货物在装运港越过船舷前的各种费用和风险	承担货物越过装运港船舷后的各种费用和风险
主要责任	负责租船订舱,支付运费;办理保险,支付保险费	

(二)CFR和CIF术语的变形

大宗商品按CFR和CIF条件成交容易在卸货费问题上引起争议。关于卸货费用,各国港口有不同的惯例,有的港口规定由船方负担,有的港口规定由收货人负担。一般来讲,如使用班轮运输,则班轮管装管卸,卸货费已包括在运费内。大宗货物的运输要租用不定期轮船,故买卖双方应明确卸货费用由何方负担并在合同中订明,以免日后发生纠纷。明确卸货费用由谁负担的方法是在CFR和CIF贸易术语后面加列各种附加条件,这样就形成了如表2.8所示的几种变形。

表2.8 CFR和CIF术语的变形及卸货费用的规定

CFR和CIF术语的变形	卸货费用的规定
CFR /CIF Liner Terms(班轮条件)	卸货费由支付运费的一方(即卖方)负担
CFR/CIF EX Ship's Hold(舱底交货)	买方负担将货物从舱底起吊卸到码头的卸货费用
CFR /CIF under Tackle(吊钩下交货)	卖方负责将货物从舱底吊至船边卸离吊钩为止的费用
CFR/CIF Landed(卸至岸上)	卖方承担将货物卸至目的港岸上的有关费用,包括驳船费和码头费

上述CFR和CIF术语的变形只是为了解决卸货费用的负担问题,它们并不改变交货地点和风险划分的界限。

【导入案例分析】 在本章的导入案例中,由于在合同中订立了"卖方保证载货轮船于12月20日到达英国目的港"的条款,导致我方费用大增而遭受重大经济损失。按《国际贸易术语解释通则2000》中关于象征性交货的解释,很明显,案例中的合同条款与惯例的规定不符。但惯例不是法律,对双方没有强制约束力,所以当合同中的条款与惯例不同时,以合同中的条款为准实质变成到货合同,我方要承担运输途中货物的风险责任。我们应尽量避免在合同中作出一些与惯例不符的条款,如接受此类条款,应改为按DES术语成交,并适当提高货物价格。

(三)使用 CIF 术语应注意的问题

1. 保险险别

在 CIF 条件下,保险手续应由卖方负责办理,但对应投保的具体险别,各国的解释不一,因此,买卖双方应根据商品的特点和需要,在合同中具体订明。

如果合同中未作具体规定,则应按有关惯例来处理。按照《国际贸易术语解释通则》对 CIF 的解释,卖方只须投保最低的险别。

如买方要求投保战争险,一般都应由买方自费投保,卖方代为投保时,费用仍由买方负担。

卖方实质上是为买方利益办理投保手续的,因此,投保何种险别,双方应明确商订。

2. 租船订舱

依照对 CIF 贸易术语的一般解释,卖方应按通常的条件及惯驶的航线,租用通常类型的船舶。因此,除非买卖双方另有约定,对于买方提出的关于限制载运的要求,卖方均有权拒绝接受。但在外贸实践中,为发展出口业务,考虑到某些国家的规定,如买方有要求,在能办到而又不增加额外费用情况下,也可考虑接受。

3. CIF 合同属"装运合同"和"象征性交货"

尽管我们通常将 CIF 称为"到岸价",但这是指价格的构成,是由"成本+运费+保险费"构成,而不是指卖方也负责货物到岸为止的风险。卖方在合同规定的装运港将货物交付装运后,对货物之后可能发生的任何风险不再承担责任。因此,采用这种术语订立的买卖合同均属"装运合同"。在实际业务中,需注意在合同中只规定装运货物的时间,而不应规定抵达目的港的具体时间。

CIF 是一个典型的象征性交货(Symbolic Delivery)术语。象征性交货是针对实际交货(Physical Delivery)而言的。前者是指卖方只要按期在约定地点完成装运,并向买方提交合同规定的包括物权凭证在内的有关单证,就算完成了交货义务,无需保证到货。后者则是指卖方要在规定的时间和地点,将符合合同规定的货物交付给买方或其指定人,而不能以交单代替交货。本节涉及的 6 种常用贸易术语均属于象征性交货术语。

【案例 2—1】 我国某出口公司按 CIF 条件向英国某进出口公司出口一批货物,向中国人民保险公司投保了一切险,信用证方式支付。我出口公司在规定的期限内取得直达清洁提单,马上到银行议付货款。议付后的第二天,出口公司接到客户的来电称:货物在香港转运时失火,货物全部烧毁,要求我公司出面向中国人民保险公司提出索赔,否则要求我公司退回全部货款。

【任务】 分析对客户的要求我公司应如何处理,并说明理由。

四、装运港船上交货 3 种术语的比较

FOB、CFR、CIF 是国际贸易中最常用的 3 种术语。就买卖双方的义务而言,它们有很多相同之处,不同的地方在于租船订舱、支付运费与办理保险、支付保险费这两方面的责任。它们的异同点归纳如表 2.9 所示。

表 2.9 FOB、CFR、CIF 异同点一览表

贸易术语	主要共同点					主要区别				
	运输方式	交货地点	风险划分	装货交单与出口清关责任	受单付款与进口清关责任	运输责任	保险责任	价格构成	术语后接港口	费用与风险转移点
FOB	水运	装运港	船舷为界	卖方	买方	买方	买方	C	装运港	一致
CFR	水运	装运港	船舷为界	卖方	买方	卖方	买方	C+F	目的港	分离
CIF	水运	装运港	船舷为界	卖方	买方	卖方	卖方	C+I+F	目的港	分离

五、FCA、CPT、CIP

(一)FCA

FCA 即 Free Carrier(…named place)——货交承运人(……指定地点),指卖方只要将货物在指定的地点交给买方指定的承运人,并办理了出口清关手续,即完成交货。需要说明的是,交货地点的选择对于在该地点装货和卸货的义务会产生影响。若卖方在其所在地交货,则卖方应负责将货物装上买方指定的承运人的收货运输工具;若卖方在任何其他地点交货,则卖方不负责将货物从其送货的运输工具上卸下。

该术语可用于各种运输方式,包括多式联运。

“承运人”是指在运输合同中,承诺通过铁路、公路、空运、海运、内河运输或上述运输的联合方式履行运输或由他人履行运输的任何人。

若买方指定承运人以外的人领取货物,则当卖方将货物交给此人时,即视为已履行交货义务。

(二)CPT

CPT 即 Carriage Paid to(…named place of destination)——运费付至(……指定地点),是指卖方向其指定的承运人交货,还必须支付将货物运至目的地的运费,并办理出口清关手续,才完成交货。买方承担交货给承运人之后的一切风险和其他费用。

(三)CIP

CIP 即 Carriage Insurance Paid to(…named place of destination)——运费和保险费付至(……指定目的地),指卖方除了必须承担在 CPT 术语下同样的义务外,还须负责办理货物运输保险,并支付至指定目的地的保险费。

与 CIF 相似,CIP 术语也只要求卖方投保最低限度的保险险别。如买方需要更高的保险险别,则需要与卖方明确地达成协议,或者自行做出额外的保险安排。

这 3 种贸易术语不仅适用于海运和内河运输,而且适用于航空运输、铁路运输、公路运输及其多式联运;买卖双方的交货地点是出口国某一指定地点;风险划分以货交承运人为界;进出口手续类似于 FOB、CFR 和 CIF。

六、FCA、CPT、CIP 与 FOB、CFR、CIF 的比较

FCA、CPT、CIP 术语分别由 FOB、CFR、CIF 这 3 种传统术语发展而来,其责任划分的基本原则是相同的,但又有区别,具体如表 2.10 所示。

表 2.10 FCA、CPT、CIP 与 FOB、CFR、CIF 的比较

贸易术语	适用运输方式	交货地点	风险划分	运输单据	装卸费用负担	交货、交单与出口清关	受单、付款与进口清关	运输责任	保险责任	价格构成
FOB								买方	买方	C
CFR	水上运输	装运港	货物越过船舷为界	海运提单	因变形不同而异	卖方	买方	卖方	买方	C+F
CIF								卖方	卖方	C+I+F
FCA								买方	买方	C
CPT	各种运输	出口国内指定地点	货交承运人控制为界	某种运输单据或多式联运单据	因交货地点不同而异	卖方	买方	卖方	买方	C+F
CIP								卖方	卖方	C+I+F

> 课内思考题
>
> 内陆城市企业出口选择 FCA、CPT 和 CIP 术语有哪些好处?

第三节 其他贸易术语

一、EXW

EXW 即 Ex Works(…named place)——工厂交货(……指定地点),是指卖方在其货物的产地或储存地将货物交由买方处置,即完成了交货义务。买方则负责自行将货物装运,并承担其间的全部风险、责任和费用,包括货物的出入境手续和费用。

二、FAS

FAS 即 Free Alongside Ship(…named port of shipment)——船边交货(……指定装运港),是指卖方负责将货物交至装运港买方指定的船边。若买方所派船只不能靠岸,卖方应负责用驳船把货物运至船边,卖方在船边完成交货义务,风险、责任同时转移;由买方负责装船手续和费用,由卖方办理出口清关手续,卖方的交单义务与 FOB 术语下的相同。

三、DAF

DAF 即 Delivered at Frontier(…named place)——边境交货(……指定地点),是指卖方负责办理货物的出口结关手续,将货物运至边境的指定交货地(出口国或进口国的边境),并将货物(可以在运输工具上)交由买方处置,即完成交货义务,风险、费用和责任也随之转移。

四、DES

DES 即 Delivered Ex Ship(…named port of destination)——目的港船上交货(……指定目的港),是指卖方负责将货物运至指定目的港,在目的港船上将货物置于买方的控制之下,即完成了交货义务。买方承担自接货后的一切手续、责任、费用和风险。

本术语适用于海运、内河运输或多式联运在目的港交付货物的运输方式。CIF 被习惯称

为“到岸价”,但不是真正的到岸价,若海轮可以直接靠岸,DES 才是真正的到岸价。因为卖方要负责将货物安全送达目的港,在船上将货物实际交付买方才算完成交货。在 DES 条件下,卖方不仅要负担正常的运费、保险费,还要负担诸如转船、绕航等产生的额外费用,以及根据需要加保各种特殊附加险而支付的保险费。由此可见,DES 方式与 CIF 方式在交货地点、风险划分界限、责任和费用的负担等问题上都有实质性区别。

五、DEQ

DEQ 即 Delivered Ex Quay(... named port of destination)——目的港码头交货(……指定目的港),指卖方负责将货物运至指定目的港,并卸至码头,无需办理进口清关手续,将货交给买方收取时,即履行了交货义务,并承担货物交给买方或其代理人以前的一切风险和费用。

六、DDU

DDU 即 Delivered Duty Unpaid(... named place of destination)——未完税交货(……指定目的地),指卖方将货物运至进口国的指定地点,交由买方处置,并承担货物运至该处的费用和风险,但不包括关税、捐税及进口时应支付的其他规费,以及办理海关手续的费用和风险。在此期间,买方应负责办妥可能的进口手续,以使卖方得以将货物运至指定目的地。买方必须负担由于未及时办理货物进口结关手续而引起的额外费用和风险。

七、DDP

DDP 即 Delivered Duty Paid(... named place of destination)——完税后交货(……指定目的地),是指卖方将货物运至进口国的指定地点,交由买方处置。卖方还应承担交货前的一切风险、责任和费用,其中包括可能的货物进口报关的手续、费用和风险,以及支付进口关税和其他捐税。

DDP 是卖方责任最大的贸易术语。

为便于学习,将 13 种贸易术语归纳如表 2.11 和图 2.1 所示。

表 2.11　　国际贸易术语对比表

<table>
<tr><th></th><th>贸易术语</th><th>交货地点</th><th>运输责任</th><th>保险责任</th><th>出口清关</th><th>进口清关</th><th>运输方式</th><th>合同性质</th><th>风险转移界限</th><th>所有权转移</th></tr>
<tr><td rowspan="6">6种常用术语</td><td>FOB</td><td rowspan="3">装运港</td><td>买方</td><td>买方</td><td>卖方</td><td>买方</td><td rowspan="3">水上</td><td rowspan="6">装运合同</td><td rowspan="3">装运港船舷</td><td rowspan="6">随交单转移</td></tr>
<tr><td>CIF</td><td>卖方</td><td>卖方</td><td>卖方</td><td>买方</td></tr>
<tr><td>CFR</td><td>卖方</td><td>买方</td><td>卖方</td><td>买方</td></tr>
<tr><td>FCA</td><td rowspan="3">出口国指定地点</td><td>买方</td><td>买方</td><td>卖方</td><td>买方</td><td rowspan="3">任何</td><td rowspan="3">货交承运人</td></tr>
<tr><td>CIP</td><td>卖方</td><td>卖方</td><td>卖方</td><td>买方</td></tr>
<tr><td>CPT</td><td>卖方</td><td>买方</td><td>卖方</td><td>买方</td></tr>
<tr><td rowspan="7">7种其他术语</td><td>EXW</td><td>出口国工厂</td><td>买方</td><td>买方</td><td>买方</td><td>买方</td><td>任何</td><td>产地交货</td><td rowspan="7">交货地点转移</td><td rowspan="7">随交货转移</td></tr>
<tr><td>FAS</td><td>装运港船边</td><td>买方</td><td>买方</td><td>卖方</td><td>买方</td><td>水上</td><td>装运合同</td></tr>
<tr><td>DAF</td><td>进出口边境</td><td>买方</td><td>买方</td><td>卖方</td><td>买方</td><td>任何</td><td rowspan="5">到达合同</td></tr>
<tr><td>DES</td><td>目的港船上</td><td>卖方</td><td>卖方</td><td>卖方</td><td>买方</td><td>水上</td></tr>
<tr><td>DEQ</td><td>目的港码头</td><td>卖方</td><td>卖方</td><td>卖方</td><td>买方</td><td>水上</td></tr>
<tr><td>DDU</td><td rowspan="2">进口国指定地点</td><td>卖方</td><td>卖方</td><td>卖方</td><td>买方</td><td>任何</td></tr>
<tr><td>DDP</td><td>卖方</td><td>卖方</td><td>卖方</td><td>卖方</td><td>任何</td></tr>
</table>

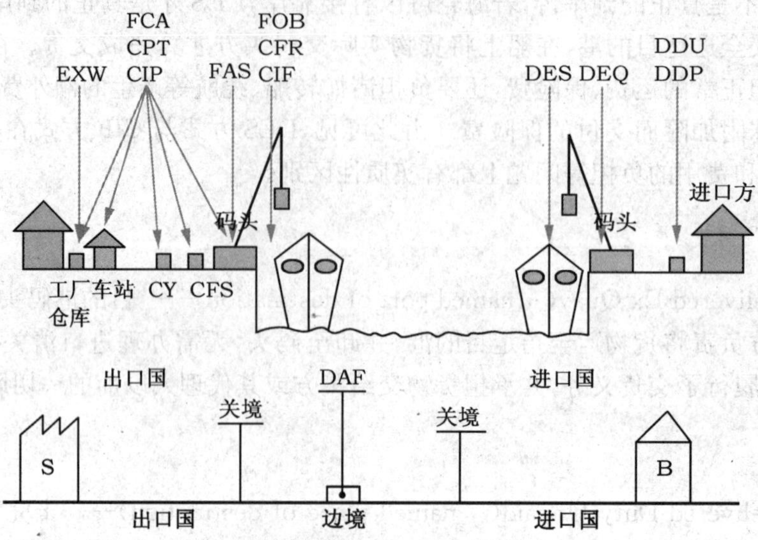

图 2.1 13 种国际贸易术语的交货点与风险点示意图

第四节 《国际贸易术语解释通则 2010》与《国际贸易术语解释通则 2000》的对比分析

国际商会新修订的《国际贸易术语解释通则 2010》于 2011 年 1 月 1 日正式生效。与《国际贸易术语解释通则 2000》相比,《国际贸易术语解释通则 2010》发生了一些变化。

一、《国际贸易术语解释通则 2010》中的两组贸易术语

第一组是适合任何运输方式的贸易术语,包括 7 个术语,即 EXW、FCA、CPT、CIP、DAT、DAP 和 DDP。不论选用何种运输方式,也不论是否使用一种或多种运输方式,均可使用这些术语。没有海运或只有部分海运时,也可以使用这些术语。

第二组术语是适合水上运输的贸易术语,交货地点和将货物交至买方的地点都是港口,因此被划分为"使用于海运及内河水运的术语"。FAS、FOB、CFR 和 CIF 均属此类。这 11 种贸易术语的具体情况如表 2.12 所示。

二、《国际贸易术语解释通则 2010》的主要变化

(1)贸易术语的数量缩减:由原来的 13 种改为 11 种。

(2)贸易术语分类的调整:《国际贸易术语解释通则 2000》把 13 种贸易术语按 E、F、C、D 分为四组;《国际贸易术语解释通则 2010》把 11 种贸易术语按适用范围分为两组。

(3)术语的删减:《国际贸易术语解释通则 2010》删去了 4 种术语,分别是 DAF、DES、DEQ、DDU,只保留了 DDP。

(4)术语的新增:《国际贸易术语解释通则 2010》中增加了 2 种贸易术语,分别是 DAT、DAP,即用 DAP 取代了 DAF、DES 和 DDU 这 3 种术语,DAT 取代了 DEQ,且扩展至适用于一切运输方式。

表 2.12 **11 种贸易术语简表**

组别	术语缩写	术语名称		交货地点	运输方式
		英 文	中 文		
1	EXW	EX Works	工厂交货(指定地点)	产地、工厂	任何
	FCA	Free Carrier	交至承运人(指定地点)	出口国内地、港口	
	CPT	Carriage Paid to	运费付至(指定目的港)		
	CIP	Carriage and Insurance Paid to	运费、保险费付至(指定目的地)		
	DAT	Delivered at Terminal (Place/Port)	运输终端交货(指定港口或目的地的运输终端)	目的港口或目的地的运输终端	
	DAP	Delivered at Place	目的地交货(指定目的地)	进口国内	
	DDP	Delivered Duty Paid	完税后交货(指定目的地)	进口国内	
2	FAS	Free Alongside Ship	船边交货(指定装运港)	装运港口	水运
	FOB	Free on Board	船上交货(指定装运港)		
	CFR	Cost and Freight	成本加运费(指定目的港)		
	CIF	Cost, Insurance and Freight	成本、保险费加运费付至(指定目的港)		

(5)概念的取消:《国际贸易术语解释通则 2010》取消了“船舷”的概念。《国际贸易术语解释通则 2000》规定在 FOB、CFR 和 CIF 这 3 种贸易术语下买卖双方是以货物越过装运港指定船只的船舷作为交货风险的划分界限;修订后的《国际贸易术语解释通则 2010》取消了“船舷”的概念,卖方承担货物装上船为止的一切风险,买方承担货物自装运港装上船后的一切风险。

(6)责任义务的明确:《国际贸易术语解释通则 2010》在 FAS、FOB、CFR 和 CIF 等贸易术语中加入了货物在运输期间被多次买卖(连环贸易)的责任义务的划分。

(7)《国际贸易术语解释通则 2010》使用范围的扩大:考虑到一些大的区域贸易集团内部贸易的特点,国际商会规定,《国际贸易术语解释通则 2010》不仅适用于国际销售合同,也适用于国内销售合同。

《国际贸易术语解释通则 2010》保留了《国际贸易术语解释通则 2000》的 E、F、C 组贸易术语,对其的解释基本没有变化。

三、对新增贸易术语的解释

(一)DAT

DAT 即 Delivered at Terminal(... named terminal at port or place of destination)——指定目的港口或目的地的运输终端交货(……指定目的港口或目的地的运输终端),是指当卖方在指定港口或目的地的指定运输终端将货物从抵达的载货运输工具上卸下,交由买方处置时,即为交货。“运输终端”意味着任何地点,而不论该地点是否有遮盖,如码头、仓库、集装箱堆场或公路、铁路、空运货站。卖方承担将货物送至指定港口或目的地运输终端并将其卸下的一切风险。

由于卖方承担在特定地点交货前的风险,双方应尽可能确切地约定运输终端,如果可能的话,双方应尽可能清楚地约定指定港口或目的地运输终端内的特定地点。卖方应取得完全符合该选择的运输合同。

此外,如果双方希望由卖方承担由运输终端至另一地点间运送和受理货物的风险和费用,就应当使用 DAP 或 DDP 术语。

如适用，DAT要求卖方办理出口清关手续，买方办理进口清关、支付进口税或任何进口海关手续。

该术语可适用于任何运输方式，也可适用于多种运输方式。

(二)DAP

DAP即Delivered at Place(… named place of destination)——指定目的地交货(……指定目的地)，是指当卖方在指定目的地将仍处于运输工具上，且已做好卸载准备的货物交由买方处置时，即为交货。卖方承担将货物运送到指定地点的一切风险。

由于卖方承担在特定地点交货前的风险，双方应尽可能清楚地约定指定目的地内的交货点。卖方应完全取得符合该选择的运输合同。如果卖方按照运输合同在目的地发生了卸货费用，除非双方另有约定，卖方无权向买方要求偿付。

如适用，DAP要求卖方办理出口清关手续。但是卖方无义务办理进口清关、支付任何进口税或办理任何进口海关手续。如果双方希望卖方办理进口清关、支付所有进口关税，并办理所有进口海关手续，则应当使用DDP术语。

该术语可适用于任何运输方式，也可适用于多种运输方式。

第五节 专业技能实训

任务一 案例分析

【背景材料一】

2010年11月，我国F省粮油进出口公司与巴西某公司签订一份出口油籽的合同。合同采用FOB贸易术语，买方需于2011年2月份派船到厦门港接货。合同还规定："如果在此期间不能派船接货，卖方同意保留28天，但仓储、利息、保险等费用皆由买方承担。"

2011年3月1日，卖方在货物备妥后电告买方应尽快派船接货。但是，一直到3月28日，买方仍未派船接货。于是卖方向买方提出警告，声称将撤销合同并保留索赔权。买方在没有与卖方进行任何联系的情况下，直到2011年5月5日才将船只派到厦门港。这时，卖方拒绝交货并提出索赔，买方则以未订到船只为由拒绝赔偿损失，双方争议不能和解，卖方将争议起诉到法院。

法院经调查取证，认为买方确实未按合同规定的时间派船接货，因此法院判决：卖方有权拒绝交货，并提出赔偿请求。后经双方协商，卖方交货，但由买方赔偿仓储、利息、保险等费用。

【分析】

本案例是涉及FOB贸易术语下船货衔接的问题。按照FOB术语成交的合同属于装运合同，这类合同中卖方的一项基本义务是按照规定的时间和地点完成装运。然而，由于FOB条件下是由买方负责安排租船订舱，因此，就存在一个船货衔接问题，处理不当，自然会影响合同的顺利执行。根据有关法律和惯例，如果买方未能按时派船，卖方有权拒绝交货，而且由此产生的各种损失均由买方负担。因此，在FOB术语下成交的合同，对于装运期和装运港要慎重规定，订约之后，有关备货和派船事宜，双方要加强联系，密切配合，保证船货衔接。

在本案例中，我方作为卖方已尽到了自己的责任。在装运期临近时，卖方电告催促买方派船接货，但买方仍没有及时派船接货。根据《联合国国际货物销售合同公约》的规定，卖方有解除合同的权利，并要求买方赔偿损失。

在本案例中，我方公司据理力争，维护自身合法权益的做法是值得提倡的。后来从有利于交易的角度出发，我方公司未行使解除合同的权利而继续履行合同义务也是适当的。如果行情发生了变化或其他原因使履行合同给我方带来损失时，我方当然可断然行使解除合同的权利。

【背景材料二】

我国某公司以 CFR 条件出口一批瓷器。我方按期在装运港装船后,即将有关单据寄交买方,并要求买方支付货款。事后,业务人员突然发现,由于业务繁忙,忘记向买方发出装船通知。而此时,买方已来函向我方提出索赔,因为货物在运输途中因海上风险而毁损。

问:我方能否以货物运输途中的风险是由买方承担为由,拒绝买方的索赔?

【分析】

本案例阐述的是装船通知的问题。在 CFR 术语下,如前所述,卖方装船通知对买方自行投保具有极其重要的意义,因此,本案例中鉴于是我方疏忽而导致买方漏保,由此产生的损失应由我方负责。

任务二 国际贸易术语的运用范式

【目的要求】

学会运用国际贸易术语的基本表达范式和方法。

【背景材料】

根据下列材料,运用贸易术语向外商报价:

1. 上海某公司拟向美国纽约某客商出口一批货物,交货条件为 FOB,理舱费在内。

2. 我国某进出口公司拟向荷兰某客商出售一批上海牌 988 型彩电,交货条件为 CIF 舱底交货,运达地点为鹿特丹。

3. 我国某公司出口一批货物到伦敦,交货条件为 CFR,班轮条件。

4. 我国某公司出口一批货物到纽约,交货条件为 CIF,卸货到岸上。

【实训指南】

贸易术语的基本表达范式是在运用贸易术语说明买卖双方义务时,与紧随其后、补充说明交货条件的附属部分形成结构相对稳定的表达范式。基本格式为:

贸易术语+术语变形+指定地点

具体运用有以下情形:

(1)贸易术语+术语变形,表明买卖双方的义务划分及装卸费用由谁负担的问题,如 CIF Ex Ship's Hold。

(2)贸易术语+指定地点(包括装运港、目的港、装运地与目的地),表明使用某一术语时货物应到达的地点,如 FOB Shanghai、CIF London 等。

(3)贸易术语+术语变形+指定地点,表明使用某一术语时装卸费用的负担和货物应到达的地点,如 CIF ex Ship's Hold London、FOB Liner Terms Shanghai 等。

材料 1 可表述为:

FOB Stowed Shanghai 或 FOB Shanghai.

材料 2 可表述为:

CIF Ex Ship's Hold Rotterdam.

材料 3 可表述为:

CFR Liner Terms London.

材料 4 可表述为:

CIF Landed New York.

任务三 国际贸易术语的选用

【目的要求】

掌握贸易术语的选择使用。

【背景材料】

我国西安某外贸公司与英商签订一批出口货物，在商谈好价格后，西安公司坚持用FCA西安贸易术语，英商坚持用FOB天津贸易术语，试分析原因。

【实训指南】

卖方坚持用FCA西安贸易术语，卖方在西安货交承运人，卖方的交货义务就算完成，风险也就转移给了买方。如果采用FOB天津贸易术语，则卖方还要多承担西安到天津的运输和风险。采用FCA西安贸易术语，卖方货交承运人后，即可取得单据，交单议付。而用FOB天津贸易术语，卖方要到天津装船后才能取得单据，议付货款。所以买方坚持用FOB天津贸易术语，而卖方坚持用FCA西安贸易术语。

不同的贸易术语下，买卖双方承担不同的义务。采用何种贸易术语，既关系到双方的利益，也关系到能否顺利履约，所以在洽谈交易时，双方应恰当地选择贸易术语。目前在国际贸易中，较多地使用象征性交货的术语，即以装运港或装运地交货的方式成交。我国外贸企业在进出口业务中，对贸易术语的选用主要考虑下列因素：

(1)运输方式。由于不同的贸易术语适用的运输方式不同，买卖双方采用何种贸易术语，首先应考虑采用何种运输方式，即根据货物的运输方式选择贸易术语。FOB、CFR、CIF只适用于海洋运输和内河运输，在航空运输和铁路运输情况下就不适合采用。即使是海洋运输，在以集装箱方式运输时，出口商在货交承运人后即完成交货义务，因而作为出口方，应尽量采用FCA、CPT、CIP方式成交。此类贸易术语还有利于出口方提早转移风险，提前出具运输单据，早日收汇，加快资金周转。

(2)运费成本因素。运费在价格中占有很大的比重。运价上涨时，出口方可考虑以FOB成交，以避免运价上涨所造成的损失；运价下跌时，出口可考虑以CIF或CFR成交，以节省运费。总的来说，应酌情在自身安排运输与对方安排运输之间进行合理选择。

(3)货物的控制权。一般来说，为了避免进口方因为行情变化等原因不派船或不指派承运人，或者进口方指派的承运人无单放货等，出口可采用自身安排运输的方式成交，如CFR、CIF、CPT和CIP等；反之，为了避免卖方与船方勾结，利用租船提单骗取货款，进口可采用按自身安排运输的方式成交，如FCA、FAS和FOB等。

(4)运输风险的程度。国际贸易的货物在运输过程中可能遇到自然灾害、意外事故等风险，特别是当遇到战争或在正常的国际贸易环境遭到人为障碍与破坏的时期和地区，风险就会更大。因此，出口方一般不愿意用目的地交货类的贸易术语，如DDU、DDP、DES、DEQ；进口方一般不愿意用出口国内陆交货的贸易术语，如EXW。

(5)国外港口装卸条件和港口惯例。如果进口时，国外装运港的条件较差，装运效率低，费用较高，则力争采用CIF或CFR术语，或者通过贸易术语变形明确由出口方承担装货费；反之，出口时如果目的港条件较差，费用较高，则力争用FOB术语成交，或通过贸易术语变形来规避承担卸货费的责任。

(6)有利于发展双方的合作关系。有些国家规定进口贸易必须在本国投保，有些买方为了谋求保险费的优惠，与保险公司订有预保合同，则我方可同意按CFR方式出口。在大宗商品出口时，国外买方为谋求以较低运价租船，我方也可按FOB或FCA方式与之成交。

除了应考虑上述因素外，还应考虑外汇收支情况，即出口鼓励采用CFR或CIF术语，这样可以增加外汇收入；而进口鼓励采用FOB术语，这样可以减少运费和保险费的外汇支出，并且都将有利于促进本国保险业和运输业的发展。

贸易术语只是合同诸多贸易条件中的一个方面，它的选用必须与其他贸易条件相适应。

任务四　思考与练习

一、单项选择题

1. 以CFR贸易术语成交时，应由(　　)。

A. 买方办理租船订舱和保险　　B. 卖方办理租船订舱和保险

C. 卖方办理租船订舱，买方办理保险　　D. 买方办理租船订舱，卖方办理保险

2.《1932年华沙—牛津规则》是国际法协会专门为解释(　　)合同而制定的。

A. FOB　　B. CFR　　C. CIF　　D. FCA

3. CIF Ex Ship's Hold与DES相比，买方承担的风险，(　　)。

A. 前者大　　B. 两者相同　　C. 后者大　　D. 买方不承担任何风险

4. 在交货地点上,《1941 年美国对外贸易定义修订本》中对(　　)的解释与《国际贸易术语解释通则 2000》中对 FOB 的解释相同。

A. FOB under Tackle　　B. FOB　　C. FOB Vessel　　D. FOB Liner Terms

5. 象征性交货意指卖方的交货义务是(　　)。

A. 不交货　　B. 既交单又实际性交货

C. 凭单交货　　D. 实际性交货

6. 某进出口公司准备对外以 CFR 报价,如果该公司采用多式联运,应采用(　　)术语。

A. FCA　　B. CIP　　C. DDP　　D. CPT

7. 在使用贸易术语(　　)进行交易时,卖方及时向买方发出"已装船通知"至关重要,因为它将直接影响买卖双方对运输途中的风险承担。

A. CIP　　B. DES　　C. FCA　　D. CFR

8. 根据《国际贸易术语解释通则 2000》的解释,以 CIF 汉堡成交,卖方对货物所承担的风险界限(风险责任)是(　　)。

A. 货物在装运港越过船舷以前　　B. 货物在装运港卸下卖方车辆以前

C. 货物在目的港卸货越过船舷以前　　D. 货物在目的港装上买方车辆以前

9.《国际贸易术语解释通则 2010》于(　　)起生效。

A. 2010 年 1 月 1 日　　B. 2010 年 10 月 1 日　　C. 2011 年 1 月 1 日　　D. 2011 年 10 月 1 日

10. 根据《国际贸易术语解释通则 2010》的解释,下列贸易术语中,由卖方负责办理进口通关手续的是(　　)。

A. DAT　　B. DAP　　C. EXW　　D. DDP

11. 我方出口大宗商品,按 CIF 新加坡术语成交,合同规定采用租船运输,如我方不想负担卸货费用,我方应采用的贸易术语变形是(　　)。

A. CIF Liner Terms　　B. CIF Landed Singapore

C. CIF Ex Ship's Hold Singapore　　D. CIF EX Tackle Singapore

二、多项选择题

1. 以下对于贸易术语变形说法正确的是(　　)

A. 不改变费用的负担　　B. 不改变交货地点

C. 不改变风险划分界限　　D. 不改变支付条件

2. 国际贸易惯例本身(　　)。

A. 是法律　　B. 不是法律

C. 对贸易双方不具有强制性　　D. 对贸易双方具有强制性

E. 对贸易实践有指导作用

3. 在使用集装箱海运的出口贸易中,卖方采用 FCA 贸易术语比采用 FOB 贸易术语更为有利的具体表现是(　　)。

A. 可以提前转移风险　　B. 可以提早取得运输单据

C. 可以提早交单结汇以提高资金的周转率　　D. 可以减少卖方的风险责任

4. 根据《国际贸易术语解释通则 2010》的解释,FOB、CFR、CIF 术语仅适用于海运或内河水运,如果双方当事人无意以船上为界交货,则应改用(　　)术语。

A . FAS　　B. FCA　　C. CPT　　D. CIP

E. DDP

5. 贸易术语的性质是(　　)。

A. 表示交货条件　　B. 表示成交价格的构成因素

C. 表示付款条件　　D. 表示运输条件

6. CIF 术语与 DES 术语的区别是(　　)。

A. 适用的运输方式不同

B. CIF 为凭单交货,DES 为凭实物交货

C. 不但风险划分界限不同,而且费用划分界限也不同

D. CIF 合同属于装运合同,DES 合同属于到达合同

7. 对贸易术语解释的国际贸易惯例有(　　)。

A.《国际贸易术语解释通则 2010》　　B.《1932 年华沙—牛津规则》

C.《1941 年美国对外贸易定义修订本》　　D.《汉堡规则》

三、判断题

1. CFR Ex Ship's Hold Rotterdam 是指卖方必须把货运到鹿特丹,在舱底交货。(　　)

2. 采用 EXW(工厂交货)贸易术语成交时,卖方在自己工厂把货物交给买方,但仍须负责将货物安全运至装运港船舷(即风险、责任划分界限在装运港船舷)。(　　)

3. EXW 条件下卖方所承担的责任是最小的,而 DDU 条件下卖方所承担的责任是最大的。(　　)

4. 采用 FOB 条件时,通常由买方负责租船订舱,也有由卖方代办租船订舱的情况。按一般惯例,只要卖方已尽最大努力,因客观原因而租不到船或订不到舱位,买方不得为此向卖方提出索赔或撤销合同。(　　)

5. 按 FOB Stowed 条件成交时,表示卖方无需负担装货费和理舱费。如租船合同中又规定船方不负担装货费时,则由买方负担这些费用。(　　)

6. 国际贸易惯例已得到各国的公认,因此,它对于买卖合同中的当事人具有普遍的法律约束力。(　　)

7. 某公司以 CFR 贸易术语出口一批货物,由于船只在运输途中搁浅,使部分货物遭受损失,我方可不理睬。(　　)

8. 在 FOB 条件下,如合同没有规定"装船通知"条款,卖方将货物装船后可不发装船通知,此做法不算违约。(　　)

9. 以 CIF 条件成交,卖方在装船后至交单这段时间内,如果货物发生灭失或损坏,应由卖方负责。(　　)

10. 在实际业务中,习惯上将 CIF 价格称为"到岸价",也就是说,按 CIF 术语成交,卖方要承担货物到达目的港之前的一切责任、费用和风险。(　　)

四、简答题

1. 有关贸易术语的国际惯例有哪些?

2.《国际贸易术语解释通则 2010》与《国际贸易术语解释通则 2000》相比较,有什么主要的变化?

3. 为什么 CIF 是一种典型的象征性交货?

4. 简述 CIF、CFR、FOB 的异同点。

五、案例分析题

1. 我国某进出口公司向新加坡某贸易有限公司出口香料 15 公吨,对外报价为每公吨 2 500 美元 FOB 湛江,装运期为 10 月份,集装箱装运。我方于 10 月 16 日收到买方即将装运通知。为及时装船,公司业务员于 10 月 17 日将货物存于湛江码头仓库,不料货物因当夜仓库发生火灾而全部灭失,以致货物损失由我方承担。

问:在该笔业务中,我方若采用 FCA 术语成交,是否需要承担案中的损失?为什么?

2. 我方以 CFR 贸易术语与 B 国的 H 公司成交一批消毒碗柜的出口合同,合同规定装运时间为 4 月 15 日前。我方备妥货物,并于 4 月 8 日装船完毕,由于遇星期日休息,我公司的业务员未及时向买方发出装船通知,导致买方未能及时办理投保手续,而货物在 4 月 9 日晚因发生了火灾而被烧毁。

问:货物损失责任由谁承担?为什么?

3. 我方以 FCA 贸易术语从意大利进口布料一批,双方约定最迟的装运期为 4 月 12 日,由于我方业务员的疏忽,导致意大利出口商在 4 月 15 日才将货物交给我方指定的承运人。当我方收到货物后,发现部分货物有水渍,据查是因为货交承运人前两天大雨淋湿所致。据此,我方向意大利出口商提出索赔,但遭到拒绝。

问:我方的索赔是否有理?为什么?

模块二 合同的磋商与订立

第三章　国际货物买卖合同的磋商

学习指导

通过本章的学习，要求掌握交易磋商的有关内容、特点，发盘和接受的含义及其有关注意事项，能够运用有关法律规定和惯例来分析案例，并且能够做好交易前的策划准备工作、进行交易商洽、处理磋商交易的往来函电。

导入案例

对逾期接受处理不当致损案

6月15日，A公司向韩国客户G公司发盘："报童装针织衫200打，货号CM034每打CIF韩国100美元，8月份装运，即期信用证付款，25日复到有效。"6月22日收到G公司答复如下："你15日发盘收到。你方报价过高，若降至每打90美元可接受。"A公司次日复电："我方报价已是最低价，降价之事歉难考虑。"6月26日G公司又要求航邮一份样品以供参考。29日，A公司寄出样品，并函告对方："7月8日前复到有效。"7月3日，G公司回函表示接受发盘的全部内容，7月10日送达A公司。经办人员视其为逾期接受，故未作任何表示。

10月6日，A公司收到G公司开来的信用证，并请求按尽可能早的航班出运。此时因原料价格上涨，公司已将价格调整至每打110美元，故于10月8日回复称："我公司与你方此前未达成任何协议，你方虽曾对我方发盘表示接受，但我方6月10日才收到，此乃逾期接受，无效。请恕我方不能发货。信用证已请银行退回。如你方有意成交，我方重新报价每打CIF韩国110美元，1月份交货，其他条件不变。"

10月12日，G公司来电："我方曾于7月3日接受你方发盘，虽然如你方所言，7月10日才送达你方，但因你我两地之邮程需3天时间。尽管我方接受在传递过程中出现了失误，但你我两国均为《联合国国际货物销售合同公约》的缔约国，按《联合国国际货物销售合同公约》第21条第2款的规定，你方在收到我方逾期接受后未作任何表示，这就意味着合同已经成立。请确认你方将履行合同，否则，一切后果将由你方承担。"

A公司收电后，仔细研究了以前的来往函电及《联合国国际货物销售合同公约》的有关规定，发现我方确有失误，只得于10月14日去电："请速开信用证，以便我方按时交货。"最终A公司被迫承担了货物差价的损失。

思考：

(1)交易磋商一般要经过哪些程序？

(2)何谓发盘？其有效成立的条件是什么？什么是发盘的撤回与撤销？

(3)接受有效成立的条件是什么？什么是有条件的接受与逾期接受？

(4)签订书面合同具有哪些意义？

（资料来源：袁永友，柏望生. 新编国际贸易实务案例评析. 中国商务出版社，2004.）

交易磋商(Business Negotiation)是指买卖双方就买卖商品的有关条件进行洽谈、协商，以期达成交易的具体过程，通常也称作贸易谈判。在国际贸易中，交易磋商是对外贸易工作的重要环节，是销售合同订立的基础。交易磋商的内容包括各种交易条件，它关系到买卖双方的经济利益，交易磋商的结果确定了合同条款的具体内容，从而决定着合同双方当事人的权利与义务。因此，交易磋商是外贸业务活动中的一个重要环节，买卖双方都必须认真对待。

第一节　交易前的准备

为了做好交易磋商，事前必须充分做好各项准备工作。在交易磋商之前，需要准备的事项很多，其中主要包括以下工作：

一、深入细致的国际市场调研

在国际贸易中，各国(地区)的市场情况错综复杂、变化不定，因此，交易磋商前应该从市场调研入手，通过各种途径广泛收集市场资料，加强对国外市场供销状况、价格动态、政策法令、措施和贸易习惯等方面的调查研究，以便选择理想的目标市场和合理确定市场策略。

对国际市场进行调研，主要包括以下几个方面：

(一)国际市场环境调研

对国际市场环境的调研包括三个方面：经济环境、政治环境和社会文化环境。在调研时，要注意国际市场环境各方面、各要素之间的相互联系和相互影响。

(二)国际商品市场调研

对国际商品市场调研要从消费需求出发，不仅要设法满足现有的消费需求，更要努力挖掘和满足潜在的消费需求。国际商品市场调研的内容包括以下几个方面：

(1)商品本身特性，如品种、品级规格、自然属性、用途特点、包装、储存、运输等。

(2)商品生产，如生产周期、生产的季节性、生产技术条件等。

(3)商品消费，如消费周期、消费的季节性、消费需求的变化等。

(4)商品价格，如国外市场零售价、国外市场批发价、进出口贸易价、出厂价等。

(5)市场竞争。例如，市场上同类商品的供应者主要有哪些，竞争者在某一特定市场上所占的地位如何，市场份额为多少，市场竞争的程度、竞争的手段怎样，替代商品、新产品和类似商品的发展情况等。

(三)国外客户调研

对国外客户的调研要了解其资信状况，以达到“知彼”的目的。这一方面有利于把贸易风险降至最低，使进出口贸易合同建立在可行的基础上，减少或避免损失；另一方面可以更好地选择优良客户，调动积极因素，而且可以促进成交，扩大贸易往来。

对客户的调研要力求全面，主要内容包括以下几个方面：

(1)公司概要，包括名称、地址、电话、传真、成立日期、公司性质、公司隶属关系、业务范围、注册资本、实投资本等。其中，要特别注意公司注册资料或商业登记资料，以确定对象的真实身份；注意注册资本和实投资本，以估计该公司的规模大小。

(2)公司背景，包括公司历史、公司组织形式、股东和管理人员的情况、产权和业务范围的变化、公司名称的变化等。

(3)经营能力，指其经营范围和品种、业务地区、业务性质、销售渠道及企业的发展情况等。

(4)付款记录，包括公司在以往贸易中的付款方式及所得到的最高信用额与信用期，它可以反映其付款及资金流动情况。

(四)收集国际市场信息的渠道

在开展我国对外贸易中，进出口企业可以利用的收集国际市场信息的渠道主要有以下几个方面：

(1)从国内外报纸、杂志上的广告或行业名录、厂商年鉴中了解和物色潜在客户。

(2)通过驻外商务机构或出国小组、领事馆以及中国银行或其他外商的介绍，通过国际友好组织(如中日、中美、中法友好协会等)、各国的商业或工业民间组织以及国内外的国际咨询公司等社会团体、专业信用调查机构、本公司的分支机构、代理销售代表以及与其有业务往来的其他公司等渠道，对国外客户的政治态度、社会地位、经营能力、资信情况和交往历史等方面进行咨询。

(3)通过举办各种展销会、交易会、博览会，以及贸促会和国外商会介绍、客户主动前来联系等方式结识客户。

(五)数据和信息分析

利用各种数据分析模型和工具进行预测和决策是科学管理的必然要求，也是国际市场研究的重要组成部分。企业可利用市面上的各种计算机软件进行数据分析和决策，也可以根据已有信息对自身和对手的谈判实力进行定性分析，真正做到“知己知彼”。

在谈判准备阶段进行对手分析，应包括如下内容：

(1)对手的实力，包括公司历史、资本与投资状况、资信情况、技术装备水平，以及产品的品种、数量、质量和公司社会影响等。

(2)对手的需求与诚意，包括对方与我方合作的意图、合作的目的、合作愿望是否真诚、对合作的迫切程度如何、对合作伙伴选择的余地，以及与我国其他企业有无往来等。尽可能了解对手的需求、信誉、能力和作风。

(3)对手派出的谈判人员的情况，包括人员组成，以及各自的身份、地位、性格、爱好、谈判经验、特长和弱点等。

二、树立明确的谈判原则和目标

国际商务谈判是磋商、协商，目标是满足各方利益的需要。因此，成功的商务磋商要遵守“双赢”的谈判规则。

(一)尽量扩大总体利益

谈判双方应共同努力，首先扩大双方的共同利益，然后再讨论与确定各自分享的比例，“先把蛋糕做大，再来分蛋糕”。现实中，谈判双方的总体利益是客观存在的，但往往隐藏在矛盾背后，因此，需要谈判双方的真诚合作以及高超的谈判技巧。

(二)营造公开、公平、公正的竞争局面

同谈判对手进行的竞争应该是公平竞争，并且是建立在平等互利的基础上。要避免“轮番压价式”的做法，要以公平竞争来获得合理价格。

(三)明确目标

建立谈判目标就是对主要谈判内容确定期望值和期望水平。任何一种谈判都应以目标的实现为导向，而目标最终体现在双方签署的合同中。

三、组织专业有效、针对性强的谈判队伍

在交易磋商过程中，买卖双方在确定价格和各种交易条件以及拟定合同条款方面，往往因利害关系不同而存在分歧和争论，有时这种分歧和争论甚至是十分激烈的。而且在磋商过程中，还可能出现种种预先没有估计到的变化。为了保证磋商交易的顺利进行，事先应选配精明能干的洽谈人员，尤其是对一些大型的和内容复杂的交易，更要组建一个强有力的谈判团队。这个谈判团队中须包括商务、技术、法律和财务方面的人员，应具有较高的整体素质，要善于应战，善于应变，并善于谋求一致，这是确保交易成功的关键。

参加交易磋商的人员，一般应当具备以下几个条件：

(1)必须熟悉我国对外经济贸易方面的方针政策，并了解国家关于对外经济贸易方面的具体政策措施。

(2)必须掌握交易磋商过程中可能涉及的各种商务知识，如商品知识、市场知识、金融知识和运输、保险等方面的知识。

(3)必须熟悉我国公布的有关涉外法律、法令与规则，并了解有关国际贸易、国际技术转让和国际运输等方面的法律、惯例以及有关国家的外汇管制法和税法方面的知识。

(4)应当熟练地掌握外语，要求能处理外文函电并用外语直接洽谈交易。

(5)具有较高的政策水平、心理素质和策略水平，并具有机动灵活地处理磋商过程中出现的各种问题的应变能力。

(6)具备较成熟的跨文化交际能力，了解不同国家商人的谈判风格和商业文化(见表3.1)。

表3.1 各国商人的谈判风格

国　别	谈判风格
美国人	性格豪爽、非常自信、喜好竞争、注重实际
英国人	讲究绅士风度、善于争辩、不宜放弃
日本人	十分注重礼仪和身份、言辞委婉、内向、精明、重视问题的实质与细节、不易让步、讲求团队合作
法国人	使用法语、顽强有度、不拘小节、注重友谊
德国人	准备充分、注重权利、讲求效率、不易妥协
阿拉伯人	具有很强的种族和宗教意识、注重血缘关系和信誉、精于讨价还价、尊重对手、珍惜友谊

四、制定合理的商品经营方案

商品经营方案是在广泛调查研究的基础上，根据公司的经营政策和经营意图，结合自己以往经营的经验和国际市场趋势，在对外交易洽谈之前制定的在一定时期内(半年、一年或更长时间)进出口销售的设想、做法和全面安排。在当前国际市场竞争非常激烈的情况下，在进入

国际市场之前,进出口企业必须结合具体情况,制定出周密的进出口商品经营方案。

国际贸易包括出口和进口,因此,商品经营方案的制定也从这两个方面来阐述:

(一)出口商品经营方案

编制出口商品经营方案的目的在于加强领导,使出口业务的各个环节可以更好地协调配合,改善经营管理。

不同的商品,经营策略、方法、步骤不一样,其经营方案的内容繁简也就不一样。一般来说,对大宗商品交易所拟定的经营方案应比较详细、具体,尤其是制定某些大宗交易或重点商品的经营方案时,更应考虑周全;而对一般中、小商品的出口,则只需要拟订简单的价格方案即可。

出口商品经营方案的内容一般包括:

(1)出口市场情况,包括国外市场环境的特点、市场大小、对产品的需求、市场销售和市场竞争状况、国外进口规定、今后一段时期内的发展趋势预测等。

(2)出口经营情况,包括以前有无这类产品的出口经验、出口的具体品种和数量、出口地理方向等。

(3)国内货源情况,如生产能力、技术水平、交货周期等。

(4)销售计划和措施,如市场安排、客户选择、广告宣传、贸易方式、价格和支付条件的掌握等。

(5)成本和经济效益核算。

(二)进口商品经营方案

进口商品经营方案是为了实现进口任务而制定的经营意图和各项具体措施,其主要内容包括:采购市场的安排,交易对象的选择,订购商品的品名、数量、规格、时间、价格,贸易方式和交易条件等。总的要求是:在符合国家方针、政策的前提下,既要力争比较优惠的价格,又要不影响国内的需要;既要做到"货比三家",又要不失时机。

第二节　与外商沟通的业务信函

在国际贸易中,由于买卖双方相距遥远,函电始终是买卖双方进行商务洽谈和交往的主要媒介,因此,商务信函在对外交易中起着重要的作用。

一、建立商务关系的信函

与潜在的客户建立商务关系是开展国际贸易的起点,无论对新公司还是老公司而言,都是十分重要的。

在国际贸易中,进出口企业可通过参加国内外商品交易会、展览会和商业团队互访等方式取得联系,也可通过银行、商会、双方驻外商务机构等了解潜在客户的基本情况。而在取得潜在客户的名称、地址、信用状况等基本情况之后,企业就可以向潜在客户发出信函以图建立商务关系。

一般来说,建交函可以简单描述对方基本情况的获取途径开头,在表达与对方建立商务关系的意愿后,重点向对方介绍本企业的经营业务范围、财务状况、地位等基本情况。

建立商务关系的函件及其回函样例如下：

> Dear Sirs,
>
> With reference to your letter of June 27, we are glad to learn that you wish to enter into trade relations with us, which also meets our interest.
>
> To give you a general idea of our products , we are sending you by air a catalogue showing various products being handled by this corporation with detailed specification and means of packing. Quotations and sample will be sent upon receipt of your specific enquiries.
>
> As we have not had the pleasure of doing business with you in the past, we would like to inform you that our goods for export are to be inspected by the Shanghai Commodity Inspection Bureau before shipment, and necessary certificates in regard to the quality and quantity of the shipment will be provided.
>
> We are looking forward to your early reply.
>
> Yours faithfully,
>
> (Signature)
>
> April 8, 2011

> Dear Sirs,
>
> We think you for your letter of April 1. From which we note that you are desirous of establishing business relations with us. To give you a general idea of our products, we enclose a catalogue showing various products we are handing. If any of the items listed in the catalogue meets your interest, please let us have your specific enquiry, and our quotation will be forwarded without delay.
>
> We would appreciate a prompt response.
>
> Yours sincerely,
>
> (Signature)
>
> April 20, 2011

二、询盘及答复信函

在国际货物买卖中，交易磋商一般由买卖双方中的一方向另一方发出询盘或发盘开始。询盘通常由买方向卖方提出，以了解所拟订的货物的情况。询盘的内容可只包括有关货物的价格，也可包括对商品的规格、性能、包装、交货期以及付款方式等各项具体条件的询问。买方在贸易询盘中也可要求对方提供商品目录或样本，有时还可列明所需货物的品质、规格、数量及交货期，以便供货人据以发盘。

询盘函必须简洁、具体、用词得体。对于对方的询盘应及时答复，有针对性，防止答非所问，以利于交易磋商的进行。

询盘函及其回函样例如下：

Dear Sir or Madam,

We were impressed by the selection of sweaters that were displayed on your stand at the Menswear Exhibition that was held in Chicago last month.

We are a large chain of retailers and looking for a manufacturer who could supply us with a wide range of sweaters for the teenage market.

As we usually place very large orders, we would expect a quantity discount in addition to a 20% trade discount off net list prices, and our terms of payment are normally 30 days bill of exchange, documents against payment.

If these conditions interest you, and you can meet orders of over 1000 garments at one time, please send us your current catalogue and price-list. We hope to hear from you soon.

Yours faithfully,
Chris Gardner
China Trade Manager
Aug. 15, 2011

Dear Sirs,

Thank you for your inquiry of Aug. 15. We enclose our illustrated catalogue and price list giving the details you ask for. Samples of our products for which you ask in your letter of August 15 are being sent to you today. We feel confident that you will be satisfied with the goods both excellent in quality and reasonable in price.

On regular purchases in quantities of not less than 100 dozen of individual items we would allow you a discount of 2%. Payment is to be made by irrevocable L/C at sight.

Our all cotton textiles are becoming popular because of their softness and durability. After studying the samples and their prices you will not be surprised to learn that we are finding it difficult to meet the demand. But if you place your order not later than September 5, we would ensure prompt shipment.

We are looking forward to receiving your first order.

Yours faithfully,
(Signature)
August 31, 2011

三、发盘、还盘与接受信函

在国际贸易中，发盘是交易当事人一方向另一方提出各项买卖条件，表示愿意按照这些条件签订合约的行为。发出发盘的可以是卖方，也可以是买方。

如果接受发盘的企业对发盘中的内容不完全同意，就会向原发盘方提出变更的表示，这就是还盘。还盘既是受盘人对发盘的拒绝，也是受盘人以发盘人的身份所提出的新发盘。

如果接受发盘的企业完全同意发盘中的内容，就会给原发盘人发函表示愿意按发盘中的条件成交，这就是接受。接受是受盘人在接到对方的发盘或还盘的有效期内完全同意对方提出的全部内容，愿意同发盘人订立合同的一种表示。

发盘、还盘与接受的信函样例如下：

(一)发盘

Dear Sirs,

We have received your letter dated August 1, from which we note that you wish to have an offer from us for 2000 dozens of No. 208 ladies' pajamas, for shipment to San Francisco.

We are making you, subject to your reply reaching us by August 20 our time, the following offer: "2000 dozens No. 208 ladies' pajamas, at USD 26.00 per dozen CIFC 2% San Francisco. Other terms and conditions are same as usual, with the exception of insurance which will cover All Risks for 110% of the total invoice value."

We look forward to your early reply.

Yours truly,

(Signature)

August 8,2011

(二)还盘

Dear Sirs,

We have received your letter of August 8, offering us 2000 dozens of No. 208 ladies' pajamas at USD 26.00 per dozen. In reply, we regret to inform you that our client has found your price much too high. Information indicates that similar articles have been sold there at approximately USD 19.00 per dozen.

We do not deny that your pajamas are slightly better in design, but the price difference should in no case be as big as USD 7.00 per dozen. To step up the trade, we, on behalf of our clients, counteroffer the following, subject to your reply here on August 25, 2003: 2000 dozens of No. 208 ladies' pajamas at USD 22.00 per dozen CIFC 2% San Francisco, other terms remaining the same as stated in your letter dated August 8, 2003.

As the market is declining, we recommend your acceptance.

Sincerely yours,

(Signature)

August 15,2011

（三）接受

> Dear Sirs,
>
> Thank you for your offer May 3 for men's and women's leather gloves and also for samples you sent us.
>
> Having looked over your samples, we found both the quality of the leather used and workmanship are up to our requirement. We are pleased to tell you that we can accept all terms in your offer May 3, and we are pleased to place the following order with you:
>
> 300 pairs of women's leather gloves in red color
> Size: No. 26, each pair at USD 5 CIF Hamburg
> 200 pairs of men's leather gloves in black
> Size: No. 30, each pair at USD 6 CIF Hamburg
>
> Yours faithfully,
> China National Import & Export Corp
> Manager
> (Signature)
> May 10, 2007

第三节　交易的磋商

一、交易磋商的形式

交易中的磋商可以通过多种渠道、多种方式进行。究竟采取何种磋商形式，要视具体情况而定。一般情况下，交易磋商的形式可以分为口头磋商和书面磋商两种。

（一）口头磋商

1. 口头磋商的概念

口头磋商主要是指进出口双方面对面的谈判。例如，参加国际商品交易会，在交易会上，双方进行面对面的口头磋商；由我方派遣贸易团体访问对方，进行口头磋商；或邀请国外客户来访，进行口头磋商。

2. 口头磋商的特点

（1）信息传递迅速。一方提出某项交易条件或要求对某项交易条件进行修改，马上可以获得对方对此要求的反馈信息，或表示同意，或表示不同的意见。磋商的效率比较高。

（2）面对面的谈判可以观察对方的表情、举止等，揣摩对方的心理，见机行事，调整谈判策略和方法。

（3）口头磋商有利于交流感情，促进双方良好关系的发展。这一点在国际贸易中，对于建立长期的业务关系是很重要的。

（4）通过参加交易会和互访进行面谈所要花费的费用（如参展费、差旅费等）比较高，这对企业来说是一笔不小的支出。

（5）口头磋商对人员的素质要求比较高。例如，谈判人员要有丰富的业务知识，对对方提出的不同意见要及时作出反应，不能进行长时间的思考和商量。

(二)书面磋商

1. 书面磋商的概念

书面磋商是指通过信件、电报、电传、传真、EDI、电子邮件等通信方式来进行交易磋商。在各种通信方式中,传真具有突出的优点,因此,现在很多企业使用传真进行商谈。

2. 书面磋商的特点

(1)交易磋商有凭证,当双方之间产生争议时,有据可查。

(2)书面磋商所支出的费用比口头磋商要低得多。因此,在交易磋商中,企业更多使用的是书面形式。

二、交易磋商的内容

交易磋商的主要内容涉及拟签订的国际贸易合同中的各项交易条款。

交易条款可以分为以下五大类:

(1)货物条款,包括货物的名称、质量规定、数量、包装、商品检验等。

(2)价格条款,包括货物的单价、总价、价格术语、佣金或折扣等。

(3)交货条款,包括交货的时间、地点、运输方式、运输保险等。

(4)支付条款,包括支付工具、支付时间、支付方式、支付地点等。

(5)争议处理条款,包括索赔、不可抗力、仲裁等。

从理论上讲,必须就以上各项内容逐一进行磋商,达成一致意见,才能完成整个交易磋商的过程。但是,在实践中,并不是每笔交易业务都要对上述各项内容逐一进行磋商。因为,一方面,从合同成立的角度来看,法律上没有要求只有明确了上述全部内容,合同才有效,即只要明确了主要交易条款,合同就成立;另一方面,从实践操作的角度来看,在上述交易条款中,有一部分内容在各笔交易业务中相对比较固定,为了简化交易磋商的内容,提高贸易效率,很多进出口商往往对这部分内容事先达成协议,确定以后各笔交易所涉及的这些方面的内容都如此规定。只要任何一方没有提出异议,就不必重新磋商。这些交易条款被称为一般交易条款(General Terms)。

就我国进出口企业所拟订的一般交易条款而言,通常包括以下几个方面:

(1)有关预防和处理争议的条款(如关于货物检验、索赔、不可抗力和仲裁的规定等)。

(2)有关主要交易条款的补充说明(如品质机动幅度、允许分批/转运、保险金额、险别和适用保险条款、信用证开立的时间和有效期的规定等)。

(3)个别的主要交易条款(如通常采用的包装方法、凭不可撤销即期信用证支付的规定等)。

一般交易条款大多印在由贸易商自行设计和印制的格式合同的背面或正面的下部。有的则将其拟订的一般交易条款单独印制成文,分发给可能与之交易的客户;有的为了简化手续,将一般交易条款省略,例如,双方签订“售货确认书”等合同,其中只有主要条款内容。

三、交易磋商的基本程序

在实际业务中,交易磋商的一般程序有询盘(Inquiry)、发盘(Offer)、还盘(Counter Offer)和接受(Acceptance)四个环节,其中,发盘和接受是达成交易的决定性环节,是合同成立的必要条件。

(一)询盘

1. 定义

询盘又称询价，是指交易的一方向另一方询问是否买进或卖出某商品以及要求什么样的交易条件的口头或书面表示，主要是为了试探对方对交易的诚意和了解其对交易条件的意见。

询盘的内容可以涉及某种商品的主要交易条件(如商品的品质、规格、数量、包装、价格和装运等)，也可以索取商品目录、价目单、样本或样品等。其中，多数是询问价格。

询盘既可以由买方发出，也可以由卖方发出。买方询盘又称递盘(Bid)，卖方询盘又称索盘(Selling Inquiry)。

2. 询盘无法律效力

在国际贸易的实际业务中，询盘只是探询交易的可能性，它是一种内容不明确、不肯定、不全面或附有保留条件的建议，这种建议具有邀约性质，所以对双方都不具有法律约束力。

询盘不是每笔交易的必经程序，有时未经询盘也可直接向对方发盘。但询盘往往是交易的起点，因此，我们应对询盘予以重视并及时给予答复。

3. 询盘时应注意的事项

(1)重视交易起点。询盘往往是交易的起点，所以，对询盘的重视并及时给予答复将会给对方良好的印象，并为建立良好的合作关系起到积极的促进作用。

(2)不要过早暴露意图。一个询盘可作为与对方的试探性接触而同时向多家发出。在向外询盘时，要注意策略，做到既不过早暴露真实意图，又对货物品种、规格、型号、技术等加以详细询问。而接到对方的询盘时，要避免将对方询盘中的交易条件当作发盘而匆忙接受，导致过早暴露自己的销售或购买的真实意图，从而使自己在今后的交易磋商中处于被动地位。

(3)利用询盘探路，但切忌滥用。正是因为询盘不具有法律约束力，所以通过询盘可以分析对方的交易心理，起着投石问路的作用，但应遵守商业道德，维护企业的商业信用，避免滥用。一般来说，询盘的对象应事先有所选择，除因用货单位订购特定的产品，只能向指定的产品生产厂家询盘外，可根据以往和业务资料，或者经其他方面的查询，选择适当的交易对象进行询盘。交易对象的多少应根据产品和交易的具体情况确定，既不宜在同一地区多头询盘，造成对手联合起来抬价或压价的局面，也不宜只局限于个别客户而无法进行比较、选择。

(4)对初次接触的交易对象的询盘要作一些自我介绍，让对方了解自己的企业，这样有利于建立企业的信誉，为交易打好基础。

(5)对数量较大的进口或出口，应适当安排采购或销售的进度，以免对方抬价或压价，造成不必要的浪费。

4. 实用范例

在国际贸易中，通常采用下列词语来表示询盘：

PLEASE OFFER…	请发盘……
PLEASE ADVICE…	请告……
PLEASE QUOTE…	请报价……
INTERESTED IN… PLEASE…	对……感兴趣，请报盘……

【案例 3－1】 买方询盘：“Interested in large size Shandong Groundnut Kernels 2011 corp. Please offer lowest price CIF Hamburg shipment Dec.”(对2011年产山东大粒花生仁有兴趣，请报CIF汉堡最低价格，12月装运。)

【案例 3－2】 卖方询盘："CAN SUPPLY ALUMINUM INGOT 99 PCT JULY SHIPMENT PLEASE CABLE IF INTERESTED."（可供 99%铝锭，7 月份装运，如有兴趣，请电告。）

（二）发盘

1. 定义

发盘又称发价或报价，法律上称为要约，是指交易的一方（发盘人）向另一方（受盘人）提出购买或出售某种商品的各项交易条件，并表示愿意按这些条件与对方达成交易、订立合同的行为。

发盘的内容不是一项或几项交易条件，而必须是足以构成合同成立的那些主要交易条件。一项有效的发盘一经对方（受盘人）表示接受，发盘人就有义务按发盘中所规定的条件与对方订立合同；而受盘人有权利在发盘的有效期内要求对方（发盘人）按发盘中所规定的条件与其签订合同。因此，对于发盘人来说，发盘是一种具有法律约束力的行为。

在实际业务中，发盘可以是应对方的询盘作出答复，也可以是在没有询盘的情况下直接发出。发盘可以用口头方式表示，也可以用书面方式表示。发盘可由卖方提出，被称为售货发盘（Selling Offer）；也可由买方提出，被称为购货发盘（Buying Offer）。

2. 发盘的构成要件

根据《联合国国际货物销售合同公约》第 14 条第 1 款的规定："凡向一个或一个以上特定的人提出订立合同的建议，如果其内容十分确定并且表明发盘人有在其发盘得到接受时承受约束的意旨，即构成发盘。"其第 15 条第 1 款第 2 项规定："发盘于送达被发盘人时生效。"根据上述解释，构成一项发盘，必须具备下列四个条件：

（1）发盘必须向一个或一个以上的特定人提出。

一方面，向特定人（Specific Person）提出意味着向有名有姓的公司或个人提出；否则，若发盘中没有指定受盘人，它便不能构成有法律约束力的发盘，而只能被视为发盘邀请（Invitation for Offer）。提出此项要求的目的在于把发盘同普通的商业广告及向国内外客户散发商品价目单等行为区分开来。例如，报刊上的广告、商品目录或价目单和其他宣传品等是面向社会大众消费者提出的，这些对象都不属于特定人，因此，这类行为一般不属于有效发盘，而只能被认为是发盘邀请。另一方面，只有特定的受盘人才可以对发盘表示接受并与发盘人签订合同。

这里需要特别指出的是，对广大公众发出的商业广告是否构成发盘的问题，各国法律规定并不一致。大陆法规定，凡向公众发出的商业广告，不得视为发盘，而只是邀请看到广告的公众向登广告的人提出发盘；英美法的规定则与此相反，如英国有的判例认为，向公众作出的商业广告，只要内容确定，在某些场合下也可称为发盘。因此，在实际业务中，我们应特别小心，我方对外所做广告宣传和寄发的商品价目单，不要使对方误解我方有"一经接受，即受约束"的意思，在寄发商品价目单时，最好在其中注明或"随时调整，恕不通知"或"需经我方最后确认"等字样。

（2）发盘的内容必须十分确定。

按照《联合国国际货物销售合同公约》的解释，所谓"十分确定"（Sufficiently Definite），表明发盘中至少应包括下列三个基本要素：①标明货物的名称；②明示或默示地规定货物的数量或规定确定货物数量的方法；③明示或默示地规定货物的价格或规定确定货物价格的方法。

凡是包含上述三项基本要素的订约建议，即可构成一项发盘。如该发盘被对方接受，销售合同即告成立。

这里需要特别指出的是，构成一项发盘应包括的内容，各国的法律规定不尽相同。有些国家的法律要求对合同的主要条件，如品名、品质、数量、包装、价格、交货时间与地点以及支付办法等，都要有完整、明确、肯定的规定，并不得附有任何保留条件，以便受盘人一旦接受即可签订一项对买卖双方均有约束力的合同。《联合国国际货物销售合同公约》关于发盘内容的上述规定只是对构成发盘的起码要求，在实际业务中，如发盘的交易条件太少或过于简单，就会给合同的履行带来困难，甚至容易引起争议。因此，在对外发盘时，最好将品名、品质、数量、包装、价格、交货时间与地点以及支付办法等主要交易条件一一列明。

(3)表明发盘人在其发盘得到受盘人接受时即承受约束的意旨。发盘是订立合同的建议，而非泛泛的磋商。如果发盘人只是就某些交易条件建议同对方进行，而根本没有受其建议约束的意思，则此项建议就不能被视为一项发盘。例如，在发盘中附加“仅供参考”、“以我方最后确认为准”或“有权先售”等保留条件，这样的订约建议就不能构成发盘，而只能视为发盘邀请。发盘与发盘邀请的最大区别就是，前者是一项肯定的订约建议，而后者是一项不肯定的订约建议。虽然发盘邀请也可向一个或一个以上的特定人做出，并以公开的方式送达对方，但其内容往往不是十分确定的，它所包含的交易条件可能是不完整的、不明确的，即使是完整的和明确的，也不是终局的。因此，即使对方立即无条件同意发盘邀请中所提出的全部条件，做出发盘邀请的一方也不承担与之订立合同的确定责任。

(4)发盘必须送达受盘人。根据《联合国国际货物销售合同公约》的规定，发盘只有被送达受盘人时才生效。任何由于某种原因而致使受盘人未能收到的发盘都是无效的，例如，由于邮政事故或通信网络故障等导致发盘传递失败。

3. 发盘的有效期

发盘的有效期(Time of Validity 或 Duration of Offer)是指发盘可供受盘人做出接受的期限。它包含两层含义：一是发盘人在发盘有效期内受约束，即受盘人一旦在有效期内将接受通知送达发盘人，发盘人就承担按发盘条件与之订立合同的责任；二是指超过发盘规定的期限，发盘人即不再受其约束，也就是说，受盘人若超过有效期做出接受，发盘人就不再承担与之订立合同的义务。因此，发盘的有效期对发盘人而言，既是一种限制，又是一种保障。

在国际货物买卖中，对发盘的有效期可作明确规定，也可不作明确规定。不明确规定有效期的发盘，应被理解为在“合理时间”内有效，而关于“合理时间”，国际上并无统一规定，需视具体情况而定，一般由商品特点和行业习惯决定，所以容易引起争议。另外，根据《联合国国际货物销售合同公约》的规定，采用口头发盘的，除非发盘人发盘时另有声明，否则，发盘的效力于谈话终止时结束。

发盘人在规定有效期时，一般应注意两个方面的问题：一是要根据商品的特点和采用的通信方式来合理确定发盘的有效期，对大宗交易和价格变化快的的商品，有效期宜短一点；反之，则宜稍长一点。二是有效期的规定要具体、明确，尽量避免“尽快回复”之类的词句。

在实际业务中，对外发盘一般采用明确规定有效期的方法，常见的方法有以下几种：

(1)规定最迟接受的期限。如：“Offer subject to reply reaching here 15th June.”(发盘限6月15日复到有效。)由于买卖双方所在地时间一般存在时差，因此发盘中在规定最迟接受期限时，一般都同时限定以接受送达发盘人或发盘人所在地的时间为准。

(2)规定一段接受的期间。如：“Offer valid five days.”(发盘有效期为5天。)采用这种方法存在一个如何计算“一段接受期间”的起讫问题。《联合国国际货物销售合同公约》规定：发盘人在电报或信件中订立的接受期限从电报交发时刻或信上载明的发信日期(无发信日期则依据信封上的邮戳日期)起算。发盘人以电话、电传或其他快捷通信方法规定的接受期限，从发盘送达受盘人时起算。在计算接受期间时，接受期间内的正式假日或非营业日应计算在内。但是，如果接受期限的最后一天是发盘人营业地的正式假日或非营业日，则应顺延至下一个营业日。需要说明的是：虽然这种规定有效期的方法是《联合国国际货物销售合同公约》允许的，但在具体业务中容易引起争议，实际使用较少。

4. 发盘的生效和撤回

按照《联合国国际货物销售合同公约》第 15 条第 1 款的解释，“发盘于送达受盘人时生效”。我国《合同法》也有类似规定：“要约到达受要约人时生效。采用数据电文形式订立合同，收件人指定特定系统接受数据电文的，该数据电文进入该特定系统的时间，视为到达时间；未指定特定系统的，该数据电文进入收件人的任何系统的首次时间，视为到达时间。”

明确发盘生效的时间具有重要的法律和实践意义，这点主要表现在两个方面：

(1)关系到受盘人能否表示接受。一项发盘只有送达受盘人时，即发盘生效之后，受盘人才能表示接受。也就是说，发盘虽已发出，但在到达受盘人之前，并不对发盘人产生约束力。

(2)关系到发盘人何时可以撤回发盘或修改其内容。发盘发出之后，只要在发盘生效之前，发盘人仍可改变主意将其撤回或修改其内容。按照《联合国国际货物销售合同公约》第 15 条第 2 款的规定，“一项发盘，即使是不可撤销的，得予撤回，如果撤回的通知在发盘到达受盘人之前或同时送达受盘人”。

在这里，我们将发盘人尚未被受盘人收到的发盘予以撤销的行为称为发盘的撤回(Withdrawal)。因此，撤回的实质就是阻止发盘生效。在实际业务中，发盘的撤回仅适用于通过信件或电报向国外发盘，因为以信件或电报形式的发盘到达受盘人有时间间隔，而使用电话、电传、传真或电子邮件等形式的发盘就不可能有撤回的机会了。

5. 发盘的撤销

发盘的撤销(Revocation)不同于撤回，这是指发盘生效后，发盘人再解除其效力的行为。将已为受盘人收到的发盘予以取消就意味着解除已生效的发盘对发盘人的约束力，这不仅是业务操作上的问题，而且也涉及法律方面的问题，还影响到发盘人的信誉。

对此问题，英美法与大陆法这两大法系之间存在着尖锐的矛盾。英美法认为，发盘原则上对发盘人没有约束力，即使发盘中规定了有效期，发盘人在受盘人对发盘表示接受之前的任何时候，都可以撤销发盘或变更其内容，这显然对发盘人片面有利。而大陆法系则认为，发盘人原则上应受发盘的约束，发盘一经发出，即不得随意撤销。

为了调和上述两大法系在发盘可否撤销问题上的分歧，《联合国国际货物销售合同公约》采取了折中的办法，其第 16 条规定：

(1)在未订立合同之前，发盘得予撤销，如果撤销的通知于受盘人发出接受通知之前送达受盘人。

(2)但在下列情况下，发盘不得撤销：

①发盘中写明了发盘的有效期或以其他方式表明发盘是不可撤销的；

②受盘人有理由信赖该项发盘是不可撤销的，而且已本着对该发盘的信赖行事。

我国《合同法》的规定与《联合国国际货物销售合同公约》的规定大致相符：“要约可以撤销。撤销要约的通知应当在受要约人发出承诺之前到达受要约人。”“有下列情形之一的，要约不得撤销：①要约人确定了承诺期限或者以其他形式明示要约不得撤销；②受要约人有理由认为要约是不可撤销的，并已经为履行合同做了准备工作。”

需要说明的是：虽然已为受盘人收到的发盘在理论上有撤销的可能，但在现实中，这是非常难以办到的。事实上，已为受盘人收到的发盘基本上是不可撤销的。特别是在当今发达的通信时代，传统的信件或发盘已越来越少了，更多的是使用快捷、效率高的传真或电子网络发盘。因此，在实际业务中，进出口企业必须审慎对待发盘，使发盘准确无误，以免造成难以挽回的损失。

6. 发盘效力的终止

发盘效力的终止(Termination)是指发盘法律效力的消失。它含有两方面的意义：一是发盘人不再受发盘的约束，二是受盘人失去了接受该发盘的权利。

任何一项发盘，其效力均可在一定条件下终止。《联合国国际货物销售合同公约》第17条规定："一项发盘，即使是不可撤销的，于拒绝通知送达发盘人时终止。"

关于发盘效力终止的原因，一般有下列几个方面：

(1)撤回或撤销。发盘人在受盘人作出接受前对发盘进行了有效的撤回或撤销。

(2)拒绝或还盘。发盘被受盘人拒绝或被还盘之后，即拒绝或还盘通知送达发盘人时，发盘的效力即告终止。

(3)有效期届满。发盘在规定的有效期内未被接受，或虽未规定有效期，但在合理时间内未被接受，则发盘的效力即告终止。

(4)不可抗力。在发盘人发盘之后，发生了不可抗力事故，如发盘中的商品被出口国政府或进口国政府宣布禁止出口或进口等。

(5)适用法律所规定的一些特定情况。如发盘人发盘后不幸丧失行为能力或死亡；发盘人为法人时，该法人在发盘被接受前被依法宣布破产，并将有关破产的书面通知送达受盘人等。

7. 实用范例

在国际贸易中，发盘一般采用发盘(Offer)、报价(Quote)、定购(Order)、递盘(Bid)等术语。

【案例 3—3】 对例3—1中的买方询盘，卖方发盘如下："This is to confirm your E-mail of 2 July, 2011, asking us to make your firm offers for large size Shandong Groundnut Kernels 2011 corp. shipment Dec. We E-mail you this morning offering you 300 metric tons of large size Shandong Groundnut Kernels at USD1 000 per metric ton, CIF Hamburg, for shipment during Nov. /Dec. 2011. This offer is firm, subject to the receipt of your reply before 16 July 2011."(2011年7月有关查询2011年产山东大粒花生仁CIF汉堡价的电子邮件已收悉。今日上午电子邮件报价：2011年产山东大粒花生仁300公吨，每公吨CIF汉堡价为1 000美元，于2011年11月或12月装运。以上实价需由贵公司于2011年7月16日前复到有效。)

(三)还盘

1. 定义

还盘又称还价，在法律上称为反要约，是指受盘人在接到发盘后，不同意或不完全同意发盘人在发盘中提出的条件，为了进一步协商，向发盘人提出需要变更内容或建议的表示。

《联合国国际货物销售合同公约》规定：受盘人对发盘人的答复若实质上变更了发盘条件，就构成还盘；受盘人对货物的价格、付款、品质、数量、交货时间与地点、一方当事人对另一方当事人的赔偿责任范围或解决争端的办法等提出添加或更改均视为实质性变更发盘条件。

此外,《联合国国际货物销售合同公约》还规定:对发盘表示有条件的接受也是还盘的一种形式,如答复中附有"待最后确认为准"等字样。

2. 还盘的法律效力

还盘总是由受盘人做出的,其法律效力主要体现在以下两个方面:

(1)还盘是对原发盘的拒绝。还盘一经做出,原发盘即失去效力,发盘人不再受其约束。因此,受盘人还盘后又接受原来的发盘,合同不成立。

(2)还盘是一项新的发盘。我国《合同法》规定:"受要约人对要约的内容做出实质性变更的,为新要约。有关合同的标的、数量、质量、价款或者报酬、履行期限、履行地点和方式、违约责任和解决争议的方法等的变更,是对要约内容的实质性变更。"即一项还盘等于是受盘人提出的一项新的发盘。还盘做出后,还盘者由原来的受盘人变成新的发盘人,而原发盘变成了新的受盘人。

3. 实用范例

【案例 3—4】 对案例 3—3 中的卖方发盘,买方还盘如下:"Thank you for your offer of 8 July 2011. We are disappointed to tell you that the price is too high. We can offer large size Shandong Groundnut Kernels at USD 970 per metric ton, for shipment before 15 Dec. 2011. We can accept what else you say. Subject reply here 17th July 2011."(你方 2011 年 7 月 8 日的发盘收到,我们遗憾地告诉你,你方所报价格太高。还盘价格 970 美元/公吨,装运期 2011 年 12 月 15 日前,其他条件不变。此还盘需由贵公司于 2011 年 7 月 17 日前复到有效。)

(四)接受

1. 定义

接受在法律上称为承诺,是指受盘人接到对方的发盘或还盘后,无条件地完全同意对方提出的条件,愿意与对方达成交易的表示。

《联合国国际货物销售合同公约》规定:"受盘人声明或做出其他行为表示同意一项发盘,即是接受。缄默或不行动本身不等于接受。"我国《合同法》规定:"承诺是受要约人同意要约的意思表示。"由此可见,接受的实质是对发盘表示同意。这种同意通常是以某种方式向发盘人表示出来。

根据《联合国国际货物销售合同公约》的规定,受盘人对发盘表示接受,既可以通过口头或书面向发盘人发表声明的方式表示接受,也可以通过其他实际行动来表示接受。如受盘人收到发盘后,不采取任何行动对发盘做出反应,而只是保持缄默,就不能被认为是对发盘表示接受。但是,如缄默或不行为与其他因素结合在一起,足以使对方确信缄默或不行为是同意的一种表示,即可构成接受。例如,交易双方均为老客户,根据原定协议、惯例或习惯做法,几年来卖方一直按买方的定期订单发货,并不需要另行通知表示接受其订货单,若卖方收到买方订货单后,既不发货,也不通知买方表示拒绝其订货单,则卖方的缄默就等于接受,买方就可以控告卖方违约。

2. 构成接受的要件

根据《联合国国际货物销售合同公约》的解释,构成一项法律上有效的接受,必须具备以下四个条件:

(1)接受必须由受盘人做出。发盘是向特定的人提出的,因此,只有特定的人才能对发盘做出接受。如果其他人通过某种途径获悉发盘情况，而向发盘人表示接受，该“接受”只能视为其他人向原发盘人做出的一项发盘，除非原发盘人表示同意，否则，合同不能成立。

(2)接受的内容必须与发盘相符。根据《联合国国际货物销售合同公约》的规定，有效接受应是同意发盘所提出的各项交易条件。只接受发盘中的部分内容，或对发盘的内容作了“实质性变更”的，在法律上称为有条件的接受，属于还盘。需要特别指出的是，本着促进国际贸易发展的宗旨，《联合国国际货物销售合同公约》规定：“对发盘表示接受但载有添加或不同条件的答复，如果所载添加或不同条件在实质上并不改变该项发盘的条件，除非发盘人在不过分迟延的期间内以口头或书面通知反对其差异，仍构成接受。”这就是说，若受盘人在表示接受时，对发盘内容提出某些非实质性的添加、限制或更改(如要求增加重量单、装箱单、原产地证明或某些单据的份数等)，除发盘人在不过分迟延的时间内表示反对其间的差异外，仍可构成有效的接受，从而使合同成立。在此情况下，合同的条件就以该项发盘的条件以及接受中所提出的某些更改为准。

(3)必须在有效期内接受。发盘中通常都规定了接受的有效期限，按照《联合国国际货物销售合同公约》采用的“到达生效”原则的规定，接受只有在发盘的有效期内到达发盘人时才生效。这是针对以书面形式进行发盘和接受时的规定。如果双方以口头方式进行磋商，《联合国国际货物销售合同公约》的规定是：“对口头发盘必须立即接受，但情况有别者不在此限。”这里的“情况有别”是指双方另有约定等。另外，如果以行为表示接受，公约规定：接受于该项行为做出时生效，但该项行为必须在发盘规定的有效期内；如果没有规定有效期，则在合理的时间内做出才有效。

(4)接受的传递方式应符合发盘的要求。受盘人表示接受的方式有两种：一是用声明(Statement)做出表示，即受盘人用口头或书面形式向发盘人同意发盘；二是用做出行为(Performing an Act)来表示，通常是指由卖方发运货物或由买方支付价款来表示。接受的通知方式的选用要符合原发盘的要求，如果原发盘没做要求，则应与原发盘的通知方式一致。

3. 接受的生效和撤回

(1)接受的生效。接受是一种法律行为，这种行为何时生效，各国法律有不同的规定。英美法系采用“投邮生效”原则(Dispatch Theory)，即接受通知一经投邮或电子报交发，即告生效。也就是说，即使接受的函电在邮递途中延误或遗失，发盘人未能在有效期内收到，甚至根本没有收到，也不影响合同成立。但是，如果发盘人在发盘中明确规定接受必须在有效期内传达到发盘人，则接受的函电传达到发盘人时方能生效。大陆法系则采用“到达生效”原则(Receipt Theory)，即接受通知必须在发盘有效期内达到发盘人才可生效。如果表示接受的函电在邮递中延误或遗失，合同就不能成立。我国《合同法》和《联合国国际货物销售合同公约》均采纳了“到达主义”原则。《联合国国际货物销售合同公约》第 18 条第 2 款明确规定：“接受发盘于表示同意的通知送达发盘人时生效”。我国《合同法》也有类似的规定。另外，对于以行为表示接受，《联合国国际货物销售合同公约》规定：接受于该项行为做出时生效，但该项行为必须在规定的期限内做出。

(2)接受的撤回或修改。由于《联合国国际货物销售合同公约》采取了“到达生效”原则，因此，接受也存在撤回或修改问题。《联合国国际货物销售合同公约》第 22 条规定：“如果撤回通知于接受原发盘生效之前或同时送达发盘人，接受得予撤回。”由此可见，只要撤回或修改接受的通知早于原接受通知或与原接受通知同时送达发盘人，则接受可以撤回或修改。需要指出的是：虽然从理论上分析，接受是可以撤回或修改的，但是，在实际业务中，将一项已发出的接受撤回或修改是很困难的，尤其是在当今，绝大多数交易磋商都是通过快捷的数据电文进行。因此，在实际业务中一定要对准备接受的交易条件进行周密、细致的审核，力求避免任何差错。

4. 逾期接受

逾期接受(Late Acceptance)又称迟到的接受，是指超过发盘规定的有效期，或在未规定发盘有效期的条件下超过合理时间才传递到发盘人的接受通知。按照各国的法律，逾期接受不能被认为是有效的接受，而只是一项新的发盘。《联合国国际货物销售合同公约》也认为，逾期接受原则上是无效的。但是，为了有利于双方合同的成立，《联合国国际货物销售合同公约》对逾期接受采取了一些灵活的处理方法。其第 21 条规定：逾期接受在下列两种情况下仍具有效力：(1)如果发盘人毫不迟延地用口头或书面形式将表示同意的意思通知受盘人；(2)如果载有逾期接受的信件或其他书面文件表明，它在传递正常的情况下是能够及时送达发盘人的，那么这项逾期接受仍具有接受的效力，除非发盘人毫不迟延地用口头或书面方式通知受盘人，他认为发盘已经失效。由此可见，无论哪种情况，逾期接受是否有效关键看发盘人如何表态。

5. 实用范例

【案例 3—5】 对案例 3—4 中的买方还盘，卖方接受如下："In reply to your counteroffer of July 10, we are here sending you this letter to confirm all we have been through. We appreciate your cooperation and trust that your ordered goods will turn out to your full satisfaction."(贵方 7 月 10 日的还盘收到，我方现就我们双方业以达成的所有成交条件表示接受并确认。感谢贵方的合作，相信该批货物将会令贵方满意。)

附：货物买卖合同样本

合 同

CONTRACT

卖方 The Seller: SARL SPECIALES GILLARDEAU
B. P. 70 BAIE DE F17560 BOURCEFRANC LE CHAPUS
T:33(0)546850384 F:33(0)546854887

买方 The Buyer: SHANGHAI LULING IMP. & EXP. CO., LTD.
1068 JINDU ROAD, SHANGHAI 201108, CHINA
T:86(021)54400106 F:86(021)54406886

Contract No.: L(I)2011001002
Date.: May 20, 2011

兹经买卖双方同意按照以下条款由买方购进卖方售出以下商品：

This Contract is made by and between the Buyers and the sellers: whereby the Buyers agree to buy and the sellers agree to sell the under-mentioned goods subject to the terms and conditions as stipulated hereinafter:

(1)货物名称、规格 Name of Commodity	(2)数量 Quantity	(3)单价 Unit Price	(4)总值 Total Amount
OYSTER		C&F SHANGHAI	
48 HUITRES SPECIALES GILLARDEAU n1	1 300 boxs	EUR 48.20	ERU 62 660.00
48 HUITRES SPECIALES GILLARDEAU n2	900 boxs	EUR 46.36	EUR 41 724.00
GOODS OF FRANCE			TTL: EUR 104 384.00
TOTAL:	EUR 104 384.00		

(5)包装:适合空运包装

Packing:SUITABLE FOR AIRWAY

(6)付款条件:款到发货。

Terms of Payment:10%T/T

(7)装运时间:2011 年 10 月 30 日前

Time of Shipment:BEFORE OCT. 30,2011

(8)装运口岸:法国巴黎

Port of Shipment:PARIS(FRANCE)

(9)目的口岸:中国上海

Port of Destination:SHANGHAI CHINA

(10)装运唛头:无

Shipping Marks:N/M

(11)单据:提单、发票、装箱单、产地证。

Documents:B/L. COMMERCIAL INVOICE,PACKING LIST & C/O.

(12)不可抗力:由于人力不可抗拒事故,使卖方不能在合同规定期限内交货或者不能交货,卖方不负责任。但卖方必须在发生当日内通知买方,并在事发日起 7 天内提交给向买方有关政府机关或者商会出具的证明原件,证明事故的存在。

Force Majeure:In case of Force Majeure the sellers shall not be held responsible for delay in delivery of nondelivery of the goods but shall notify the Buyers by fax that day and deliver to the Buyers an original certificate issues by government authorities or Chamber of Commerce within 7 days when it happen as evidence thereof.

(13)仲裁:一切因执行本合同的争执,由双方通过友好协商后如不能解决,应提交北京中国国际贸易促进委员会对外贸易仲裁委员会进行仲裁。此裁决为终局裁决,对双方均有约束力,仲裁费用除仲裁委员会另有决定外,由败诉一方负担。

Arbitration:All disputes in connection with this Contract shall be settled by friendly negotiation. If no settlement can be reached. the case in dispute shall then be submitted for arbitration to the Foreign Trade Arbitration Commission of the China Council for the Promotion of International Trade. The decision made by the Commission shall be accepted as final and binding upon both parties. The fees for arbitration shall be borne by the losing party unless otherwise awarded by the Commission.

买方 THE BUYER:
SHANGHAI LULING IMP & EXP CO. ,LTD.

卖方 THE SELLER:
SPECIALES GILLARDEAU

第四节 专业技能实训

任务一 交易磋商

【目的要求】

交易磋商是进行进出口交易的基础,因此,交易磋商过程中的函电是每个外贸业务员所必须掌握的操作技能。本模块的训练主要是让学生办理交易磋商过程中发盘与接受两个环节的函电业务，要求学生能正确缮制发盘函件和接受函件，能正确分析对方来电，灵活、妥当地答复对方的要求。

【背景材料】

总部设在长沙的五菱贸易公司(THE WULING TRADING COMPANY)是一家从事工业品进出口的专业进出口公司。JOHN CO.，LTD是美国一家贸易商行。双方现就29英寸厦华牌彩色电视机进行交易磋商。

【实训指南】

实训步骤：

1. 将学生分成4～5个大组，每大组10～12人，再将每个大组均分成两个小组，分别模拟买卖双方。
2. 各组的双方各自进行市场调查、成本核算并拟订经营方案。
3. 通过信函模拟磋商的询盘、发盘、还盘与接受四个环节，达成交易条件。
4. 各自草签合同。
5. 教师综合点评。

任务二　思考与练习

一、名词解释

询盘　　发盘　　还盘　　接受　　逾期接受

二、填空题

1. 交易磋商的形式分为________和________两种，磋商的一般程序分________、________、________和________四个环节，其中________和________是不可缺少的环节。
2. 一项发盘一旦被对方无条件地表示接受，就意味着________，因此接受是________的。

三、判断题

1. 邀请发盘对发盘邀请人是没有约束力的。(　　)
2. 发盘须明确规定有效期，未明确规定有效期的发盘无效。(　　)
3. 一项发盘如规定了有效期，那么在有效期内该发盘是不可撤销的。(　　)
4. 不可撤销的发盘是不可撤回的。(　　)
5. 还盘如果内容十分确定，可视为一项新的发盘。(　　)
6.《联合国国际货物销售合同公约》规定，只要在发盘中规定货物并明示或暗示其数量和价格，就是内容“十分确定”。(　　)
7.《联合国国际货物销售合同公约》规定，除非另有规定，口头发盘必须立即接受。(　　)
8.《联合国国际货物销售合同公约》解释，受盘人可以根据发盘的要求以开立信用证的方式表示接受。(　　)
9.《联合国国际货物销售合同公约》规定，对发盘内容作了实质性变更，如发盘人不还盘表示反对，则构成有效接受。(　　)

四、不定项选择题

1. 根据《联合国国际货物销售合同公约》的规定，如果一项迟到的接受不是由于受盘人的故意行为造成的，发盘人收到该接受时所作出的沉默行为可以被认为是(　　)。

A. 将不再与作出接受的人有进一步的关系　　B. 一种默认其有效的行为

C. 拒绝承认其有效　　D. 同意该接受有效

2. 发盘效力终止的原因一般有(　　)。

A. 发盘的传递不正常造成延误　　B. 在有效期内未被接受而逾期

C. 受盘人拒绝或还盘　　D. 不能控制的因素，如战争、发盘人死亡等

3. 我国某公司6月10日向国外某客商发盘，限6月15日复到有效，6月13日接到对方复电称：“你10日电接受，以获得进口许可证为准。”该接受(　　)。

A. 相当于还盘　　B. 在我方缄默的情况下视为有效接受

C. 属于有效接受　　D. 属于一份实质性变更发盘条件的接受

4. 我公司星期一对外发盘，限星期五复到有效，客户于星期二电还盘并邀请我方电复，此时，国际市场价格上涨，我方未予答复。客户又于星期四来电表示接受我方星期一的发盘，则(　　)。

A. 接受有效　　B. 接受无效

C. 如我方未提出异议，则合同成立　　D. 属于有条件的接受

五、简答题

1. 一项法律上有效的发盘必须具备哪些条件?

2. 发盘的撤回和撤销有哪些区别?

3. 何谓接受? 构成接受应具备哪些条件?

4. 一项有效的接受可否被撤销? 为什么? 接受在何种情况下可以被撤回?

六、案例分析题

1. 我方A公司向英国伦敦B公司发盘某商品100公吨，每公吨1 500美元CIF伦敦，写明收到信用证后45天内交货，以不可撤销即期信用证支付，即三天内答复。第二天收到B公司回电称:"Accept your offer shipment immediately." A公司未作答复。又过了两天，B公司通过伦敦汇丰银行开来即期信用证，注明"Shipment immediately"。当时该货国际市场价格上涨15%，A公司拒绝交货，并立即退回信用证。

问:这种做法有无道理? 有何依据?

2. 我国某对外承包公司于5月3日以传真请德国供应商发盘出售一批钢材。我方在电传中声明:要求这一发盘是为了计算一项承造一栋大楼的标价和确定是否参与投标之用，我方必须于5月15日向招标人送交投标书，而开标日为5月31日。德供应商于5月5日用电传就上述钢材向我方发盘。我方据以计算标价，并于5月15日向招标人递交投标书。5月20日，德供应商因钢材价格上涨，发来传真通知撤销他5月5日的发盘。我方当即复电表示不同意，于是双方发生争议。5月31日开标，我方中标，随即传真通知德商我方接受5月5日的发盘，但德商坚持该发盘已于5月20日撤销，合同不成立。

问:合同是否成立? 为什么?

3. 香港某中间商A就某商品以电传方式邀请我方发盘，我于6月8日向A方发盘并限6月15日复到有效。12日我方收到美国B商人按我方发盘条件开来的信用证，同时收到中间商A的来电称:"你8日发盘已转美国B商"。经查该商品的国际市场价格猛涨，于是我方将信用证退回开证银行，再按新价直接向美商B发盘，而美商B以信用证于发盘有效期内到达为由，拒绝接受新价并要求我方按原价发货，否则将追究我方的责任。

问:对方的要求是否合理? 为什么?

七、操作题

1. 拟写发盘

资料:MASRI BRO CO.，LTD. 长期订购长沙某电气有限公司生产的BS362型号12伏密封电池。因产品更新换代，BS362现已停产。假设你是长沙某电气有限公司的一名外贸业务员，销售部要求你就同类型新产品CN233向MASRI BRO CO.，LTD. 发盘，特惠价每件30英镑，大批订购可获八五折优惠，整批购入则可享八折特惠。存货共59 000件，并请对方参看随附说明书。

2. 撰写还盘

资料:你收到对方公司7月31日的报盘:"100公吨精白米(Polished Rice)以每公吨1 300澳元和按一般条件交易。"然而客户认为报价太高，因为本地出售的美国大米价格较对方报价约低30%。尽管不可否认澳洲大米品质较佳，但价差理应少于10%。为达成这笔交易，请你还盘。

第四章　订立合同中的品名、品质条款

学习指导

通过本章的学习，要求掌握品质条款的规定方法，掌握品质机动幅度和品质公差的表示方法，并理解品名与品质条款内容及注意事项，能够正确用英文订立合同中的品名、品质条款。

导入案例

我国某公司同日本某公司签订出口羊绒衫合同，共计 10 000 件，价值 100 万美元。合同规定羊绒含量为 100%，商标上也标明“100%羊绒”。当对方检验后，发现羊绒含量不符合合同规定而提出索赔，要求赔偿 200 万美元。

思考：买方公司提出索赔是否合理？

合同中的品质条件是构成商品说明的重要组成部分，是买卖双方交接货物的依据。英国货物买卖法把品质条件作为合同的要件（Condition）。《联合国国际货物销售合同公约》规定，卖方交货必须符合约定的质量，如卖方交货不符合约定的品质条件，买方有权要求损害赔偿，也可要求修理或交付替代货物，甚至拒收货物和撤销合同。这就进一步说明了品质的重要性。

第一节　订立合同中的品名条款

一、约定品名的意义

商品名称（Name of Commodity）或称“品名”，是指能使某种商品区别于其他商品的一种称呼，在一定程度上表明了商品的自然属性、用途以及主要的性能特征。

在国际贸易中，买卖双方商订合同时，必须列明商品名称，品名条款是买卖合同中不可缺少的一项主要交易条件。按照有关的法律和惯例，对成交商品的描述是构成商品说明（Description）的一个主要组成部分，是买卖双方交接货物的一项基本依据，它关系到买卖双方的权利和义务。

若卖方交付的货物不符合约定的品名或说明，买方有权提出损害赔偿，直至拒收货物或撤销合同。因此，列明成交商品的具体名称具有重要的法律和实践意义。

在国际贸易中，绝大多数交易从签约到交付货物往往相隔较长的时间，而且交易双方在交易磋商和签约时通常很少见到具体商品，一般只是凭借对买卖的商品作必要的描述来确定交易的标的。因此，在国际货物买卖合同中，列明商品的名称就成为必不可少的条件。

二、品名条款的基本内容

品名条款是买卖双方对具有一定外观形态并占有一定空间的有形商品达成共识的一种文字描述，又称标的物条款。例如：Rice 180 EUR per M/T FAS QINGDAO，其中，Rice 即为品名条款。

明确规定标的物及其品质要求，是买卖双方签订合同时必须首先解决的问题之一。

国际货物买卖合同中的品名条款并无统一的格式，通常都在"商品名称"或"品名"(Name of Commodity)的标题下列明交易双方成交商品的名称，也可不加标题，只在合同的开头部分列明交易双方同意买卖某种商品的文句。有的商品只列明双方意欲买卖的商品名称，如大豆、苹果、小麦等。但为明确起见，亦可把有关品种或品质、产地或型号的概括性描述包括进去作进一步的限定。

品名条款的规定还取决于成交商品的品种和特点。就一般商品来说，有时只要列明商品的名称即可，但有的商品往往具有不同的品种、等级和型号。因此，为了明确起见，也有把有关具体品种、等级或型号的概括性描述包括进去作进一步的限定。此外，有的甚至把商品的品质规格也包括进去，这实际是把品名条款与品质条款合并在一起。

三、商品品名的命名方法

商品命名的方法种类繁多，概括起来主要有以下几种：

(1)以主要用途命名。这种方法在于突出商品的主要用途，便于买方按其需要购物，如电视机、空调、取暖机等。

(2)以使用的主要原料命名。这种方法通过突出所使用的主要原料来反映商品的品质，如铝铂、铜管、塑钢型材等。

(3)以主要成分命名。以商品所含的主要成分命名可使消费者了解商品的效能，有利于提高商品的身价。这种商品一般用大众所熟知的原材料制造，如大豆色拉油、钻戒等。

(4)以外观造型命名。这种方法有利于消费者从字义上了解该商品的特征，如折叠伞、六角螺帽等。

(5)以人物名字命名。这种方法可以引起消费者的注意和兴趣，如大娘水饺、李宁运动服等。

(6)以制作工艺命名。这种命名方式的目的在于增强消费者对该商品的了解，如冷轧矽钢片、电解铜等。

例如，当我们在给衣服命名时，如果要突出质量，则应以衣服的主要原料来命名，如"高档真丝女士风衣"；如果要突出外观，则应命名如"双排扣女士长款风衣"；如果要突出制作工艺，则应命名如"手工打造限量版女士风衣"。恰当的命名不仅能高度概括货物的特征，还能促进消费者的消费心理，诱发消费者的购买欲望。

四、订立品名条款应注意的问题

品名条款是合同的主要条款，在拟订时要注意下列几个问题：

(1)买卖双方都能够认可和接受。买卖双方对某种(或某类)商品名称都达成共识，都知道其命名指的是哪一种(或哪一类)商品，并且都接受某种共同所指的名称，该商品的命名才算有效，生意才能达成；否则，命名上没有共同语言，买卖将无从谈起，或者即使勉强达成了合同，但因共同所指的对象不统一，最终将引起误会和纠纷。

(2)商检、出口和进口海关等政府部门都能认可并顺利放行。

这点主要有两层含义：

①商品命名应该力求规范，符合有关国家的政策、法律和法规。

②使商品的命名与相应的商品编码相匹配。进出口商品都编制了相应的商品编码(H. S. Code)，商品的编码也应该与其商品相匹配。如果商品名称不符合有关国家的法律法规，或者商品的编码与当局的商品编码不吻合，商检部门和海关的电脑网络系统不识别，都将影响货物的出关和入关。

(3)不影响出口、进口及其关税税率以及出口退税税率。兹举例说明如下：有一种商品叫“合金钨”，是半成品，它的商品编码是“81019400”，属于战略物质，出口企业必须具有政府签发的出口批文和出口许可证才能出口；而另一种商品叫“钨合金”，是制成品，其商品编码是“81019500”，属于非战略物质，企业可以自由出口，不需要任何进出口批件。

(4)不影响运费费率和保险费率。货物的运费费率和保险费率都是按商品类别来划分的。如果商品名称取得不合适，被承运人或保险人识别错了，很容易将较低的运费费率或保险费率的货物划入较高费率的范畴，使托运人或投保人蒙受经济损失。

(5)内容必须明确、具体，文字表达清楚。

(6)尽可能使用国际上通行的名称。

(7)如果一种商品可以有不同的名称，选择有利于减低关税或方便进出口的名称作为合同的品名。

第二节 订立合同中的品质条款

品质条款是买卖合同中的一项主要条款，是买卖双方对货物品质的具体约定。在订立品质条款时，要正确运用各种表示品质的方法，注意科学性和合理性相结合，也可规定一定的品质机动幅度。品质条款的基本内容是货物品名、规格、等级、标准或商标、牌名或产地名称等，具体条款可因商品不同而订法不一。

一、货物品质的概念及重要性

(一)货物品质的概念

货物品质(Quality Goods)是指货物的内在质量和外观形态的综合。具体来说，前者包括货物的物理性能、机械性能、化学成分和生物特征等自然属性，后者包括货物的外形、色泽、款式和透明度等。

在国际贸易中，往往是按照每种货物的不同特点，选择一定的质量指标来表示不同货物的品质。在实际业务中，经常使用的规格、等级、标准等都属于货物品质的范畴。

(二)货物品质的重要性

货物品质的好与坏不仅关系到货物的使用效能和售价高低，还关系到货物的销路和信誉。在国际贸易中，买卖双方都要针对一定的商品按质论价。在当前市场竞争十分激烈的情况下，提高货物的品质已成为各国厂商、企业最关心的问题，我国政府已把“以质取胜”作为扩大出口和发展对外贸易的基本战略之一。其重要性具体表现在以下几个方面：

1. 货物品质是定价的基础

按照优质优价的原则，商品品质的高低会直接关系到商品的价格，因而也会直接关系到出口企业的获利水平。

2. 提高货物品质是竞争的重要手段

当前，国际上贸易保护主义盛行，市场竞争十分激烈，谁的货物品质好、价格便宜且服务周到，谁的货物就会受客户欢迎，在竞争中就会取胜。

3. 货物品质关系到企业和国家的声誉

货物品质的高低显示着国家和企业生产技术水平的高低，并体现企业和民族的文化素养。

4. 货物品质是合同的重要条款

按照《联合国国际货物销售合同公约》的规定，卖方交付的货物必须与合同所规定的数量、质量和规格相符，如果所交货物与合同规定不符，即构成根本违反合同；有些国家法律规定，合同的品质条款是买卖合同的一项要件，如果卖方所交付货物的品质与合同不符，买方有权拒收货物并有权宣布合同无效，要求赔偿损失。

5. 货物品质是争议的主要因素

买卖双方在执行合同中常常会出现争议，产生争议的原因是多方面的，但大多数争议是由货物品质问题引起的。有的争议买卖双方通过友好协商能得以圆满解决，但有的可能造成索赔或仲裁，甚至因货物品质不良而导致法律诉讼，进而造成严重的经济损失和信誉的损害。

二、表示货物品质的方法

国际贸易中的货物种类繁多，表示各种交易货物品质的方法也不相同，主要分为实物表示和文字说明两大类。

（一）以实物表示货物品质

1. 看货买卖（Sales by Inspection）

看货买卖是指买卖双方根据成交货物的实际品质进行交易。通常先由买方或其代理人在买方所在地验看货物，达成交易后，卖方即应按验看过的货物交付。只要卖方交付的是验看过的货物，买方就不得对货物质量提出异议。

由于交易双方往往远隔两地，买方到卖方所在地验看货物有诸多不便，即使卖方有现货在手，买方通常也由代理人代为验看，但逐一查验难度太大，所以采用看货买卖的并不多见。这种方法多半用于拍卖、寄售和展卖业务中，尤其适用于具有独特性质的商品，如珠宝、首饰、字画及特定工艺制品（如牙雕、玉雕、微雕等）。

2. 凭样品买卖（Sales by Sample）

样品是指从一批货物中抽出来的或由生产、使用部门设计、加工出来的，足以反映和代表整批货物总体质量水平的少量实物。用样品表示货物品质的方法也称为凭样品买卖。所谓凭样品买卖，是指买卖双方约定以样品作为交货品质依据的买卖。

在国际贸易中，按样品提供者的不同，可分为下列几种买卖方法：

（1）凭卖方样品买卖（Seller's Sample）。卖方样品是指由卖方提供的样品，凡凭卖方样品作为交货的品质依据者称为"凭卖方样品买卖"。在此情况下，买卖合同中应订明："品质以卖方样品为准。"日后，卖方所交整批货，必须与其提供的样品相同。

卖方选择的样品品质应具有充分的代表性，应该在大批货物中选择中等的实物作为样品，避免由于样品与实物品质不一致，给日后交货工作带来困难，引起纠纷或造成经济损失。卖方在将样品即原样或称标准样送交买方的同时，应保留与送交样品质量完全一致的另一样品，即留样或称复样，以备将来组织生产、交货或处理质量纠纷时作核对之用，复样除了由外贸公司自存一份之外，对于须经商品检验机构检验的货物，一般还应另备一份送商品检验机构备查，以争取主动。

(2)凭买方样品买卖(Buyer's Sample)。“凭买方样品买卖”在我国也称“来样成交”或“来样制作”。由于买方对目标市场的需求状况熟悉，买方提供的样品往往更能直接地反映出当地消费者的需求。买方出样在我国对外交易中也时有采用，但在确认按买方提交样品成交前，卖方应充分考虑该样品所代表的货物在原材料、加工生产技术、设备和生产时间安排等方面的可行性，以防止日后交货的困难，在实际业务中该方法较少被采用。

(3)对等样品(Counter Sample)。对等样品是指卖方根据买方提供的样品，加工复制出一个类似的样品交买方确认，这种经过确认后的样品称为“对等样品”或“回样”，也称“确认样品”。当对等样品被买方确认后，日后卖方所交货物的品质必须以对等样品为准。

在出口业务中，凡以买方样品作为交接货物的质量依据的，为防止发生意外纠纷，一般还应在合同中明确规定，如果发生由买方来样引起的工业产权等第三者权利纠纷，与卖方无关，概由买方负责。

凭样品买卖的货物必须具备两个条件：第一，用文字不易描述货物的品质规格；第二，卖方能够保证做到未来交付货物的质量与样品一致或基本一致。卖方须承担交货时货物的品质与标准样品品质一致或基本一致的责任，在订立合同条款时，表明交货质量与样品基本相符或大体一致，以防引发品质纠纷。

(二)以文字说明表示货物品质

在出口贸易中，除部分货物采用凭样品买卖外，大部分采用以文字说明表示货物品质(Sales by Description)。具体可以分为以下几种：

1. 凭规格买卖

规格是指用以反映货物品质的主要指标，如成分、含量、纯度、大小、长短、粗细、容量及性能等。由于各种货物有其特定的结构和用途，因此规格也各不相同。用规格确定货物品质而进行的买卖，称为凭规格买卖。这种方法简明、方便、准确和具体，在国际贸易中使用最为广泛。例如，我国出口大豆的规格：水分(Max.)15%，含油量(Min.)17%，杂质(Max.)1%，不完善粒(Max.)7%。

2. 凭等级买卖

等级是指同一类货物，按其质地的差异，或尺寸、形状、重量、成分、构造及效能等的不同，用文字、数字或符号所做的分类，如大、中、小，或重、中、轻，或一级、二级、三级等。例如，东非的西沙尔麻分为6个等级：1、A、2、3L、3、UG。

这种表示货物质量的方法，对简化手续、促进成交和体现按质论价等方面都有一定的作用。但应当说明的是，由于不同等级的货物具有不同的规格，当双方对等级内容不熟悉时，最好明确每一等级的具体规格，以便于履行合同和避免争议。当然，如果交易双方都熟悉每个级别的具体规格或理解一致，则只需列明等级即可。

3. 凭标准买卖

标准是规格和等级的标准化。它一般由标准化组织、政府机关、行业团体、工商组织及商品交易所等制定、公布，并在一定范围内实施。世界各国都有自己的标准，如英国的为BS、美国的为ANSI、法国的为NF、德国的为DIN、日本的为JIS等；另外，还有国际标准。我国有国家标准、专业标准、地方标准和企业标准。在国际贸易中，人们常常使用某种标准作为说明和评价货物质量的依据，这就是凭标准买卖。

在国际贸易所涉及的各种标准中要特别注意，国际标准化组织质量管理和质量保证技术委员会(ISO/TC176)为适应国家间贸易发展的需要，在总结工业发达国家质量管理、质量保证理论和实践的基础上，经过反复讨论与修改，于 1987 年正式公布了《质量管理和质量保证》国际系列标准(即 ISO 9000 系列标准)。例如，欧共体就曾宣布，凡 1993 年后进入欧共体市场的产品，企业必须按 ISO 9000 系列标准进入。

【案例 4—1】 A 公司从国外进口一批青霉素油剂，合同规定该商品品质“以英国药局 1953 年标准为准”。但货到目的港后，发现商品有异样，于是请商检部门进行检验。经反复查寻，在英国药局 1953 年版本内没有青霉素油剂的规格标准，结果商检人员无法检验，从而使 A 公司对外索赔失去了依据。

【分析】 本案例说明在进口贸易中，一定要认真制定商品品质条款。如果需要用标准来说明商品品质，为了便于安排生产和组织货源，通常应采用我国有关部门所规定的标准成交。此外，也可根据需要和可能，酌情采用国际标准化组织或出口国规定的品质标准。但要密切注意各种标准修改和变动的情况，以免引起争议，造成损失。

在国际贸易中，有些农副土特产品的品质变化较大，难以确定统一的标准，一般采用“良好平均品质”和“上好可销品质”来表示。

(1)良好平均品质(Fair Average Quality，F. A. Q)。它是指一定时期内某地出口货物的平均品质水平，一般是指大路货(即中等货)，具体解释和确定办法是：农产品的每个生产年度的中等货；某一季度或某一装船月份在装运地发运的同一种商品的“平均品质”。

(2)上好可销品质(Good Merchantable Quality，G. M. Q)。它是指卖方必须保证其所交付的货物品质良好，合乎销售条件，在成交时无需以其他方式证明产品的品质。此种方法比较笼统和抽象，容易引起争执。

4. 凭品牌或商标买卖

品牌是指工商企业给其制造或销售的商品所冠以的名称；商标则是品牌的图案化，是厂商用来识别其所生产或出售的商品的标志。

在国际贸易中，商场上行销已久、质量稳定、信誉良好并为买方或消费者所熟悉的产品，可以凭品牌或商标来规定货物的质量，这种方法就称为“凭品牌或商标买卖”。如李宁牌体育用品、中华牌香烟、欧米茄牌手表等。凭品牌或商标买卖通常是凭卖方的品牌或商标，但有时候买方在熟知卖方所提供产品品质的情况下，常常要求在卖方的产品副包装上使用买方指定的品牌或商标，这就是所谓的“定牌”。使用定牌，卖方可以利用买方的经营渠道和声誉，提高售价并扩大销售量。

5. 凭说明书和图样买卖

以说明书并附以图样、照片、设计图纸、分析表及各种数据来说明货物的具体性能和结构特点，按这种表示品质的方法进行交易，称为“凭说明书和图样买卖”。在国际贸易中，有些机器、电器和仪表等技术密集型产品，因其结构复杂，对材料和设计的要求严格，用以说明其性能的数据较多，很难用几个简单的指标来表明品质的全貌，对这类货物的品质，通常以说明书和图样买卖。按这种表示品质的方法成交，卖方所交货物必须符合说明书和图样的要求。

6. 凭产地名称买卖

凭产地名称买卖是指按货物的原产地名称进行交易。在国际货物买卖中，有些产品因产区的自然条件、传统加工工艺等因素的影响，在品质方面具有其他产区的产品所不具有的独特风格和特色，对于这类产品，一般也可用产地名称来表示品质。例如，农副土特产品的品质因产地而异，交易中仅凭产地就可说明商品的品质好坏，即凭产地名称买卖，如庐山云雾茶、四川涪陵榨菜、浙江金华火腿、山东龙口粉丝等。

三、品质机动幅度与品质公差

（一）品质机动幅度

1. 品质机动幅度的概念

品质机动幅度是指允许卖方所交货物的质量指标在一定幅度内有所灵活，较适用某些初级产品，由于卖方所交货物品质难以完全与合同规定的品质相符，为便于卖方交货，往往在规定的品质指标外，加订一定的允许幅度，卖方所交货物品质只要在允许的幅度内，买方就无权拒收，但可根据合同规定调整价格。这种做法一般适合于初级产品（如农副土特产品）的出口。

2. 规定品质机动幅度的方法

（1）规定范围，即对某项货物的品质指标规定允许有一定的差异范围。例如，漂布，幅阔35/36 英寸，即布的幅阔只要在 35～36 英寸的范围内，均为合格。

（2）规定极限，即对有些货物的品质规格规定上下极限。规定极限的表示方法，常用的有：最大、最高、最多（Maximum，缩写为 Max.）；最小、最低、最少（Minimum，缩写为 Min.）。例如，大米碎粒 35%（最高）Rice，long shaped broken grains 35%（Max.）；水分 15%（最高）Moisture 15%（Max.）；杂质 1%（最高）Admixtures 1%（Max.）。

（3）规定上下差异。规定上下差异也是使货物的品质规格具有必要的灵活性的有效方法。例如，灰鸭毛，含绒量 18%，上下 1%（Grey Duck Feather，Down content 18%，1% more or less）。

（二）品质公差

品质公差是指为国际同行业所公认的或买卖双方认可的产品品质的差异。这种为国际上所公认的品质误差，即使在合同中不作规定，卖方交货品质在公认的误差范围内，也可以认为符合合同。例如，手表走时的误差、棉纱支数的确定等。若国际同行业无公认的品质公差或买卖双方对品质公差理解不一致，或由于生产原因需要扩大公差范围时，可规定双方认可的误差。

不论品质机动幅度，还是品质公差，一般只对影响商品价格和使用价值的主要指标作具体规定。在品质机动幅度和品质公差范围内，交货品质如有偏差，一般都不另行计算增减价格，即按照合同价格计收货款。但是有的货物，若经买卖双方协商同意，也可按比例计算增减价格，并在合同中订立“增减价条款”。

四、订立品质条款应注意的问题

品质条款是出口合同的基本条款。卖方应按合同规定的品质条款交货，否则买方有权提出索赔或拒绝收货，甚至撤销合同。因此，订立品质条款时应注意以下问题：

（1）根据商品的特性来确定表示品质的方法。表示品质的方法应视商品特性而定，凡可用一种方式表示的，就不要采用两种或两种以上的方法，订得过于繁琐只会增加生产和交货的难度。

（2）品质条款的订立应科学、合理。在规定品质条款时，用词须简单、具体、明确，切忌使用

"大约"、"左右"、"合理误差"等含糊的字眼，以免引起纠纷。此外，要从生产实际出发，防止把品质条款订得过高或过低，给生产或交货造成困难或影响销售。

(3)品质条款应符合有关国家或相关国际组织的标准，以提高产品的竞争能力。

(4)出口商品的品质规格条款，应确定影响货物品质的主要指标。

(5)凡是要明确数据的指标，如有效成分、有害元素、物理指标等，一般都应有上下幅度，如"××以上"、"××以下"、"××～××"等，不能只用一个绝对数字。

(6)某些以地名或品牌名称、商标成交的出口商品，交货时一定要保持"传统的"、"优等的"质量要求。

(7)出口食品和出口动物产品的卫生检验和检疫，一般均按我国标准和有关法令规定办理。如果国外客户提出新的特殊要求，或需要按对方国家的法律、法规或有关标准进行检验、检疫时，应先由对方提供有关的法令、标准和技术资料，待出入境检验检疫机构和有关部门确认后，方可签订合同。

(8)有关出口药品、锅炉压力容器等，由其他监督检验机构负责检验管理的，应联系各有关机构。

第三节 专业技能实训

任务一 订立货物的品名、品质条款

【目的要求】

了解商品名称和品质的表示方法，学会准确地订立商品品名和品质条款。

【背景材料】

下面是关于品名、品质条款的示例，第一个示例中的买卖对象是玩具熊(Plush Toy Bear)，它是以样品表示商品品质的。第二个示例中的买卖对象是真丝素面缎(Plain Satin Silk)，它是以规格表示商品品质的。第三个示例中的买卖对象是芝麻(China Sesame Seed)，这是一条增减价条款，增减价参照的依据是含油量。

【实训指南】

命名商品名称的方法有许多，商品的名称应采用国际通用的、规范的名称。一般商品只要列明其名称即可，有时为准确起见，还把商品的品种、等级、规格、型号等内容包括进去，这是品名条款与品质条款的合并。在制定品质条款时，首先要看买卖双方是用样品表示品质还是用文字表示品质。若凭样品，则应订明确认样品的编号和确认日期；若凭文字说明，则应详细地列明商品的规格、型号、标准、等级以及图样等情况。下面是关于品名、品质条款的具体示例。

例1：Plush Toy Bear. Size 24. Quality to be strictly as per sample submitted by seller on 10th January, 2009. Sample Number：NT007。

绒毛玩具熊。尺码：24。质量严格以2009年1月10日的卖方样品为准。样品编号：NT007。

例2：Plain Satin Silk. Width(inch)：55. Length(yds)：42. Composition：100% Silk.

素面缎。门幅(英寸)：55。长度(码)：42。成分：100%真丝。

例3：China Sesame Seed. Moisture(Max.) 8%. Admixture(Max.) 2%. Oil Content 52% basis. Should the oil content of the goods actually shipped be 1% higher or lower, the price will be accordingly increased or decreased by 1%.

中国芝麻。水分(最高)8%，杂质(最高)2%。含油量以52%为基础。如果实际装船时产品的含油量增加或减少1%，产品的价格相应地提高或降低1%。

任务二 案例分析

【背景材料】

中方某公司向德方出口某产品，合同规定水分最高为15%，杂质不得超过3%。但在成交前我方曾向买方寄过样品，订约后我方又电告对方所交货物与所交样品相同。货物装运之前由中国商品检验检疫机构签发了品质合格证书。货到德国后，买方提出货物的质量比样品低7%的检验证明，并据此要求我方赔偿15 000英镑的损失。

问：卖方是否应赔偿买方损失？为什么？

【分析】

在国际贸易中，可以用实物样品表示商品的质量，也可以用文字说明表示商品的质量。在国际货物买卖中，若凭样品买卖，卖方所交的货物就必须符合样品的标准；若凭文字说明买卖，卖方所交的货物就必须符合文字说明的要求。若既用实物样品表示商品的质量，又用文字说明表示商品的质量，则卖方所交的商品就必须既符合样品的标准，又符合文字说明的要求，而这在实际中是很难做到的。在同一买卖合同中，样品表示法和说明表示法不宜同时采用。

在本案例中，买卖双方在合同中规定了商品的规格，但成交前卖方曾向买方寄送过样品，订约后卖方又电告对方所交货物与样品相同，故本案的买卖合同既是凭样品买卖，又是凭文字说明买卖，卖方所提交的商品自然就必须既符合样品的要求，又符合文字说明的要求。本案中的商品符合文字说明要求，但比样品低7%，卖方违约，卖方应赔偿买方的经济损失。从该案例中，我们应吸取教训，要避免既用实物样品又用文字说明表示商品的质量。同时，凡是能用科学指标表示商品品质时，就不宜采用样品法来表示商品的品质。

任务三 思考与练习

一、名词解释

Sales by Sample　Sample for Reference　Counter Sample　Duplicate Sample　F. A. Q.

品质机动幅度

二、单项选择题

1.“Description of Goods”条款就是合同的(　　)。

A. 品质条款　B. 数量条款　C. 品名条款　D. 说明条款

2. 在造型上有特殊要求的商品，适合的表示其品质的方式是(　　)。

A. 凭等级买卖　B. 凭样品买卖　C. 凭商标买卖　D. 凭说明书买卖

3. 不能作为明确商品品质的标准，因而对买卖双方都没有约束力的样品是(　　)。

A. 参考样　B. 对等样　C. 买方样　D. 卖方样

4. 凡货、样不能做到完全一致的商品，一般都不适宜(　　)。

A. 凭规格买卖　B. 凭等级买卖　C. 凭样品买卖　D. 凭说明书买卖

5. 品质机动幅度条款一般适用于某些(　　)。

A. 制成品交易　B. 初级产品交易　C. 机电产品交易　D. 仪表产品交易

6. 一种样品若没有标明是参考样品还是标准样品，应看作(　　)。

A. 参考样品　B. 标准样品　C. 没有任何意义　D. 双方协商

7. 凭卖方样品成交时，应留存(　　)，以备交货时核查之用。

A. 回样　B. 参考样　C. 复样　D. 确认样

8. 下列商品中，可以凭样品买卖的是(　　)。

A. 轿车　B. 小麦　C. 衬衫　D. 钨砂矿

9. 下列商品中，可以凭等级买卖的是(　　)。

A. 轿车　B. 小麦　C. 衬衫　D. 钨砂矿

10. 下列商品中，可以凭品牌买卖的是（ ）。

A. 轿车　B. 小麦　C. 衬衫　D. 钨砂矿

11. “精制油”这种商品的命名方法采用（ ）。

A. 以商品主要用途命名　B. 以商品主要成分命名

C. 以商品制作工艺命名　D. 以商品外观造型命名

12. 对于字、画类商品，交易双方宜采用（ ）来表示品质。

A. 凭样品买卖方式　B. 凭说明书和图样表示品质方式

C. 凭等级买卖方式　D. 凭看货买卖方式

三、多项选择题

1. 以实物表示商品品质的方法有（ ）。

A. 看货买卖　B. 凭样品买卖　C. 凭规格买卖　D. 凭等级买卖

2. 看货买卖常用于（ ）商品交易中。

A. 字画　B. 石油　C. 珠宝　D. 家用电器

3. 商品的品质是商品（ ）的综合。

A. 使用环境　B. 化学性能　C. 外观形态　D. 内在品质

4. 卖方根据买方来样复制样品，寄送买方并经其确认的样品，被称为（ ）。

A. 复样　B. 回样　C. 对等样品　D. 确认样

5. F. A. Q. 是指（ ）。

A. 大路货　B. 上好可销品质　C. 质量劣等　D. 良好平均品质

四、判断题

1. 采用凭样品成交时，为了争取国外客户，应选择质量最好的样品给对方，以达成交易。（ ）

2. 在出口贸易中，表达品质的方法多种多样，为了明确责任，最好采用既凭样品又凭规格买卖的方法。（ ）

3. 在约定的品质机动幅度或品质公差范围内的品质差异，除非另有规定，一般不另行增减价格。（ ）

4. 某外商来电要我方提供大豆，按含油量 18%、含水分 14%、不完全粒 7%及杂质 1%的规格订立合同。对此，在一般情况下，我方可以接受。（ ）

5. 为了适应国际市场的需要，我出口贸易中，应争取按买方样品达成交易。（ ）

6. 回样又称对等样品，指卖方收到买方来样后，做一个复制品寄交对方。（ ）

7. 按买方来样，我方复制一个样品寄交买方确认，这个样品即为复样。（ ）

8. ISO 14000 是国际标准化组织推出的重量管理和重量保证系列标准。（ ）

五、简答题

1. 简述在合同中约定商品品名的意义。

2. 为什么说在国际货物买卖中货物的质量是主要交易条件？

3. 简述规定商品品质条款应注意的问题。

4. 简述表示货物品质的常用方法。

六、案例分析

1. A 公司按凭样品成交的方式，从国外 B 公司进口当饲料用的谷物，由于 B 交货品质太好，使 A 公司的国家海关误以为是供人食用的谷物而课以重税，使 A 商增加了税收负担。因此，A 要求 B 赔偿因交货品质与样品不同而造成的关税差额损失。

问：如上诉到法院，将如何判决？为什么？

2. 我方向国外出口纯毛纺织品数批，买方收货后未提出任何异议。但数月后买方寄来服装一批，声称是用我方面料制作，服装有严重的色差，难以销售，要求赔偿。

问：我方应如何处理？

3. 我方与中东某国商人凭规格成交出口货物一批，签订合同后的第三天我方向对方寄出货样，并声明

"所交货物与样品基本一致"。一个月后我方向对方发货，货到后外商来电称"货物与样品品质相差10%"，并出具当地检验机构证明，要求我方降价10%。

问：如何分析此案？

4. 我方与英商凭样成交一批高档瓷器，复验期为60天，货到国外经英商复验后未提出任何异议。但事隔1年买方来电称瓷器全部出现"釉裂"，只能削价销售，要求我方按原成交价赔偿60%，我方接电后立即查看留存的复样，也发现釉下有裂纹。

问：我方可否考虑赔偿？

5. 我某公司通过香港商人与法国巴黎某公司凭牌名成交一批商品，合同由巴黎某公司签字，港商要求我方寄样品至香港及巴黎各一份。此后接到法商开来的信用证，证内规定：买方巴黎总公司认可样品电抄作为议付单据之一。我方经办人员未提出异议，将货物装运出口，仅凭该香港分公司样品认可电抄送银行议付，遭开证行拒付。

问：从该案例中应接受什么教训？

6. 澳大利亚某商是与我方来往多年的棉布商，某日寄来上衣一件，声称上衣系我某出口合同项下所交染色棉布经其转销给某制衣厂制作成衣的样品，该上衣两袖色泽有明显的不同，证明我方所供货物品质有严重色差，不能使用，为此，要求将全部已缝制的成衣退回，并重新按合同规定的品质和数量交货。

问：我方应如何答复？并简述理由。

第五章　订立合同中的数量条款

学习指导

通过本章的学习，要求了解商品数量的表示方式、计算方法和计量单位，掌握数量条款的表述方法和溢短装条款的相关内容与注意事项，能够正确用英文订立合同中的数量条款。

导入案例

我国某出口公司与匈牙利商人订立了一份出口水果合同，支付方式为货到验收后付款。但货到经买方验收后发现水果总重量缺少10%，而且每个水果的重量也低于合同规定，匈商既拒绝付款，也拒绝提货。最终造成水果全部腐烂，匈海关向中方收取仓储费和处理水果费用5万美元，我出口公司陷于被动。

思考：匈商的做法是否合理？该出口公司应如何尽量挽回损失？

货物的数量条款是合同中不可缺少的主要条款。《联合国国际货物销售合同公约》规定：按照约定数量交货是卖方的一项基本义务。如果卖方交货数量大于约定的数量，买方可以拒收多交的部分，也可以收取多交部分中的一部分或者全部，但是应该按照实际收取的数量付款。如果卖方交货的数量少于约定的数量，卖方应该在规定的交货期届满之前补交，且不得使买方遭受不合理的损失，买方可以保留要求赔偿的权利。因此，正确地订立和理解合同中的数量条款，对买卖双方都是很重要的。

数量是对买卖合同标的物价值的计量要素，在签订买卖合同时，当事人双方要明确约定计量单位和计量方法，而且双方在合同中使用的计量单位和计量方法应当符合法定的要求，这样才不至于引起纠纷。在国际贸易中，合同中的数量条款主要包括计量方法、计重方法、溢短装条款及数量等内容。

第一节　计量单位

货物数量是指以国际通用的或买卖双方约定的度量衡表示货物的重量、个数、长度、面积及容积等的量。在国际贸易中，由于货物的种类、特性和各国度量衡制度的不同，因此计量单位和计量方法也是多种多样的。了解各种度量衡制度，熟悉各种计量单位的特定含义和计量方法是十分重要的。

一、国际贸易中的度量衡制度

具体包括以下几种度量衡制度：

(1)国际单位制(International System of Units, SI)：于1960年国际标准计量组织大会通

过，是在公制的基础上发展起来的计量单位，现已被越来越多的国家所采用。国际单位制有利于计量单位的统一，标志着计量制度的日趋国际化和标准化，有利于推动国际贸易的发展。我国采用的是以国际单位制为基础的法定计量单位。在外贸业务中，除特殊需要，应坚持使用法定计量单位。

(2)公制或米制(Metric System)：以十进位制为基础，基本单位为千克和米。“度量”和“衡”之间有内在的联系，换算比较方便，因此，使用范围不断扩大。

(3)英制(British System)：基本单位为磅和码，但由于它不采用十进制，换算很不方便，“度量”和“衡”之间缺乏内在的联系，因此，使用范围逐渐缩小。

(4)美制(U. S. System)：以英制为基础，基本单位与英制相同，但含义有差别，主要体现在重量单位和容量单位中。

二、计量单位

国际贸易中用以表示商品数量的计量单位分成两类：一类是以度量衡制单位表示，包括重量、长度、面积、体积和容积；另一类是以个数表示，包括约定俗成的一些个数单位，如打、罗、大罗以及订有国际标准的某些商品的包装单位，如桶(石油)、包(棉花)等。

国际贸易中使用的计量单位很多，究竟采用何种计量单位，除主要取决于商品的种类和特点外，也取决于交易双方的意愿。

(1)重量单位(Weight)，如克(gram，g.)、千克(kilogram，kg.)、公吨(metric ton，M/T)、长吨(long ton，L. T)、短吨(short ton，S. T)、磅(pound，lb.)、盎司(ounce，oz.)等，多用于农副产品、矿产品和某些工业产品，如大豆、铁矿、钢材。

(2)数量单位(Number)，如件(piece，pc.)、双(pair)、套(set)、打(dozen，doz.)、卷(roll)、令(ream，rm.)、罗(gross，gr.)、袋(bag)、包(bale)等，多用于消费品、轻工业品和机械产品等工业制成品及部分土特产品，如服装、文体用品、车辆、活牲畜等。

(3)长度单位(Length)，如米(meter，m.)、英尺(foot，ft.)、码(yard，yd.)等，多用于布匹、绳索、电线电缆等。

(4)面积单位(Area)，如平方米(square meter，m^2)、平方英尺(square foot，ft^2)、平方码(square yard，yd^2)等，多用于玻璃板、地毯、皮革等商品交易。

(5)体积单位(Volume)，如立方米(cubic meter，m^3)、立方英尺(cubic foot，ft^3)、立方码(cubic yard，yd^3)等，多用于木材、砂石和化学气体等商品交易。

(6)容积单位(Capacity)，如升(liter，l.)、加仑(gallon，gal.)、蒲式耳(bushel)等，多用于谷物、流体及气体等商品交易，如小麦、汽油、液化气等。

(7)包装单位(Packing)，如包(bale)、袋(bag)、箱(carton，case)等，多用于棉纱、棉花、水泥等交易。由于各国习惯不同，同一包装单位，其绝对量并不相同。如棉花包，1 美国棉花包＝480 磅(净重)，1 巴西棉花包＝397 磅(净重)。因此，用包装单位进行交易时，应注意其绝对量。

第二节　重量的计算方法

在国际贸易中，按重量计量的商品很多。但是，由于商品的性质、商业习惯及计量目的的不同，计算重量的方法也就有所不同。根据一般商业习惯，计算重量的常用方法有以下几种：

一、按是否包括包装重量划分

（一）毛重

毛重（Gross Weight）是指货物本身的重量加皮重，即货物重量加包装材料的重量。使用这种计算重量的方法，是因为有些商品包装本身不便分别计算，如粮食、饲料等，或者是因为包装与商品价格差不多，如卷筒新闻纸。在国际贸易中称为"以毛作净"（Gross for Net），例如，"天津红小豆，每公吨 300 美元，共10 000公吨，以毛作净"。

（二）净重

净重（Net Weight）是指商品本身的重量，不包括皮重，即：净重＝毛重－皮重。按照国际惯例，如果合同中对重量的计算没有其他规定，则应以净重计量。

计算皮重主要有以下四种方法：

（1）实际皮重法（Actual Tare），即将整批货物的包装逐一过秤求得皮重。这种方法计算得出的结果最精确，但也最麻烦，费用耗费也最多。因此，只有对单位价值较高的商品才采用这种方法求皮重。

（2）平均皮重法（Average Tare），即从全部商品中抽取几件，称出包装的重量，除以抽取的件数，得出平均包装重量，再以该数乘以总件数，算出全部包装重量。

（3）习惯皮重法（Customary Tare），适用于规范化的包装方式，其重量也被市场所公认，无需每笔交易逐件衡量。例如，装运粮食的机制麻袋，国际上公认的重量为每只 2.5 磅，这就是它的习惯皮重。

（4）约定皮重法（Computed Tare），即买卖双方在合同中约定商品包装的重量，无需衡量。

二、按是否精确计算重量划分

按是否精确计算重量，可分为精确计量和概述计量两种。精确计量（Accurate Measurement）是指经过精确计量得出的重量。概述计量（Approximate Measurement）即非精确计量，如农产品、矿产品等散装货装船时，一般按船舶排水英尺载重吨位计算重量，因此，装船数量是一个约数。

三、公量

有些商品如棉花、羊毛、生丝等有比较强的吸湿性，所含的水分受客观环境的影响较大，其重量也就很不稳定。为了准确计算这类商品的重量，必须用科学方法测定商品的实际回潮率（含水率）以计算商品干净重，再换算成公定回潮率的重量。

所谓公定回潮率，就是交易市场上公认的货物中的水分与干量之比。货物的实际水分与干量之比就称为实际回潮率。

公量（Conditioned Weight）的计算公式为：

$$公量=商品干净重\times(1+公定回潮率)=干量+标准含水量$$

$$公量=\frac{实际重量\times(1+公定回潮率)}{1+实际回潮率}$$

【案例 5—1】 某厂出口生丝 10 公吨，已知公定回潮率是 11%，用科学仪器检测出实际回潮率是 25%。问：该厂出口生丝的公量是多少？

【解析】 实际回潮率＝水分÷干量×100%＝(10－8)÷8×100%＝25%

$$公量=\frac{实际重量\times(1+公定回潮率)}{1+实际回潮率}=\frac{10\times(1+11\%)}{1+25\%}=8.88(公吨)$$

四、理论重量

对于一些按固定规格生产和买卖的商品，每件重量大体是相同的，所以一般可以从其件数推算出总重量，这就是理论重量(Theoretical Weight)。这种方法适用于按固定规格设计制造的商品，如马口铁、铝锭、钢板等。

五、法定重量或净净重

法定重量(Legal Weight)是指某些国家的海关在对商品征收从量税时所使用的计重方法，是指商品本身的重量加上直接接触商品的包装材料的重量；而除去这部分包装重量所表示出来的纯净商品的重量，则称为净净重(Net Net Weight)。

第三节　货物合同中的数量条款

数量条款(Quantity Clause)又称数量条件，是主要的交易条件之一，是买卖双方交接货物和处理数量争议时的依据，因此，买卖双方签订合同时，必须对数量条款做出明确、合理的规定。

一、约定好合同数量条款的意义

《联合国国际货物销售合同公约》把商品数量作为构成发盘内容不可缺少的三大基本要素之一，要求在提出的订约建议中，必须明示或默示地规定货物的数量，或规定计量的方法。这充分表明，数量条件是国际货物买卖合同中一项不可缺少的主要交易条件。该公约还规定，按约定数量交货是卖方的一项基本义务。如卖方交货数量少于约定的数量，卖方应在约定的期限内补交，由此造成的损失，买方有权提出损害赔偿要求。许多国家的法律也都把数量条件作为合同的要件，规定卖方必须按约定数量交货；否则，卖方有权要求赔偿损失，甚至拒收货物。

在履行合同过程中，卖方交货数量大于或小于约定数量时，《联合国国际货物销售合同公约》第 37 条和第 52 条明确规定：如卖方交货数量少于约定的数量，卖方应在约定的期限内补交，由此造成的损失，买方有权提出损害赔偿；如卖方交货数量大于约定的数量，买方可以拒收多交的部分，也可以收取多交部分的全部或一部分，但买方对其多收的货物，仍应按合同价格付款。

由此可见，数量条款是十分重要的。它不仅约定了交易双方成交商品的数量，而且还涉及与之相关的权利与义务。它既是买卖双方交接货物的基本依据，也是涉及与交接数量有关的索赔与理赔问题的依据。因此，在国际货物买卖合同中，合理确定成交数量并约定数量条款，具有重要的法律和实践意义。

二、数量的机动幅度条款

买卖合同中的数量条款是买卖双方交接货物和处理争议的依据，它主要包括成交商品的数量和计量单位。按重量成交的商品，还需定明计算重量的方法。

但在实际进出口业务中，有时由于产品特性、成交数量、自然条件、包装方式、装卸能力及运输工具等多种因素的限制，卖方实际交货的数量常常不能完全符合合同规定的某一数量。因此，为使合同能顺利履行，避免日后因交货数量而发生争议，在签订合同时，对于某些成交数量大、不易精确计算的货物，如小麦、大豆、玉米、化肥、煤炭、矿石及原油等，买卖双方一般要规定一个交货数量的机动幅度。

数量机动幅度(Quantity Allowance)是指卖方实际交货数量可多于或少于合同规定数量的一定范围。数量机动幅度包括"溢短装"或"约"量两种规定办法。

(一)溢短装条款

溢短装条款(More or Less Clause)也称增减条款(Plus or Minus Clause)，是允许交货时可多装或少装合同规定数量的一定百分比的条款，主要用于大宗商品和散装货物。在合同中规定溢短装条款时，主要包括以下内容：

(1)在数量机动幅度的范围，该范围通常用百分比表示，如"5%more or less is acceptable"。

(2)溢短装的选择权，即由何方(买方、卖方，或船方)来行使此项机动幅度的选择权，如"卖方可溢装或短装 5%"(with 5% more or less at seller's option)。在机动幅度范围内是多交货物还是少交货物，该选择权一般由卖方来决定。但在采用海洋运输的情况下，由于交货的数量与载货船舶的舱容有着非常密切的关系，因此，溢短装的选择权应由安排货物运输的一方掌握。

(3)溢短装部分的作价办法，即多装或少装部分的计价方法。一般注明溢短装部分按照合同价格或交货时的国际市场价格计价。但也有合同规定按装船日或卸货日的市场价格计算，其目的是防止有权选择溢短装的一方为获取额外利益而有意多交或少交货物。

为了防止当事人根据其自身利益随意增加或减少交货数量，也可在数量机动幅度条款中增加"此项机动幅度只在适应船舶实际装载量的需要时才能适用"的文句。

商订溢短装条款需要注意以下几点：

(1)数量增减幅度的大小要适当。数量增减幅度的大小通常以百分比表示，如 3%或 5%不等，究竟百分比多少合适，应视商品特性、行业或贸易习惯和运输方式等因素而定，一般不超过 5%。

(2)增减幅度选择权的规定要合理。在合同规定有机动幅度的条件下，应明确机动幅度的选择权。在实际业务中，通常由卖方决定，但在由买方安排运输的条件下，也可由买方或船方决定。

(3)溢短装数量的计价方法要公平、合理。溢短装数量的计价方法，如无相反的规定，一般按合同价格计算。

【案例 5—2】 买卖合同中的数量条款规定"100 M/T 5% more or less at seller's option"。问:根据《联合国国际货物销售合同公约》的规定,卖方最多和最少可交多少公吨的货物? 多交部分应如何作价? 若双方事先未约定多交部分的作价,当市场价格上涨时,卖方应多交还是少交?

【解析】 ①卖方最多交 105 公吨,最少交 95 公吨。

②多交部分的作价方法有两种:一是按合同价格作价,二是按市场价格作价。

③若双方事先未约定多交部分的作价,当该货物市场价格上涨时,卖方应该少交,交足 95 公吨即可。

如果合同中未明确规定数量机动幅度,则卖方应严格按照合同中规定的数量交货。但是,买方如采用信用证方式付款,根据《跟单信用证统一惯例》(UCP600)第 39 条 b 款的规定,除非信用证中规定货物数量不得增减,在支取金额不超过信用证金额的情况下,卖方所交货物数量允许有 5%的机动幅度。但此规定对交货数量以包装单位或个数计数的商品不适用。

(二)"约"量条款

"约"量(Approximate,About)即在合同的数量前加"约"、"大约"、"近似"、"左右"等字样。由于"约"的含义在国际上解释不一,因此,双方当事人应事先对大约的幅度进行明确约定,以免引起纠纷。但在采用信用证付款方式时,根据《跟单信用证统一惯例》(UCP600)的解释,凡"此类意义的词语"用于信用证金额或信用证所列的数量或单价时,应理解为允许对有关金额或数量或单价有不超过 10%的增减幅度。

三、签订合同数量条款应注意的问题

第一,成交数量应充分与市场供求、销售价格、客户资信、经营能力相适应,避免违背市场规律,片面或盲目追求成交数量从而导致损失。

第二,数量条款的内容必须明确、具体、完整,除了明确成交数量外,还应当明确计量单位。按重量成交的,应说明是按毛重还是净重计算;如不说明的,根据《联合国国际货物销售合同公约》第 56 条的规定,应按净重计算。

第三,对散装商品,应在合同中正确规定溢短装条款。

第四节 专业技能实训

任务一 订立数量条款

【目的要求】

了解商品数量条款的主要内容,学会准确订立货物的数量条款。

【背景材料】

总部设在湖南长沙的飞跃进出口公司(FEIYUE IMP. & EXP. CO.,LTD)与美国客户 JAMES BROWN&SONS 商定 MS691、MS862 两个型号的男衬衫,一共出口一个 40ft 集装箱的货物,两种型号的衬衫数量相等,包装为:一件一个塑料袋,10 件一个纸箱,装箱尺寸为 80cm×40cm×50cm。假设 40ft 集装箱能够装 58CBM 货物。任务:试订立具体的数量条款。

【实训指南】

1. 题目分析

58/0.8×0.4×0.5=362，一个40英尺的集装箱可以装362个纸箱。

每个纸箱装10件衬衫，一共可以装3 620件衬衫。

2. 拟定数量条款

Quantity：3 620pcs in one 40ft container.

任务二 案例分析

【背景材料】

我方出口风扇1 000台，国外来证规定不许分批装运。装船时发现有40个包装破裂、风罩变形或开关脱落。为保证质量，发货方认为：《跟单信用证统一惯例》(UCP600)有规定，即使不许分批装运，数量上可以有10%的溢短装。于是，少装40台，但却遭到议付行的拒付。

问：议付行的拒付是否有理？为什么？

【分析】

1. 理论依据：《跟单信用证统一惯例》(UCP600)的解释，凡"此类意义的词语"用于信用证金额或信用证所列的数量或单价时，应理解为允许对有关金额或数量或单价有不超过10%的增减幅度。《跟单信用证统一惯例》(UCP600)第39条b款规定，除非信用证中规定货物数量不得增减，在支取金额不超过信用证金额的情况下，卖方所交货物数量允许有5%的机动幅度。但此规定对交货数量以包装单位或个数计数的商品不适用。

2. 分析：案例中的风扇是以台成交的，没有溢短装条款，数量条款中没有"约"字表述。

3. 结论：银行拒付有理，因为卖方违背双方合同中的数量条款，没有按量交货，属违反要件。

任务三 思考与练习

一、名词解释

Gross for Net　More or Less Clause　Conditioned Weight

二、单项选择题

1. 如果合同中未明确规定以何种方法计重，其计量方法就应为(　　)。

A. 毛重　B. 净重　C. 以毛作净　D. 公量

2. 出口日用消费品，轻工业品及机械产品常用的计量单位为(　　)。

A. 重量单位　B. 数量单位　C. 长度单位　D. 面积单位

3. 对于价值较低的商品，通常采用(　　)计算其重量。

A. 毛重　B. 净重　C. 以毛作净　D. 法定重量

4. 如果进口羊毛、生丝等纺织原料，应使用的计量方法为(　　)。

A. 毛重　B. 净重　C. 公量　D. 理论重量

5. 对于大批量的散装货，因较难掌握商品的准确数量，通常在合同中规定(　　)。

A. 品质公差条款　B. 溢短装条款　C. 立即装运条款　D. 不可抗力条款

6. 对于溢短装部分的货物作价方法，合同中如果没有明确规定的，按照惯例，其做法是(　　)。

A. 按合同价格作价　B. 按装船时的国际市场价格作价

C. 按到货时的国际市场价格作价　D. 按平均价格计算

7. 在国际贸易中，对以重量计算的商品的计价，使用最多的计重方法是(　　)。

A. 毛重　B. 净重　C. 理论重量　D. 法定重量

8. 目前，国际贸易中使用最广泛的度量衡制度为(　　)。

A. 国际单位制　B. 公制　C. 英制　D. 美制

9. 按照国际惯例，买卖商品按重量计价时，如果合同中未明确规定计量方法，应按(　　)计价。

A. 毛重　B. 净重　C. 以毛作净　D. 公量

10. 根据《跟单信用证统一惯例》(UCP600)的规定，凡在合同交货数量前加上“约”、“大概”、“大约”或类似的词语，应解释为数量不超过(　　)的增减幅度。

A. 15%　　B. 5%　　C. 20%　　D. 10%

三、多项选择题

根据情况的不同，买卖合同中溢短装条款的选择权(　　)。

A. 只能归买方　　B. 一般归卖方　　C. 必要时可归承运人　　D. 不可以归承运人

四、判断题

1. 在合同中约定溢短装条款对卖方较为有利。(　　)
2. 国际贸易中使用最多的计量方法是按重量计算。(　　)
3. 按国际惯例，“吨”(Ton)是指公吨。(　　)
4. 在国际贸易中，木材、天然气和化学气体习惯上按容积计算。(　　)
5. 在国际贸易中，酒类、汽油等液体商品习惯上按体积计算。(　　)
6. 在国际贸易中贵重的金属如黄金、白银的习惯计量单位是蒲式耳。(　　)
7. 公定回潮率是指商品中的实际水分与干量之间的百分比。(　　)
8. 公量比较适合于经济价值高，含水量又极不稳定的商品。(　　)

五、简答题

1. 什么是数量机动幅度？

2. 为什么在某些商品的买卖合同中要规定溢短装条款？如果出口合同中未规定溢短装条款，我方可否多装或少装？

3. 常用的计量方法有哪几种？

六、计算题

1. 如果卖方按每吨150美元的价格出售某种商品10 000吨，合同规定数量允许有5%的增减，由卖方决定。

问：

(1)卖方最多可装多少吨？最少可装多少吨？

(2)如实际装运10 050吨，买方应付多少货款？

2. 公司出口生丝，合同数量为100公吨，溢短装5%，约定公定回潮率为11%。现有生丝104公吨，回潮率为9%。

问：

(1)这批生丝符合公定回潮率的重量为多少？

(2)是否符合溢短装条款规定的重量？

3. 某公司出口生丝，公定回潮率为11%。现有生丝105公吨，经过测定，回潮率为13%。

问：公量应为多少公吨？

4. 已知某种钢板每平方米厚度0.2毫米的理论重量为1.57千克。现有钢板500张，每张长度为5 000毫米、宽度为500毫米、厚度为0.2毫米。

问：该批货物的总重量(1平方米=1 000 000平方毫米)是多少？

5. 某公司出口水产品10公吨。合同规定为箱装，每箱净重为40磅，总数量可以有5%的机动幅度。

问：在信用证金额也有5%增减的情况下，该批货物最多能装多少箱？最少应装多少箱(已知：1磅=0.453 59千克)？

七、案例分析

1. 大雨后散装出口煤一批，来证规定为10 000公吨±5%，不准分批，以商检局签发的离岸重量证书为准。我方实装9 600公吨，取得商检证。到目的港后，收货人声称水分过高，实收重量只有9 100公吨，要求更正数量重新制单。

问：该情况应如何处理？

2. 我方向海湾某国出口冻羊肉20公吨，每公吨FOB价400美元，合同规定数量可增减10%。国外按时来证，证中规定金额为8 000美元，数量为20公吨。我方按22公吨发货装运，但持单到银行办理议付时遭拒付。

问：银行拒付是否有理？出口单位有无补救办法？

八、技能实训题

如卖方按每箱5 800美元的价格出售某商品300箱，且合同规定："数量允许有5%的增减幅度，由卖方决定。"

任务：

(1)试用英文表述数量条款；

(2)计量最多可装多少箱，最少可装多少箱；

(3)如实际装运204箱，计算买方应支付的货款。

第六章　订立合同中的包装条款

学习指导

通过本章的学习，要求了解国际贸易合同包装条款的制作技巧及其注意事项，掌握商品包装的分类和中性包装的基本知识，并理解各类运输包装标志，能够正确用英文订立合同中的包装条款。

导入案例

我国某出口公司与香港一客户成交一批商品，价值318 816美元，卖断香港，再由客户转口西非。其中包装条款规定："均以三夹板箱盛放，每箱净重10千克，两箱一捆，外套麻包。"该香港客户如期通过中国银行香港分行开出不可撤销跟单信用证。该出口公司审证发现信用证包装条款未要求箱外加套麻包。有关人员为保证安全收汇，就根据信用证条款办理，未加套麻包。后持全套单据交中行上海分行办理收汇，银行审核时未提出不符，遂寄开证行。货至香港，客户致电该出口公司，称货物包装不符合要求，并提出重新打包费及仓储费由某出口公司负担。

思考：香港客户的要求是否合理？

国际贸易中的货物流通范围很广，不仅涉及一个国家、一个地区，还会涉及一个民族，为保证货物在运输过程中的安全，合理规范的包装十分必要。包装除了必须遵守国际上通行的法规外，还应遵守习惯性规范及各个国家和地区的特殊法规。在合同中应明确规定有关包装的材料、方式和要求并订立包装条款，这是合同的重要条款之一，卖方必须按照合同规定的方式装箱或者包装，否则就构成违约。包装条款包括包装的种类和性质、包装材料、包装尺寸、包装费用和运输标志等内容。

商品包装是商品生产的继续，凡需要包装的商品，只有通过包装，才算完成生产过程，商品才能进入流通领域和消费领域，才能实现商品的使用价值和价值。这是因为，包装是保护商品在流通过程中质量完好和数量完整的重要措施，有些商品甚至根本离不开包装，它与包装成为不可分割的统一体。经过适当包装的商品，不仅便于运输、装卸、搬运、储存、保管、清点、陈列和携带，而且直接保护商品的质量和安全。

在当前国际市场竞争十分激烈的情况下，许多国家都把改进包装作为加强对外竞销的重要手段之一。因为，良好的包装不仅可以保护商品，而且还能宣传、美化商品，提高商品身价，吸引顾客，扩大销路，增加售价，并在一定程度上显示出口国家的科技、文化、艺术水平。

第一节　包装种类及标志

国际贸易的货物种类繁多，从是否需要包装来看，可以分为三大类：

(1)裸装货(Nuded Cargo),是指货物品质比较稳定,不易受外界条件影响,自成件数,难于包装或不需要包装的货物,如钢材、铅锭、木材、橡胶等。

(2)散装货(Cargo in Bulk),是指货物散装在运输工具之上,如散装的石油、矿砂、粮食、煤炭等类货物。散装货可用专门设计的运输工具和装卸设备进行载运和装卸。

(3)包装货(Packed Cargo)。除上述裸装货和散装货外,大部分货物需要进行必要的包装。

根据包装在流通过程中所起作用的不同,可分为运输包装(即外包装)和销售包装(即内包装)两种类型。前者的主要作用在于保护商品和防止出现货损、货差,后者除具有保护商品的作用外,还具有促销的功能。

一、运输包装

(一)对运输包装的要求

出口商品的运输包装,应符合下列要求:

(1)必须适应商品的特性。例如,水泥的包装应具有防潮功能,玻璃制品、陶瓷、灯具的包装应具有防震功能,液体货物的包装应具有防漏功能等。

(2)必须适应各种不同运输方式的要求。例如,海运货物的包装应牢固、防挤压、防碰撞,空运货物的包装应轻便且牢固。

(3)必须考虑有关国家的法律规定和客户的要求。例如,有的国家禁止使用柳藤、稻草作为包装材料,以防带进病虫害。

(4)要便于各环节有关人员进行操作。

(5)要在保证包装牢固的前提下节省费用。

(二)运输包装的分类

运输包装的方式和造型多种多样,用料和质地各不相同,包装程度也有差别。运输包装的种类可以按以下几种标准划分:

1. 包装方式

按包装方式,可分为单件运输包装和集合运输包装。前者是指每件货物单件包装,如包(Bale)、桶(Drum,Barrel)、袋(Bag)、箱(Case,Box,Carton)、捆(Bundle)等;后者是指将若干单件运输包装组合成一件大包装,以便更有效地保护商品、提高装卸效率和节省运输费用。在国际贸易中,常见的集合包装有集装袋/集装包(Flexible Container)、集装箱(Container)、托盘(Pallet)等。

2. 包装材料

按包装材料,可分为纸质包装、金属包装、木制包装、塑料包装等,如纸箱(Carton)、木箱(Wooden Case)、布袋(Cloth Bag)、铁桶(Iron Drum)等。

3. 包装质地

按包装质地,可分为软件包装、半硬性包装和硬性包装等。

4. 包装程度

按包装程度,可分为全部包装和部分包装。

在国际贸易中,买卖双方选择运输包装种类应根据商品的特性、形状、运输方式、贸易习惯的要求及相关国家的法律,在保证包装牢固的前提下尽可能节省费用。

(三)运输包装的标志

运输包装的标志是指印刷在包装上的文字、符号或图案,按其用途可分为运输标志(Shipping Mark)、指示性标志(Indicative Mark)和警告性标志(Warning Mark)三种,以便识别和提醒人们操作时注意。

1. 运输标志

运输标志俗称"唛头",是指印刷在运输包装上,便于有关人员运输和交接货物,防止错发、错运的文字和几何图案。但是,随着电脑制单的普及和无纸贸易本身的要求,几何图案在单据中已被淘汰。

按照国际标准化组织(ISO)的建议,运输标志应包括以下四项内容:(1)收货人或买方的名称字首或简称;(2)参照号,如合同号、订单号、发票号等;(3)目的地,如 LONDON;(4)件数号,如 1~100。

例如:

A G	HLJT
051186GE	0677182CN
HAMBERGER	SHANGHAI
C/N 1-60	C/N 1-200

2. 指示性标志

指示性标志又称"操作标志"。根据商品的性能特性,在包装外部用简单、醒目的图形或文字对一些容易破碎、残损、变质的商品作出指示标志,以引起有关人员在装卸、搬运、存放和保管过程中的注意。例如,"小心轻放"(Handle with Care)、"保持干燥"(Keep Dry)等。常用的指示性标志如图 6.1 所示。

保持干燥　竖直向上　易碎物品　禁用手钩　怕晒

图 6.1　常用的指示性标志

3. 警告性标志

对危险货物而言,为了在运输、保管和装卸过程中使有关人员加强防护措施,以保护物资和人身的安全而加在外包装上的危险货物标志,称为警告性标志。部分危险品标志见图 6.2。

(符号:黑色,底色:橙红色)　(符号:黑色或白色,底色:正红色)　(符号:黑色,底色:白色)

图 6.2　部分危险品标志

除上述包装标志外,商品的运输包装上一般还印刷有毛重、净重、体积尺码和商品生产国别或地区。

例如：GROSS WEIGHT 50KGS
NET WEIGHT 45KGS
MEASUREMNT 50×45×2CM
MADE IN CHINA

这些标志习惯上被称为其他标志。

二、销售包装

(一)销售包装概述

销售包装又称小包装或内包装。销售包装的作用除了保护商品外，还可以美化商品、宣传商品和介绍商品。因此，在国际贸易中不仅要求销售包装具备适于商品销售的各种条件，而且在包装的用料和造型结构、装潢设计和文字说明上都有较高的要求。尤其在当前国际市场竞争激烈、超级市场迅速发展的情况下，出口商品的销售包装日益重要，其要求也更加严格和多元化。目前，国际市场上流行的销售包装按其形式和作用，可以分为以下几种：

1. 陈列展销类销售包装

(1)堆叠式包装。它是指商品包装的顶部和底部都设有吻合部分，使商品在上下堆叠时可以相互咬合，这种包装堆叠稳固性强，适于超级市场堆叠罐头、瓶类、盒类等商品。

(2)挂式包装。它是指用挂钩、挂孔、吊带等悬挂商品，常见的有贴体包装、起泡包装、盒形、套形和袋形包装等。这类包装可以充分利用货架的空间，增加展卖面积。

(3)展开式包装。它是指具有一种特殊结构的盒盖，当盒盖打开时，盒面图案和商品相互衬托，具有良好的陈列展销效果。

2. 识别商品类销售包装

(1)透明包装和开窗包装。它是指全部或部分用透明材料或开窗纸盒包装，这种包装可以使购买者直观商品的形态和质量。

(2)习惯包装。它是指采用商品习惯包装造型使购买者见到包装即可识别商品质量。

3. 使用类销售包装

(1)携带式包装。其造型适于购买者携带。

(2)易开包装。它是指密封的包装容器，具有容易开启的特点，常见的有易开罐、易开盒和易开瓶等。

(3)喷雾包装。这种包装是一个液体喷雾器，使用时按压按钮，液体即可自动喷出。这种包装适用于日用消费品和医药喷洒。

(4)配套包装。它是指把经常同时使用的不同种类和不同规格的商品搭配成套，合成一体的包装。

(5)礼品包装。它是指专门作为礼品的销售包装。

(二)物品条形码标志

1. 条形码概述

在销售包装上，除了附有装潢图案和文字说明外，有的还印有条形码(Product Code)。目前，世界许多国家都在商品包装上使用条形码。条形码是一种产品代码，由一组带有数字的黑白及粗细间隔不等的平行条纹所组成，这是利用光电扫描阅读设备为计算机输入数据的特殊代码语言。只要将条形码对准光电扫描器，计算机就能自动地识别条形码的信息，确定品名、品种、数量、生产日期、制造厂商、产地等相关信息，大大提高了商品管理效率。

2. 商品包装的两种条形码

自条形码问世以来，为适用多种需要，产生了众多的编码系统。目前得到国际公认用于商品包装的主要有 UPC 和 EAN 两种。这两种编码系统属同一类型，每个字符均由数条黑白相间的条纹组成，中间有两条窄条纹向下伸出少许，将条形码分成左、右两部分。

UPC 和 EAN 虽同属一个类型，但由于 EAN 码是在 UPC 码基础上形成的，而且有所发展和创新，因此，在技术上 EAN 系统的光电阅读器可以阅读 UPC 系统的条形码，而 UPC 系统的光电阅读器却不能阅读 EAN 条形码。

(1)UPC 条形码(Uniform Product Code)

UPC 条形码是由美国和加拿大共同组织的统一编码委员会(Universal Code Council, UCC)选定以 IBM 公司提出的 Dalta-Distance 为基础而通过的，作为美国和加拿大产品统一的标识符号。

UPC 条形码是由 11 位数字的通用产品代码和 1 位校验码组成。产品代码的第 1 位数字为编码系统字符，中间 5 位数字表示制造商号，后 5 位数字则为产品代码。

(2)EAN 条形码(European Article Numbering Association)

EAN 条形码是欧共体的欧洲物品编码协会(European Article Numbering Association, EAN)吸取了 UPC 的经验而确立的物品标识符号。该协会于 1977 年改名为“国际物品编码协会”。迄今为止，使用 EAN 条形码的该协会成员国已有数十个，除欧洲外，亚洲许多国家也使用此码，我国于 1991 年 7 月参加该协会。由于国际上存在这两种编码系统，因此，我国产品销往美国、加拿大应使用 UPC 码，而出口到其他国家和地区则需使用 EAN 码。

EAN 条形码由代表 12 位数字的产品代码和 1 位校验码组成。产品代码的前 3 位数字为国别码，中间 4 位数字为制造商号，后 5 位数字为产品代码。EAN 条形码的国别码由 EAN 总部分配管理，我国的国别代码为 690。

制造商号代码由 EAN 在各国的分支机构分配管理，在我国是由中国物品编码中心统一分配企业代码，而产品代码由制造商根据规定自己编制。

第二节　订立包装条款应注意的问题

一、包装条款

包装条款(Packing Clause)主要规定货物的包装方式、包装材料、包装费用的负担和运输标志。按照国际贸易习惯和某些国家的法律规定，包装条款是主要的交易条件之一，是货物说明的组成部分。如果货物的包装与合同规定或行业习惯有重大不符，买方有权索赔损失，甚至拒收货物。

合同中的包装条款一般包括包装材料、包装方式、包装费用的负担和运输标志等内容。

例如：

木箱装，每箱 50 千克净重。In wooden cases of 50 kg net each.

纸箱或空格木箱装，每箱净重约 12 千克，每只水果包纸。In cartons or crates of about 12 kg net, each fruit wrapped with paper.

布包，每包 20 匹，每匹 42 码。In cloth bales each containing 20 pcs of 42 yds.

铁桶装，每桶净重 185～190 千克。In iron drums of 185—190 kg net each.

铁桶或纸板桶装，每桶净重 60 千克。In iron drums or cardboard drums of 60 kg net each.

布袋装，内衬聚乙烯袋，每袋净重 25 千克。In cloth bags, lined with polythene bags of 25 kg net each.

每台装 1 个出口纸箱，810 纸箱装 1 只 40 英尺集装箱运送。Each set packed in one export carton, 810 cartons transported in one 40ft container.

二、订立包装条款应注意的问题

在订立包装条款时应特别注意下列问题：

(1)对包装的规定要明确、具体。

(2)明确包装费用由谁负担。

(3)注意有关国家对包装的特殊要求。

(4)包装条件应在合同中具体、明确约定，避免用"习惯包装"、"适合海运包装"等术语。对特别精密的仪器设备还必须提出防震条件，有的商品要提出防潮要求，不宜侧置的商品要在包装上刷明向上标志等。

(5)按国际惯例，运输标志一般由卖方设计确定，但在订约时进口单位必须提出明确的要求和责任，以减少运输过程中不必要的损失。

而国际市场对商品包装的要求具体体现在以下几个方面：

(1)名称易记。包装上的产品名称要易懂、易念、易记。

(2)外型醒目。要使消费者从包装外表就能对产品的特征了如指掌。

(3)印刷简明。包装印刷要力求简明。在超级市场上出售的商品是由顾客自己从货架上挑选，所以包装要吸引人眼球。

(4)体现信誉。包装要充分体现产品的信誉，使消费者能通过产品的包装增加对产品的依赖。

(5)颜色悦目。一般来说，欧洲人喜欢红色和黄色。在超级市场上销售的高档商品多采用欧洲流行色，即淡雅或接近白色的色彩。

(6)有地区标志。包装应有产品地区标志或图案，以便识别。

(7)有环保意识。国际上现在普遍重视环境保护工作。为此，国际上有许多关于包装材料的新规定，总的趋势是逐步用纸和玻璃取代塑料、塑胶等材料。例如，德国规定中国出口到德国的食品包装用瓦楞纸箱。

第三节　专业技能实训

任务一　订立包装条款与设计唛头

【目的要求】

了解商品包装方式，掌握运输标志包含的内容，学会准确制定商品包装条款。

【背景材料】

总部设在湖南长沙的飞跃进出口公司(FEIYUE IMP. & EXP. CO., LTD)以 CIF New York 条件与美国客户 JAMES BROWN&SONS 订立合同。在合同 CS2011 项下商定 MS691、MS862 两个型号的男衬衫的包装为：一件一个塑料袋，10 件一个纸箱，均色均码，纸箱尺寸为 80cm×40cm×50cm。请你订立具体的包装条款，并设计一个唛头。

【实训指南】

1. 包装条款的制定

10pcs per export carton, same colours and size, per shirt in blister poly-bag.

2. 唛头设计

按照国际标准化组织(ISO)的建议，运输标志应包括收货人或买方的名称字首或简称、参照号，如合同号、订单号、发票号等、目的地、件数号。

JBS

CS2011

NEW YORK

NO. 1—UP

任务二 案例分析

【背景材料】

国内某公司出口至非洲某国黄豆一批，合同的数量条款规定：每袋净重 100 千克，共10 000袋，合计1 000公吨。货抵目的港后，经检验，黄豆每袋实为 97 千克，10 000袋合计 970 公吨。适值黄豆价格大幅度下跌，非洲某国客户以单货不符为由提出降价 10%的要求，否则拒收。

问：买方的要求是否合理？为什么？

【分析】

1. 理论依据：《跟单信用证统一惯例》(UCP600)第 39 条 b 款规定，除非信用证中规定货物数量不得增减，在支取金额不超过信用证金额的情况下，卖方所交货物数量允许有 5%的机动幅度。但此规定对交货数量以包装单位或个数计数的商品不适用。

《联合国国际货物销售合同公约》第 37 条和第 52 条明确规定：如卖方交货数量少于约定的数量，卖方应在约定的期限内补交，由此造成的损失，买方有权提出损害赔偿；如卖方交货数量大于约定的数量，买方可以拒收多交的部分，也可以收取多交部分的全部或一部分，但买方对其多收的货物仍应按合同价格付款。

2. 分析：案例中的黄豆不是散装货物，而是明确采取袋装，那就不符合《跟单信用证统一惯例》(UCP600)规定的数量允许 5%机动幅度增减的条件。

3. 结论：买方的要求是合理的。第一，合同中没有规定溢短装条款。第二，黄豆是袋装的包装方式，也不符合《跟单信用证统一惯例》(UCP600)关于货物允许 5%机动幅度增减的要求。在这样的情况下，卖家要按照合同的要求，按约定数量交货，最终交货数量 970 公吨少于合同1 000公吨的数量，买家要求索赔的要求是合理的。

4. 教训：在实际进出口业务中，有时由于产品的特性、成交的数量、自然条件、包装方式、装卸能力及运输工具等多种因素的限制，卖方实际交货的数量常常不能完全符合合同规定的某一数量。为使合同能顺利履行，避免日后因交货数量而发生争议，在签订合同时，对于某些成交数量大、计算不易精确的货物，如小麦、大豆、玉米、化肥、煤炭、矿石及原油等，买卖双方一般要规定一个交货数量的机动幅度。

任务三 思考与练习

一、单项选择题

1. 根据国际贸易惯例，唛头一般由(　　)决定。

A. 买方　　B. 卖方　　C. 运输公司　　D. 以上都不是

2. 按国际惯例，包装费用(　　)。

A. 不应包括在货物价格中，应在合同中列示

B. 包括在货物价格中，但必须在合同中另外列示

C. 包括在货物价格中，一般不在合同中另外列示

D. 不应包括在货物价格中，也不必在合同中列示

3. 运输包装的俗称是(　　)。

A. 大包装、外包装　　B. 小包装、内包装　　C. 大包装、小包装　　D. 外包装、内包装

4. 定牌中性包装是指在包装上(　　)。

A. 没有生产国别、地名、厂名和商标牌号　　B. 没有生产国别，但有国外厂商名称

C. 没有生产国别，但有买方指定的商标牌号　　D. 没有生产国别

5. 运输标志一般由(　　)出具。

A. 买方　　B. 卖方　　C. 运输部门　　D. 生产企业

6. 运输标志是(　　)。

A. 商品包装上的标志　　B. 运输包装上的标志

C. 运输工具上的标志　　D. 内包装上的标志

7. 包装费用一般由(　　)负担。

A. 买方负担　　B. 卖方负担　　C. 买卖双方各半负担　　D. 以上都不是

二、多项选择题

1. 以下选项中，(　　)属于运输包装的标志。

A. 唛头　　B. 条形码　　C. 指示性标志　　D. 警告性标志

2. 运输包装从方式上看，可以分为(　　)。

A. 混杂包装　　B. 单件包装　　C. 集合运输包装　　D. 中性包装

3. 集合运输包装可以分为(　　)。

A. 集装袋　　B. 集装包　　C. 集装箱　　D. 托盘

三、填空题

1. 商品的包装，是指为了有效保护商品________的完好和________的完整，采用一定的方法将商品置于合适容器的一种措施。

2. 根据包装在流通过程中所起的作用不同，可以分为________和________两种类型。

3. 运输包装上的标志，按其作用可以分为________、________、________。

4. 国际上通用的条形码主要有两种：一种是美国编码委员会编制的________；另一种是由欧洲 12 国组成的欧洲物品编码协会编制的________。

四、简答题

1. 简述运输包装的作用。

2. 何谓条形码标志？其作用何在？

3. 试说明在国际贸易中商品的品质、数量和包装三者之间的内在联系及其重要性。

4. 包装不规范或运输标志不清，在装卸船时会造成什么后果？

5. 在国际贸易中，货物的运输标志有何作用？它由哪几部分组成？如我国 GDP 公司出运货物 100 箱，目的港为香港(HONGKONG)，收货人为 ABC 公司，据此应如何编制运输标志？

6. 某笔交易合同订明由我方提供双层旧麻袋装，装船时，因缺这种麻袋就自行换成单层新麻袋，也没有要求对方额外支付费用，但对方认为我方包装不符规定，向我方索赔。请问对方是否有理？

五、案例分析题

国外某商人拟购买我“菊花”牌扳手，但要求改为“鲨鱼”牌，并不得注明“Made in China”。

问：我方可否接受？为什么？

第七章　订立合同中的价格条款

学习指导

通过本章的学习，要求了解进出口货物价格的构成，掌握进出口货物成本的核算方法，掌握作价原则和方法，熟练运用价格换算公式，正确使用佣金和折扣并选择计价货币，能够正确用英文合理订立合同中的价格条款。

导入案例

我某公司以FOB条件出口一批冻鸡。合同签订后接到买方来电，称租船较为困难并委托我方代为租船，有关费用由买方负担。为了方便合同履行，我方接受了对方的要求。但时至装运期，我方在规定装运港无法租到合适的船，且买方又不同意改变装运港，因此，到装运期满时货仍未装船，买方因销售季节即将结束便来函以我方未按期租船履行交货义务为由撤销合同。

思考：我方应如何处理？

第一节　外汇和汇率的基础知识

一、外汇的概念

在国际金融领域，"外汇"是一个最基本的概念，它已成为各国从事国际经济活动不可缺少的媒介。要准确把握外汇的确切内涵，可以从"动态"和"静态"这两个方面来考虑。

外汇的"动态"概念，是指货币在各国间的流动，以及把一个国家的货币兑换成另一个国家的货币，借以清偿国际间债权、债务关系的一种专门性的经营活动。它是国际间汇兑(Foreign Exchange)的简称。

"静态"意义上的外汇又有广义和狭义之分。

广义的静态外汇是指一切用外币表示的资产。我国以及其他各国的外汇管理法令中一般沿用这一概念。例如，在中国，根据1997年1月20日发布的修改后的《中华人民共和国外汇管理条例》中的规定，外汇是指：(1)外国货币，包括钞票、铸币等；(2)外币支付凭证，包括票据、银行存款凭证、邮政储蓄凭证等；(3)外币有价证券，包括政府债券、公司债券、股票等；(4)特别提款权、欧洲货币单位；(5)其他外汇资产。从这个意义上说，外汇就是外币资产。

狭义的外汇是指以外币表示的可用于国际间结算的支付手段。从这个意义上讲，只有存放在国外银行的外币资金，以及将对银行存款的索取权具体化了的外币票据才构成外汇，主要包括银行汇票、支票、银行存款等。这就是通常意义上的外汇概念。

外汇必须具有以下三个基本特征：(1)外汇是以外币计价或表示对外支付的金融资产，具有国际性；(2)具有充分的可兑换性；(3)具有可靠的物质偿付保证，具有可偿性。

二、汇率的概念及标价方法

（一）汇率的概念

汇率又称汇价、外汇牌价或外汇行市，即外汇的买卖价格。它是两国货币的相对比价，也就是用一国货币表示另一国货币的价格。

汇率在不同的货币制度下有不同的制定方法。在金本位制度下，由于不同国家货币的含金量不同，两种货币含金量的对比（又称铸币平价）是外汇汇率的基础。在不兑现的信用货币制度下，汇率变动受外汇供求关系的制约：当某种货币供不应求时，这种货币的汇率就会上升；当某种货币供过于求时，它的汇率就会下降。

影响外汇供求关系的因素是多方面的，主要如下：

1. 国际收支的影响

外汇的供给和需求体现着国际收支平衡表所列的各种国际经济交易。国际收支平衡表中的贷方项目构成外汇供给，借方项目构成外汇需求。一国国际收支赤字意味着外汇市场上的外汇供不应求，本币供过于求，结果是外汇汇率上升；反之，一国国际收支盈余则意味着外汇供过于求，本币供不应求，结果是外汇汇率下降。在国际收支中，贸易项目和资本项目对汇率的影响最大。

2. 通货膨胀的差异

国内外通货膨胀的差异是决定汇率长期趋势的主导因素，在不兑现的信用货币制度下，两国货币之间的比率是由各自所代表的价值决定的。如果一国通货膨胀高于他国，该国货币在外汇市场上就会趋于贬值；反之，就会趋于升值。

3. 利率的影响

如果一国利率水平相对高于他国，就会刺激国外资金流入，由此改善资本账户，提高本币的汇率；反之，如果一国的利率水平相对低于他国，则会导致资金外流，资本账户恶化。

4. 经济增长的差异

国内外经济增长的差异对汇率的影响是多方面的，经济的增长、国民收入的增加意味着购买力的增强，由此会带来进口的增加；经济增长同时还意味着生产率的提高，产品竞争力的增加，对进口商品需求的下降。另外，经济增长也意味着投资机会的增加，有利于吸引外国资金的流入，改善资本账户。从长期看，经济的增长有利于本币币值的稳中趋升。

5. 市场预期

国际金融市场的游资数额巨大，这些游资对世界各国的政治、军事、经济状况具有高度敏感性，由此产生的预期支配着游资的流动方向，对外汇市场形成巨大冲击，预期因素是短期内影响外汇市场的最主要因素。

6. 货币管理当局的干预

各国货币管理当局为了使汇率维持在政府所期望的水平上，会对外汇市场进行直接干预，以改变外汇市场的供求状况，这种干预虽然不能从根本上改变汇率的长期趋势，但对外汇的短期走势仍有重要影响。

（二）汇率的标价方法

1. 直接标价法

直接标价法也称应付标价法，是指以一定单位的外国货币（1或100、1 000个单位）为标准，计算应付出多少单位的本国货币。也就是说，在直接标价法下，汇率是以本国货币表示的单位外国货币的价格。外汇汇率上涨,说明外币币值上涨,表示单位外币所能换取的本币增多,本币币值下降;外汇汇率下降,说明外币币值下跌,表示外国单位货币能换取的本币减少,本币币值上升。目前,世界上大多数国家采用直接标价法,我国也采用直接标价法。

2. 间接标价法

间接标价法也称应收标价法或数量标价法,是指以一定单位的本国货币(1或100、1 000个单位)为标准,计算应收进多少外国货币。在间接标价法下,汇率是以外国货币来表示的单位本国货币的价格。若一定数额的本国货币能兑换的外国货币比原来减少,说明外国货币升值,本国货币的币值下跌;若一定数额的本国货币能兑换的外国货币比原来增多,则说明外国货币的币值下跌,本国货币的币值上升。目前,世界上只有英国和美国等少数国家使用间接标价法。

3. 美元标价法

这是对美国以外的国家而言的,即各国均以美元为基准来衡量各国货币的价值,非美元外汇买卖时,则是根据各自对美元的比率套算出买卖双方货币的汇价。美元标价法又称纽约标价法,在美元标价法下,各国均以美元为基准来衡量各国货币的价值(即以一定单位的美元为标准来计算应该汇兑多少他国货币的表示方法),而非美元外汇买卖时,则是根据各自对美元的比率套算出买卖双方货币的汇价。这里需要注意的是,除英镑、欧元、澳元和新西兰元外,美元标价法基本已在国际外汇市场上通行。

三、汇率的种类

(一)按国际货币制度的演变,可分为固定汇率和浮动汇率

固定汇率是指由政府制定和公布,并只能在一定幅度内波动的汇率。

浮动汇率是指由市场供求关系决定的汇率。其涨落基本自由,一国货币市场原则上没有维持汇率水平的义务,但必要时可进行干预。

(二)按制定汇率的方法,可分为基本汇率和套算汇率

各国在制定汇率时必须选择某一国货币作为主要对比对象,这种货币即关键货币。根据本国货币与关键货币实际价值的对比,制定出对它的汇率,这个汇率就是基本汇率。一般美元是国际支付中使用较多的货币,各国都把美元当作制定汇率的主要货币,常把对美元的汇率作为基本汇率。

套算汇率是指各国按照对美元的基本汇率套算出的直接反映其他货币之间价值比率的汇率。

(三)按银行买卖外汇的角度,可分为买入汇率、卖出汇率、中间汇率和现钞汇率

1. 买入汇率

买入汇率也称买入价,即银行向同业或客户买入外汇时所使用的汇率。采用直接标价法时,外币折合本币数较少的汇率是买入价;采用间接标价法时则相反。

2. 卖出汇率

卖出汇率也称卖出价,即银行向同业或客户卖出外汇时所使用的汇率。采用直接标价法时,外币折合本币数较多的汇率是卖出价;采用间接标价法时则相反。

买入与卖出之间有个差价,这个差价是银行买卖外汇的收益,一般为1‰~5‰。银行同业之间买卖外汇时使用的买入汇率和卖出汇率也称同业买卖汇率,实际上就是外汇市场买卖价。

3. 中间汇率

中间汇率是买入价与卖出价的平均数。西方报道汇率消息时常用中间汇率,套算汇率也

用有关货币的中间汇率套算得出。

4. 现钞汇率

一般国家都规定，不允许外国货币在本国流通，只有将外币兑换成本国货币，才能够购买本国的商品和劳务，因此产生了买卖外汇现钞的兑换率，即现钞汇率。按理来说，现钞汇率应与外汇汇率相同，但因需要把外币现钞运到各发行国去，由于运送外币现钞要花费一定的运费和保险费，因此，银行在收兑外币现钞时的汇率通常要低于外汇买入汇率；而银行卖出外币现钞时使用的汇率则高于其他外汇卖出汇率。

(四)按银行外汇付汇方式，可分为电汇汇率、信汇汇率和票汇汇率

1. 电汇汇率

电汇汇率是经营外汇业务的本国银行在卖出外汇后，即以电报委托其国外分支机构或代理行付款给收款人所使用的一种汇率。由于电汇付款快，银行无法占用客户资金头寸，同时，国际间的电报费用较高，因此，电汇汇率较一般汇率高。但是电汇调拨资金速度快，有利于加速国际资金周转，因此，电汇在外汇交易中占有很大的比重。

2. 信汇汇率

信汇汇率是银行开具付款委托书，用信函方式通过邮局寄给付款地银行转付收款人所使用的一种汇率。由于付款委托书的邮递需要一定的时间，银行在这段时间内可以占用客户的资金，因此，信汇汇率比电汇汇率低。

3. 票汇汇率

票汇汇率是指银行在卖出外汇时，开立一张由其国外分支机构或代理行付款的汇票交给汇款人，由其自带或寄往国外取款所使用的汇率。由于票汇从卖出外汇到支付外汇有一段间隔时间，银行可以在这段时间内占用客户的头寸，因此，票汇汇率一般比电汇汇率低。票汇有短期票汇和长期票汇之分，其汇率也不同。由于银行能更长时间地运用客户资金，因此，长期票汇汇率较短期票汇汇率低。

(五)按外汇交易交割期限，可分为即期汇率和远期汇率

1. 即期汇率

即期汇率也称现汇汇率，是指买卖外汇双方成交当天或两天以内进行交割的汇率。

2. 远期汇率

远期汇率是在未来一定时期进行交割，而事先由买卖双方签订合同、达成协议的汇率。到了交割日期，由协议双方按预订的汇率、金额进行钱汇两清。远期外汇买卖是一种预约性交易，是由于外汇购买者对外汇资金需要的时间不同，以及为了避免外汇汇率变动风险而引起的。远期外汇的汇率与即期汇率相比是有差额的。这种差额被称为远期差价，有升水、贴水、平价三种情况，升水表示远期汇率比即期汇率贵，贴水表示远期汇率比即期汇率便宜，平价则表示两者相等。

(六)按对外汇管理的宽严，可分为官方汇率和市场汇率

官方汇率是指国家机构(财政部、中央银行或外汇管理当局)公布的汇率。官方汇率又可分为单一汇率和多重汇率。多重汇率是一国政府对本国货币规定的一种以上的对外汇率，是外汇管制的一种特殊形式。其目的在于奖励出口和限制进口，限制资本的流入或流出，以改善国际收支状况。

市场汇率是指在自由外汇市场上买卖外汇的实际汇率。在外汇管理较松的国家，官方宣布的汇率往往只起中心汇率作用，实际外汇交易则按市场汇率进行。

(七)按银行营业时间,可分为开盘汇率和收盘汇率

开盘汇率又称开盘价,是外汇银行在一个营业日刚开始营业时进行外汇买卖使用的汇率。收盘汇率又称收盘价,是外汇银行在一个营业日的外汇交易终了时使用的汇率。

第二节 进出口货物价格核算

一、出口货物价格的构成

进出口商品的价格由成本、费用和利润三部分组成,具体如下:

(一)FOB、CFR、CIF 价格构成

FOB、CFR 和 CIF 三种贸易术语价格构成的计算公式如下:

FOB 价 = 进货成本价(生产/采购成本) + 国内费用 + 净利润

CFR 价 = 进货成本价(生产/采购成本) + 国内费用 + 国外运费 + 净利润(即 FOB 价 + 国外运费)

CIF 价 = 进货成本价(生产/采购成本) + 国内费用 + 国外运费 + 国外保险费 + 净利润(即 CFR 价 + 国外保险费)

(二)FCA、CPT、CIP 价格构成

FCA、CPT 和 CIP 三种贸易术语价格构成的计算公式如下:

FCA 价 = 进货成本价(生产/采购成本) + 国内费用 + 净利润

CPT 价 = 进货成本价(生产/采购成本) + 国内费用 + 国外运费 + 净利润(即 FCA 价 + 国外运费)

CIP 价 = 进货成本价(生产/采购成本) + 国内费用 + 国外运费 + 国外保险费 + 净利润(即 CPT 价 + 国外保险费)

(三)出口货物的成本构成

出口货物的成本包括生产成本或采购成本、税收等。

1. 生产成本

生产成本是指制造商生产某种产品所需的投入。其中,对成品或半成品进行加工所需的成本是加工成本。

2. 采购成本

采购成本是指采购商向供应商采购商品所需的支出,也称进货成本。对于从事出口业务的经销商而言,其成本主要是采购成本,成本在价格组成中所占的比例往往较大,出口商的成本即采购成本。

3. 税收

出口商报出的价格一般包含税收,即增值税,增值税是以商品进入流通环节所发生的增值额为课税对象的一种流转税。为了降低出口商成本,使商品在国际市场上有价格较低的优势,以便打开国际市场,增强商品的国际竞争力,许多国家采取了出口退税制度,即对出口商品已征收的增值税给予全额或部分退还。因此,出口商在核算价格时,应就含税的采购成本中的税收部分,将所退的税收扣除,得出实际成本。

(四)费用

进出口贸易包括的费用繁杂,虽然它们在价格构成中所占的份额不大,但计算方法各异,

也较复杂。常见费用具体如下：

(1)包装费。它通常包括在采购成本中，如果客户对包装有特殊要求，由此产生的包装费用要另加。

(2)仓储费。存仓保管的货物需要发生此种费用。

(3)国内运输费。货物在装运出口前在国内运输的费用。

(4)认证费。出口商办理出口许可证、配额、产地证明和其他证明所支付的费用。

(5)港区港杂费。出口货物在装运前在港区码头所支付的各种费用。

(6)商检费。出口货物检验机构对出口商品进行检验的费用。

(7)捐税。国家对出口商品征收、代收的出口关税和增值税。

(8)垫款利息。对出口商品买卖因垫付资金所发生的利息。

(9)业务费用。经营出口商品所发生的费用，如通信费、交通费、交际费。

(10)银行费用。出口商委托银行向国外客户收取货款、进行资信调查所支出的费用。

(11)出口运费。货物出口时支付的各种运费。若以 CFR 或 CPT 术语成交，则是指垫付的国际运费。

(12)保险费。出口商购买货运保险或信用保险支付的费用。若以 CIF 或 CIP 术语成交，则是指垫付的保险费。

(13) 佣金。若运用佣金价，则是指出口商向中间商支付的佣金。

(五)净利润

净利润是出口商追求的目标之一，也是企业存在的理由。出口商总要设法获取合理的净利润，而这种净利润在核定价格时是以预期利润的形式出现的。出口商根据过去的经验，依据对未来的预测，结合主客观条件，事先计划一个预期净利润，净利润的制定要依从企业的经营目标。

二、出口货物成本的核算

为了实现企业经济效益、改善经营管理，应加强对出口货物成本的核算。核算指标主要有出口货物换汇成本、出口商品盈亏率和出口创汇率三种。

(一)出口货物换汇成本的核算

出口货物换汇成本是指该货物出口净收入 1 美元所需要的人民币的总成本，即用多少人民币换回 1 美元。出口货物换汇成本如高于银行外汇牌价，则出口为亏损；反之，则说明出口有盈利。其计算公式为：

$$\text{出口货物换汇成本}=\frac{\text{出口总成本(人民币)}}{\text{出口销售外汇净收入(外币)}}$$

【案例 7—1】 我某公司以 CIFC 3%条件出口一批货物，外销价为每公吨1 000美元，支付运费 80 美元，保险费 10 美元。该公司进货成本为每公吨4 000元人民币，国内直接和间接费用加成 15%。

试计算该货物的出口换汇成本。

【解析】 出口总成本=4 000×(1+15%)=4 600(元人民币)

出口销售外汇净收入=1 000−(80+10+1000×3%)=880(美元)

$$\text{出口货物换汇成本}=\frac{\text{出口总成本}}{\text{出口销售外汇净收入}}=\frac{4\,600}{880}\approx 5.227\text{(元人民币/美元)}$$

由于换汇成本为 5.227 元人民币/美元，低于现阶段银行外汇牌价(约 6.3 元人民币/美元)，因此，该批货物出口有盈利。

(二)出口货物盈亏率的核算

出口销售人民币净收入扣除出口总成本,即为出口盈亏额。出口盈亏率是指出口盈亏额与出口总成本的比例。它是衡量出口盈亏程度的指标,计算公式为:

$$出口盈亏率=\frac{出口销售人民币净收入-出口总成本}{出口总成本}\times 100\%$$

式中的出口总成本是指出口货物进货成本加上出口前的一切费用和税金。出口销售人民币净收入是指出口货物的FOB价按外汇牌价折成人民币。

【案例7—2】 在例7—1中,若当时外汇牌价为1美元折6.3元人民币,试计算此项出口货物的盈亏率。

【解析】 由案例7—1计算得出出口总成本为4 600元人民币,出口销售外汇净收入为880美元,则:

出口人民币净收入$=880\times6.3=5\ 544$(元人民币)

$$出口盈亏率=\frac{出口销售人民币净收入-出口总成本}{出口总成本}\times 100\%$$

$$=\frac{5\ 544-4\ 600}{4\ 600}\times100\%\approx20.5\%$$

由于20.5%的出口盈亏率比较高,说明出口总成本控制得较低;外销价、运费、保险费、佣金率也比较恰当,即出口人民币净收入较高。

(三)出口创汇率的核算

出口创汇率是指外汇增值额与原材料外汇成本的比率。通过计算可以看出成品出口外汇的增值情况,从而确定出口成品是否有利。其计算公式为:

$$出口创汇率=\frac{成品出口外汇净收入-原材料外汇成本}{原材料外汇成本}\times 100\%$$

如果原材料是国产的,外汇成本按该原材料的FOB价计算;如果原材料是进口的,外汇成本按该原材料的CIF价计算。

三、正确贯彻对外作价原则

在确定进出口货物价格时,必须遵循下列三项原则:

(一)按照国际市场价格水平作价

国际市场价格是以货物的国际价值为基础并在国际市场竞争中形成的,它是交易双方都能接受的价格,是确定进出口货物价格的客观依据。

(二)结合国别、地区政策作价

为了使外贸配合外交,在参照国际市场价格水平的同时,也可适当考虑国别以及地区政策的区别,灵活掌握。

(三)结合企业购销意图作价

进出口货物价格在国际市场价格水平基础上,可根据本企业购销意图来确定,既可略高于国际市场价格,也可略低于国际市场价格,以适应企业的总体经营策略。

四、影响对外报价的各种具体因素

影响对外报价的具体因素主要有:

(1)货物的质量与档次。在国际市场上,商品自由竞争是基本法则。商品价格竞争的实质是质量竞争,按质论价,优质高价,次质低价,劣质卖不起价。

(2)运输距离、运输方式、交货条件和运货成本。

(3)成交数量。成交数量的多少对价格有较大影响。卖方为扩大销量,实现规模效益,往往对购货量大的客户给予一定价格折扣。

(4)季节性需求的变化。在国际市场上,某些时令性较强的商品如能赶在节令前供应市场,抢行应市,就能卖出好价钱。我们要充分抓住季节旺市之机,力争按有利的价格成交。

(5)支付条件和汇率变动及其他商业信用风险因素。作为卖方,在对外作价时要充分考虑到各种同险因素。当采用的支付方式、使用的计价货币及要承担的风险较大时,要适当地把售货价格加上去,以避免和减少经济损失。

第三节　价格换算与作价方法

一、价格的换算

在国际贸易中,买卖双方采用什么贸易术语成交是交易磋商的一个核心问题,因为不同贸易术语的价格构成因素不同,即所包含的费用风险大不相同。以装运港船上交货的三个贸易术语为例,卖方若采用 FOB 条件报价,另一方往往会要求改用 CFR 或 CIF 条件报价,这就涉及价格换算问题。最常用的 FOB、CFR、CIF 三种术语的价格换算公式如下:

(一)FOB 价换算为其他价

CFR 价 = FOB 价 + 运费

CIF 价 = FOB 价 + 运费 + 保险费

CIF 价 = (FOB 价 + 运费)/[1 − 保险费率 × (1 + 保险加成率)]

(二)CFR 价换算为其他价

FOB 价 = CFR 价 − 运费

CIF 价 = CFR 价/[1 − 保险费率 × (1 + 保险加成率)]

(三)CIF 价换算为其他价

FOB 价 = CIF 价 × [1 − 保险费率 × (1 + 保险加成率)] − 运费

CFR 价 = CIF 价 × [1 − 保险费率 × (1 + 保险加成率)]

【案例7－3】 我方某商品对某国出口的 CFR 单价是 160 美元,如客户要求我方改报 CIF 价,在不影响我方外汇净收入的前提下,我方应报何价?(注:保险加成率是 10%,保险费率是 0.5%)

【解析】 CIF 价＝CFR 价/[1－保险费率×(1＋保险加成率)]

＝160/[1－0.5%×(1＋10%)]＝160.8(美元)

我方应向客户报价 160.8 美元。

【案例 7—4】 我一进出口公司出口一批货物，报 CFR 价为2 000美元，现客户要求按 CIF 价加 30%投保海上一切险，我方同意。若现保险费率为 2%，则我方应向客户收取多少保险费？

【解析】 CIF 价＝CFR 价/[1－保险费率×(1＋保险加成率)]

＝2 000/[1－2%×(1＋30%)]

＝2 053.39(美元)

保险费＝CIF 价－CFR 价＝2 053.39－2 000＝53.39(美元)

【案例 7—5】 我外贸公司拟出口某种商品的原报价为每吨(净重)1 000美元 FOB 大连，现国外客户要求改报 CFR 旧金山。假设该商品按重量计收运费，系木箱装，每箱货物净重 20 千克，木箱重量 5 千克，从大连至旧金山每吨运费为 300 美元，则我方应如何对外报 CFR 单价？

【解析】 CFR 价＝FOB 价＋国际运费

$$=1\ 000+\frac{20+5}{1\ 000}\times 300=1\ 007.5(\text{美元})$$

二、作价方式

对外作价方式一般分为固定作价、非固定作价和制定价格调整条款三种方式。

(一)固定作价

在合同中规定固定价格具有明确、肯定和便于成本核算的特点。不过，由于国际商品市场行情的多变性，价格涨落不定，因此，在国际货物买卖合同中规定固定价格，就意味着买卖双方要承担从订约到交货以致转售时价格变动的风险。为了减少价格风险，在采用固定价格时，首先，必须对影响商品供需的各种因素进行细致分析，并在此基础上，对价格前景作出判断，以此作为决定合同价格的依据，在能采用固定作价的条件下，双方尽可能在合同中把价格确定下来；其次，应对客户的资信进行了解和研究，慎重选择订约对象。

(二)非固定作价

某些货物因其国际市场价格变动频繁，幅度较大，或交货期较远，买卖双方对市场趋势难以预测，但又确有订约的意旨，在这种情况下采用非固定作价有一定的好处，具体表现在：有助于暂时解决双方在价格方面的分歧，先就其他条款达成协议，早日签约；解除客户对价格风险的顾虑，使之敢于签订交货期长的合同；对进出口双方虽不能完全排除价格风险，但对出口方来说，可以不失时机地做成生意，对进口方来说，可以保证一定的转售利润。但采用非固定价格，有时不可避免地会给合同履行带来较大的不稳定性，甚至会有使合同失去法律效力的风险。

1. 具体价格待定

(1)在价格条款中明确规定订价时间和订价方法。例如，“在装船前 20 天，参照国际市场价格水平，协商议定正式价格”；或“按提单日期的国际市场价格水平计算”。采用这种方法，一旦到期双方不能协商确定，会给卖方带来一定的经济损失。

(2)只规定作价时间。例如，“由双方在××××年×月×日协商确定价格”。这种方式由于价格未定，合同无效，一般只应用于双方有长期交往、已形成比较固定的交易习惯的合同。

2. 暂定价格

为了规避价格风险，买卖双方在洽谈某些市价变化较大的货物远期交易时，可先在合同中规定一个初步价格，作为开立信用证和初步付款的依据，待日后交货期的一定时间内，再由双方按照当时市价商定最后价格，多退少补。例如，“单价暂定 CIF 伦敦每件5 000英镑，作价方法：以××交易所 3 个月期货，按装船月份平均价加 6 英镑计算，买方按本合同规定的暂定价开立信用证”。

3. 部分固定价格、部分非固定价格

在大宗交易和分批交货情况下，买卖双方为了承担交货部分的价格变动风险，可采用部分固定价格、部分非固定价格的做法，即双方只约定近期交货部分货物的价格，远期交货部分货物的价格在已经实施的价格的基础上，在交货前一定期限内再协商确定。

（三）制定价格调整条款

当前，在国际贸易实践中，买卖双方越来越多地采用价格调整条款，这样能有效地调整双方的利益关系。例如，“若卖方给予其他客户的成交价格或市场价格波动幅度高于或低于合同价的 3%，对本合同未执行的数量，双方可协商适当调整价格。”这种做法有利于把价格变动风险限定在一定范围内，有利于提高客户的经营信心，以促成合同的订立。

在国际市场上，由于资本主义国家通货膨胀的加剧，有一些大宗商品的交易，特别是生产周期较长的机器设备，交易合同期限较长，为防范价格波动带来经济损失，双方在订立合同时先规定初步价格（Initial Price），同时又规定若原材料价格、工资水平发生变化，在履行合同时价格可灵活调整。

第四节　佣金和折扣的运用

一、佣金

在国际贸易中，有许多交易是通过中间商代理进行的。买卖双方或一方向中间商提供的交易服务支付一定的酬金称为佣金（Commission）。在货价中，包含佣金在内的称为含佣价。凡是在合同价格条款中明确标示佣金的称为“明佣”；反之，货价中包含佣金，但不标示出来，甚至连“佣金”字样也不标示的做法称为“暗佣”。

（一）佣金的规定方法

1. 用佣金率表示佣金

在价格中表示包含一定百分比的佣金在内。例如，“每公吨 100 美元 CIF 纽约含 2%的佣金”（USD100 per M/T CIF New York Including 2% Commission），也可以采用缩写形式“USD100 per M/T CIFC 2% New York”。

2. 用绝对数字表示佣金

在价格条款中明确规定支付给中间商若干金额的佣金。例如，“每吨付 3 美元”、“付佣金总额1 000美元”等。佣金的比例应合理掌握，一般控制在 1%～5%，不宜偏高。

（二）佣金的计算与支付方法

在我国进出口贸易中，计算佣金的方法有的按成交额约定的百分比计算，有的按成交的商品数量计算。在按成交额计算时，有的以发票总金额为基数计算佣金，有的则以 FOB 总值为基数计算佣金。如果价格条款是以 CIFC 条件成交，则要进行价格换算，先求出 FOB 值，再求佣金额。计算佣金的公式如下：

$$\text{单位货物佣金额}=\text{含佣价}\times\text{佣金率}$$

$$\text{净价}=\text{含佣价}-\text{单位货物佣金额}$$

上述公式可写成：

$$\text{净价}=\text{含佣价}\times(1-\text{佣金率})$$

若已知净价，则含佣价的计算公式为：

$$\text{含佣价}=\frac{\text{净价}}{1-\text{佣金率}}$$

如果同外商磋商价格时，我方报价每吨1 000美元，对方要求改报加 3%的含佣价，我方若接受，则可算出含 3%佣金率的含佣价。将有关数据代入上述公式，经计算为1 030.93美元，就能保证净价每吨1 000美元不变。

佣金的支付一般有两种方法：一是买方在支付货款时直接从货款中扣除佣金；二是卖方收取货款后，按事先约定的期限和佣金率，另行付给中间商。在支付佣金时，要注意防止发生错付、漏付和重付等事故。

按照国际一般惯例，在独家代理的情况下，如果委托人同约定地区的其他客户直接达成交易，未经独家代理过手，也必须按约定的比率支付给其佣金。

【案例 7—6】 我某公司出口商品每箱1 000美元 CFRC 2%纽约，若对方要求佣金增至5%，我方要维持出口净价不变，应报价 CFRC 5%纽约的含佣价是多少美元？

【解析】

$$\begin{aligned}\text{净价}&=\text{含佣价}-\text{单位货物佣金额}\\&=\text{含佣价}\times(1-\text{佣金率})\\&=1\,000\times(1-2\%)=980(\text{美元})\end{aligned}$$

$$\text{含佣价}=\frac{\text{净价}}{1-\text{佣金率}}=\frac{980}{1-5\%}=1\,031.58(\text{美元})$$

二、折扣

(一)折扣的含义

折扣(Discount)或称折让，就是卖方在原标准定价的基础上，按一定比例给予买方在价格上的减让。从性质上看，它是一种优惠。对外贸易业务使用折扣种类较多，除了一般折扣外，还有为扩大销售而使用的数量折扣、为实现某种目的而给予的特别折扣以及年终折扣等。凡在价格中明确规定折扣率的，称为“明扣”；凡交易双方就折扣问题已达成协议，而在价格条款中不明示折扣率的，称为“暗扣”。暗扣属于不公平竞争，公职人员或资方雇佣人员拿暗扣，应属贪污受贿行为。

(二)折扣的规定方法

在国际贸易中，折扣通常在规定价格条款时用文字表示出来。例如，“每公吨 300 美元 FOB 上海折让 2%”(＄300 per metric ton FOB Shanghai including 2% discount)，也可表示为“每公吨 300 美元 FOB 上海减让折扣 2%”(＄300 per metric ton FOB Shanghai less 2% discount)。此外，折扣价也可用缩写形式，如“USD300FOB shanghai D 2%”。但是，由于缩写形式可能引起误解，实际业务中较少使用。折扣也可以用绝对数来表示，如“每公吨折扣 6 美元”。

（三）折扣的计算与支付方法

折扣通常以成交额或发票金额为基础计算，即原价乘以折扣率。折扣率一般是根据不同商品、不同市场和不同交易对象酌情确定。其计算方法如下：

折扣额＝含折扣价×折扣率

净价＝含折扣价－折扣额

折扣一般是在买方支付货款时预先扣除。但有时在“暗扣”的情况下，折扣金额不直接从货价中扣除，而按暗中达成的协议，另行支付给买方。

【案例 7—7】 我某公司出口某商品，价格条款中规定：“＄400 per metric ton FOB Tianjin Less 3% discount.”若出口 120 公吨该商品，试计算折扣额、净价和总折扣额。

【解析】 折扣额＝含折扣价×折扣率＝400×3%＝12(美元/公吨)

净价＝含折扣价－折扣额＝400－12＝388(美元/公吨)

总折扣额＝折扣额×商品总量＝12×120＝1 440(美元)

第五节　计价货币的选择与合同中的价格条款

一、计价货币的含义

计价货币(Money of Account)是指合同中规定用来计算价格的货币。若合同中的价格是用一种双方当事人约定的货币(如美元)来表示的，没有规定用其他货币支付，则合同中规定的货币既是计价货币，又是支付货币(Money of Payment)。若在计价货币之外还规定了用其他货币(如英镑)支付，则其他货币就是支付货币。

二、计价货币的选择

（一）尽量采用可自由兑换的货币

可以选择出口国货币、进口国货币或双方统一的第三国货币作为合同中的计价货币。在实际业务中具体选用哪种货币，由买卖双方协商确定。除因双方国家订有贸易协定和支付协定，而交易本身又属于上述协定的交易，必须按规定货币进行清算外，一般进出口合同采用可自由兑换的货币进行计价和支付。使用可自由兑换货币，有利于在必要时转移汇价风险。

（二）出口争取使用“硬币”，进口争取使用“软币”

当前世界上许多国家普遍实行浮动汇率制，货币的汇率会因市场供求变化而发生上涨或下浮，而国际贸易合同的交货期较长，从订约到履行合同，往往需要一个过程，在此期间计价货币的币值会发生一定程度的变化，影响到买卖双方的经济利益。作为交易的当事人，在选择计价货币时，必须考虑其将来的汇价走势。

具体到每一笔交易，必须在深入调查研究的基础上，尽可能争取把发展趋势对我方有利的货币作为计价货币。从理论上说，对于出口交易，采用“硬币”即币值比较稳定且趋势上浮的货币作为计价货币，可以在所收到的外汇数目不变的情况下，折算成的人民币数目不变或有所增加；而进口业务恰好相反，应争取采用“软币”即币值比较疲软且趋势下浮的货币作为计价货币，在对外支付外汇时，所支出的人民币数目不变或有所减少。

但在实际业务中，以什么货币作为计价货币，还应视双方的交易习惯、经营意图以及价格而定。如果为达成交易而不得不采用对我方不利的货币，则可设法用下述两种办法补救：一是根据该种货币今后可能的变动幅度，相应调整对外报价；二是在可能条件下，争取订立保值条款，可以避免计价货币汇率变动的风险，如采用"软币"计价和"硬币"支付，即将商品单价或总金额按照计价货币与支付货币当时的汇率折合成另一种货币并按这种货币支付。

例如：Under this contract, one French Franc equivalent to Deutsche Mark ××. Both invoice and draft shall be made out in Deutsche Marks.（本合同项下每一法国法郎等于××德国马克。发票和汇票均需以德国马克开立。）

三、合同中的价格条款

（一）价格条款的内容

进出口合同中的价格条款，一般包括商品的单价和总值两项基本内容，至于确定单价的作价方法和与单价有关的佣金与折扣的运用，也属价格条款的内容。单价通常由四个部分组成，包括计量单位、单位价格金额、计价货币和贸易术语。例如，每公吨 CIF 洛杉矶 2000 美元（USD 2 000 per M/T CIF Los Angeles）。总值（或称总价）是单价同数量的乘积，也就是一笔交易的货款总金额。

（二）拟订价格条款时应注意的事项

（1）合理地确定商品的单价，防止偏高或偏低。

（2）根据船源、货源等实际情况，选择适当的贸易术语。

（3）争取选择有利的计价货币，必要时可加订保值条款。

（4）灵活运用各种不同的作价办法，尽可能避免承担价格变动的风险。

（5）参照国际贸易的习惯做法，注意佣金和折扣的合理运用。

（6）当交货品质、交货数量有机动幅度或包装费另行计价时，应一并订明机动部分作价和包装费计价的具体办法。

（7）单价中的计量单位、计价货币、单价金额、贸易术语代码和装运地或卸货地名称必须书写清楚，单价和总额要相互对应一致，以利于合同的履行。

第六节　专业技能实训

任务一　进出口货物成本核算

【目的要求】

掌握进出口货物的价格构成以及进出口货物成本核算的计算方法。

【背景材料】

进出口货物成本核算是对外报价的前提，是经营决策的重要依据。成本核算是否准确直接关系到企业经济利益。正确运用成本核算指标，准确测算经济数据，是一项基础性的业务技能。成本核算公式有以下三个：

$$\text{出口盈亏率}=\frac{\text{出口销售人民币净收入}-\text{出口总成本}}{\text{出口总成本}}\times 100\%$$

$$\text{出口换汇成本}=\frac{\text{出口总成本(人民币)}}{\text{出口销售外汇净收入(外币)}}$$

$$\text{出口创汇率}=\frac{\text{成品出口外汇净收入}-\text{原材料外汇成本}}{\text{原材料外汇成本}}\times 100\%$$

【实训指南】

【案例 7—8】 中国某公司在国内收购一批货物，进价为 300 万元，加工整理费为 20 万元，商品流通费为 30 万元，出口外销价为 51 万美元，其中包括运费 6.25 万美元、保险费 1 万美元。已知当时的外汇牌价为 100 美元折合人民币中间价 790 元，试计算该批货物的出口盈亏率和出口换汇成本。

【解析】

$$出口盈亏率=\frac{出口销售人民币净收入-出口总成本}{出口总成本}\times 100\%$$

$$=\frac{(51-6.25-1)\times 7.9-(300+20+30)}{300+20+30}\times 100\%$$

$$=-1.25\%$$

$$出口换汇成本=\frac{出口总成本（人民币）}{出口销售外汇净收入（外币）}$$

$$=\frac{300+20+30}{51-6.5-1}=8（元人民币/美元）$$

可见，盈亏率很低，只有－1.25％，说明出口总成本太高，人民币净收入太低，即高投入、低回报；另外，从 2005 年起，人民币对美元比值不断升值，美元对人民币比值已跌破 8 元人民币/美元，本题为 7.9 元人民币/美元的外汇牌价，而换汇成本高于此牌价，出口亏损，所以这笔生意不应做。若要做，应降低总成本，包括减少进价、加工整理费和流通费；提高销售收入，包括提高外销价，降低运费和保险费。

【案例 7—9】 某公司要做一笔进料加工业务，需支付进料外汇 60 万美元 CIF 中国口岸，预计可加工成品出口 16 万件，出口价每件 5.15 美元 CIF 西雅图，应支付海运运费7 200美元，保险费6 800美元。试计算这笔业务的出口创汇率。

【解析】

$$出口创汇率=\frac{成品出口外汇净收入-原材料外汇成本}{原材料外汇成本}\times 100\%$$

$$=\frac{(160\ 000\times 5.15-7\ 200-6\ 800)-600\ 000}{600\ 000}\times 100\%$$

$$=35\%$$

可见，出口创汇率较高，达到 35％，可适当增加加工出口量，扩大经营效益。

任务二　价格换算、佣金与折扣的运用

【目的要求】

掌握价格换算方法，掌握佣金和折扣的计算方法。

【背景材料】

1. 在进出口贸易中，买卖双方选用什么贸易术语成交关系到价格构成因素，所要承担的责任、风险和费用，并直接关系到双方的经济利益。准确、合适的贸易术语是当事人双方争夺的一个敏感问题，准确而迅速地进行价格换算是外贸业务员的基本功。业务员应能熟练地进行价格换算，即将 FOB 价换算为其他价格，将 CFR 价换算为其他价格，将 CIF 价换算为其他价格。

2. 买卖双方约定了含佣价的，含佣价应按如下公式计算：

$$单位货物佣金额=含佣价\times 佣金率$$

$$净价=含佣价\times(1-佣金率)$$

$$含佣价=\frac{净价}{1-佣金率}$$

买卖双方约定了折扣的，折扣额和折扣价应按如下公式计算：

$$单位货物折扣额=原价\times 折扣率$$

$$折扣价=原价\times(1-折扣率)$$

=原价-单位货物折扣额

【操作指南】

【案例7—10】 中国某出口公司向英国伦敦某商人出售一批货物，中方原报价为CIF伦敦每公吨850美元，后英商要求改报含佣价CIF 4%。问：中方改报价应为多少？

【解析】 含佣价$=\frac{\text{净价}}{1-\text{佣金率}}=\frac{850}{1-4\%}=885.42$(美元)

【案例7—11】 我某公司向外商报价每公吨1 000美元CFR曼谷，而外商来电要求改报CIF曼谷5%佣金价，保险加成率为10%，设保险费率合计为0.85%。问：我方应报CIFC 5%曼谷价为多少？

【解析】 CIFC 5%曼谷价$=\frac{1\ 000}{1-(1+10\%)\times 0.85\%-5\%}=1\ 063.09$(美元)

【案例7—12】 我方对外报价为每公吨1 000美元CIF新加坡，而外商还盘为902美元FOB中国口岸，经查该货由中国港口运至新加坡每吨运费为88美元，保险费率合计为0.95%。问：单纯从价格的角度上讲，我方可否接受该项还盘？

【解析】 将我方报价CIF新加坡换算成FOB中国口岸价格：

FOB中国口岸价$=1\ 000-88-1\ 000\times(1+10\%)\times 0.95\%=901.55$(美元)

而外商还盘为FOB中国口岸价902美元，两者相差无几，故可以接受外商还盘。

【案例7—13】 我某出口商品对外报价为每公吨1 200英镑FOB黄埔，对方来电要求改报CIFC 5%伦敦，我方只同意以FOB价为基础付5%佣金。试计算CIFC5%伦敦价和FOBC 5%价(已知保险费率为1.68%，运费合计为9.68英镑)。

【解析】 CIF价$=\frac{\text{FOB价}+\text{运费}}{1-\text{保险加成率}\times\text{保险费率}}=\frac{1\ 200+9.68}{1-110\%\times 1.68\%}=1\ 232.46$(英镑)

CIFC 5%$=\frac{\text{CIF}}{1-\text{佣金率}}=\frac{1\ 232.46}{1-5\%}=1\ 297.33$(英镑)

FOBC 5%$=\frac{\text{净价}}{1-\text{佣金率}}=\frac{1\ 200}{1-5\%}=1\ 263.16$(英镑)

【案例7—14】 我某公司出口某商品，对外报价为480欧元/公吨FOB湛江，现外商要求改报CIF旧金山。问：我方的报价应为多少才能使FOB净值不变？(设运费是FOB价的3%，保险费为FOB价的0.8%。)

【解析】 CIF价=FOB价+运费+保险费$=480+480\times 3\%+480\times 0.8\%=498.24$(欧元)

【案例7—15】 某出口商对外报价为FOB上海每打50美元，含3%折扣。如出口该商品1 000打，试计算其折扣额和实收外汇。

【解析】 折扣=含折扣总金额×折扣率$=1\ 000\times 50\times 3\%=1\ 500$(美元)

折实售价=原价×(1-折扣率)$=50\times(1-3\%)=48.5$(美元)

实收外汇$=1\ 000\times 50-1\ 500=48\ 500$(美元)

任务三　案例分析:有关价格引发的争议

【背景材料】

中国甲公司从巴基斯坦乙公司进口一批货物,货款总值500万元人民币。双方约定,如乙公司迟延交货超过7天,应支付违约金20万元。甲公司与乙公司签订合同后,与国内丙公司签订供货协议,并约定了相同的违约金条款。结果乙公司比原定日期晚16天交货,由此造成甲公司向丙公司交货也拖延了16天。丙公司从货款中扣除了20万元,但未提出其他要求。甲公司多次向乙公司提出索赔请求,称鉴于乙公司拖延交货时间超过了合同约定的1倍多,造成甲公司的损失超过违约金数额,原来的违约金条款不适用。甲公司要求乙公司减价10%,一次性返还50万元货款。而乙公司只支付了20万元违约金,对甲公司的减价要求不予理睬。

问:

(1)乙公司只支付20万元违约金是否恰当?

(2)甲公司是否有权提出减价要求?

【分析】

(1)《联合国国际货物销售合同公约》第74条规定:“一方当事人违反合同应负的损害赔偿额,应与另一方当事人因其违反合同而遭受的包括利润在内的损失额相等。这种损害赔偿不得超过违反合同一方在订立合同时,依照其当时已知道或理应知道的事实和情况,对违反合同预料到或理应预料到的可能损失。”本案中,违约金是双方预先约定的损害赔偿金,是合同的有效组成部分,双方应按合同办理。合同规定“迟延交货超过7天,应支付违约金20万元”,并未规定延期交货超过14天后应增加违约金数额;如果确因迟延交货造成甲公司的损失超过违约金数额,甲公司可就超过部分要求损害赔偿,但要提供相应的损失证明。假设因迟延交货而增加银行利息,或者因延期交货工厂停工停料而造成巨额损失,应提供充分证明材料,而本案似乎缺少这方面的证据。因此,乙公司只支付20万元违约金的行为是符合合同约定和公约规定的。

(2)《联合国国际货物销售合同公约》第50条规定:“如果货物不符合同,不论价款是否已付,买方都可以减低价格,减价按实际支付的货物在交货时的价值与符合合同的货物在当时的价值两者之间的比例计算。但是,如果卖方按照第37条或第48条的规定对任何不履行义务做出补救,或者买方拒绝接受卖方按照该两条规定履行义务,则买方不得减低价格。”根据这条规定,减价是针对货物与合同不符的救济方法。本案中双方未对货物的品质发生争议,因此,甲公司无权提出减价请求,不能因为迟延交货超过预期时间而采取减价的救济方法。

任务四　思考与练习

一、名词解释

出口盈亏率　出口换汇成本　出口创汇率　佣金　折扣　出口总成本　含佣价

价格调整条款

二、单项选择题

1. 以FOB/CIF价格成交,外汇净收入为(　　)。

A. 成交价/成交价

B. 成交价减国外运费、保险费等劳务费

C. 成交价/成交价减国外运费、保险费等劳务费用

D. 成交价减国外运费、保险费等劳务费用/成交价减国外运费、保险费等劳务费用

2. 出口成本价格包括(　　)。

A. 进货成本和国内费用　　B. 进货成本和国外费用

C. 进货成本　　D. 国内费用和国外费用

3. 下列出口单价中,正确的是(　　)。

A. 每箱100元FOB上海　　B. 每公吨100英镑CIF悉尼

C. 每箱50法郎FOB大连　　D. 每箱50美元FOB天津

E. 每箱 50 英镑 CIFC New York

4. 当出口盈亏率为 0 时，计算得到的出口销售人民币净收入通过汇率折算出的外汇价格应为（　　）。

A. FOB 出口价　　B. CIF 出口价　　C. FOB 进口价　　D. CIF 进口价

5. 下列选项中为出口外汇净收入的是（　　）。

A. FOB 成交价　　B. CIF 成交价　　C. CFR 成交价　　D. 均不是

6. 出口换汇成本高于当时的外汇牌价时，说明该次出口（　　）

A. 亏损　　B. 盈利　　C. 不能确定　　D. 保本

7. 在国际贸易中，进口商给中间商的报酬称为（　　）。

A. 服务费　　B. 收益　　C. 佣金　　D. 折扣

8. 计算外汇增值率（创汇率）时，如为进口原料，其原材料外汇成本应按（　　）计算。

A. FOB 进口价　　B. FOB 出口价　　C. CIF 进口价　　D. CIF 出口价

三、判断题

1. 我某公司按 CIF 条件出口某商品，采用信用证支付方式，买方在约定时间内未开来信用证，但约定的装运期已到，为了重合同和守信用，我方仍应按期发运货物。（　　）

2. 出口成本价格与出口成交的主要区别不仅在于构成价格的形式不同，而且涉及的国外费用不同。（　　）

3. 以 FOB 价格成交，成交价即为外汇净收入。（　　）

4. 出口换汇成本低于当时的外汇牌价时，该次出口盈利。（　　）

5. 出口盈亏率越大，说明此项出口越盈利。（　　）

6. FOB、CFR 和 CIF 三种术语的价格构成的主要异同点在于国外费用不同。（　　）

7. CIF 价格构成中的保险费是以 FOB 价格为基础计算的。（　　）

8. 由于固定价格存在着合同缺乏稳定性和在价格不稳定的情况下，外商易观望，不利于成交等缺点，因此，我进出口业务中不宜多采用此方法。（　　）

四、简答题

1. 简述我国出口商品的作价原则。

2. 简述出口成本价格和出口成交价格的主要区别。

3. 简述影响出口成交价格的因素。

4. 简述构成进出口价格中的主要国外费用。

5. 何谓佣金？简述国际贸易中有关佣金的使用。

6. 何谓折扣？简述折扣在国际贸易中的作用及其支付方法。

7. 简述合同中价格条款的主要内容及订立合同时应注意的问题。

五、计算题

1. 我国某出口商品报价为：USD300 Per Set CFR C3% NEWYORK。试计算 CFR 净价和佣金各为多少？如对方要求将佣金增加到 5%，我方同意，但出口净收入不变，试问 CFRC 5%应如何报价？

2. 某商品每公吨 CIF 热那亚£500，设运费每公吨£45，投保加一成，保险费率为 8‰，求 FOB 价。

3. 我国某外贸公司出口某商品1 000箱，每箱收购价人民币 200 元，国内费用为收购价的 15%，出口后每箱可退税人民币 14 元，外销价每箱 CFRC 2%曼谷 30 美元，每箱货物应付海运运费 2.40 美元，银行外汇牌价 100 美元＝632 元人民币。试计算该商品的出口换汇成本及盈亏率，并按计算公式进行验算。

4. 请写出下列变化公式：(1)CFR 价变为 CIFC5 价；(2)CIF 价变为 CFR 价；(3)CIF 价变为 CIFC5 价；(4)CFRC3 价变为 CFRC5 价。

5. 某进出口公司向澳大利亚出口某商品，外销价为每公吨 500 美元 CIFC3 悉尼港，支付运费为 70 美元，保险费为 6.5 美元，佣金为 15 美元。如果该公司该商品收购价为每公吨1 800元人民币，国内直接和间接费用加 17%，请计算该商品的换汇成本。

六、案例分析题

1. 某公司根据分析部门分析，油价每上涨1%，公司产品每打成本将增加1美元。为避免因油价上涨而受损，公司决定在报价单上加注油价调整条款。

问：此条款应如何表述？

2. 信用证到期时，进口商应出口商的要求修改信用证，出口商限定7天内修订，而进口商要求10天内修订，最后出口商同意修改期限为10天，但提出必须先出运80%，其余20%需加价。

问：

(1)合同成立后，价格可随市场行情升降吗？

(2)如果80%仍有利可图，20%的余量可以取消吗？

(3)为防止出口商变相涨价，在信用证上或契约中应如何限制？

第八章　订立合同中的运输条款

学习指导

通过本章的学习，要求了解国际货物运输方式、国际货运单据和装运条款三个方面的内容，理解这些条款在合同中的法律地位，掌握这些条款的基本内容、规定方法及规定时的注意事项，能够正确用英文订立合同中的运输条款。

导入案例

甲方按FOB条件向乙方购买一大批商品，双方约定的装运期限为2010年5月份，后因买方租船困难，接运货物的船舶不能按时到港接运货物，出现较长时期的"货等船"情况，卖方便以此为由撤销合同，并要求赔偿损失。

思考：卖方的做法是否合理？

国际货物运输是国际贸易中必不可少的一个环节。按照国际货物买卖合同规定的质量、数量、时间、地点和方式，向买方交付货物、移交与货物有关的单据并转移货物的所有权，是卖方的基本义务。货物运输往往要由买卖双方的互相配合和/或共同安排才能完成。为了按时、按质、按量完成国际货物的运输任务，在使用诸如FCA、FOB、CFR、CIP、CIF等贸易术语订立合同时，有必要就货物装运时间、装卸地点和运输方式以及买卖双方的有关交接和运输中的责任达成协议，并在买卖合同中做出明确规定。

第一节　国际海上货物运输

现代国际贸易采用的运输方式很多，其中包括水路运输、铁路运输、空运、邮运和联合运输等方式。为了合理地选择运输方式，必须对各种运输方式的特点及其营运的有关知识有所了解。在交易中采用哪一种运输方式，均由买卖双方在交易磋商时约定。

一、国际海上货物运输概述

我国是一个海岸线很长的国家，沿海有许多终年不冻的优良港口，主要的海港有大连、秦皇岛、天津、烟台、青岛、连云港、南通、上海、宁波、温州、福州、厦门、黄埔、深圳、北海、湛江，以及香港、高雄、基隆等。目前，我国进出口货运总量约90%利用海上运输。现代海上货物运输的特征是船舶的大型化、专业化和高速化。国际海上货物运输是伴随着国际贸易而进行的国际间货物运输，其活动范围广阔、航行距离长、运输风险大，其经营活动既要受到有关国际公约和各国法律的约束，也要受到国际航运市场的影响。国际海上货物运输除了具有与陆路运输和航空运输相区别的特点外，还具有与国内水路货物运输不同的特点。

(一)危险性的特点

国际海上货物运输中,海上危险的特点主要表现在以下三个方面:

1. 发生的几率较大

在国际海上货物运输中,船舶经常是长时间在远离海岸的海洋上航行。由于海洋环境复杂,气候多变,如遇上暴风、巨浪、冰冻、雷击、迷雾等,容易出事故;另外,海上还充斥着一些特有风险,如海盗行为等。每年全世界遇险船舶约300艘。

2. 造成的损失巨大

与其他运输方式相比,国际海上货物运输具有运载量大的特点,一旦遭遇海上风险,给船舶和货物造成的损失往往是巨大的。

3. 建立了一系列特殊制度

基于人道主义救助的国际原则和"人人为我,我为人人"的保险理念,为了在发生海损事故时,有关各方能得到一定的经济补偿,也为了促进海上货物运输业的发展,通过长期海上货运实践,在国际海上货物运输领域逐步形成了一些广为接受的特殊制度,包括共同海损制度、海上保险制度、海上救助制度、承运人责任限制制度和船舶所有人责任限制制度,另外,目前还存在着反垄断有限豁免制度等。

(二)国际性的特点

国际海上货物运输的国际性特点主要表现在受国际海运市场的影响、货运单证和适用法律的国际统一性等方面。

1. 国际航运业务以国际贸易大市场为基础

国际航运业务的顺利开展要有庞大的国际货流,而国际大货流离不开繁荣的国际贸易业务。当国际贸易市场呈现繁荣景象时,航运业务也会发展得如火如荼;而当世界经济出现大萧条甚至引发经济危机时,航运业务也跟着衰退。

2. 船公司的业务经营对国际海运市场的依存性

国际海运市场中汇集有许多船舶经营人,竞争非常激烈,运力的供给与需求的平衡关系左右着运价和租金水平的变动,任何个别的船舶经营人都不能对市场的运价和租金水平的变化给予很大影响,相反,个别船舶经营人的经营活动要适应国际海运市场的变化。

3. 主要货运单证的国际通用性

国际海上货物运输中使用的单证繁多,其作用各不相同,各个国家、港口或船公司所使用的货运单证并不完全一致。但是,国际海上货运船舶航行于不同国家的港口之间,作为划分各方责任和业务联系主要依据的货运单证,其名称、作用、记载内容和编制方法多是大同小异,可以在国际上通用。

4. 适用法律的国际统一性

处理国际海上货物运输中发生的各种事故或争议时,管辖权的归属和法律适用的不同直接导致处理的结果不同。所以,适用具有国际统一性的公约和法规对于避免运输合同争议,促进国际海上货物运输的发展尤为重要。

二、国际海上货物运输的经营方式

目前,国际海上货物运输按照船舶的经营方式分为班轮运输(Liner Transport)和租船运输(Shipping by Chartering)两种。

（一）班轮运输

班轮运输是指班轮公司将船舶按事先制定的船期表，在特定航线的各挂靠港口之间，经常为非特定的众多货主提供规则的、反复的货物运输服务，并按运价本或协议运价的规定计收运费的一种营运方式。

1. 班轮运输的特点

(1)班轮运输具有固定航线、固定港口、固定船期和相对固定的运价，因此，"四固定"是班轮运输最基本的特点。

(2)承运人与货主之间在货物装船之前通常不签订具有详细条款的运输合同，而是在承运人装船后或接受货物后签发载有详细条款的提单并作为处理双方货物纠纷的依据。

(3)班轮运输可以为众多货主服务，特别适应小批量零星件杂货的海上运输；运输速度快，能及时、迅速地将货物发送和运达目的港，而且能保证货运质量。

(4)在实践中，班轮运输货物交付的地点一般为：杂货班轮运输中，承运人在装货港指定码头仓库接受货物，卸货港指定码头仓库交付货物；集装箱班轮运输中，承运人在装货港的码头堆场或货运站接受货物，卸货港的堆场或货运站交付货物。

(5)在班轮运输中，船舶的一切正常营运支出均由船方负担(即"三管"：管装、管运、管卸)。

(6)在班轮运输中，承运人与货主之间不规定装卸时间，也不计算滞期费和速遣费。

2. 班轮运费

班轮运费(Liner Freight)是班轮公司为运输货物而向货主收取的费用。它包括货物从装运港至目的港的海上基本运费以及货物的装卸费和附加运费。

在实际业务中，班轮公司均按照班轮运价表(Liner's Freight Tariff)的规定计收运费。

运价表也称费率本或运价本，是船公司承运货物向托运人收取运费的费率表的汇总。运价本主要由条款规定、商品分类和费率三部分组成。不同的班轮公司或不同的班轮公会有不同的班轮运价表，如中国远洋运输集团总公司制定的集团 1 号运价表(COSCO Group Freight Tariff No. 1)和中国对外贸易运输总公司制定的中外运 3 号运价表(SINOTRANS Freight Tariff No. 3)。

按运价制定形式的不同，运价本可分为等级费率本和列名费率本。

班轮运费的计费标准(Freight Basis)也称计算标准，是指计算运费时使用的计算单位。在班轮运费的计收中，涉及的基本概念有运费吨、起码运费等。

(1)运费吨是计算运费的一种特定的计费单位。通常，取重量和体积中相对值较大的为计费标准，以便对船舶载重量和舱容的利用给予合理的费用支付。其中，重量为货物的毛重，体积为该货物外形最大处的长、宽、高的乘积。一般来说，重量货物以重量为计费标准，轻泡货物以体积为计费标准。运费吨一般表示为 FT(Freight Ton)或 W/M(Weight/Measurement)。

(2)起码运费(Minimum Rate/Minimum Freight)也称起码提单，是指以一份提单为单位最少收取的运费。起码运费是承运人在承运小批量货物时，为了维护自身利益而用以补偿最基本的装卸、整理、运输等操作过程的成本支出。不同承运人使用不同的起码运费标准，件杂货和拼箱货一般以 1 运费吨为起码运费标准，最高不超过 5 运费吨；有的以提单为单位收取起码运费，按提单为标准收取起码运费后不再加收其他附加费。

(3)计费标准常用符号。承运人制定的运价表中具体规定了各种不同商品的计算运费标准。航运界通用的符号如下：

①"W(Weight)"，表示该种货物应按其毛重计算运费，一般以公吨为计算单位，也有按长

吨或短吨计算的，也称重量吨。

②“M(Measurement)”，表示该种货物应按其尺码或体积计算运费，以1立方米或40立方英尺为1体积吨计算，也称尺码吨或容积吨。

③“W/M”，表示该货物应分别按其毛重和体积计算运费，并选择其中运费较高者。

④“Ad. Val. (ad valorem)”，表示该种货物应按其FOB价格的某一百分比计算运费。由于运价是根据货物的价格确定的，因此又称从价运费。

⑤“Ad. Val. or W/M”，表示该种货物应分别按其FOB价格的某一百分比和毛重、体积计算运费，并选择其中费用较高者。

⑥“W/M plus Ad. Val.”，表示该种货物应分别按其毛重和体积计算运费，除选其中运费较高者外，还要加收按货物FOB价的某一百分比计算的运费。

此外，某些特定的商品按实体个数或件数计算运费，如活牲畜按“每头”(per Head)、车辆按“每辆”(per Unit)计收；低价商品的运输有时也按承运人与托运人双方临时议定的费率(Open Rate)计收运费；集装箱运输中整箱货一般按每一个集装箱计算运费，即包箱费率。

在运价表中，计算单位为运费吨，运费吨可以是重量吨或尺码吨。目前各国都趋向采用国际单位制，以t(即公吨，简称吨)和m^3(立方米)为计费单位。但英国和某些欧洲国家的航运界仍用长吨(英吨)和立方英尺为计费单位。

1长吨＝2 240.15磅＝1.016 6吨

1立方米＝35.714 7立方英尺

1容积吨＝40立方英尺

我国的法定计量单位采用“米制”(公制)。在运费计算中，分别用“吨”(Metric Ton)、“立方米”(Cubic Meter)为重量和体积的单位。以1公吨或1立方米为1计费吨。

因此，我们在计算运费时首先要对计量单位进行换算。

(4)附加运费(Surcharge or Additional)，是根据货物种类或不同的服务内容，视不同情况而加收的运费，可以说是由于在特殊情况下或者临时发生某些事情的情况下而加收的费用。附加运费可以按每一计费吨(或计费单位)加收，也可按照基本运费(或其他规定)的一定比例计收。

附加运费的种类主要如下：

①燃油附加费(Bunker Adjustment Factor，BAF；or Bunker Surcharge，BS)。

②货币贬值附加费(Currency Adjustment Factor，CAF)。

③港口附加费(Port Additional)。

④港口拥挤附加费(Port Congestion Surcharge)。

⑤转船附加费(Transshipment Additional)。

⑥超长附加费(Long Length Additional)——一般长度超过9米的件杂货可能有这项费用。

⑦超重附加费(Heavy Lift Additional)——通常承运人规定每件货物重量若超过5吨就要增收这项费用。如果单件货物既超重又超长，则两者应分别计算附加费，然后按其中较高者收取附加费。

⑧直航附加费(Direct Additional)。

⑨选港附加费(Optional Surcharge)。

⑩洗舱附加费(Cozening Fee)。

⑪变更卸货港附加费(Alteration of Discharging Port Additional)。

⑫绕航附加费(Deviation Surcharge)。

⑬旺季附加费(Peak Season Surcharge)。

⑭超额责任附加费(Additional for Excess of Liability)——当托运人要求承运人承担超过提单上规定的赔偿责任限额时，承运人增收的附加费。这项费用按商品 FOB 价格的一定百分比计收(从价费)，因此，托运人托运时应提供货物的 FOB 价格。

(5)班轮运费的计算方法。班轮运费是由基本运费和各项附加运费组成的，计算公式为：

$$F=Fb+\sum S$$

式中，F 表示运费总额，Fb 表示基本运费额，S 表示某一项附加费。

第一，在没有任何附加费的情况下，运费的计算公式为：

$$F=f\times Q$$

式中，f 表示基本运价，Q 表示计费吨。

【案例 8－1】 上海某公司向日本出口鸡肉 23 公吨，共需装1 200箱，每箱毛重 20 千克，每箱体积为 20cm×20cm×25cm。原对日本报价每箱 FOB 20 美元，日商回电要求改报 CFR 神户。该货物对应的上海到神户航线的运价为 100 美元/运费吨，计费标准为 W/M。应如何计算该批货物的运费?

【解析】 首先我们应熟悉 CFR 与 FOB之间的关系，CFR 等于 FOB 加上运费。从该题中可知该货物从上海到神户的运价、计费标准，并且没有附加费。W/M 为取重量与体积较大者。因此，我们需要对两者进行比较。

①该批货物的毛重$=20\times1\ 200\times10^{-3}=24$(公吨)

②该批货物的体积$=20\times20\times25\times10^{-6}\times1\ 200=12$(立方米)(即 12 公吨)

③货物的体积大于毛重，因此计费吨 Q 为 24 公吨。

④该批货物的运费 $F=f\times Q=100\times24=2\ 400$(美元)

如果还要求 CFR 价格，则为：$20+(2\ 400/1\ 200)=22$(美元)。

第二，在有附加费，而且各项附加费按基本费率的百分比收取的情况下，运费的计算公式为：

$$F=f\times Q(1+S_1+S_2+\cdots+S_n)$$

式中，$S_1,S_2,\cdots,S_n$ 为各项附加费的百分比。

【案例 8－2】 上海某公司向日本出口鸡肉 23 公吨，共需装1 200箱，每箱毛重 20 千克，每箱体积为 20cm×20cm×25cm。该货物对应的上海到神户航线的运价为 100 美元/运费吨，计费标准为 W/M，另加收燃油附加费 10%、港口附加费 10%。应如何计算该批货物的运费?

【解析】 从题中可知该货物从上海到神户的运价、计费标准，有燃油附加费与港口附加费，且附加费均按基本费率的百分比收取。W/M 为取重量与体积较大者。因此，我们需要对两者进行比较。

①该批货物的毛重$=20\times1\ 200\times10^{-3}=24$(公吨)

②该批货物的体积$=20\times20\times25\times10^{-6}\times1\ 200=12$(立方米)(即 12 公吨)

③货物的体积大于毛重，因此计费吨 Q 为 24 公吨。

④该批货物的运费 $F=f\times Q(1+S_1+S_2)=100\times24\times(1+10\%+10\%)=2\ 880$(美元)

第三，在有附加费，而且各项附加费按绝对数收取的情况下，运费的计算公式为：

$$F=(f+S_1+S_2+\cdots+S_n)\times Q$$

式中，$S_1, S_2, \cdots, S_n$ 为各项附加费的绝对数。

【案例 8—3】 上海某公司向日本出口鸡肉 23 公吨，共需装1 200箱，每箱毛重 20 千克，每箱体积为 20cm×20cm×25cm。该货物对应的上海到神户航线的运价为 100 美元/运费吨，计费标准为 W/M，另加收燃油附加费 10 美元/运费吨、港口附加费 12 美元/运费吨。应如何计算该批货物的运费？

【解析】 从题中可知该货物从上海到神户的运价、计费标准，有燃油附加费与港口附加费，且附加费均按绝对数收取。W/M 为取重量与体积较大者。因此，我们需要对两者进行比较。

①该批货物的毛重 $=20\times1\,200\times10^{-3}=24$（公吨）

②该批货物的体积 $=20\times20\times25\times10^{-6}\times1\,200=12$（立方米）（即 12 公吨）

③货物的体积大于毛重，因此计费吨 Q 为 24 公吨。

④该批货物的运费 $F=(f+S_1+S_2)\times Q=(100+10+12)\times24=2\,928$（美元）

（二）租船运输

租船运输又称不定期船运输，是指包租整船或部分舱位进行运输。租船运输的船舶航行时间、航线、停靠的港口以及运费均在装运前由租船人和船东之间协商确定。租船运输通常适用于大宗货物的贸易与运输。租船人和出租人之间的权利和义务以双方签订的租船合同(Charter Party)为准。

1. 租船运输中的基本概念

（1）承租人和船东

承租人(Charterer)是拥有货物需要租用船舶的一方，又称租船人，有时也称租家。

船东(Ship Owner)是船舶的经营人，他可以用自有船舶，也可以用定期租用或光船租来的船舶进行船舶的经营，他是出租人。

（2）租约

承租双方所签订的租船合同也称租约(Charter Party, C/P)。承租双方在谈判时所参照的范本在租船实务中被称为标准租船合同范本(Standard Charter Party Form)。租船合同范本根据租船货运营运方式的不同，可分为航次租船合同范本、定期租船合同范本和光船租船合同范本。

（3）租船市场

租船市场(Chartering Market)是需求船舶的准承租人和提供船舶的准出租人协商洽谈租船业务、订立租船合同的主要场所。

目前，世界上主要的租船市场有英国的伦敦租船市场（波罗的海的海商航运交易所）、美国的纽约租船市场、北欧的租船市场和亚洲的租船市场。

（4）租船经纪人

航运市场中存在着大批专门从事船舶的租赁、订舱、买卖、保险等中介业务的航运经纪人。其中，专门从事租船订舱等经纪业务的经纪人称为租船经纪人(Ship Broker)。

2. 租船的方式

按照租赁方式的不同，租船运输分为定程租船(Voyage Charter)、定期租船(Time Charter)和光船租船三种。

(1)定程租船又称程租船或者航次租船，是以航程为基础的一种租船方式，适用于运输单一的大宗货物。定程租船就其租赁方式的不同可分为单程航次租船、连续单航次租船、来回航次租船以及包运租船等。

(2)定期租船又称期租船，是指由船舶所有人将船舶出租给承租人，供其使用一定时期的租船运输。在规定期限内，租船人取得船舶的使用权，并负责安排调度和经营管理，船方负责船员的工资、给养和船舶的航行与维修。承租人也可以将此期租船充作班轮或程租船使用。

(3)光船租船，是指船东将船舶出租给承租人使用，由承租人自己配备船员，提供工资、给养，负担船舶的经营管理和一切营运费用的租船运输形式。在租期内，租船人实际上对船舶有着支配权和占有权。

3. 租船运输的特点

(1)租船运输没有相对于班轮运输的“四固定”，船期表、航线、港口等都要根据租约而定。

(2)租船运输的舱位租赁一般以提供整船或部分舱位为主，主要根据租约来定。

(3)租船运输中承租人与出租人的权利与义务、船舶营运中的风险及有关费用分担责任都根据租约的规定。

(4)租船运输中的提单一般不是独立的文件，它要受租约的约束，对于承租人和出租人而言，仅相当于货物收据。

(5)租船运输中船舶港口使用费、装卸费及船期延误按租约规定由承租人和出租人进行分担、划分及计算。

(6)租船运输适用于大宗散货运输，货物的特点是批量大、附加值低、包装相对简单。因此，租船运输的运价(或租金率)相对班轮运输而言较低。

表 8.1　　班轮运输与租船运输的比较

营运方式 / 项目	班轮运输	租船运输
英文	Liner Shipping	Tramp Shipping
基本特点	四固定	四不固定
货种	批量小、价值高的件杂货 例：服装、日用品、小五金	批量大、价值低的散货 例：煤炭、矿石、木材
市场竞争	班轮公司较少，为寡头垄断市场	船东与承租人较多，为自由竞争市场
货主	一次航次货主较多	一次航次货主为特定的个别货主
运价	较高	较低
装卸费分担	承运人负责	方式较多，要根据营运方式而定
滞期费、速遣费	不计算	航次期租计算，定期船租不计算
单证	主要有提单(B/L)、海运单(SWB)	主要是租约(C/P)、提单(B/L)

第二节　国际公路、铁路、航空货物运输

一、公路运输

公路运输(Road Transportation)一般是指在公路上运用汽车进行货物运输的方式。

(一)公路运输的特点

1. 机动灵活，适应性强

由于公路运输网一般比铁路、水路网的密度要大十几倍，分布面也广，因此，公路运输车辆可以“无处不到、无时不有”。公路运输在时间方面的机动性也比较大，车辆可随时调度、装运，各环节之间的衔接时间较短。尤其是公路运输对客、货运量的多少具有很强的适应性，汽车的载重吨位有小（0.25 吨～1 吨左右）有大（200 吨～300 吨左右），既可以单个车辆独立运输，也可以由若干车辆组成车队同时运输，非常灵活便利。

2. 可实现“门到门”直达运输

由于汽车体积较小，中途一般也不需要换装，除了可沿分布较广的路网运行外，还可离开路网深入工厂、企业、农村田间、城市居民住宅等地，即可以把货物从始发地门口直接运送到目的地门口，实现“门到门”直达运输。

3. 原始投资少，资金周转快

公路运输与铁路、水路、航空运输方式相比，所需固定设施简单，车辆购置费用一般也比较低，因此，投资兴办容易，投资回收期短。据有关资料表明，在正常经营情况下，公路运输的投资每年可周转 1～3 次，而铁路运输则需要 3～4 年才能周转一次。

4. 运输成本较高

由于汽车载重量小，所耗燃料多，运输费用或成本一般是铁路的 2 倍，海运的 4 倍以上。

5. 安全性较低，对环境污染较严重

汽车运输发生交通安全事故较多，平均每年达 50 多万起。汽车所排出的尾气和引起的噪声也严重威胁着人类的健康，是大城市环境污染的最大污染源之一。

（二）公路运输的经营方式

1. 公共运输业

即专业经营汽车货物运输业务并以整个社会为服务对象。

(1)定期定线：不论货载多少，在固定路线上按时间表行驶。

(2)定线不定期：在固定路线上视货源情况，派车行驶。

(3)定区不定期：在固定区域内根据货载需要，派车行驶。

2. 契约运输业

即按照承托双方签订的运输契约运送货物。契约期一般较长，托运人保证提供一定的货运量，承运人保证提供所需的运力。

3. 自用运输业

即企业自置汽车，专为运送自己的物资和产品，一般不对外营业。

4. 汽车货运代理

即以中间人身份向货主揽货，并向运输公司托运，收取手续费和佣金。有的汽车货运代理专门从事向货主揽取零星货载，集中成为整车货物，自己以托运人名义向运输公司托运，赚取零担和整车货物运费之间的差额。

二、铁路运输

铁路运输（Rail Transport）是国家的经济大动脉，具有速度快、不易受气候影响、安全程度高，可以有规律地定时、准确地将货物运送到指定地点的特点，在国际货物运输中占有相当重要的地位，对于内陆国家、地区尤为重要。我国与多个国家陆地相连，铁路相通，这种已存在一百多年的古老运输方式使欧亚大陆连成一片，有力地促进了我国与欧亚各国的贸易往来，同时，铁路运输也是我国对港澳贸易和通过香港转运世界各地货物的一个重要渠道。铁路运输的特点主要表现为以下几个方面：

(1)铁路运输的准确性和连续性强。铁路运输几乎不受气候影响，一年四季可以不分昼夜地进行定期的、有规律的、准确的运转。安全性能高。

(2)铁路运输速度快，运量大。铁路货运速度每昼夜可达几百公里，一般货车可达100千米/小时左右，远远高于海上运输。一列货物列车一般能运送3 000～5 000吨货物，远远高于航空运输和汽车运输。

(3)铁路运输的成本较低。铁路运输费用仅为汽车运输费用的几分之一到十几分之一，运输耗油约为汽车运输的1/20。

三、航空运输

(一)航空运输的特点

航空运输(Air Transport)是一种现代化的运输方式，它在国际贸易货物运输中的地位日益提高，货运量越来越大。与海洋运输、铁路运输相比较，航空运输具有交货迅速、安全准确、节省包装、减少保险和储存费用、保证运输质量且不受地面条件限制等优点。航空运输的缺点是运费比较高。

(二)航空运输的方式

航空货物运输的方式很多，有班机运输、包机运输、集中托运和航空急件传送等。

班机运输(Airline Transport)既有固定航线和停靠航站，又能定期开航，能安全、迅速并准时地到达世界各通航地点，使收货人能掌握货物启运和到达的时间和地点，有利于投入市场，因此最受货主的欢迎。一般航空公司都使用客货混合型飞机。一些较大的航空公司也在某些航线上开辟有全货机航班运输。

第三节 集装箱运输和联合运输

一、集装箱运输

(一)集装箱的定义与标准化

集装箱(Container)又称“货柜”或“货箱”。集装箱是一种运输设备，应具备以下条件：

(1)具有耐久性，其坚固强度足以反复使用；

(2)为便于商品运送而专门设计的，在一种或多种运输中无需中途换装；

(3)设有便于装卸和搬运，特别便于从一种运输方式到另一种运输方式的装置；

(4)设计时应注意便于货物装满或卸空；

(5)内容积为1立方米或1立方米以上。

集装箱这一概念不包括一般车辆和包装。

在运输实践中，集装箱又分为货主箱(Shipper's Own Container, S. O. C.)和承运人提供的集装箱(Carrier's Own Container, C. O. C.)。

目前使用的国际集装箱规格尺寸主要是ISO/TC104制定的第一系列的4种箱型，即A型、B型、C型、D型。在国际货物运输中使用的集装箱主要为40英尺和20英尺两种：1A型8×8×40英尺，1AA型8.6×8×40英尺；1C型8×8×20英尺。

其中，1A型是业务中常见的40英尺集装箱(FEU)，最多可载货66～67立方米，最大载重

26公吨左右；1C型是业务中常见的20英尺集装箱(TEU)，最多可载货33立方米，最大可载重21公吨。从载货容积与重量数可知，40英尺箱型适用于轻泡货，20英尺箱型适用于重货。

为了便于计算集装箱数量，以20英尺的集装箱作为换算标准箱，并以此作为集装箱船载箱量、港口集装箱吞吐量等的计量单位。故存在下列换算关系：一个40英尺的货柜量等于两个20英尺的货柜量。

(二)整箱货与拼箱货

集装箱运输是将散件货物(Break Bulk Cargo)汇成一个运输单元(集装箱)，使用船舶等运输工具进行运输的方式。集装箱运输的货物流通途径与传统的杂货运输有所不同，集装箱运输不仅能与传统杂货运输一样以港口作为货物交接、换装的地点，还可以在港口以外的地点设立货物交接、换装的站点(Inland Depot)。

集装箱运输改变了传统的货物流通途径，在集装箱货物的流转过程中，其流转形态分为两种：一种为整箱货(Full Container Load，FCL)，由发货人在工厂或仓库自行装箱，装箱后直接交集装箱堆场待运；另一种为拼箱货(Less than Container Load，LCL)，指发货人将小件包装货物交给承运人，承运人在集装箱货运站负责将不同货主的货拼装在一个集装箱内，货到目的地后，由承运人拆箱后分拨给各个收货人。

(三)集装箱货物的交接地点与方式

1. 集装箱货物的交接地点

货物运输中的交接地点是指根据运输合同，承运人与货方交接货物、划分责任风险和费用的地点。目前，集装箱运输中货物的交接地点有门(双方约定的地点)、场(集装箱堆场)、钩(船边或吊钩)、站(集装箱货运站)。

门、场、钩主要是整箱货(FCL)的交接场所，站主要是拼箱货(LCL)的交接场所。

2. 集装箱货物的交接方式

根据集装箱货物交接地点的不同，理论上可以通过排列组合的方法得到集装箱货物的交接方式为16种，详见图8.1。

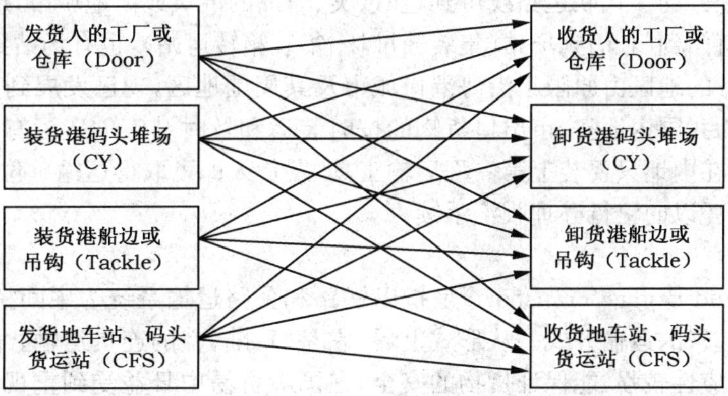

图8.1　集装箱货物的交接方式

实践中，海运集装箱货物交接的主要方式如下：

CY/CY——班轮公司通常承运整箱货，并在集装箱堆场交接，它是班轮公司通常采用的交接方式。

CFS/CFS——集拼经营人承运拼箱货，并在集装箱货运站与货方交接货物，它是集拼经营人承运拼箱货时通常采用的交接方式。

二、联合运输

联合运输是指使用两种或者两种以上的运输方式完成某一运输任务的连贯运输方式。它包括海陆联运、海空联运、陆空联运、陆海联运、集装箱运输、国际多式联运和陆桥运输等。随着航空业的发展,联合运输越来越显示出快速、方便的优势,并在国际贸易中日益被广泛采用。其中,国际多式联运和大陆桥运输有着良好的发展趋势。

(一)国际多式联运

国际多式联运(International Multimode Transport;International Combined Transport)是指按照多式联运合同,以至少两种不同的运输方式,由多式联运经营人将货物从一国境内接受货物的地点运往另一国境内指定交付货物的地点的运输方式。根据《联合国国际货物多式联运公约》的解释,这种联合运输方式必须同时具备下列6个条件:

(1)有一个多式联运合同;

(2)使用一份包括全程的多式联运单据(Multimode Transport Document);

(3)至少是两种不同运输方式的连贯运输,如陆—海、空—海或陆—空等;

(4)是国际间的货物运输;

(5)由一个多式联运经营人对全程运输总负责;

(6)是全程单一的运费费率。

国际多式联合运输是随着集装箱运输的产生和发展而发展起来的。它集中了各种运输方式的特点,使货运环节简化,运费成本降低,并受到越来越多进出口商的青睐。

多式联运经营人(Multimode Transport Operator)是指其本人或通过其代表订立多式联运合同并且负有履行合同责任的任何人。他可以是实际承运人,办理全程或部分运输业务;也可以是无船承运人(Non-Vessel Operating Common Carrier,NVOCC),即将全程运输交由各段实际承运人来履行。

目前我国已开办的多式联运路线可到达欧、美、非洲的港口或内地城市,形式也多种多样。货物的交接方式有门到门、门到场站(集装箱堆场、集装箱转运站),也有场站到场站、场站到门等。办理此项业务的地区由原限于沿海港口城市及其周围地区,现已发展到各地的许多城市及附近地区。这为我国内地省、市出口货物的按时装运和及时结汇创造了有利条件。采用多式联运方式,货物在内地只要装上第一程运输工具,发货人即可取得运输单位出具的包括全程运输的运输单据,凭以向银行办理收汇手续。

(二)陆桥运输

陆桥运输(Land-Bridge Transport)是指以铁路和公路运输系统为中间桥梁,把大陆两端的海洋运输连接起来的运输方式。从形式上看,它是海、陆、空的连贯运输。陆桥运输一般采用集装箱方式,适应性较强,能保证货物的安全,在国际贸易中日益受到重视。陆桥运输有大陆桥运输、小陆桥运输和微型陆桥运输之分。

1. 大陆桥运输

大陆桥运输是指使用横贯大陆的铁路或公路运输系统作为中间桥梁,把大陆两端的海洋运输连接起来的连贯运输方式。即在海洋运输的全过程中插入一段横贯大陆的运输,从形式上看,是海—陆—海的连贯运输。

世界上第一个出现的大陆桥是美国大陆桥,但现已萎缩,而后起的西伯利亚大陆桥发展很快，东端由俄罗斯的纳霍德卡港于海上连接日本、韩国以及我国香港和台湾等地，西端则延伸发展到欧洲各地和伊朗等中、近东地区，在运输方式上也逐步演绎出铁路与公路以及铁路与海洋联合的方式。由于这条路线横跨欧洲和亚洲，故称欧亚大陆桥，又称第一条欧亚大陆桥。

大陆桥运输方式的最新发展是新建成的亚欧大陆桥，它东起我国连云港，西至荷兰鹿特丹，全长10 800公里，途经 7 个国家，辐射 30 多个国家和地区，是 20 世纪 90 年代开通的一条新的国际运输大动脉。亚欧大陆桥较西伯利亚大陆桥将海上运输的距离缩短更多，是连接亚、欧两洲最便捷的通道。而且这条大陆桥大部分途经我国中西部地区，所以，无论从方便运输、节约货运时间和费用、发展我国的对外贸易，还是从促进我国沿途省区的经济发展来看，均有积极作用。

2. 小陆桥运输

小陆桥运输（Mini-Land Bridge Container Service Transport，MLB）是在美国大陆桥运输开始萎缩后派生出来的，是指比大陆桥运输缩短一程海上运输而成为海—陆或陆—海形式的运输方式。其具体做法一般是以集装箱为媒介，由远东把货物运至美国西海岸港口，再以铁路或公路运至美国东海岸或墨西哥湾地区靠近最后目的地的港口，卸车后再转运至目的地。这种运输由于不必通过巴拿马运河，因此可缩短运输时间。

3. 微型陆桥运输

微型陆桥运输（Micro-Land Bridge Transport）是在小陆桥运输的基础上派生出来的，是指从远东至美国内陆之间的运输，其运输路线较小陆桥运输又有所缩短。具体做法是把从远东各地到美国中部内陆城市的货物先装船运至美国西部海岸港口，卸船后以陆运方式直接运至美国内陆城市。它比小陆桥运输方式的费用更省，运输时间更短。由于陆路交通系统只利用了一半，故又称半陆桥运输（Semi-Land Bridge）。微型陆桥运输与小陆桥运输的区别在于铁路运费，前者从东岸港口或墨西哥湾至最终目的地的运费由承运人负担，而后者从港口或墨西哥湾至最终目的地的运费由收货人承担。

第四节 国际货运单据

运输单据是承运人收到货物后签发给托运人的证明文件，它是交接货物、处理索赔与理赔以及向银行结算货款或进行议付的重要单据。在国际货物运输中，运输单据的种类很多，其中包括海运提单、铁路运单、承运货物收据、航空运单、多式联运单据和邮政收据等。

一、海运单据

海运提单（Ocean Bill of Lading，B/L），简称提单，是承运人或其代理人签发的货物收据，是承运人与托运人订立的运输合同的证明，并且是一种货物所有权凭证，既可提货、转让，也可向银行抵押贷款。

（一）海运提单的性质与作用

1. 货物的收据

海运提单是承运人或者其代理人签发给托运人的货物收据，证实已按提单所列内容收到货物。

2. 货物所有权的凭证

收货人或提单的合法持有人有权凭提单在目的港向承运人或代理人提取货物。由于提单是一种物权凭证，因此，可以在载货船舶到达目的港之前办理转让、买卖或凭提单向银行办理抵押贷款。

3. 运输契约的证明

提单实际上是承运人和托运人之间的运输契约，是双方在处理运输过程中权利和义务关系的主要依据。

4. 结汇的重要单据之一

在办理结汇时，银行一般要求信用证受益人提交清洁的、已装船的、未过期的正本提单。

（二）海运提单的内容

提单的格式很多，每个船务公司都有自己的提单格式，但基本内容大致相同，都是依据1924年《统一提单的若干法律规定的国际公约》(简称《海牙规则》)的规定。提单的内容一般包括正面的记载事项和背面印就的运输条款。其格式可参见所附样单。

1. 提单正面的内容

提单正面的记载事项分别由托运人和承运人或其代理人填写，通常包括：托运人、收货人、被通知人、收货地或装货港、目的地或卸货港、船名及航次、唛头及件号、货名及件数、重量和体积、运费预付或到付、正本提单份数、船务公司或其代理人的签章、签发提单的地点和日期等。

2. 提单背面的条款

在班轮提单背面通常都印有运输条款，这些条款是作为确定承运人和托运人之间、承运人和收货人之间的权利和义务的主要依据。有关国际公认的统一提单条款内容的公约有三个，分别是1924年签署的《海牙规则》、1968年签署的《维斯比规则》、1978年签署的《汉堡规则》。

（三）海运提单的种类

海运提单从不同的角度，可分为如表8.2所示的几种类别。

表8.2　　海运提单的种类

种类 / 划分角度	第一种	第二种	第三种
货物是否已经装船	已装船提单	备运提单	
提单有无不良批注	清洁提单	不清洁提单	
提单收货人抬头	记名提单	不记名提单	指示提单
运输方式	直达提单	转船提单	联运提单
提单签发人	班轮提单	仓至仓提单	
内容繁简	全式提单	略式提单	
使用有效性	正本提单	副本提单	
其他种类	倒签提单	预借提单	顺签提单

1. 按签发提单时货物是否装船划分

(1)已装船提单(On Board B/L)，是指货物装船后，由承运人签发给托运人的提单。提单上必须载明装货船名和装船日期。已装船提单在国际贸易中被广泛使用。

(2)备运提单(Received for Shipping B/L)，是指承运人在收到托运货物等待装船期间，向托运人签发的提单。这种提单没有肯定的装货日期，往往不注明装运船舶的名称，因而买方和银行一般不接受备运提单。备运提单如经承运人加注“已装船”字样，注明装船名称、装船日期并签字证明，即转为已装船提单。

附:提单样式

NA NINGBO CIXI IMP AND EXP. CORP.
0.269 SISHAN RD., CIXI, NINGBO, CHINA

B/L No.
NGBVAP72236

CARGO WORLD SYSTEM LTD.

BILL OF LADING

SHIPPED on board in apparent good order and conditions as printed on the reverse. Packages said to be marked and numbered as particulars furnished by Shipper. One original bill of lading must be surredered dyty endorsed in exchange for the goods of delivery order.

IN WITNESS where of the number of original Bills of Lading stated below have been signed, one of which being accomplished, the other(s) to be void.

Consignee
TO THE ORDER OF BANCO SANTANDER CHILE

Notify party
COMERCIAL PALIZZIO S.A.

Local Vessel	Place of receipt	
	NINGBO, CHINA	
Ocean Vessel Voy. No.	Port of loading	Number of B's/L signed(only if not stated below)
MSC JADE V.A830A	NINGBO, CHINA	THREE(3)
Port of discharge	Place of delivery	Final destination (At merchant's expense, risk and responsibility)
VALPARAISO, CHILE	VALPARAISO, CHILE	

Marks and Number Container No. Seal No.	No. of Containers or pkgs	Kind of Packages; description of goods	Gross weight	Measurement
IMPORTADO POR COMERCIAL PALIZZIO S.A. HUERFANOS 915 SANTIAGO_CHILE STYLE: COLOR: SCZU6453984/569 3748	306CTNS	SHIPPER'S LOAD & COUNT & SEAL 1X20'GP (F.C.L) S.T.C CY/CY FOOTWEAR THE NUMBER OF THIS L/C:K752684	3366.00KGS	28.139CBM

ORIGINAL

SHIPPED ON BOARD
AUG 3,2008

SAY TOTAL:ONE TWENTY FT.GP CONTAINER ONLY.

According to the Declaration of the merchant

Freight and Charges	Revenue tons	Rate	Per	Prepaid	Collect
OCEAN FREIGHT FREIGHT AS ARRANGED				FREIGHT COLLECT	

N ACCEPTING THIS BILL OF LADING, the shipper, consignee and owner of the goods and the holder of his bill of lading expressly accept and agree to all its stipulations, exceptions, and conditions, whether write, typed, stamped, of printed on the front of back hereof or incorporated by reference herein, any local customs or privileges to the contrary notwithstanding.

DATED at AUG 3,2008

STAMP AND SIGNATURE.
CARGO WORLD SYSTEM LTD.

Shipper-Reference S/O	Prepaid at
CWS/NGB 06019	DESTINATION

For delivery of goods please apply to
CARGOLAND CHILE LTDA.
ALFREDO BARROS ERRAZURIZ 1954 OF.1108
PROVIDENCIA-SANTIAGO

By:
AS CARRIER

2. 按提单有无不良批注划分

(1)清洁提单(Clean B/L),是指没有任何有关货物残损、包装不良或其他有碍于结汇的批注的提单。提单正面都印有"外表状况明显良好"的字句,若承运人或其代理人在签发提单时没有附加任何相反批注,则表明承运人确认货物装船时外表状况良好,承运人必须在目的港将接受装船时外表状况良好的货物交付给收货人。在正常情况下，向银行办理结汇时都应提交清洁提单。

(2)不清洁提单(Unclean B/L;Foul B/L)，是指加注有货物及包装状况不良或存在缺陷(如水湿、油渍、污损、锈蚀)等批注的提单。承运人通过批注声明货物接受时的不良状况，当在目的港交付货物时的不良状况在这些批注范围内的，承运人可以减轻或免除自己的赔偿责任。在正常情况下，银行将拒绝用不清洁提单办理结汇。

> 注意：区分清洁提单与不清洁提单的关键不是有没有批注，而是有没有有关货物或包装不良的批注。国际航运公会认为：没有明确表明货物或包装不能令人满意，只是批注"旧包装"、"旧箱"等，或强调承运人对于货物或包装性质所引起的风险不负责任，或承运人否认知道货物的内容或技术规格，均不能视为不清洁。

3. 按提单收货人抬头划分

(1)记名提单(Straight B/L)，是指在"收货人"栏内具体填明收货人名称的提单。它只能由提单上所指定的收货人提货，不能转让，又称"不可转让提单"。记名提单一般只用于运输贵重物品或有特殊用途的货物。

(2)不记名提单(Blank B/L)，又称"空白提单"，是指"收货人"栏内不填写收货人名称而留空的提单。提单持有人可不作任何背书就转让或提取货物。由于这种提单风险大，国际贸易中很少使用。

(3)指示提单(Order B/L)，是指在"收货人"栏内只填写"凭指示"或"凭某人指示"字样的一种提单。这种提单可以背书转让，又称"可转让提单"。背书的方式有两种：一种是空白背书，仅由背书人(提单转让人)在提单的背面签字盖章；另一种是记名背书，即转让人除签字盖章外，还须列明受让人(被背书人)的名称。在国际贸易中，指示提单被普遍使用。我国在出口业务中大多使用凭指示空白背书的提单，习惯上称为"空白抬头"、"空白背书"提单。

4. 按运输方式划分

(1)直达提单(Direct B/L)，是指货物从装运港装船后，中途不换船而直接运到目的港所使用的提单。直达提单上仅列有装运港和目的港的港口名称。在国际贸易中，如信用证规定货物不准转船，卖方就必须取得承运人签发的直达提单后才能向银行办理议付货款。

(2)转船提单(Transshipment B/L)，是指货物需经中途转船才能到达目的港而由承运人在装运港签发的全程提单。转船提单上注有"在某港转船"的字样，承运人只对第一程运输负责。

(3)联运提单(Through B/L)，是指需经两种或两种以上运输方式(海陆、海河、海空、海海等)联运的货物，由第一承运人收取全程运费后，在起运地签发到目的港的全程运输提单。联运提单虽然包括全程运输，但签发提单的承运人只对自己运输的一段航程中所发生的货损负责，这种提单与转船提单性质相同。

5. 按提单的签发日期划分

在正常情况下，提单的签发时间为货物装船完毕的时间。但有些提单可能不符合法律规定或者对货运业务有一定影响，如预借提单、倒签提单、顺签提单、过期提单。

(1)预借提单(Advanced B/L)，是指由于信用证规定的装运期或交单期已到，而货物尚未装船或货物尚未装船完毕时，应托运人要求由承运人或其代理人签发的已装船提单。也就是托运人为了能够及时结汇而向承运人借用的已装船提单。

(2)倒签提单(Anti-Date B/L)，是指在货物装船完毕后，应托运人的要求，由承运人或其代理人签发的早于货物实际装船完毕的日期的提单。装船日期超过信用证规定的最迟装运船,也就是指实际装船完毕的日期晚于提单的签发日期。

(3)顺签提单(Post-Date B/L),是指在货物装船完毕后,承运人或其代理人应托运人要求签发的晚于货物实际装船完毕日期的提单。也就是说,实际装船完毕的日期早于提单的签发日期。

不管是预借提单、倒签提单还是顺签提单,都掩盖了提单签发时的实际情况。许多国家法律的规定和判例表明,一旦货物引起损坏,不但要负责赔偿,而且丧失了享受责任限制和援用免责条款的权利。

(4)过期提单(Stale B/L),是指出口商取得提单后未能及时到银行议付的提单,或者提单签发日期迟于信用证规定的最迟装运期的提单。在信用证支付方式下,每个信用证都规定了有效期与装运期限,有的信用证还规定了交单期限。出口商必须在规定的交单期内到银行结汇;如果信用证没有规定交单期限,则要求出口商在货物装船日期起21天内到银行交单议付,但无论如何也不能晚于信用证的有效期,超过这一期限,银行将不予接受。

6. 按使用有效性划分

(1)正本提单,是指在法律和商业上都是公认有效的提单。正本提单上有时注明了"Original"字样,提单上有承运人、船长或代理人签字、盖章并注明了签发提单的日期。正本提单一般签发一式两份或一式三份,凭其中任何一份提货后,其余各份作废,因此,一般买方或银行要求卖方提供全部正本提单,即全套提单。

(2)副本提单,是指仅作为工作上参考之用的提单。副本提单上一般注明"Copy"或"Non Negotiable"字样,提单上没有承运人、船长或其代理人的签字、盖章。副本提单没有法律效力。

7. 按提单签发人不同划分

(1)班轮公司所签发的提单,即班轮提单(Liner B/L;Ocean B/L),是指在班轮运输中由班轮公司或其代理人所签发的提单。在集装箱运输中,班轮公司通常为整箱货签发提单。

(2)无船承运人所签发的提单,即仓至仓提单(NVOCC B/L;House B/L),是指由无船承运人(NVOCC)或其代理人所签发的提单。在集装箱班轮运输中,无船承运人通常为拼箱货签发提单。当然,无船承运人也可以为整箱货签发提单。

(四)有关提单的法律行为

1. 提单的签发

(1)提单的签发人与签署

提单必须经过签署手续后才能生效。有权签发提单的人包括承运人本人、载货船船长或经承运人授权的代理人。代理人签发提单时必须经承运人特别授权,否则代理人无权代签提单。

承运人(ABC)本人签发提单显示:ABC AS CARRIER。

代理人(XYZ)代签提单显示:XYZ AS AGENT FOR ABC AS CARRIER.

载货船长(OPQ)签发提单显示:CAPTION OPQ AS MASTER.

提单签署的方法除了传统的手签方法外,只要没有特殊的规定,如信用证不规定必须手签提单,则可以采用影印、打孔、盖章、符合或不违反提单签发地所在国家的法律的其他机械的或电子的方法。

(2)提单的份数和签发日期

提单依据使用效力有正本提单和副本提单之分。通常所说的提单都是指正本提单。副本提单只用于日常业务,不具有法律效力。正本提单应标注"Original"字样,标注"Copy"字样的是副本提单。当需要表示全套提单中每一份是其中第几份时(如全套提单一式三份),大部分国家使用"First Original"、"Second Original"、"Third Original"字样,或"First Original"、"2nd Original"、"3rd Original"表示第一联、第二联和第三联。

提单上记载的提单签发日期一般是提单上所列货物装船完毕的日期。在集装箱班轮运输中,为了方便承运人签发提单,实践中大多以船舶开航之日作为提单签发日期。但应注意的是,开航之日并不一定是装船完毕日期。

2. 提单的更正

(1)提单的更改

由于实际货物装载情况与提单记载不符,或者因信用证要求的条件发生变化,或者其他原因,而由托运人提出更正提单内容时,通常情况下,承运人都会同意托运人更正提单内容的合理要求,重新缮制提单。但因更改提单内容而引起的损失和费用,由提出更正要求的托运人承担。

(2)提单的补发

如果提单签发后遗失,托运人提出补发提单,承运人会根据不同情况进行处理。一般要求提供担保或者保证金,而且还要通过所在地海事法院的公示催告程序声明提单作废。

3. 提单的背书

根据提单收货人抬头一栏的记载不同,提单分为记名提单不得转让、不记名提单无需背书即可转让、指示提单须经背书或空白背书才可转让。

通常所说的背书,是指指示提单在提单所有人需要进行转让时所必须完成的,在提单背面明确或不明确受让人并签名的手续。根据明确受让人与否,背书可分为记名背书(完全背书)、指示背书和不记名背书(空白背书)。

4. 提单的回收

根据国际公约和各国法律的规定,承运人在交付货物时必须收回提单,并在提单上标示"作废"的批注。提单的回收和注销表明承运人已经完成运输合同,提单项下的债权债务因而得以结束,但并不代表提单可能代表的物权终止,因为回收和注销的提单可能是全套提单中未经授权转让的一份。根据我国的相关法律,在我国境内,即使是记名提单,收货人也应向承运人交还提单。

5. 提单的流转

提单流转环节较多,因贸易方式不同,流转环节也不同。以信用证方式结汇的CIF买卖为例,提单的一般流转环节为:起运港承运人或其代理人签发→出口商或其货代转给托运人→开证银行→收货人(进口商)→目的港承运人或其代理。从流转环节看,收货人要拿到提单提货,必须通过银行,即收货人必须向开证行付款赎单,否则银行不会将提单交给收货人。

二、其他主要运输单据

(一)铁路运单

铁路运单(Railway Bill B/L)是铁路承运人收到货物后所签发的铁路运输单据。我国对外贸易铁路运输按营运方式分为国际铁路联运和国内铁路运输两种。前者使用国际货协运单,后者使用承运货物收据。

1. 国际货协运单

国际货协运单(International Cargo Agreement Transportation)使用正、副本方式。运单正本随同货物从始发站到终点站交给收货人,作为铁路向收货人交付货物的凭证。运单副本在发货站加盖承运期戳记，成为货物已被承运的证明，发货人凭其向银行要求结汇。国际货协运单不能转让。

2. 承运货物收据

承运货物收据(Cargo Receipt)是在港澳铁路运输中使用的一种结汇单据。该收据包括大陆段和港段两段运输，是代办运输的外运公司向出口人签发的货物收据，也是承运人与托运人之间的运输契约，同时还是出口人办理结汇手续的凭证。

(二)航空运单

航空运单(Air Way Bill，AWB)是航空公司收到货物后出具的货物收据和运输凭证。航空运单与海运提单性质不同，它只能表示承运人已收到货物，起到货物收据的作用，而不是物权凭证。货到目的地后，收货人不是凭航空运单提货而是凭航空公司发出的"到货通知"提取货物。因此，航空运单不能背书转让，也不能作为有价证券流通。

(三)多式联运单据

多式联运单据(Multimode Transportation Documents)是指多式联运经营人在收到货物后签发给托运人的单据。按照国际商会《联合运输单证统一规则》的规定，多式联运经营人负责货物的全程运输。多式联运单据与联运提单在形式上有相同之处，但在性质上不同。

1. 提单的签发人不同

多式联运单据由多式联运经营人签发，而且可以是完全不掌握运输工具的"无船承运人"，全程运输均安排各分承运人负责；联运提单由承运人或其代理人签发。

2. 签发人的责任不同

多式联运单据的签发人对全程运输负责；而联运提单的签发人仅对第一程运输负责。

3. 运输方式不同

多式联运单据的运输既可用于海运与其他方式的联运，也可用于不包括海运的其他运输方式的联运；联运提单的运输限于海运与其他运输方式的联合运输。

4. 已装船证明不同

多式联运单据可以不表明货物已装船，也无需载明具体的运输工具；联运提单必须是已装船提单。

第五节　国际贸易合同中的装运条款

在国际货物买卖合同中，买卖双方必须对交货时间、装运地、目的地、分批装运、转运、装运通知等内容做出具体的规定。明确、合理地规定装运条款是保证买卖合同顺利履行的重要条件。

一、装运时间

装运时间(Time of Shipment)又称装运期，是指卖方将合同规定的货物装上运输工具或交给承运人的期限，一般以装运时间即提单的出单日期作为卖方履行交货的时间，在采用C组、F组术语的买卖合同中，对于装运时间，必须具体地、毫不含糊地做出规定。常用的有以下几种规定方法：

(1)在某月内装运，如10月份装运(Shipment during/in Oct.)。按此规定，全部货物可在10月1日至31日之间任何一天装运。

(2)规定在某月底以前装运，如2月底或以前装运(Shipment by or before the end of

Feb.)，指自订立合同之日起，最迟不超过 2 月 28/29 日装运。

(3)规定在某月某日以前装运，如 9 月 20 日以前装运(Shipment on or before Sept. 20)，指自订立合同之日起，最迟不超过 9 月 20 日装运。

(4)规定跨月装运。有时所规定的一段可供装运的期间，可从某月跨到下月，甚至更后的月份。例如：1/2/3 月装运(Shipment during Jan. /Feb. /March)。

按此规定，卖方可从 1 月 1 日至 3 月 31 日这一段时间内任何时间装运出口。

又如：7/8/9 三月每月装运一批(Shipment during July/Aug. /Sept. in three monthly lots)。按此规定，卖方应在 7/8/9 月每月装运一批。

7/8/9 三月每月平均装一批(Shipment during July/Aug. /Sept. in three equal monthly lots)。按此规定，卖方应在 7/8/9 月每月等量装运一批。

(5)规定收到信用证后若干天内装运。在这种情况下，应在买卖合同中同时规定信用证的最迟开到日期，并规定买方如果不按合同规定开证，则构成违约，卖方有权提出索赔。

例如：收到信用证后 45 天内装运(Shipment within 45 days after receipt of relevant L/C)。

合同与信用证中最迟装运期的表达方式，通常有以下几种：

Shipment later On May 20, 2000.

Latest shipment Date: 25/06/2000.

Latest date of Shipment: Sept. 15, 2000.

Shipment not later than Dec. 10, 2000.

Shipment on or before Oct. 30, 2000.

Shipment before the end of July 2001.

在规定的装运时间内，一般要注意考虑货源情况、运输情况、市场情况与商品情况等。

二、装运港(地)和目的港(地)

装运港(Port of Shipment)是指货物起始装运的港口。目的港(Port of Destination)是指货物最终的卸货港口。装运港和目的港同商品的价格和买卖双方所承担的运输责任有关。因此，在买卖合同中必须明确规定装运港(地)和目的港(地)。

(一)装运港(或发货地)

在 FOB、CFR、CIF 条件下，当卖方按合同规定在装运港将货物装上开往目的港的船舶并提交运输单据时，就算完成了交货义务，因此，在采用这类条件的货物买卖合同中通常都应明确规定装运港(Port of Shipment)。而在采用 FCA、CPT、CIP 术语的情况下，由于卖方只需按合同规定在出口国把货物交付给承运人或第一承运人接管，就算完成了交货义务，因此，在买卖合同中应当明确规定发货地(Place of Departure)或交付地(Place of Delivery)。在出口业务中，一笔交易合同通常只规定一个装运港或发货地，但在货物数量较大而货源又分散在几处的情况下，可以规定几个装运港或发货地，如"青岛和上海"。如果成交时具体装运港或发货地不能确定，也可规定："中国口岸"(China/Chinese Port)。

(二)目的港(或目的地)

为便于安排运输和买方接货，凡 CIF、CFR 合同，均需规定目的港(Port of Destination)；而在 CIP、CPT 合同中，则需规定目的地(Place of Destination)。目的港或目的地通常由买方提出，经卖方同意后确定。出口合同中一般规定一个目的港或目的地；有时根据实际业务需要，也可规定两个或两个以上供选定，在发运前由买方确定后通知卖方据以安排运输；必要时还可规定"选择港"，如"CIF 伦敦/汉堡/鹿特丹（London/Hamburg/Rotterdam）任选"。选港附加费由买方负担。（CIF London/Liverpool/Manchester optional. Optional charges for buyer's account.）

目的港或目的地必须明确、具体。一般不宜使用"欧洲主要港口"（European Main Ports，EMP）、"非洲主要港口"（African Main Ports，AMP）等笼统的规定方法。另外，买卖合同中装运港/目的港后应明确注明城市名及国家名，以防港口重名。

（三）规定装运港和目的港应注意的问题

1. 规定装运地的注意事项

进口业务中规定国外装运地时应注意的事项有：(1)选择装卸条件好、费用低、办理运输方便的地方。(2)力求具体、明确，如果规定多个装运港，应规定由此引起的额外费用由买方负担。(3)注意国外港口有无重名的问题。(4)在 FOB 术语下不能接受内陆城市作为装运地的条件。

出口业务中规定国内装运港时应注意的事项有：(1)选择接近货源所在地的装运地或最近的装运港。(2)注意港口的装卸条件，以免船舶进不了港或进港后缺乏专用设备装货。(3)成交数量大的货物，如果货源较分散，可以争取规定两个或两个以上的装运港，或规定在中国口岸装运。

2. 规定目的地的注意事项

出口业务中规定国外目的地时应注意的事项有：(1)注意目的地装卸条件，有无班轮直达，能否安全停靠。(2)在以 CFR 和 CIF 条件成交时，不接受内陆城市为目的港，以免给卖方办理运输造成困难。(3)注意国外目的地有无重名的问题。(4)明确规定目的港。但是，如果买方一时还不能确定目的港，也可采用选择港的办法。

进口业务中规定目的地时应注意的事项有：(1)接近目标市场所在地，以利于销售。(2)注意港口的水位和装卸条件，防止大船进不了港或堵塞，导致额外的损失。(3)如果目标市场较分散或未找到买主，可以争取使用选择港。

三、分批装运与转运条款

（一）分批装运

分批装运（Partial Shipments）是指合同项下的货物分若干期或若干次装运。凡数量较大，或受货源、运输、使用、销售、资金等条件的限制，有必要分期分批发运的，通常都需要在买卖合同中规定允许分批装运或具体分批办法的条款。UCP600 规定，除非信用证作相反规定，可准许分批装运。但是，如果信用证规定不准分批装运，受益人必须将货物一次性全部装运。

UCP600 规定："运输单据表面上注明是使用同一运输工具装运并经同一路线运输，即使运输单据上注明的装运日期不同及/或装货港、接受监管地或发运地点不同，只要运输单据注明是同一目的地，将不视为分批。"据此，货物装在同一船只、同一航次，抵达同一目的港或目的地，交付给同一收货人的多次装运，即使运输单据注明不同装运日期及表明不同装运港口或启运地，亦不作为分批装运。例如，出口货物 900 公吨，信用证规定："Partial Shipments Allowed"。受益人在规定装期内分别在上海、宁波、厦门各装了 300 公吨于同一船只上，三份提单也注明了不同的装运港和不同的装船时间。此种做法应认为符合信用证规定，银行不能拒付货款。

分批装运的规定方法主要有两种：一是只规定允许分批装运的原则，而对如何分批不作具体规定；二是具体列明分批的期限和数量。前者比较灵活，卖方可按经营意图和客观条件机动掌握；后者的约束性大，UCP600 规定："如信用证规定在指定的时间内分期支款及/或装运，任何一期未按信用证所规定期限支款及/或装运时，信用证对该期及以后各期均告失效。"例如，信用证规定"Shipment during May/June/July, first shipment 100M/T, second shipment200M/T, third shipment 300M/T"，则受益人交货必须按此规定办理，即 5 月份交 100 公吨，6 月份交 200 公吨，7 月份交 300 公吨。又如，信用证规定：装运数量 600 箱，Each month 200 cases beginning from March。即 3、4、5 三个月，每月各装 200 箱，这就是定期定量分批装运条款，如其中有一期未按期限或数量装运，银行对该期及以后各期均有权拒付货款。

（二）转运

转运(Transshipment)是指货物从装运港或发货地到目的港或目的地的运输过程中，从一运输工具卸下，再装上同一运输方式的另一运输工具；或在不同运输方式情况下，从一种方式的运输工具卸下，再装上另一种方式的运输工具的行为。当出口货物没有直达船或一时无合适的船舶运输，而需通过某中途港转运时，买卖双方可以在合同中商订允许转船的条款，即为转运。UCP600 规定："除非信用证明确规定不准分批或转运，可准许分批装运和转运。"

买卖合同中常见的分批装运及转运条款规定如下：

(1)Partial Shipments are allowed, Transshipment is not allowed.（允许分批，不允许转船。）

(2)Partial Shipments and transshipment are allowed.（允许分批及转船。）

(3)Transshipment Allowed; Partial Shipments Prohibited.（允许转船，不允许分批。）

四、装卸时间

在使用程租船运输货物的业务中，货物在装卸港口的装卸时间的长短直接关系到船舶使用周期和船方的利益。因此，租船时船东就要求在租船合同中规定租方必须在若干时间内完成装卸作业。该限定的时间，即许可的装卸时间就成为租船合同的重要条款。

关于装卸货时间，主要有以下几种规定方法：

(1)按日或连续日或时。时间连续满 24 小时就算一日或连续日。

(2)按工作日。按港口习惯，属于正常工作的日子，星期日和节假日除外。

(3)按晴天工作日。既是工作日，又是适宜装卸的天气，才计算为装卸时间。

(4)连续 24 小时晴天工作日。明确了在天气适宜装卸工作日内时钟连续走 24 小时算一个工作日。通常要订明星期日、节假日除外。在实际业务中，国际港口较普遍实行连续 24 小时晴天工作日制度。

五、速遣费和滞期费

程租船运输情况下，装卸时间的长短影响到船舶的使用周期，直接关系到船方利益。因而在租船合同中，除需规定装卸时间外，还需规定奖励和处罚措施，以督促租船人实现快装快卸。

速遣费(Dispatch Money)，是指在合同规定的装卸期限内，如果租船人提前完成了装卸作业，给船方节约了船期，缩短了船舶使用周期，从而降低了费用或增加了收益，船方应向租船人就所节省的时间支付的奖金。

在程租船合同规定的装卸时间内，如果租船人未能完成装卸作业，则许可装卸时间截止后到实际装卸完毕的时间即为船舶滞期。为了补偿船方由此而产生的损失，租船人对超过的时间应向船方支付一定的罚金，此项罚金称为滞期费(Demurrage)。通常，速遣费率为滞期费率的一半。

六、装运通知

装运通知(Advice Shipment)是卖方向买方发出的货物已装运的书面通知。卖方是否向买方发出装运通知，根据贸易术语的不同，对此有不同的要求。在卖方承担保险和运输的情况下，对卖方发装运通知的要求不是很严格，但也应及时发出装船通知。如果是由买方承担保险和运输，则对卖方发装运通知的要求就尤为重要。可以说，这是卖方应承担的法律义务。

在 FOB 术语下，买方派船接货，买方要及时通知船到港日期，做到船货衔接，由卖方负责按时把货装上船。在 CFR 贸易术语下，卖方负责安排运输并在装运港将货物装上船，则买方需要自己办理保险。由于买方承担货物在装运港装上船以后的一切风险，因此，对货物装上船后可能遇到的风险必须及时办理保险，若有延迟，万一货物装船后发生损失，就得不到保险公司的赔偿。但是，买方办理保险必须等卖方发出装运通知。《国际贸易术语解释通则 2010》对此规定，卖方必须给予买方关于货物装船的充分的通知。在这里，“充分的”是指装船通知在时间上是毫不延迟的，在内容上是详尽的，以满足买方办理保险的需要。

第六节 专业技能实训

任务一 案例分析

【背景材料】

某年 4 月上海某公司与美商签订了一份纺织品出口合同，6 月初收到买方开出的不可撤销信用证，信用证要求出具记名××公司的提单，并指定货物装运美国某船公司。货物出运后全套单据经通知行寄开证行，正常的结汇时间已过，但货款一直未到账，此时收到开证行的不符点电报，称单据有一处不符，全套单据由开证行暂为保管。我公司查货物下落，船公司告知货物已被提走。

我公司要求船公司做出解释，三份正本提单仍在银行，我方也并无放货指令，凭什么放货？船公司告知，记名提单可不凭正本提单，仅凭收货人的身份证明即可放货，船公司无责任。不久三份正本提单连同其他单据被开证行退回，我公司面临手持正本提单却货款两空的残酷现实。

在要求船公司赔偿货物无果的情况下，我公司一纸诉状把船公司推上了被告席。然而被告认为此案适用于美国 1936 年海上运输法，按此法规定记名提单项下承运人可以不凭正本提单放货，只要收货人提供了证明自己合法身份的有关文件即可。

一审上海海事法院认定，被告未提供完整的美国 1936 年海上运输法律文本无从依据，故本案适用于《中国海商法》，根据《中国海商法》第 17 条的规定，提单无论是记名或不记名都是物权凭证，承运人必须凭正本提单放货，现原告正本提单在手，被告已将货物放掉，属于严重侵权行为，判决被告赔偿原告全部货款和利息损失。

被告不服，立即上诉上海市高级人民法院，要求终审法院依据美国法律改判此案。在法庭的要求下，上诉方提供了完整的美国 1936 年海上运输法文本，通过研读这份完整的法律文本发现，此法只适用于往来美国港口的运输业务，此案并未涉及美国港口，故终审判决：驳回上诉，维持原判。终审判决书下达 7 天内，公司即收到了被告赔偿的全部货款及利息。

问：本案例给我们什么启示？

【分析】

1. 应了解和掌握相应的信用证和运输专业知识，如本案中提单的性质。
2. 在办理国际运输业务时，应了解相关国家的海商法，比较是否存在法律冲突。

3. 对国际运输合同当事人的权利、义务及责任，有必要在运输合同中进行明确约定，并可通过合同约定消除法律冲突。

任务二　填制提单

【目的要求】

请根据背景材料中所列条件用英文填制一份“清洁、已装船、空白抬头”正本的提单，要求通知比利时马里斯公司，并注明“运费预付”。

【背景材料】

我国某公司（Beijing textiles Imp. & Exp. Corp），向比利时某公司（Melis Co.，126 Rome street，anterweip，Belgium）出口 Boy’s sport suit，数量为3 600件箱，每打 20 美元 CFR 安特卫普，纸箱包装，每箱 10 打，箱件尺寸为 50cm×20cm×30cm，毛重为 10 千克/箱，运输标志（唛头）为：

MLS/ANTERWEIP/NOS：1—30

货物于 2003 年 5 月 18 日在天津港装 E002 航次的“MARRY”轮运往安特卫普。

<table>
<tr><td colspan="2">Shipper</td><td colspan="3" rowspan="6">SINOTRANS　B/L NO.
中国对外贸易运输总公司
CHINA NATIONAL FOREIGN TRADE TRANSPORTATION CORP.
直运或转船提单
BILL OF LADING
DIRECT OR WITH TRANSSHIPMENT</td></tr>
<tr><td colspan="2">Consignee or Order</td></tr>
<tr><td colspan="2">Notify Address</td></tr>
<tr><td>Pre-carriage by</td><td>Place of Loading</td></tr>
<tr><td>Vessel</td><td>Port of Transshipment</td></tr>
<tr><td>Port of Discharge</td><td>Final Destination</td></tr>
<tr><td>Container, Seal No. or Marks & Nos.</td><td>Number and Kind of Packages</td><td>Description of Goods</td><td>Gross Weight(kgs)</td><td>Measurement (m^3)</td></tr>
<tr><td></td><td></td><td></td><td></td><td></td></tr>
<tr><td></td><td></td><td></td><td></td><td></td></tr>
<tr><td colspan="5">ABOVE PARTICULARS FURNISHED BY SHIPPER</td></tr>
<tr><td colspan="5"></td></tr>
<tr><td colspan="3">FREIGHT & CHARGES</td><td colspan="2">REGARDING TRANSSHIPMENT INFORMATION PLEASE CONTACT</td></tr>
<tr><td colspan="3"></td><td colspan="2"></td></tr>
<tr><td rowspan="4">Ex. Rate</td><td>Prepaid at</td><td>Freight Payable at</td><td colspan="2">Place and Date of Issue</td></tr>
<tr><td></td><td></td><td colspan="2"></td></tr>
<tr><td>Total Prepaid</td><td>Number of Original B/L</td><td colspan="2">Signed for or on Behalf of the master</td></tr>
<tr><td></td><td></td><td colspan="2"></td></tr>
</table>

任务三　拟定合同的装运条款并草拟装运通知

【目的要求】

试根据本训练中的有关谈判内容，以中、英文两种文字拟定合同的装运条款，及草拟一份装运通知函。

【背景材料】

Dai Lian：Marian，is loading finished?

Marian：No，not yet.

Dai Lian：When will it be completed?

Marian：In about an hour or so?

Dai Lian：And don't forget to send out the shipping advice within 24 hours after the goods are loaded on board the vessel.

Marian：No，I won't，but…

Dai Lian：Yes，Marian?

Marian：I was wondering what is generally included in a shipping advice.

Dai Lian：Oh，all the shipping details. Would you like to take notes?

Marian：Yes.

Dai Lian：The contract number，the L/C number，the name of the commodity，the quantity loaded，the invoice value，the name of the vessel，the port of loading，the date of the bill of lading，the date of departure and the estimated time of arrival at the port of destination plus your thanks and best regards.

Marian：Ok，Thank you for your help，Madam Dai.

Dai Lian：You are welcome.

任务四　思考与练习

一、单项选择题

1. 班轮运输的有关运费应该包括(　　)。

A. 装卸费，不计滞期费、速遣费　　B. 装卸费，并计滞期费、速遣费

C. 装卸费和应计滞期费，不计速遣费　　D. 装卸费和速遣费，不计滞期费

2. 当采用 CIF 贸易术语时，海运提单对运费的表示应为(　　)。

A. Freight Prepaid　　B. Freight Collect　　C. Freight Prepayable　　D. Freight Unpaid

3. 在规定装卸时间的办法中，使用最普遍的是(　　)。

A. 日或连续日　　B. 累计 24 小时好天气工作日

C. 连续 24 小时好天气工作日　　D. 连续 24 小时工作日

4. 我国内地经铁路供应港澳地区的货物，交银行收汇的支付凭证是(　　)。

A. 国际铁路联运单　　B. 国内铁路联运单　　C. 承运货物收据　　D. 多式联运单据

5. 下列表示“装船提单”日期的是(　　)。

A. 货于 5 月 24 日送交船公司　　B. 货于 6 月 4 日全部装完

C. 货于 6 月 4 日开始装船　　D. 货于 6 月 4 日到达目的港

6. 不清洁提单是指单据上附有声明货物及(或)包装有缺陷的附加条文或批注的提单。那么，注明(　　)的是不清洁提单。

A. 对货物质量或包装情况的客观描述，未表示有不满意的情况

B. 承运人对货物的内容、数量、质量、特性等不详

C. 承运人对包装或货物特性引起的损失概不负责

D. 外包装有破损和水渍

7. 从法律上讲，提单可作为物权凭证，这是说，(　　)。

A. 提单在任何时间都起到物权凭证的作用

B. 提单正本在任何时间都起到物权凭证的作用

C. 提单正本作为物权凭证有一定的时间界限

D. 提单副本也起到物权凭证的作用

8. 经过背书才可以转让的提单是(　　)。

A. 指示提单　　B. 不记名提单　　C. 记名提单　　D. 已装船提单

9. 海运提单不是(　　)。

A. 货物收据　　B. 物权凭证　　C. 运输契约　　D. 运输契约的证明

10. 在进出口业务中,能够作为物权凭证的运输单据是(　　)。

A. 铁路运单　　B. 海运提单　　C. 航空运单　　D. 邮包运输

二、多项选择题

1. 班轮运输的特点是(　　)。

A. 定线、定港、定期和相对稳定的运费费率

B. 由船方负责对货物的装卸,运费中包括装卸费,不规定滞期、速遣条款

C. 承运货物的品种、数量较为灵活

D. 双方权利、义务、责任豁免以船公司签发的提单的有关规定为依据

2. 在定程租船方式下,对装卸费的收取办法有(　　)。

A. 船方不负担装卸费　　B. 船方负担装卸费

C. 船方只包揽装货费,而不负担卸货费　　D. 船方只负担卸货费,而不负担装货费

3. 装运期的规定办法通常有(　　)。

A. 明确规定具体装运期限　　B. 规定在收到信用证后若干天

C. 规定在某一天装运完毕　　D. 笼统规定近期装运

4. 规定承运人、托运人之间的权利、义务、责任豁免的公约有(　　)。

A.《海牙规则》　　B.《维斯比规则》

C.《汉堡规则》　　D. UCP600

5. 在国际贸易中,开展以集装箱运输的国际多式联运有利于(　　)。

A. 简化发运手续　　B. 加快货运速度

C. 降低运输成本　　D. 提高货运质量

6. 下列提单种类中,有可能被银行拒收的类型是(　　)。

A. 不清洁提单　　B. 不记名提单　　C. 副本提单　　D. 备运提单

7. 根据"收货人"栏目填写方式的不同,提单可以区分为(　　)。

A. 记名提单　　B. 不记名提单　　C. 指示提单　　D. 非指示提单

8. 国际多式联运的特征或者说基本条件是(　　)。

A. 必须具有一份多式联运合同

B. 必须使用一份全程多式联运单据

C. 必须是国际间的货物运输

D. 必须有一个多式联运经营人对货物运输的全程负责

9. 在国际货物运输中,集装箱可以用于(　　)。

A. 多式联运　　B. 公路运输　　C. 铁路运输　　D. 海洋运输

10. 班轮基本运费的计算标准包括(　　)。

A. 按货物的毛重或重量吨计算

B. 按货物的体积或尺码吨计算

C. 由货主与船公司临时议定计价

D. 在所列几种计收运费办法中,选择收费高者作为计收标准

三、判断题

1. 我国有一批大豆出口,按 CIF 班轮条件(Liner Terms)成交时,我方必须用班轮装运货物。(　　)

2. 如合同中规定装运条款为"2001 年 7/8 月份装运",那么我出口公司必须将货物于 7 月、8 月两个月内每月各装一批。(　　)

3. 凡装在同一航次、同一条船上的货物,即使装运时间和装运地点不同,也不作分批装运。(　　)

4. 记名提单比不记名提单风险大，故很少使用。（　　）

5. 国际铁路货物联运的提单副本，可以作为发货人据以结算货款的凭证。（　　）

6. 按惯例，速遣费通常为滞期费的一半。（　　）

7. 根据《跟单信用证统一惯例》的规定，如果信用证中没有明确规定是否允许分批装运及转船，应理解为允许。（　　）

8. 记名提单和指示提单同样可以背书转让。（　　）

9. 清洁提单是指不载有任何批注的提单。（　　）

10. 在航空运输中，收货人提货凭航空公司的提货通知单。（　　）

四、简答题

1. 班轮运费的计收标准有哪些？

2. 海运提单的性质和作用是什么？

3. 买卖合同中目的港和装运港有哪些规定办法？应注意什么问题？

五、计算题

1. 上海运往肯尼亚蒙巴萨港口“门锁”一批计 100 箱，每箱体积为 20cm×30cm×40cm，毛重为 25 千克。当时燃油附加费为 30%，蒙巴萨港口拥挤附加费为 10%。门锁属于小五金类，计收标准是 W/M，等级为 10 级，基本运费为每运费吨 443.00 港元。

问：应付运费是多少？

2. 外轮在天津新港每一晴天工作日装卸花生米的标准为1 000M/T。现有一艘登记吨为20 000的轮船，按晴天工作日、节假日除外的标准装运花生米7 200M/T 出口。其具体装运情况如下：

日期	工作时间	实际工作时间
8 月 18 日	14:00～24:00	10 小时
8 月 19 日	0:00～24:00	24 小时
8 月 20 日	0:00～24:00(下雨 10 小时)	14 小时

问：速遣费或滞期费(速遣费为每一登记吨 RMB￥0.14，滞期费为每一登记吨 RMB￥0.28)应是多少？

3. 某商品每箱毛重 30 千克，体积 0.05 立方米，共出口 40 箱，原报价每箱 35 美元 FOB 上海。现客户要求改报 CFR××港。经查，该商品计费标准为 W/M，每运费吨费率为 220 美元，港口附加费 10%。

问：我方应如何报价？

4. 我出口某商品对外报价为每公吨 200 美元 FOB 宁波，现外商要将价格改报 CIF 伦敦，问：我方应报价多少才能使 FOB 净值不变？（每运费吨的基本运费为 100 美元，港口附加费为 10%，平安险费率为 2%，查该货每件体积为 80 立方分米，每件重量为 100 千克，班轮计价标准是“W/M”。）

六、案例分析题

1. 我外贸 E 公司以 FOB 中国口岸价与香港 W 公司成交钢材一批，港商即转手以 CFR 釜山价售给韩国 H 公司。港商来证价格为 FOB 中国口岸，要求货运釜山，并在提单表明“Freight Prepaid”(运费预付)。

问：港商为什么这样做？我们应如何处理？

2. 我国对澳大利亚出口 1 000 吨大豆，国外开来信用证规定：不允许分批装运。结果我们在规定的期限内分别在大连、新港各装 500 公吨于同一航次的同一船上，提单也注明了不同的装运地和不同的装船日期。

问：这是否违约？银行能否议付？

3. 一艘船舶在满载时可以安全入×港，但在空载时因桅杆过高不能通过架桥。

问：该港是否为安全港？如合同中列明该船卸货港为×港，船方是否有权拒绝去该港卸货？

4. 我外贸 H 公司与利比亚商人订立的出口合同使用的贸易术语为 CFR，目的港规定为“的黎波里”，我外贸 H 公司交货时误将货物运往黎巴嫩的“的黎波里”港从而造成损失。

问：H 公司在此次事件中应吸取什么教训？

第九章　订立合同中的保险条款

学习指导

通过本章的学习，要求了解货运保险的基本知识，掌握保险公司的承保范围、承保险别，掌握合同中保险条款的内容和规定方法，能够办理货运保险业务及正确用英文订立合同中的保险条款。

导入案例

我某外贸公司与澳大利亚某商达成一项皮衣出口合同，价格条件为 CIF 悉尼，投保一切险。生产厂家在生产的最后一道工序将皮衣的湿度降低，然后用牛皮纸包好装入双层瓦楞纸箱，再装入集装箱。货物到达目的港后，检验结果表明，全部货物湿、霉、玷污、变色，损失价值达 8 万美元。据分析，该批货物出口地不异常热，进口地不异常冷，运输途中无异常，完全属于正常运输。

思考：

(1)保险公司对该批货物是否负责赔偿？为什么？

(2)进口商对受损货物是否支付货款？为什么？

国际货物运输保险是指以运输过程中的各种货物为保险标的，买方或卖方按照投保金额及投保险别向保险公司缴纳保险费，并取得保险单证的一种财产保险。保险公司负责对投保货物在运输过程中遭受保险险别范围内的损失给予被保险人经济上的补偿。

国际货物运输保险因运输方式的不同可分为海上运输货物保险、陆上运输货物保险、航空运输货物保险和邮包运输货物保险等，其中，海上运输货物保险在各类保险中起源最早，使用最为广泛，其他运输方式的货物保险都是借鉴海运货物保险的基本原则和做法。不同运输方式的货物保险，保险公司承保的责任有所不同，但所保障的范围都是相似的。保险人是按照不同险别所规定的风险、损失和费用来承担赔偿责任的。

第一节　国际海运保险概述

一、风险

风险包括海上风险和外来风险两大类。

(一)海上风险

海上风险(Marine Risks)又称海难(Perils of the Sea)，是指船舶或货物在海上运输过程中所遭遇的风险，一般包括自然灾害和意外事故两种。按照国际保险市场的一般解释，这些风险所指的内容大致如下：

1. 自然灾害

所谓自然灾害（Natural Disaster）是仅指恶劣气候（Heavy Weather）、雷电（Lighting）、洪水、流冰、地震（Earthquake）、海啸（Tsunami）以及其他人力不可抗拒的灾害，而非指一般自然力所造成的灾害。

2. 意外事故

意外事故（Fortuitous Accidents）是指由于偶然的、非意料之中的原因造成的事故。海上保险业务中的意外事故并不局限于发生在海上，也包括发生在陆地上的事故，根据我国《海洋运输货物保险条款》的规定，仅指运输工具的搁浅（Grounding）、触礁（Stranding）、沉没（Sunk）、失火（Fire）、爆炸（Explosion）与流冰等其他物体的碰撞（Collision）、失踪（Missing）等。

（二）外来风险

外来风险（Extraneous Risks）是指海上风险以外的其他外来原因所造成的风险。外来原因是指事先难以预料、致使货物受损的某些外部因素。如果是因为保险标的物的自然属性、内在缺陷所引起的自然损害，就不属于外来风险导致的损失。外来风险包括一般外来风险和特殊外来风险。

一般外来风险是指由于一般外来原因所造成的风险。通常是指被保险货物在运输途中由于偷窃（Theft）、雨淋（Rain Water Damage）、串味（Taint of Odour）、破损（Damage）、锈损（Rust）、渗漏（Leakage）、玷污（Contamination）、受潮（Sweating）、受热（Heating）、发霉、短量（Shortage in Weight）、包装破裂（Breakage of Packing）和钩损（Hook Damage）等一般外来原因所造成的损失。

特殊外来风险是指由于军事、政治、国家政策法令等原因所造成的风险，包括战争险（War Risk）、罢工险（Strikes Risk）、类似战争的行为、敌对行为、武装冲突或海盗行为，以及由此引起的捕获、拘留、管制或扣押等，还包括拒收（Rejection Risk）、交货不到险（Failure to Delivery Risk）、黄曲霉素险（Aflatoxin Risk）等。

综上所述，对风险分类的概述可归纳并列示于表 9.1 中。

表 9.1　　**风险的分类**

风险	海上风险	自然灾害：恶劣气候、雷电、洪水、流冰、地震、海啸
		意外事故：搁浅、触礁、沉没、失火、爆炸与流冰等其他物体的碰撞、失踪
	外来风险	一般外来风险：偷窃、雨淋、串味、破损、铁损、渗漏、玷污、受潮、受热、发霉、短量、包装破裂和钩损
		特殊外来风险：战争险、罢工险、类似战争的行为、敌对行为、武装冲突或海盗行为，以及由此引起的捕获、拘留、管制或扣押，拒收、交货不到险、黄曲霉素险

二、损失

海上损失（Marine Losses）简称海损，是指被保险货物在海洋运输途中，因遭遇海上风险所引起的损坏或灭失，还包括与海运连接的陆上运输和内河运输过程中遭受的损坏或灭失。海损的分类见表 9.2。

表 9.2 海损的分类

<table>
<tr><td rowspan="4">海上损失</td><td rowspan="2">全部损失(按程度分)</td><td>实际全损</td></tr>
<tr><td>推定全损</td></tr>
<tr><td rowspan="2">部分损失(按性质分)</td><td>单独海损</td></tr>
<tr><td>共同海损</td></tr>
</table>

(一)全部损失

全部损失(Total Loss)简称全损,是指运输途中的整批货物或不可分割的一批货物的全部损失或完全变质、或不可能归还被保险人的损失。全部损失有实际全损和推定全损两种。

1. 实际全损

实际全损(Actual Total Loss)是指被保险货物完全灭失或完全变质,或者货物实际上已不可能归还被保险人的损失。构成被保险货物"实际全损"的情况有以下几种:

(1)标的完全灭失。例如,船只遭遇海难后沉没,货物同时沉入海底。

(2)使用价值完全丧失。例如,茶叶经过水浸泡后,虽然没有灭失,但是已经不能饮用,失去商业价值。

(3)被保险人对保险货物的所有权已无可挽回地被完全剥夺。例如,被劫、被抢、扣押。

(4)载货船舶失踪达到一定时期仍无音讯。例如,船舶丢失不见半年仍无音讯,则视为全部灭失。

2. 推定全损

推定全损(Constructive Total Loss)是指货物发生事故后,虽未达到完全灭失的状态,但是进行施救、整理和恢复原状所需的费用,或者加上续运至目的地的费用总和以及估计要超过货物在目的地完好状态的价值。

在这种情况下,被保险人可以要求保险人按部分损失赔偿,也可要求按全损赔偿。如果要求全损赔付,被保险人必须向保险人发出委付通知。

所谓委付(Abandonment),是指被保险人表示愿意将保险标的物的全部权利和义务转移给保险人,并要求保险人按全损赔偿的行为。委付必须经保险人同意接受后才能生效。如果被保险人不提出委付通知,保险人只能按部分损失给予赔偿,被保险人拥有残余物所有权。

(二)部分损失

部分损失(Partial Loss)是指被保险货物的损失没有达到全部损失的程度。凡不属于实际全损和推定全损的损失为部分损失。部分损失又可分为共同海损(General Average, G. A.)与单独海损 (Particular Average, P. A.)。

1. 共同海损

在海洋运输途中,船舶、货物或其他财产遭遇共同危险,为了解除共同危险,有意采取合理的救难措施所直接造成的特殊牺牲和支付的特殊费用,称为共同海损。共同海损只能发生在海上运输中,必须是在同一航程中发生的。如果船货分离,就不构成共同海损。

(1)造成共同海损最主要的原因

造成共同海损的原因有很多,最主要的是自然灾害和意外事故,以及外来风险。例如,由于国家之间的分歧,船只被扣留等。另外,还有其他原因,例如,船员不适于途中某地气候而生病,从而使船只无法继续航行。

(2)构成共同海损应具备的条件

①共同海损的危险必须是真实存在的而不是臆测的,或者不可避免地发生的,且危及船货

的共同安全。例如,在中东地区,一艘美国轮船由于担心遭到海盗的劫持,雇用了一艘拖船进行全程护航,后发现该轮船在全程运输中并未发现海盗踪影,所以担心海盗劫持仅仅是船方主观臆断的危险,而不是真实存在的危险,因此,拖轮费不属于共同海损。

②所支付的费用是为了解除危险,而不是由危险直接造成的。

③所采取的救助措施必须是有意识的、合理的。

所谓"有意识的",是指共同海损的发生必须是人为的,经过人的周密计划的,不是意外的;所谓"合理的",是指在采取共同海损行为时,必须符合当时实际情况的需要,并能在节约的情况下较好地解除危及船、货双方的危险。例如,为了使搁浅船只浮起,应该抛出较重的、价值较低的、便于抛出的货物。

④共同海损所做的牺牲或支付的费用必须是有效果的,即经过抢救后,船或货的全部或部分应该安全抵达目的港。

(3)共同海损的分摊

由于共同海损的牺牲和费用是为了船、货免遭损失而做出或支付的,因此,应该由船方、货方和运费收入方根据获救价值按比例分摊。这种分摊,称为共同海损分摊(G. A. Contribution)。例如,船舶发生火灾,造成船、货的危险,船长决定向船舱灌水灭火,从而造成货物损失,利益关系人(船方、货方和运费方)就可以要求受益方分摊损失。如果货方办理了保险,被保险人仅能就自己分摊的损失索赔。分摊到的金额均小于船、货、运费的本身价值,因此,从这个意义上说,共同海损属于部分损失。

2. 单独海损

单独海损是指货物受损后,未达到全损程度,而是一方的利益受损失并只能由该利益所有者单独负担的一种部分损失。例如,瓷器碰撞、破碎,与其他货主、船东无关,而损失又未达到全损程度,称为单独海损。又如,由于触礁使船体某部位撞坏,但船仍可航行,且未影响所载货物安全、及时到达目的港,所以这个损失由船方负担。一般来说,单独海损事故往往先于共同海损的行为发生,两者经常是有联系的。

3. 单独海损与共同海损的主要区别

表 9.3　单独海损与共同海损的主要区别

项目 类别	造成海损的直接原因	承担海损的主体(责任)	损失的内容
单独海损	海上损失	受损方单独承担	保险标的物
共同海损	人为措施	获救各方共同分摊	除保险标的外,还包括支出的特殊费用

【案例 9－1】　某货轮在航行途中因电线失火,第三舱内发生火灾,经灌水灭火。船体个别部位的船板被烧,急需补漏。为了船货的共同安全,船长决定就近靠港修船,为此,将部分货物卸到岸上并存仓,卸货过程中部分货物受损。事后统计:(1)被火烧毁货物价值5 000 美元。(2)船体个别部位的船板被烧,损失 10 000 美元。(3)因灌水救火被水浸坏货物损失 6 000 美元。(4)灭火、修理额外发生 10 000 美元的费用。(5)卸货过程中部分货物受损 1 000 美元。

问:哪些损失属于单独海损?哪些损失属于共同海损?

【解析】　根据共同海损的构成条件,(1)、(2)是因火灾而造成的直接损失,属单独海损;(3)、(4)、(5)是因维护共同安全而造成的特殊损失和产生的额外费用,属于共同海损。

三、费用

海上费用(Expenses & Charge)是指海上风险而造成的费用上的损失,这个费用由保险公司承担。由保险公司承担的费用有施救费用(Sue and Labour Charges)和救助费用(Salvage Charges)两种。

施救费用是指被保险的货物在遭受承保责任范围内的灾害事故时,被保险人或其代理人与保险单的受让人为了避免或减少损失,采取了各种抢救或防护措施所支付的合理费用。

救助费用是指被保险货物在遭受了承保责任范围内的灾害事故时,由保险人和被保险人以外的第三者采取了有效的救助措施,在救助成功后,由被救方付给提供救助的第三者的一种报酬。国际上一般采用"无效果—无报酬"(No Cure,No Pay)原则,即只有救助获得成功才能得到赔偿。通常,保险人对救助费用负赔偿责任。

第二节 中国海洋运输货物保险条款

为了适应国际货物海运保险的需要,中国人民保险公司根据我国保险实际情况并参照国际保险市场的习惯做法,分别制定了各种条款,总称"中国保险条款"(China Insurance Clauses,CIC),其中包括"海洋运输货物保险条款"、"海洋运输货物战争险条款"以及其他专门条款。投保人可根据货物特点和航线与港口实际情况自行选择投保适当的险别。按中国保险条款的规定,我国海运货物保险的险别包括基本险别和附加险别两大险别。基本险又称主险,是可以单独投保的险别。基本险主要包括平安险、水渍险、一切险。附加险不能独立投保,只有在投保某一种基本险的基础上才能加保附加险。

中国保险条款多数由5部分内容构成:承保责任范围、除外责任、责任起讫(即保险有效期)、被保险人的义务和索赔期限。其承保责任范围各不相同,除外责任、责任起讫期限和索赔期限也不完全相同。

一、基本险别

中国人民保险公司所规定的基本险别(Basic Insurance Coverage)包括平安险(Free from Particular Average,FPA)、水渍险(With Particular Average,WPA)和一切险(All Risks,AR)。

(一)基本险的承保责任范围

1. 平安险

平安险的原意是:"单独海损不赔。"平安险是我国保险业的习惯叫法,本身含义不明确。

平安险的承保责任范围包括:

(1)被保险的货物在运输途中由于恶劣气候、雷电、海啸、地震、洪水等自然灾害造成整批货物的全部损失或推定全损。

(2)由于运输工具遭到搁浅、触礁、沉没、互撞,与流冰或其他物体碰撞以及失火、爆炸等意外事故所造成的货物全部或部分损失。

(3)意外事故与自然灾害先后发生所造成的部分损失。

(4)在装卸或转船时由于一件或数件甚至整批货物落海所造成的全部或部分损失。

(5)被保险人对遭受承保责任内的危险,采取抢救、防止或减少货损的措施所支付的合理费用，但以不超过该批被毁货物的保险金额为限。

(6)运输工具遭遇海难后在中途港或避难港由于卸货、存仓和运送货物所产生的特殊费用。

(7)共同海损的牺牲、分摊和救助费用。

(8)运输契约中如订有“船舶互撞责任”条款，则根据该条款规定应由货方偿还船方的损失。

上述责任范围表明，在投保平安险的情况下，保险公司对由于自然灾害所造成的单独海损不负赔偿责任，而对于因意外事故所造成的单独海损则要负赔偿责任。此外，如在运输过程中运输工具发生搁浅、触礁、沉没、焚毁等意外事故，则不论在事故发生之前或之后由于自然灾害所造成的单独海损，保险公司都要负赔偿责任。

2. 水渍险

水渍险的英文原意为“负责赔偿单独海损责任”，其责任范围为平安险的责任范围，加上由于自然灾害所造成的部分损失。因此，水渍险的责任范围比平安险的大，保险费率亦高。水渍险通常适用于不易损坏或易生锈但不影响使用的货物，如钢管、旧机床、旧汽车等。

3. 一切险

一切险的承保范围是在水渍险的基础上加上被保险货物在运输途中由于一般外来原因所造成的全部或部分损失。特殊外来原因所造成的损失不包括在内，需要时须另行加保。一切险的责任范围比水渍险的大，保险费率也比水渍险的高。

表 9.4　　平安险、水渍险、一切险的责任比较

险别	责任大小	责　任
平安险	最小	对自然灾害造成的全部损失、意外事故造成的全部和部分损失负赔偿责任，而对自然灾害造成的部分损失一般不负赔偿责任
水渍险	居中	凡因自然灾害和意外事故所造成的全部和部分损失，保险公司均负责赔偿
一切险	最大	除包括平安险、水渍险的责任范围外，还包括被保险货物在运输过程中由于一般外来原因所造成的全部或部分损失，如货物被盗窃、钩损、碰损、受潮、发热、淡水雨淋、短量、包装破裂和提货不着等
一切险＝平安险＋水渍险＋一般附加险		

(二)基本险的除外责任

除外责任是保险人不予赔偿的损失和费用。中国人民保险公司海运保险条款对保险的除外责任(Exclusions)做了规定，内容包括：

(1)被保险人的故意行为或过失所造成的损失。例如，被保险人未能及时提货而造成的货损或损失扩大。

(2)属于发货人责任所造成的损失。例如，由发货人装箱引起的短装、积载不当、错装所造成的货损。

(3)在保险责任开始前，被保险货物已存在的品质不良或数量短差所造成的损失。

(4)被保险货物的自然损耗、本质缺陷、特性以及市价跌落、运输延迟所引起的损失和费用。

(5)属于海洋运输货物战争险和罢工险条款规定的责任范围和除外责任。

(三)基本险的责任起讫

我国的《海洋运输货物保险条款》除规定了上述各种基本险别的责任外，还对保险责任的起讫作了如下具体规定：

(1)在海运保险中，基本险别的保险责任起讫惯用“仓至仓”条款(Warehouse to Warehouse Clause，W/W Clause)规定的办法处理。

“仓至仓”条款是指保险责任自被保险货物运离保险单所载明的起运地仓库或储存处所开始生效，包括正常运输中的海上、陆上、内河和驳船运输在内，直至该项货物运抵保险单所载明的目的地收货人的最后仓库或储存处所或被保险人用作分配、分派或非正常运输的其他储存处所为止。当货物一进入收货人仓库及储存处所，保险责任即行终止。保险公司对被保险货物在仓库及存储处所所发生的损失不负责保险。

(2)无论被保险货物是否进入收货人的仓库或存储处所，以货物从目的港的海轮卸离时起满 60 天为限，保险责任均告终止。

(3)如果在上述 60 天被保险货物需转运到非保险单所载明的目的地时，则于货物开始转运时终止。或者说，如果被保险货物在运至保险单所载明的目的港或目的地以前的某一仓库而发生分配、分派的情况，则该仓库就作为被保险人货物的最后仓库，保险责任也从货物运抵该仓库时终止。

(4)仓至仓条款的例外。

不同的贸易术语，由于风险划分点不同，保险公司并不是对所有保险合同都承担仓至仓责任，如图 9.1 所示。

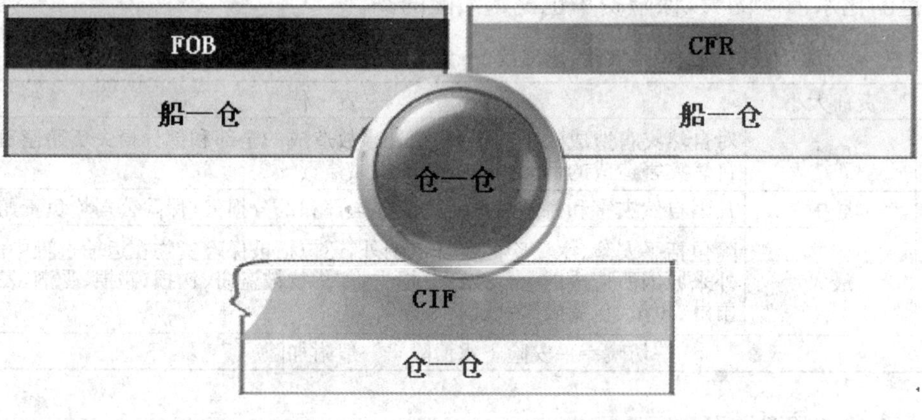

图 9.1 基本贸易术语与仓至仓条款

【案例 9—2】 有一份 FOB 合同，货物在从卖方仓库运往码头的途中，因意外而致部分货物受损，而买方已投“仓至仓”的一切险。事后卖方向保险公司索赔遭到拒绝，买方索赔同样遭到拒绝。问：保险公司在这种情况下究竟该不该赔偿？

【解析】 卖方因与保险公司没有合同关系，即非投保人与被保险人，所以卖方不具备向保险公司索赔的条件。再看买方，在 FOB 合同中，货物是在装运港上船时从卖方转移给买方的，而本案例的货物损失是在风险转移之前，那么这损失的承担者是卖方而非买方，买方对此没有保险利益，因而也不能向保险公司索赔。因此，在这种情况下，卖方就承担了由仓库到装运港装上船前“保险空白”所导致的风险，实际业务中，属卖方与保险公司之间的国内保险合同范畴。

（四）基本险的索赔时效

海运保险条款规定，基本险的索赔时效自被保险货物在最后卸载港全部卸离海轮后起算，最多不超过2年。

二、附加险别

附加险是对基本险的补充和扩大。附加险承保的是除自然灾害和意外事故以外的各种外来原因所造成的损失。附加险只能在投保某一基本险的基础上才可加保。在海运保险业务中，进出口商除了投保货物的上述基本险别外，还可根据货物的特点和实际需要，酌情再选择若干适当的附加险别。根据损失的性质，附加险别包括一般附加险和特殊附加险。

（一）附加险的承保责任范围

1. 一般附加险

一般附加险（General Additional Risk）不能作为一个单独的项目投保，而只能在投保平安险或水渍险的基础上，根据货物的特性和需要加保一种或若干种一般附加险。需要注意的是，一般附加险包括在一切险的承保范围内，故在投保一切险时，不存在再加保一般附加险的问题。

我国目前承保的一般附加险主要有以下11种：

（1）偷窃、提货不着险（Theft，Pilferage and Non-Delivery，TPND）。

（2）淡水雨淋险（Rain Fresh Water Damage，FWRD）。

（3）短量险（Risk of Shortage，SR）。

（4）混杂、玷污险（Risk of Intermixture and Contamination，ICR）。

（5）渗漏险（Risk of Leakage，LR）。

（6）碰损、破碎险（Risk of Clash and Breakage，CBR）。

（7）串味险（Risk of Odour，OR）。

（8）受潮受热险（Risk Caused by Sweating and Heating，SHR）。

（9）钩损险（Hook Damage Risk，HDR）。

（10）包装破裂险（Risk Caused by Breakage of Packing，BPR）。

（11）锈损险（Risk of Rust，RR）。

2. 特殊附加险

特殊附加险（Special Additional Risk）承保的是特殊外来风险造成的损失。

（1）战争险（War Risk）。战争险的承保责任范围包括：由于战争、敌对行为、武装冲突以及由此引起的拘留、捕获、禁制或扣留所造成的损失，或者，由于各种常规武器包括水雷、鱼雷、炸弹所造成的损失。按中国人民保险公司保险条款的规定，战争险不能作为一个单独的项目投保，而只能在投保上述三种基本险别之一的基础上加保。

（2）罢工险（Strikes Risk）。这是由于罢工者、被迫停工工人或参加工潮、暴动、民众斗争的人员的行动，或任何人的恶意行为所造成的直接损失。根据国际保险市场的习惯做法，一般将罢工险与战争险同时承保。如投保了战争险又需加保罢工险时，仅需在保单中附上罢工险条款即可，保险公司不再另行收费。

（3）交货不到险（Failure Duty Risk）。这是由于被保险的货物不论任何原因从装上船舶开始，在6个月内不能运抵原定目的地或目的港交货所造成的损失。

（4）进口关税险（Import Duty Risk）。被保险货物遭受保险责任范围以内的损失，而被保险人仍须按完好的货物价值完税。

(5)舱面险(On Deck Risk)。承保存在舱面的货物按保险单所载条款负责的损失外，还负责被抛弃或被风险冲击落水的损失。

(6)拒收险(Rejection Risk)。被保险的货物在目的港被进口国的政府或有关当局拒绝进口或没收所造成的货物的损失。

(7)黄曲霉素险(Aflatoxin Risk)。被保险货物因所含黄曲霉素超过进口国的限制标准被拒绝进口、没收或强制改变用途所遭受的损失。

(二)附加险的责任起讫

战争险的责任起讫仅限于水上危险或运输工具上的危险，不采用"仓至仓"条款。如果战争险负责仓至仓，那么在某一地方发生战争，保险公司在该地的在途保险货物可能积累到一个很大的数额，保险公司承担的风险就会很大。

海运战争险的责任起讫，从货物装上海轮时开始，到卸离海轮时终止；如果货物不卸离海轮或驳船，则保险责任最长延至货物抵达目的港当日午夜起算满15天为止。如果在中途港转船，则不论货物在当地卸载与否，保险责任以海轮抵达该港或卸货地点的当日午夜起算满15天为止，待货物再装上续运的海轮时，保险公司应继续负责。

空运战争险从货物装上飞机时开始到卸离飞机时为止。各种战争险的保险期限之所以有这样的规定，就在于避免危险过于集中，保险公司难以承担。

其他附加险的责任起讫与基本险大致相同。

(三)附加险的除外责任

1. 战争险的除外责任

战争险对下列原因造成的损失不负责赔偿：

(1)对原子弹、氢弹等核武器所造成的损失，保险公司不予赔偿。

(2)由于执政者、当权者或其他武装集团的扣押、拘留引起的承保运程的丧失或挫折所致的损失。

2. 罢工险的除外责任

罢工险的损失都必须是直接损失，对间接损失不负责赔偿。

例如，由于罢工而引起的动力或燃料匮乏，使冷藏机停止工作造成冷藏货物化冻变质的损失。

【案例9—3】 我某公司以CIF条件出口大米2 000包，共计200 000千克。合同规定由卖方投保一切险加战争险，后应买方的要求加保罢工险，保险公司按"仓至仓"条款承保。货抵目的港卸至码头后，适遇码头工人罢工与警方发生冲突，工人将大米包垒成掩体进行对抗。罢工经历20天才结束。当收货人提货时发现这批大米损失达85%，因而向保险公司索赔。

问：保险公司是否应给予赔偿？为什么？

【解析】 保险公司应给予赔偿。罢工险是保险人承保罢工者、被迫停工工人、参与工潮、暴动和民众战争的人员采取行动所造成的承保货物的直接损失。本案中，卖方应买方的要求在战争险的基础上加附罢工险，保险公司按"仓至仓"条款承保。货抵目的港卸至码头后，由于遇码头工人罢工与警方发生冲突，工人将大米包垒成掩体进行对抗，导致的货物损失属罢工险承保范围内的损失，我方可向保险公司提出索赔。

（四）附加险的索赔时效

附加险的索赔时效与基本险相同，即自被保险货物在最后卸载港全部卸离海轮后起算，最多不超过 2 年。

综上所述，对海上风险与外来风险的比较可归纳并列示于表 9.5 中。

表 9.5 海上风险和外来风险的归纳比较

<table>
<tr><th>风险种类</th><th>风险内容</th><th colspan="3">损失种类</th><th colspan="2">险别种类</th></tr>
<tr><td rowspan="4">海上风险</td><td rowspan="2">自然灾害</td><td rowspan="4">海损</td><td rowspan="2">全部损失</td><td>实际全损</td><td rowspan="4">基本险别</td><td rowspan="2">平安险</td></tr>
<tr><td>推定全损</td></tr>
<tr><td rowspan="2">意外事故</td><td rowspan="2">部分损失</td><td>共同海损</td><td>水渍险</td></tr>
<tr><td>单独海损</td><td>一切险</td></tr>
<tr><td rowspan="2">外来风险</td><td>一般外来原因</td><td rowspan="2">其他损失</td><td colspan="2">一般外来原因引起的</td><td rowspan="2">附加险别</td><td>一般附加险</td></tr>
<tr><td>特殊外来原因</td><td colspan="2">特殊外来原因引起的</td><td>特殊附加险</td></tr>
</table>

第三节 伦敦保险协会海运货物保险条款

在国际保险市场上，英国伦敦保险协会制定的"协会货物保险条款"（Institute Cargo Clauses，ICC）对世界各国有着广泛的影响。目前，世界上许多国家在海运保险业务中直接采用该条款，还有许多国家在制定本国保险条款时参考或采用该条款的内容。

在我国，按 CIF、CIP 条件出口，虽然一般以中国人民保险公司制定的保险条款为依据，但如果国外客户要求以英国伦敦保险协会制定的货物保险条款为准，我们也可酌情接受。因此，我们对英国伦敦保险协会的货物保险条款也必须有所了解，以便订好保险条款和正确处理有关货运保险事宜。

一、协会货物保险条款的种类

协会货物保险条款主要有以下六种：

（1）协会货物（A）险条款[Institute Cargo Clauses(A)，ICC(A)]；

（2）协会货物（B）险条款[Institute Cargo Clauses(B)，ICC(B)]；

（3）协会货物（C）险条款[Institute Cargo Clauses(C)，ICC(C)]；

（4）协会（货物）战争险条款（Institute War Clauses Cargo）；

（5）协会（货物）罢工险条款（Institute Strikes Clauses Cargo）；

（6）恶意损害险条款（Malicious Damage Clauses）。

上述 6 种险别中除恶意损害险之外，其他 5 种险别都可以单独投保。另外，ICC(A)险包括恶意损害险，但在投保 ICC(B)或 ICC(C)险时，应另外投保恶意损害险。

二、协会货物保险主要险别的承保责任范围与除外责任

（一）ICC(A)险

1. 承保责任范围

ICC(A)险大体相当于中国人民保险公司所规定的一切险，其责任范围最广，故协会货物

条款采用承保“除外责任”之外的一切风险的概括式规定办法，即除了“除外责任”项下所列风险保险人不予负责外，其他风险均予负责。

2. 除外责任

(1)一般除外责任，包括：

①被保险人故意的不法行为造成的损失或费用；

②自然渗漏、重量或容量的自然损耗或自然磨损；

③包装或准备不足或不当所造成的损失或费用；

④保险标的的内在缺陷或特性所造成的损失或费用；

⑤由于迟延所直接引起的损失或费用，即使延迟是由于承保的风险所引起的；

⑥由于船舶所有人、经理人、租船人或经营破产或不履行债务造成的损失或费用；

⑦由于使用任何原子或热核武器所造成的损失或费用。

(2)不适航和不适货除外责任，主要是指被保险人在被保险货物装船时已知船舶不适航，以及船舶、运输工具、集装箱等不适货。

(3)战争除外责任，是指由于战争、内战、敌对行为等造成的损失或费用；由于捕获、拘留、扣留等(海盗除外)所造成的损失或费用；由于漂流、水雷、鱼雷等造成的损失或费用。

(4)罢工除外责任，是指由于罢工者、被迫停工工人等造成的损失或费用；任何恐怖主义者或出于政治动机而行动的人所造成的损失或费用。

(二)ICC(B)险

1. 承保责任范围

ICC(B)险大体相当于中国人民保险公司所规定的水渍险，它比 ICC(A)险的责任范围小，故采用承保“除外责任”之外“列明风险”的办法，即将其承保的风险一一列举出来。这种规定办法，既便于投保人选择投保适当的险别，又便于保险人处理损害赔偿。

ICC(B)险的具体承保风险如下：

(1)火灾或爆炸；

(2)船舶或驳船触礁、搁浅、沉没或倾覆；

(3)陆上运输工具倾覆或出轨；

(4)船舶、驳船或运输工具同水以外的外界物体碰撞；

(5)在避难港卸货；

(6)地震、火山爆发、雷电；

(7)共同海损牺牲；

(8)抛货或浪击落海；

(9)海水、湖水或河水进入船舶、驳船、运输工具、集装箱、大型海运箱或贮存处所；

(10)货物在装卸时落海或摔落造成整件的全损。

2. 除外责任

ICC(B)险的除外责任方面，除对“海盗行为”和恶意损害险的责任不负责外，其余均与ICC(A)险的除外责任相同。

3. ICC(B)险的除外责任与 ICC(A)险的规定不同之处

第一，在 ICC(A)险中，仅规定保险人对归因于被保险人故意的不法行为所致的损失或费用不负赔偿责任；而在 ICC(B)险中，则规定保险人对被保险人以外的其他人的故意非法行为所致的风险不负责任。可见，在 ICC(A)险中，恶意损害的风险被列为承保风险；而在 ICC(B)

险中，保险人对此项风险却不负赔偿责任。被保险人如想获得此种风险的保险保障，就需加保“恶意损害险”。

第二，在ICC(A)险中，标明“海盗行为”不属除外责任；而在ICC(B)险中，保险人对此项风险不负保险责任。

（三）ICC(C)险

1. 承保责任范围

ICC(C)险的风险责任规定和ICC(B)一样，采用“列明风险”的方式，ICC(C)险的承保风险较ICC(A)和ICC(B)都小得多，它仅承保“重大意外事故”的风险，而不承保自然灾害及非重大意外事故的风险。

ICC(C)险的具体承保风险如下：

(1)火灾、爆炸；

(2)船舶或驳船触礁、搁浅、沉没或倾覆；

(3)陆上运输工具倾覆或出轨；

(4)在避难港卸货；

(5)共同海损牺牲；

(6)抛货。

2. 除外责任

ICC(C)险的除外责任与ICC(B)险完全相同，在此不再赘述。

为了便于比较和查阅，现将ICC(A)、ICC(B)和ICC(C)三种险别条款中保险人承保的风险说明如表9.6所示。

表9.6　伦敦保险协会货物保险条款A、B、C［ICC(A)、(B)、(C)］中保险人的责任范围和除外责任

责任范围	A	B	C
1. 火灾、爆炸	√	×	√
2. 船舶、驳船的触礁、搁浅、沉没、倾覆	√	√	√
3. 陆上运输工具的倾覆或出轨	√	√	√
4. 船舶、驳船或运输工具同除水以外的任何外界物体碰撞	√	√	√
5. 在避难港卸货	√	√	√
6. 地震、火山爆发或雷电	√	√	×
7. 共同海损牺牲	√	√	√
8. 抛货	√	√	√
9. 浪击落海	√	√	√
10. 海水、湖水或河水进入船舶、驳船、运输工具、集装箱、大型海运箱或贮存处所	√	√	×
11. 货物在船舶或驳船装卸时落海或跌落，造成任何整件的全损	√	√	×
12. 由于被保险人以外的其他人(如船长、船员等)的故意违法行为所造成的损失费用	√	×	×
13. 海盗行为	√	×	×
14. 下列“除外责任”范围以外的一切风险	√	×	×

续表

除外责任			
1. 被保险人的故意违法行为所造成的损失和费用	×	×	×
2. 自然渗漏，重量或容器的自然损耗或自然磨损	×	×	×
3. 包装或准备不足或不当造成的损失或费用	×	×	×
4. 保险标的的内在缺陷或特性造成的损失或费用	×	×	×
5. 由于延迟直接引起的损失或费用	×	×	×
6. 由于船舶所有人、经理人、租船人或经营人破产或不履行债务所造成的损失和费用	×	×	×
7. 由于使用任何原子武器或核裂变造成的损失和费用	×	×	×
8. 船舶不适航，船舶、装运工具、集装箱等不适货	×	×	×
9. 战争险	×	×	×
10. 罢工险	×	×	×

说明："√"代表承保风险，"×"代表免责风险或不承保风险。

3. 三种险别承保责任范围的不同之处与相同之处

ICC(A)、ICC(B)、ICC(C)险的承保责任范围类似于我国海洋货物运输中的"一切险"、"水渍险"和"平安险"。

其不同之处在于：

(1)海盗行为所造成的损失属于ICC(A)险的承保责任范围，而在一切险中是除外责任；

(2)ICC(A)险包括恶意损害险，而一切险中不包括此种险；

(3)ICC(B)、ICC(C)险改变了水渍险与平安险对承保范围中某些风险不明确的弊病，采取"列明风险"的办法，即把承保风险和损失一一列明。

其相同之处在于：ICC(A)、ICC(B)、ICC(C)险条款的责任起讫也采用"仓至仓"条款，但比我国条款规定得更为详细。

(四)战争险

1. 承保责任范围

(1)战争、内战、革命、叛乱、造反或由此引起的内乱，或交战国或针对交战国的任何敌对行为。

(2)捕获、拘留、扣留、禁制或扣押，以及这些行动的后果或这方面的企图。

(3)遗弃的水雷、鱼雷、炸弹或其他遗弃的战争武器。

2. 除外责任

战争险的除外责任与ICC(A)险的"一般除外责任"及"不适航、不适货除外责任"大致相同。

(五)罢工险

1. 承保责任范围

(1)罢工者、被迫停工工人或参与工潮、暴动或民变人员造成的损失和费用。

(2)任何恐怖主义者或任何人出于政治目的采取的行动所造成的损失和费用。

2. 除外责任

罢工险除外责任也与ICC(A)险中的"一般除外责任"及"不适航、不适货除外责任"大致相同。

(六)恶意损害险

除上述5种主要险别外，还有一种附加险别，即恶意损害险。它所承保的是被保险人以外的其他人(如船长、船员等)的故意破坏行动所致被保险货物的灭失或损害。这种风险仅在ICC(A)险中被列为承保风险的范畴，而在ICC(B)险和ICC(C)险中均被列为“除外责任”。因此，如被保险人需要对此风险取得保险保障，在其投保ICC(B)险或ICC(C)险时，就需另行加保“恶意损害险”。

三、伦敦保险协会海运货物保险条款(ICC)与我国保险条款(CIC)的不同点

第一，主要的险别用字母表示。

第二，险别的排列由大到小。

第三，战争险和罢工险可以单独投保。

第四，承保的风险范围采用列明风险和除外责任的方式。

第四节　投保手续与合同中的保险条款

在进出口运输保险业务中，外贸企业在装船前根据出口合同或信用证的规定，在备妥货物、确定运输工具和装船期后即可以申请投保，具体流程为：申请投保→选择保险险别→确定保险金额→办理投保→支付保险费→取得保险单证→在货损时办理保险索赔等。

一、投保手续

(一)申请投保

申请投保通常由投保人先填写国外运输投保单(Application for Foreign Transportation Insurance)，列明投保人名称、货物的名称、唛头、运输路线、船名或装运工具、开航日期、航程、投保险别、保险金额、投保日期、赔款地点等，一式两份。一份由保险公司签署后交投保人作为接受承保的凭证；另一份由保险公司留存，作为缮制、签发保险单(或保险凭证)的依据。保险单一经签发，保险契约即告成立。

(二)选择保险险别

保险险别的选择原则如下：

(1)根据进出口货物的实际情况选择投保的一种基本险别(通常是投保平安险)。

(2)根据货物的物理属性或自然属性选择加保一般附加险。

(3)根据国际形势，特别是贸易对象国的政局和有关法律政策，选择加保特殊附加险。

例如，花生、豆类等粮谷类商品，因水分蒸发或散失而短量，或因受潮受热而霉变，因而应投保一切险，或在水渍险上加保短量险、受潮险、受热险；玻璃类制品因易碎，应投保平安险或水渍险加保破碎险；而家用电器类常见的损失是碰损和被窃，故应投平安险或水渍险加保破损险和偷窃提货不到险；对于运往动乱或战争附近区域的货物，应加保战争险和罢工险等。

(三)确定保险金额

保险金额(Insurance Amount)是指保险人承担赔偿或者给付保险金责任的最高限额，也是保险人计算保险费的基础。投保人在投保货物运输保险时，应向保险人申请保险金额。

保险金额一般是根据保险价值确定的。保险价值一般包括货价、运费、保险费以及预期利

润等。

在国际贸易中，保险金额通常还需在发票金额的基础上增加一定的百分率，即保险加成。关于保险加成率，按惯例，保险金额应为货物的 CIF(CIP)价加成 10%，这部分增加的保险金额即为买方进行这笔交易所支付的费用和预期利润。如果客户要求提高加成率，也可接受，但由此增加的保险费原则上应由买方承担。

保险金额的计算公式为：

$$\text{保险金额} = \text{CIF(CIP)价} \times (1 + \text{投保加成率})$$

注意：贸易合同中如果不是 CIF 价或 CTP 价时，应先将该价格转换为 CIF 价或 CIP 价。

（四）支付保险费

投保人交付保险费是保险合同生效的前提条件。保险费是保险公司经营保险业务的基本收入，也是保险公司所掌握的保险基金，即赔偿损失基金的主要来源。

计收保险费的公式为：

$$\text{保险费} = \text{保险金额} \times \text{保险费率}$$

$$\text{保险费} = \text{CIF(CIP)价} \times (1 + \text{投保加成率}) \times \text{保险费率}$$

若按照 CFR(或 CPT)价成交，则：

$$\text{保险费} = \frac{\text{CFR(或 CPT)价} \times (1 + \text{投保加成率}) \times \text{保险费率}}{1 - [\text{保险费率} \times (1 + \text{投保加成率})]}$$

【案例 9－4】 某公司按 CIF 价格出口货物价值 15 000 美元，按发票金额的 110% 投保一切险和战争险，费率分别为 0.6%和 0.03%。问：保险金额和保险费各为多少？

【解析】 保险金额＝CIF×(1＋投保加成率)＝15 000×(1＋10%)＝165 000（美元）

保险费＝保险金额×保险费率＝165 000×(0.6%＋0.03%)＝104（美元）

（五）取得保险单证

保险单证是保险人与被保险人之间权利和义务的契约，是被保险人或受让人索赔和保险人理赔的依据，是进出口贸易结算的主要单据之一。在国际货物贸易中，保险单证可以背书转让。我国常用的保险单证主要有保险单、保险凭证、预约保险单等。

1. 保险单

保险单(Insurance Policy)俗称“大保单”，是投保人与保险人之间订立的一种正规保险合同(背面载明保险人与被保险人之间的权利和义务)。目前，我国国内的保险公司大多出具大保单。

2. 保险凭证

保险凭证(Insurance Certificate)俗称“小保单”，是一种简化的保险合同(背面不载明保险人与被保险人之间的权利和义务)。在法律上，它与保险单具有同等法律效力。目前，中国人民保险公司已经不使用保险凭证，一律使用保险单。

3. 预约保险单

预约保险单(Open Policy)是保险人承保被保险人在一定时期连续出运的货物所出立的保险单证。其目的是简化保险手续，并使货物一经装运即可取得保障。

凡属预约保险范围的进出口货物，一经启运，即自动按预约保险单所列的条件保险，保险人可不再签发每次货物的保险单，但被保险人应在获悉每批货物启运时立即以启运通知书或其他书面形式将该批货物的名称、数量、保险金额、运输工具的种类和名称、航程起讫地点、开航日期等情况通知保险人。这种预约保险单在我国仅适用于FOB或CFR条件成交的进口货物的保险业务。

4. 联合凭证

联合凭证(Combined Certificate)也称联合发票，是一种发票和保险单相结合、比保险凭证更简化的保险单证，但它与正式保险单具有同等效力。一般在出口货物的发票上由保险公司加注承保险别、保险金额和保险编号。目前，这种凭证仅在承保我国内地向港澳地区出口的货物时采用。

5. 批单

保险单出立后，保险人如需补充或变更其内容，可根据保险公司的规定，向保险公司提出申请，经同意后另出一种凭证，注明更改或补充的内容，这种凭证即为批单(Endorsement)。

此外，我们需要注意两个问题：

一是保险单据可以背书转让。保险单据的转让无需取得保险人的同意，也无需通知保险人，即使在保险标的发生损失后，保险单据仍可有效转让。

二是保险单据的出单日期不得迟于运输单据所列货物装船日期，或发运日期，或承运人接受监管的日期，因此，办理投保手续的日期也不得迟于货物装运日期。

(六)保险索赔

保险索赔(Insurance Claim)是指进出口货物在保险责任有效期内发生承保责任范围内的损失，被保险人向保险人提出的损害赔偿要求。

中国人民保险公司承保的进口货物到国内后，若发现残损或短缺，应立即通知当地保险公司，会同有关部门进行联合检验，出具联合检验报告，收货人根据残损货物联合检验报告的损失金额或程度，向保险公司索赔。

二、买卖合同中的保险条款

(一)FOB、FCA、CFR或CPT贸易条件下的保险条款

如果按照FOB、FCA、CFR或CPT贸易条件签订买卖合同，卖方在出口国装运港(地)完成交货义务，运输途中的风险损失由买方承担，而且买方自行投保货运保险，并缴纳保险费，不涉及卖方利益。

在此情况下，合同中的保险条款比较简单，只明确保险责任即可，具体保险条款可规定为：

(1)“保险：由买方负责办理。”

Insurance: To be covered by the Buyers.

(2)有时买方委托卖方代为投保，在买卖合同中要订明。

“保险：由买方委托卖方按发票金额××%代为投保××险，保险费由买方负担”。

Insurance: To be effected by the Sellers on behalf of the Buyers for ××% of total invoice value against ××, premium to be for Buyers' account.

(二)以D组术语成交的保险条款

例如：

“保险由卖方自理。”

Insurance: To be covered by the seller.

(三)CIF或CIP贸易条件下的保险条款

如果按照CIF或CIP贸易条件签订买卖合同，虽然仍由卖方在出口国装运港(地)完成交

货义务，运输途中的风险损失由买方承担，但由卖方负责办理货运保险和支付保险费，此时保险涉及买卖双方的利益，因此买卖合同中保险条款的订立应具体和明确。具体保险条款包括投保责任、保险金额、投保险别、适用条款等方面。

例如，由卖方按发票金额的110%投保一切险和战争险并按中国人民保险公司1981年1月1日的海运货物条款办理。

INSURANCE: To be covered by the Seller for 110% of total invoice value against All Risks and War Risks as per and subject to the relevant ocean marine cargo clauses of the People's Insurance Company of China dated 1/1/1981.

第五节 专业技能实训

任务一 案例分析

【背景材料】

2011年9月，澳大利亚吉通贸易有限公司向我国上海农达有限责任公司订购饲料用玉米100 000公吨。货船在连云港装船以后直接驶向达尔文港。途中船舶货舱起火，大火蔓延到机舱。船长为了船货的共同安全，命令采取紧急措施，往舱中灌水灭火。火虽然被扑灭，但由于主机受损，无法继续航行。为使货轮继续航行，船长发出求救信号，船被拖至就近的维佳港口修理，检修后重新将货物运往达尔文港。事后经统计，事故总共造成如下损失：(1)24 000吨玉米被火烧毁；(2)18 000吨玉米由于灌水不能食用；(3)主机和部分甲板被火烧坏；(4)雇用拖船支付费用若干；(5)因船舶维修而延误船期，额外增加了船员工资以及船舶的燃料。

问：在上述各项损失中，哪些属于单独海损？哪些属于共同海损？在投保了平安险的情况下，被保险人有权向保险公司提出哪些赔偿要求？为什么？

【分析】

共同海损是指当船、货及其他利益方处于共同危险时，为了共同的安全而由船长人为地采取合理的措施所引起的特殊牺牲和额外费用，这种损失由受益各方按其财产价值进行分摊。例如，船舶在海上航行时遇到特大风浪，船长不得不抛弃甲板上的部分货物，以确保船货的安全，所抛弃的货物称为共同海损牺牲。而单独海损是指保险标的物在海上遭受承保范围内的风险所造成的部分灭失或损害，即指除共同海损以外的部分损失。这种损失只能由标的物所有人单独负担。本案在投保了平安险的情况下，被保险人有权向保险公司提出赔偿的有24 000吨玉米被火烧毁和船舱部分甲板被烧坏，属意外事故造成单独海损；18 000吨玉米由于灌水不能食用，雇用拖船支付费用若干，因船舶维修而延误船期所额外增加的船员工资以及船舶的燃料属共同海损，保险合同也应赔偿。

任务二 保险单缮制

【目的要求】

掌握保险单的填写技能。

【背景材料】

根据资料制作保险单(保险单见附件)。

已知材料1：

SALES CONTRACT

Date: FEB. 18, 2009

Contract No.: NJT090218

Signed at: Nanjing, China

The Seller：NANJING JINLING TEXTILE CO.，LTD.

Address：UNITA 18/F，JIHLINGTOWER，NO. 118JIHLINGROAD，NANJING，CI-IINA

The Buyer：DEXICA SUPERMART S. A.

Address：BOULEVARD PACHEC0 44，B-1000 BRUSSELS，BELGIUM

This Sales Contract is made by and between the Sellers and the Buyers，whereby the sellers agree to sell and buyers agree to buy the under-mentioned goods according to the terms and conditions stipulated below:.

Commodity and Specifications	Quantity	Unit Price	Amount
GIRLS GARMENTS	10800PCS	CIF BRUSSELS EUR54000. 00	EUR5. 00/PC

10% more or less in quantity and amount are acceptable.

Packing：IN CARTON Shipping Mark：N/M

Time of Shipment：Within 30 days after receipt of L/C.

From NINGBO PORT CHINA to BRUSSELS，BELGIUM

Transshipment and Partial Shipment：Allowed.

Insurance：to be effected by the Seller for 110% of full invoice value covering all risks up to port of destination and war risks included with claim payable at destination.

Terms of Payment：By 100% Irrevocable Letter of Credit in favor of the Sellers to be—available by sight draft to be opened and to reach China before APRIL1，2009 and to remain valid for negotiation in China until the 21 days after the foresaid Time of Shipment. L/C must mention this contract number L/C advised by BANK OF CHINA JIANGSU BRANCH. ALL banking Charges outside China are for account of the Buyer.

The Seller	The Buyer
NANJING 3INLING TEXTILE CO.，LTD.	DEXICA SUPERMART S. A.
曹　华	NANCY

已知材料 2：

1. 装运信息：指定 APL 承运，装期 2009 年 4 月 19 日；船名 PRINCESS；航次 V. 018。
2. 装箱资料：合计 108 箱，装入 1×20′集装箱。
3. 商业发票号：NJT090218－09，签发日期 2009 年 4 月 10 日。
4. 信用证号：CMKK9180205。

——摘自 2009 年单证员考试真题

保险单的内容

1. 保险公司名称（Name of Insurance Company）：此栏应根据信用证和合同要求相应的保险公司去办理保险单据。

2. 保险单据名称（Name）：此栏按照信用证和合同填制。如来证规定“INSURANCE POLACY”，即要求出示保险单而非保险凭证。

3. 发票号码（Invoice No.）：填写投保货物的商业发票号码。

4. 保险单号次（Policy No.）：由保险公司编列。

5. 被保险人（Insured）：又称“抬头人”。

（1）被保险人通常填写出口人名称，并由出口人作空白背书，以表示保险权益的转让。

（2）如信用证规定被保险人为受益人以外的某公司或某银行，保险单应直接打该公司或银行名称。这时受益人不用背书。

(3)如信用证要求保险单做成“TO ORDER”,应在被保险人栏照打“TO ORDER”并由受益人背书。

(4)如果信用证规定保险单背书给特定方,如:endorsed to order of opening bank,则在此栏填出口商,并在背面背书,注明 claims, if any,payable to order of ××××(特定方)。

6. 标记(Marks & Nos.):指唛头,应与发票和提单相符。如无唛头,可填“N/M”,如果唛头内容太多,也可填“As per Invoice No. ×××(如×××号发票)”。

7. 包装及数量(Quantity):与提单相同,填写总包装件数。以重量计价的包装货,应注明包装件数和计价重量。

8. 保险货物项目(Description of Goods):与提单相同,可填写货物的统称。

9. 保险金额(Amount Insured):保险金额简称“保额”。它是计收保险费的基础。填写小写金额,如“USD200.00”;保险货币应与信用证一致,托收方式下应与合同货币一致;保险金额加成百分比应严格按信用证或合同规定掌握。如无具体规定,应按 CIF 或 CIP 价格的 110% 投保。保险金额一般不要辅币,小数点后尾数一律要向上进位为整数。

10. 总保险金额(Total Amount Insured):填写大写累计保险金额,如“SAY U.S. DOLLARS TWO HUNDRED ONLY”。大小写金额需保持一致。

11. 保费(Premium)和费率(Rate):这两栏通常不注明具体数字,而分别注明“As Arranged”(按约定)。

12. 运载工具(Per Conveyance S.S):海运方式下填写船名和航次,如“Huanghe V.113”。

13. 开航日期:(Sailing on or about):此栏填写提单的签发日期,或简单填写 AS PER B/L。

14. 起讫地点(From… To…):在“From”之后填写装运港名称,“To”之后填写目的港名称,并与运输单据相符;如需转船,应在目的港后加注“W/T at ×××(转船港名称)”,如“From Shantou to London W/T at HongKong”。(可以不加国家)

15. 承保险别(Conditions):应按 L/C(托收方式下按合同)中有关保险险别的条款填写,注意除险别外还要有保险险别适用的文本及其生效日期。

16. 保险单的份数:

(1)如果信用证无明确规定保险单的份数时,保险公司一般出具一套三份正本的保险单。

(2)在信用证没有特别规定交几份的情况下,必须向银行提交全套正本。

(3)如果保险单据未注明正本份数,而信用证也没有特别规定,则银行可以接受只提交一份正本的保险单据,但该保险单据必须注明系唯一正本。

17. 赔付代理人(Agent):由保险公司指定,一般是在货物的进口地。

18. 赔付地点(Claim Payable at):本栏目包括保险赔款支付地点和赔付的货币两项内容。

(1)应根据信用证(托收项下按合同)规定填写。如信用证(或合同)未作规定时,赔付地点应填目的港(地)名称,币别可不填列。

(2)如信用证规定了赔偿地点,保单应照打。

例如,“Claims,if any,are payable in Japan in USD.”赔付地在日本,货币为 USD。

“INSURANCE CLAIMS PAYABLE AT A THIRD COUNTRY GERMANY”,赔付地为 GERMANY。

19. 出单日期和地址(Dated,at):保单的出单日期不应晚于提单日期,出单地点为保险公司所在地。

20. 保险公司签章(Authorized Signature):由保险公司或其代理人签章。

附:保险单

中　国　人　民　保　险　公　司
THE PEOPLE'S INSURANCE COMPANY OF CHINA
总公司设于北京　　　　一九四九年创立
Head Office:BEIJING　　　　Established in 1949
保　险　单　　　　号次
INSURANCE POLICY　　　　No.

中国人民保险公司(以下简称本公司)
This Policy of Insurance witnesses that The People's Insurance Company of China (hereinafter called "the Company")
根据
at the request of ………………………………………………
(以下简称被保险人)的要求,由被保险人向本公司缴付约定
(hereinafter called "the Insured") and in consideration of the agreed premium paid to the Company by the
的保险费,按照本保险单承保险别和背面所载条款与下列
Insured, undertakes to insure the undermentioned goods in transportation subject to the conditions of this Policy
条款承保下述货物运输保险,特立本保险单。
as per the Clause printed overleaf and other special clauses attached hereon.

标　　记 Marks & Nos.	包装及数量 Quantity	保险货物项目 Description of Goods	保险金额 Amount Insured

总保险金额:
Total Amount Insured:……………………………
保　费　　　　费率　　　　装载运输工具
Premium:………………　Rate ………………　Per ………………
开行日期　　　　自　　　　至
Slg. on or abt. ………………　From ………………　to ………………
承保险别
Conditions
所保货物,如遇出险,本公司凭本保险单及其他有关证件给付赔款。
Claims, if any, payable on surrender of this Policy together with other relevant documents.
所保货物,如发生本保险单项下负责赔偿的损失或事故,
In the event of accident whereby loss or damage may result in a claim under this Policy immediate notice applying
应立即通知本公司下述代理人查勘。
For survey must be given to the Company's Agent as mentioned hereunder:
赔款偿付地点
Claim payable at ………………………

日期　　　　中国人民保险公司上海分公司
Date ………………　　　　THE PEOPLE'S INSURANCE CO. OF CHINA
地址:中国上海中山东一路23号　　　　SHANGHAI BRANCH
Address: 23 Zhongshan Dong Yi Lu Shanghai, China.
Cables: 42001 Shanghai.　　　　× × ×
Telex: 33128 PICCS CN　　　　General Manager

任务三 保险金额与保险费计算

【背景材料】

甲公司出口某商品，对外报价每箱600美元FOB SHANGHAI，后国外进口商乙公司要求改报CIF NEW YORK。假设运费每箱50美元，保险费率为0.6%，则甲公司应报价（ ）。

【实训指南】

保险金额＝CIF(CIP)价×(1＋投保加成率)

贸易合同中不是CIF价或CIP价时，应先将该价格转换为CIF价或CIP价。常用的公式有：

FOB＋F＝CFR

$$CIF=\frac{CFR}{1-(1+\text{投保加成率})\times\text{保险费率}}$$

$$=\frac{FOB+F}{1-(1+\text{投保加成率})\times\text{保险费率}}$$

＝(600＋50)/(1－110%×0.6%)＝654.32(美元)

任务四 思考与练习

一、单项选择题

1. 我国某公司从德国进口一批电冰箱，以CIF Shanghai(上海)成交，运货船只在途经马六甲海峡附近时遭海盗洗劫，货物尽失，而该货物只投保了平安险，这种损失的责任方应是（ ）。

A. 卖方 B. 买方 C. 保险公司 D. 运输公司

2. 在“两伊”战争期间，我方A公司向伊拉克B公司出口一批商品，以CIF巴士拉成交，我方A公司按照合同规定加保战争险，货物系租用一国外船舶C公司的船进行运输。该船于7月10日到达巴士拉，但由于港口拥挤未能卸货；7月30日该船遭炮火袭击，货物损失了一半，按照惯例负责赔偿这一半损失的公司是（ ）。

A. A公司 B. B公司 C. C公司 D. 保险公司

3. 船舶搁浅时，为使船舶脱险而雇用驳船强行脱浅所支出的费用属于（ ）。

A. 实际全损 B. 推定全损 C. 共同海损 D. 单独海损

4. 某外贸公司出口茶叶5公吨，在海运途中遭受暴风雨，海水涌入舱内，致使一部分茶叶发霉变质，这种损失属于（ ）。

A. 实际全损 B. 推定全损 C. 共同海损 D. 单独海损

5. 下列不属于一切险承保范围内的险别是（ ）。

A. 偷窃提货不到险 B. 渗漏险 C. 交货不到险 D. 包装破裂险

6. 按中国保险条款的规定，一切险的责任范围是指（ ）再加上一般外来原因所致的全部和部分损失。

A. 水渍险的责任范围 B. 平安险的责任范围

C. 平安险和水渍险的责任范围 D. 一切险的责任范围

7. 按保险人承保责任范围的大小，下列三种险别的依次顺序应为（ ）。

A. 平安险、一切险、水渍险 B. 一切险、水渍险、平安险

C. 水渍险、平安险、一切险 D. 一切险、平安险、水渍险

8. “仓至仓”(W/W)条款是（ ）。

A. 承运人负责的运输责任起讫的条款

B. 保险公司承保的保险责任起讫的条款

C. 出口人承担的货物品质担保责任起讫的条款

D. 适用于各种险别的条款

二、多项选择题

1. 中国保险条款中属于一般附加险别的有（ ）。

A. 淡水雨淋险 B. 短量险 C. 钩损险 D. 黄曲霉素险

E. 拒收险

2. 我公司以 CFR 条件进口一批货物，在海运途中部分货物丢失。要得到保险公司赔偿，我公司可投保（ ）。

A. 平安险 B. 一切险

C. 平安险加保偷窃提货不着险 D. 一切险加保偷窃提货不着险

3. 以下关于保险凭证的叙述，正确的是（ ）。

A. 俗称"小保单"，是一种简化的保险单 B. 既有正面内容，又有背面条款

C. 与保险单具有同等效力 D. 在实务中，保险凭证可以代替保险单

E. 只在进口业务中使用

4. 我国海运货物保险条款中，适用"仓至仓"条款的险别是（ ）。

A. WAR RISKS B. STRIKE RISK C. FPA D. WPA

E. ALL RISKS

5. 我山东一公司对外出口大枣 100 公吨，在驶达目的港途中遇热带风暴，海水浸入船舱内，导致全部大枣受水浸泡变质。如该批货物已办理相应的保险，那么这种损失应属于（ ）的保险责任范围。

A. 平安险 B. 水渍险 C. 一切险 D. 特别附加险

三、简答题

1. 简述救助费用和施救费用的区别。

2. 海运战争险与基本险的责任起讫有何不同？

3. 什么是共同海损？什么是单独海损？两者有何异同？

4. 简述办理出口投保的基本手续。

5. 构成推定全损的基本条件是什么？对于推定全损保险公司应该如何赔付？

四、案例分析题

1. 有一份 CIF 合同出售大米 1 000 吨，卖方在装船前投保了一切险加战争险，自南美内陆仓库起直至德国汉堡买方仓库为止。货物从卖方仓库运往码头途中发生了承保范围内的损失。

问：该案例中的术语若改为 FOB 或 CFR，则卖方能否得到保险公司的赔偿？

2. 出口公司规定按发票金额的 110%投保，如发票金额是 1 000 美元，投保金额是多少？如投保一切险和战争险，保险费率合计为 0.8%，应付保险费是多少？

3. 我某出口公司按 CIF 条件向美国进口商出口一批草编制品，向中国人民保险公司投保了一切险，并规定用信用证方式支付。我出口公司在规定的期限、指定的我国某港口装船完毕，船公司签发了提单，然后去中国银行议付款项。第二天，出口公司接到客户来电，称装货的海轮在海上失火，草编制品全部烧毁。客户要求我公司出面向中国人民保险公司提出索赔，否则要求我公司退回全部货款。

问：该批交易按 CIF 伦敦条件成交，对客户的要求我公司该如何处理？为什么？

4. 一载货船舶在航行途中不慎搁浅，事后船长下令反复开倒车，强行起浮，但船上轮机受损并且船底划破，致使海水渗进货仓，造成船、货部分受损。该船驶至附近的一港口修理并暂卸大部分货物，共花一周时间，增加了各项费用支出，包括船员工资。船修复后装上原货重新起航后不久，A 舱起火，船长下令灌水灭火。A 舱原载有儿童玩具、茶叶等，灭火后发现儿童玩具一部分被焚毁，另一部分儿童玩具和全部茶叶被水浸湿。

问：上述各项损失分别属于什么性质？并说明在投保何种险别的情况下，保险公司方负责赔偿。

5. 我出口公司对韩商报出大米实盘，每公吨 CIF 大阪 200 美元，发货港口是青岛，现日商要求我方改报 FOB 大连价。

问：我出口公司对价格应如何调整？如果最后按 FOB 条件签订合同，买卖双方所承担的责任、费用和风险有什么差别？

第十章 订立合同中的支付条款

学习指导

通过本章的学习,要求掌握汇票、本票和支票三种支付工具的内容以及汇付、托收和信用证三种支付方式的业务程序;在信用证支付方式下,能审核信用证的主要条款;能根据实际业务的需要,正确用英文订立合同中的支付条款。

导入案例

案例1:我某公司与欧洲某企业达成圣诞节应季礼品的出口交易。合同规定交货日期是2012年12月1日前,但未对买方的开证时间予以规定,卖方于2012年11月上旬向买方催促开立信用证,经过多次催证,买方于11月25日将信用证开与我方,我方于12月5日将货物装运完毕。当我方向银行提交单据时,遭到银行拒付。

思考:

(1)银行拒付有无道理?为什么?

(2)此案例中,我方有哪些失误?

案例2:我某公司从南美某国进口一批木材,货物分两批装运,每批分别由中国银行开立一份L/C。第一批货物装运后,卖方在有效期内向银行交单议付,议付行审单后,即向外国商人议付货款,然后中国银行对议付行作了偿付。我方收到第一批货物后,发现货物品质与合同不符,因而要求开证行对第二份L/C项下的单据拒绝付款,但遭到开证行拒绝。

思考:开证行这样做是否有道理?

案例3:我国某企业以D/D in advance结算方式与外商订立出口合同,因为船期将过,出口方收到客户寄来的银行汇票后便发运了货物。然后将汇票交给当地银行代其收款。一个月后,银行告知此汇票下付款账户是空的。此时,进口方已凭出口方直接寄去的单据提货。然后出口方与进口方联系,却不见音讯。

思考:出口方在此笔交易中的失误在哪里?

第一节 支付工具

国际贸易货款的收付采用现金结算的较少,大多使用非现金结算,即使用代替现金作为流通手段和支付手段的信用工具来结算国际间的债权债务。金融票据是国际上通行的结算和信贷工具,是可以流通转让的债权凭证。国际贸易中使用的金融票据主要有汇票(Bill of Exchange;Draft)、本票(Promissory Note)和支票(Cheque;Check),其中以使用汇票为主。

一、汇票

(一)汇票的含义和主要内容

1. 汇票的定义

《英国汇票法》的定义为:汇票是一个人向另一个人签发的,要求见票时或在将来的固定时间或可以确定的时间,对某人或其指定的人或持票人支付一定金额的无条件的书面支付命令。

《中华人民共和国票据法》(以下简称《票据法》)第19条规定:汇票是出票人签发的,委托付款人在见票时或者在指定日期无条件支付确定的金额给收款人或持票人的票据。汇票一般一式两份,两张正本,付一不付二,先到先付。

2. 主要内容

(1)绝对记载事项

①表明"汇票"字样。

②无条件支付的委托。

③确定的金额。

④付款人的名称,在托收业务中,汇票的付款人是买方;在信用证业务中,汇票的付款人是开证行或其他指定的银行。

⑤收款人的名称,一般是出口商指定的银行。

⑥出票日期。

⑦出票人签章,一般是出口商。

汇票上未记载上述规定事项之一的,视为无效。

(2)相对记载事项

①付款时间(若欠缺,推定为见票即付)。

②付款地点(若欠缺,推定为付款人的营业场所或住所)。

③出票地点(若欠缺,推定为出票人的营业场所或住所)。

④汇票编号,一般写商业发票号。

⑤出票依据。

汇票样本见图10.1。

BILL OF EXCHANGE

No. STDFT000001　　　Dated 2010－04－08

Exchange for USD　450 000

At .... Sight of this FIRST of Exchange

(Second of Exchange being unpaid)

Pay to the Order of Nanjing Commercial Bank

the sum of U. S. DOLLARS FOUR HUNDRED AND FIFTY THOUSAND ONLY

Drawn under L/C No. STLCN000002　　　Dated 2010－04－07

Issued by THE CHARTERED BANK

To THE CHARTERED BANK

GRAND WESTERN TRADING CORP.

(Authorized Signature)

图10.1　汇票样本

（二）汇票的种类

1. 按照出票人的不同，汇票分为银行汇票和商业汇票

（1）银行汇票（Banker's Draft），是指出票人和受票人都是银行的汇票。银行汇票由银行签发后交给汇款人，由汇款人寄交国外收款人向付款行取款。银行汇票多用于银行之间转账，在国际贸易业务中不是很常见。

（2）商业汇票（Commercial Draft），是指出票人是商号、企业或个人，付款人可以是商号、个人，也可以是银行的汇票。商业汇票是使用得最多的汇票。

2. 按照有无随附货运单据，汇票分为光票和跟单汇票

（1）光票（Clean Draft），是指出具汇票时，不附带货运单据（提单、保险单、装箱单等）的汇票。银行汇票多是光票。

（2）跟单汇票（Documentary Draft），是指附带有货运单据的汇票。商业汇票一般为跟单汇票。在国际贸易中，这种汇票使用较为广泛。

3. 按照付款时间的不同，汇票分为即期汇票和远期汇票

（1）即期汇票（Sight Draft），是指在提示或见票时立即付款的汇票。

见票即付：at ××× sight.

（2）远期汇票（Time Draft or Usance Draft），是指在一定期限或特定日期付款的汇票。

远期汇票的付款时间有以下几种规定办法：

①见票后若干天付款（At ×× days after sight）。

②出票后若干天付款（At ×× days after date of the draft）。

③提单签发日后若干天付款（At ×× days after date of Bill of Loading）。

④指定日期付款（Fixed date）。

4. 按照承兑人的不同，分为商业承兑汇票和银行承兑汇票

（1）商业承兑汇票（Commercial Acceptance Draft）是指由工商企业或个人承兑的远期汇票，属于商业信用。

（2）银行承兑汇票（Banker's Draft）是由银行承兑的远期汇票，属于银行信用。

一张汇票往往可以同时具备几种性质。例如，一张商业汇票，同时又可以是即期的跟单汇票；一张远期的商业跟单汇票，同时又是银行承兑汇票。

（三）汇票的使用

汇票的使用流程可见图 10.2。

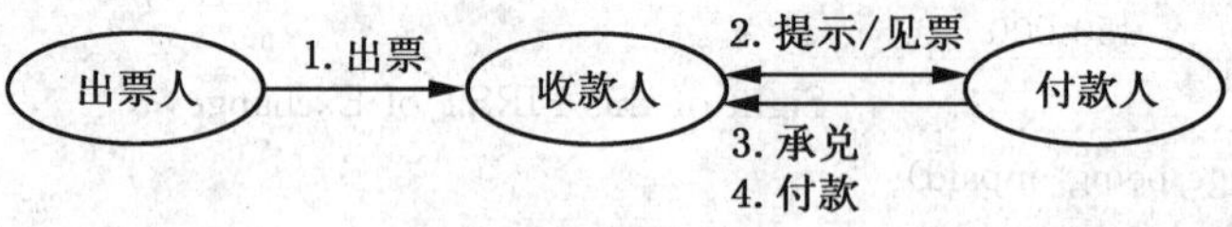

说明：如需转让，通常还经过"5. 背书"行为。如汇票遭"6. 拒付"，还需作成拒付证书和行使追索权。

图 10.2 汇票的使用流程

1. 出票

出票（Issue/to Draw）是指出票人在汇票上填写付款人、付款金额、付款日期和地点以及收款人等项目，经签字交给持票人的行为。该行为包括制作汇票和交付汇票两个过程。

在出票时，对收款人通常有三种写法：

(1)限制性抬头(Restrictive Payee)。例如,"仅付A公司"(Pay A Co. only)或"付A公司,不准流通"(Pay A Co. not negotiable)。这种抬头的汇票不能流通转让,只限甲公司收取货款。这种汇票具有安全收汇作用,但不具灵活便利性,在实际业务中较少被采用。

(2)指示性抬头(To order)。例如,"付A公司或指定人"(Pay A Co. or order 或 Pay to the order of A Co.)。这种抬头的汇票,除A公司可以收取票款外,也可以经过背书转让给第三者,因此,最安全又兼具灵活性。这种汇票,使用较为普遍。

(3)持票人或来人抬头(To Bearer)。例如,"付给来人"(Pay Bearer)或"付给持票人"(Pay Holder),表示汇票付款人可将规定款项交付给持有汇票的任何人。这种抬头的汇票,无需持票人背书,仅凭交付即可转让。这种方式最灵活,但是不保险。我国《票据法》规定,凡签发持票人或来人抬头的汇票无效。

2. 提示和见票

提示(Presentation)是指持票人将汇票提交付款人要求承兑或付款的行为。付款人见到汇票就称为见票(Sight)。

提示可以分为如下两种:

(1)付款提示(Presentation for Payment),即持票人向付款人提交汇票、要求付款的行为,一般在即期汇票时使用。

(2)承兑提示(Presentation for Acceptance),即持票人向付款人提交远期汇票,付款人见票后办理承兑手续,承诺到期时付款的行为,一般在远期汇票时使用。

3. 承兑

承兑(Acceptance)是指付款人对远期汇票表示承担到期付款责任的行为。

付款人在汇票上写明"承兑"(Acceptance)字样,注明承兑日期,并由付款人签字,交还持票人。付款人对汇票作出承兑,即成为承兑人。承兑人有在远期汇票到期时承担付款的责任。汇票在付款人承兑前,出票人是主要债务人,在付款人签字承兑后,付款人成为主要债务人,出票人成为次债务人,债权人承兑前后都是收款人。

UCP600 规定:"付款人承兑汇票,不得附有条件;承兑附有条件的,视为拒绝承兑。"

> **课内思考题**
>
> 即期汇票需要该程序吗?

4. 付款

付款(Payment)是指付款人在见票时向持票人支付货款。

对即期汇票,在持票人提示汇票时,付款人办理付款手续;对远期汇票,付款人经过承兑后,在汇票到期日付款。

付款后,汇票上的一切债务即告终止。

5. 背书

背书(Endorsement)是转让汇票权利的一种法定手续,就是由汇票持有人在汇票背面签上自己的名字,或再加上受让人(被背书人 Endorsee)的名字,并把汇票交给受让人的行为。经背书后,汇票的收款权利便转移给受让人。

(1)背书方式

①空白背书(Blank Endorsement)或不记名背书。其特点是很容易转让流通;但缺点是一旦汇票丢失,风险很大。我国法律不允许持票人采用"空白背书"的方式转让票据权利。

②特别背书(Special Endorsement)或记名背书:Pay to ×× bank or order。既有背书人签名,又有被背书人签名。此背书可以转让。

③限制性背书(Restrictive Endorsement):Pay to ×× co. only。不可转让的背书。

(2)前手与后手

对受让人来讲,在他以前的所有背书人和出票人都是他的前手(Prior Party);对于出票人和出让人而言,在他交付或让与以后的所有受让人都是他的后手(Subsequent Party)。

前手对后手负有担保汇票必然会被承兑或付款的责任。

(3)贴现

贴现(Discount)是指远期汇票承兑后尚未到期,由银行或贴现公司从票面金额中扣除从贴现日至到期日的利息后,将余款付给持票人的行为。

6. 拒付与追索

(1)拒付(Dishonor),又称退票,包括拒绝付款(即期汇票)和拒绝承兑(远期汇票)。除了拒绝承兑和拒绝付款外,退票、付款人避而不见、死亡、破产也构成拒付。

(2)追索(Recourse)。持票人遭拒付后有"追索权"(Recourse),即拥有向其前手(背书人、出票人)要求偿付汇票金额、利息和其他费用的权利。持票人在追索前必须按规定提供"拒付证书"(Protest)和发出拒付通知,用于证明持票已进行提示而未获结果。

拒付证书是一种由付款地的法定公证人或其他依法有权做这种证书的机构如法院、银行、工会等所做的证明付款人拒付的文件。

此外,汇票的出票人或背书人为了避免承担被追索的责任,可在出票时或背书时加注"不受追索"(Without Recourse)字样。凡加注"不受追索"字样的汇票,在市场上难以流通。

二、本票

(一)本票的含义与主要内容

1. 含义

根据我国《票据法》第73条的规定,本票是出票人签发的,承诺自己在见票时无条件支付确定的金额给收款人或持票人的票据。简言之,本票是出票人对受款人承诺无条件支付一定金额的票据。第74条又规定,本票的出票人必须具有支付本票金额的可靠资金来源,并保证支付。

本票的当事人有两个:出票人(进口商)和收款人(受票人、出口商)。

2. 主要内容

我国《票据法》规定,本票必须记载下列事项:(1)表明"本票"字样;(2)无条件的支付承诺;(3)确定的金额;(4)收款人的名称;(5)出票日期;(6)出票人签字。

本票上未记载规定事项之一的,本票无效。

银行本票样本见图10.3(不定额本票样本)和图10.4(定额本票样本)。

(二)本票的种类

本票按持票人的不同,可分为商业本票和银行本票。

商业本票是指由工商企业或个人签发的本票,也称一般本票。商业本票有即期和远期之分。

银行本票是指由银行签发的本票。银行本票都是即期的。在国际贸易结算中使用的本票大多是银行本票。

根据我国《票据法》的规定,银行本票仅限于由中国人民银行审定的银行或其他金融机构签发。我国只允许开立自出票日起付款期限不超过 2 个月的银行本票。

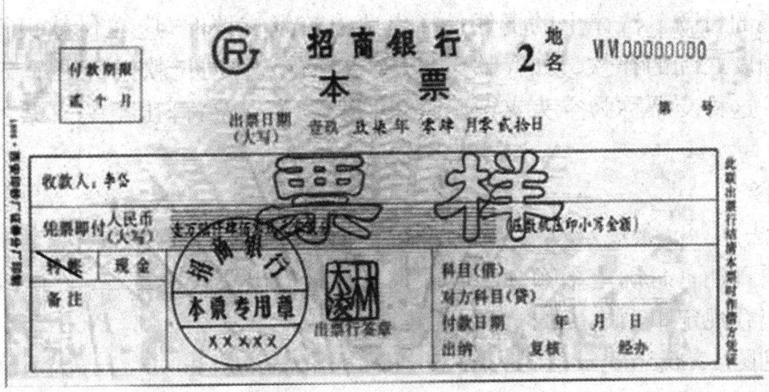

图 10.3 不定额本票样本

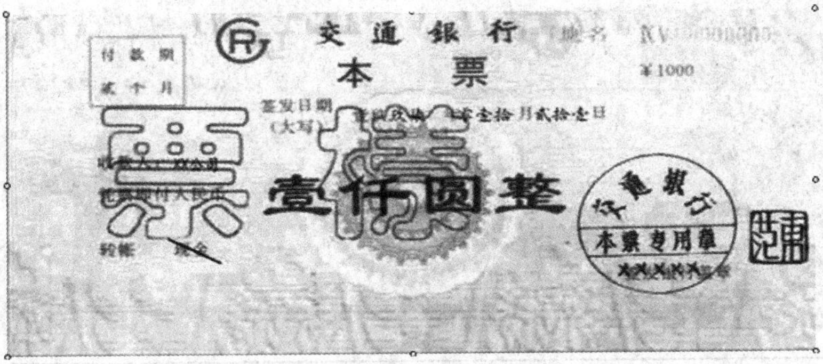

图 10.4 定额本票样本

（三）本票与汇票的区别

作为支付工具，本票与汇票都属于票据的范畴，但两者又有所不同，其主要区别如下：

（1）本质不同。本票是无条件支付的承诺；汇票是无条件支付的命令。

（2）本票的票面有两个当事人，即出票人和收款人；而汇票则有三个当事人，即出票人、付款人和收款人。

（3）本票的出票人就是付款人，远期本票无需办理承兑手续；而远期汇票则要办理承兑手续。

（4）本票在任何情况下，出票人都是绝对的主债务人，一旦拒付，持票人可以立即要求法院裁定，命令出票人付款；而汇票的出票人在承兑前是主债务人，在承兑后，承兑人是主债务人，出票人则处于次债务人的地位。

（5）汇票能够开成一式两份（银行汇票除外）；而本票只能一式一份，不能多开。

三、支票

（一）支票的含义与主要内容

1. 含义

我国《票据法》第 82 条规定，支票是出票人签发的，委托办理支票存款业务的银行或者其他金融机构在见票时无条件支付确定金额给收款人或持票人的票据。

出票人在签发支票后，应负票据上的责任和法律上的责任。票据上的责任是指出票人对收款人担保支票的付款。法律上的责任是指出票人签发支票时，应在付款银行存有不低于票面金额和透支额度之和的存款。如存款不足，支票持有人在向付款银行提示支票要求付款时，就会遭到拒付。这种支票称为空头支票。禁止签发空头支票，开出空头支票的出票人要负法律上的责任。

2. 主要内容

我国《票据法》第 85 条规定，支票必须记载下列事项：(1)表明“支票”字样；(2)无条件支付的委托；(3)出票日期；(4)确定金额；(5)收款人名称；(6)出票人签章。

支票上未记载规定事项之一的，支票无效。

支票样本见图 10.5。

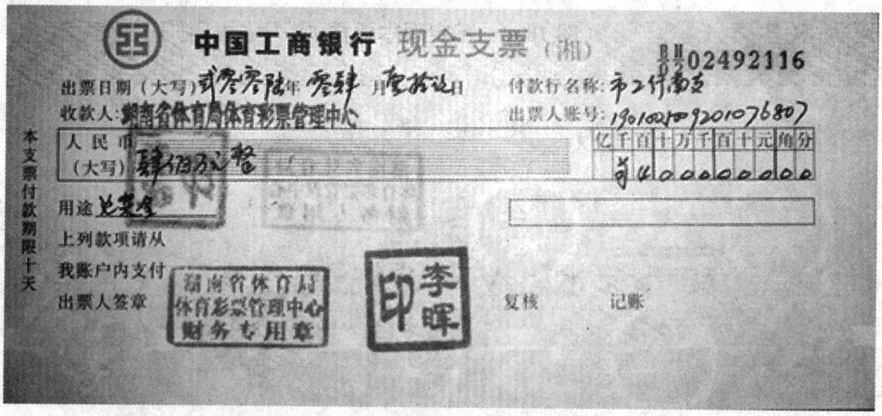

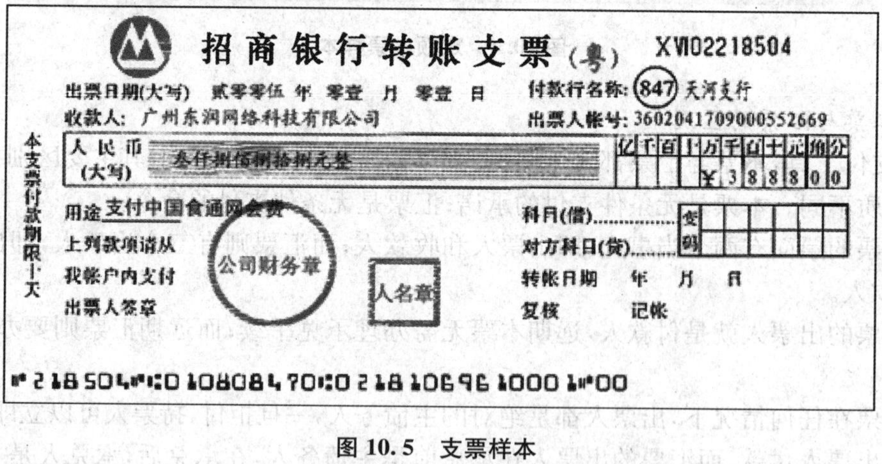

图 10.5 支票样本

(二)支票的种类

1. 记名支票与不记名支票

(1)记名支票(Cheque Payable to Order)，即在支票的“收款人”一栏写明收款人姓名，如“限付 A”(Pay A Only)或“指定人”(Pay A Order)，取款时须由收款人签章，方可支取。

(2)不记名支票(Cheque Payable to Bearer)又称空白支票，支票上不记载收款人姓名，只写“付来人”(Pay Bearer)。取款时持票人无需在支票背后签章，即可支取。此项支票仅凭交付而转让，无需背书。

2. 现金支票与转账支票

现金支票只能用于支付现金;转账支票只能用于转账,正面注有“转账”字样。

3. 划线支票与未划线支票

(1)划线支票(Crossed Cheque)是指在支票正面划上两道平行线的支票。划线支票与一般支票不同,这种支票的持票人不能凭票提取现金,只能通过银行收款入账(即银行转账)。划线支票比一般支票安全,若支票遗失或被窃,失主可以通过银行查询票款下落,然后向冒领者讨还票款。

(2)未划线支票(Uncrossed Cheque),即一般支票。持票人既可以通过银行将票款转入自己的账户,也可以凭票在付款行提取现金。未划线支票在实际中根据当事人的不同需要,由出票人、收款人或代收银行划线,而成为划线支票。

(三)支票的有效期

支票的使用有一定有效期,由于支票是代替现金的即期支付工具,因此有效期较短。我国《票据法》规定,支票的持票人应当自出票日起 10 日内提示付款;异地使用的支票,其提示付款的期限由中国人民银行另行规定。超过提示付款期限的,付款人可以不予付款;付款人不予付款的,出票人仍应当对持票人承担票据责任。

(四)支票与汇票的区别

支票与汇票的区别见表 10.1。

表 10.1 支票与汇票的区别

	支票	汇票
提示期限不同	10 天	见票即付和见票后定期付款的汇票自出票后 1 个月内提示
用途不同	支票的用途是结算	汇票的用途既可以是结算,也可以是信贷
付款期限不同	支票是即期付款,流通期限短,无需承兑	汇票有即期和远期之分,远期汇票需要承兑
可否止付不同	英国票据法规定:出票人可以止付	汇票无止付的规定

(五)支票与本票、汇票的对比

支票与本票、汇票的对比见表 10.2。

表 10.2 支票与本票、汇票的对比

	汇票	本票	支票
性质	无条件支付命令	无条件支付承诺	无条件支付命令
当事人	出票人、付款人、收款人	出票人和收款人	出票人、付款人、收款人
付款时间	汇票有即期和远期之分,远期汇票需要承兑	本票有即期和远期之分,远期本票无需承兑	只有即期
主债务人	承兑前是出票人 承兑后是承兑人	出票人	出票人
出票人担保责任	付款和承兑	自付款	付款
有无到期日记载	有	有	无(都是即期)
份数	两份	一份	一份

第二节 汇付与托收

汇付(Remittance)和托收(Collection)都是国际贸易中经常采用的支付方式。支付方式根据资金的流向与支付工具传递方向的不同,可以分为顺汇和逆汇两种。顺汇是指资金的流动方向与支付工具的传递方向相同,汇付方式采用的是顺汇方法;逆汇是指资金的流转方向与支付工具的传递方向相反,托收方式收取货款采用的是逆汇方法。

一、汇付

(一)汇付的含义

汇付又称汇款,是指付款人(进口商)按照合同规定的条件和时间(如预付货款或货到付款),主动通过银行或其他途径将款项汇交收款人。

(二)汇付方式的当事人

在汇付业务中,通常涉及四方当事人:

(1)汇款人(Remitter),即汇出款项的人,在进出口交易中,汇款人通常是进口商(也称付款人)。

(2)收款人(Payee or Beneficiary),即收取款项的人,又称"受益人",在进出口交易中通常是出口商。

(3)汇出行(Remitting Bank),即受汇款人的委托汇出款项的银行,通常是在进口地的银行。

(4)汇入行(Paying Bank),即受汇出行委托解付汇款的银行,因此又称解付行。在对外贸易中,汇入行通常是汇出行的代理行,通常是出口地的银行。其中,汇款人与汇出行之间订有委托合约(汇款申请书),汇出行与汇入行之间订有委托代理合同。

(三)汇付的种类

汇付方式按使用的工具不同,可分为信汇、电汇和票汇三种。

1. 信汇

信汇(Mail Transfer,M/T)是指汇出行应汇款人的申请,将信汇委托书寄给汇入行,授权解付一定金额给收款人的一种付款方式。

信汇方式的优点是费用较为低廉,缺点是收款人收到汇款的时间较长。

2. 电汇

电汇(Telegraphic Transfer,T/T)是指汇出行应汇款人的申请,拍发加押电报或电传或通过 SWIFT 向在另一国家的分行或代理行(即汇入行)指示解付一定金额给收款人的一种付款方式(见图 10.6)。

电汇方式的优点是收款人可迅速收到汇款,缺点是费用较高。

3. 票汇

票汇(Demand Draft,D/D)是指汇出行应汇款人的申请,代汇款人开立以其分行或代理行为解付行的银行即期汇票(Banker's Demand Draft),支付一定金额给收款人的一种汇款方式(见图 10.7)。

票汇与电汇、信汇的区别有两点:(1)票汇的汇入行无需通知收款人取款,由收款人持票登门取款;而信汇和电汇需要通过银行转账通知收款人。(2)票汇的汇票除有限制转让和流通的

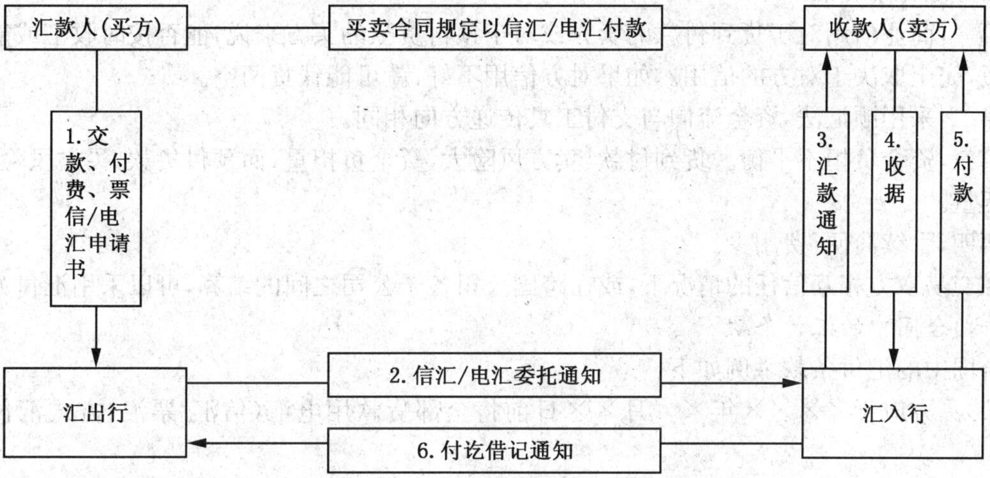

图 10.6　信汇/电汇的业务程序

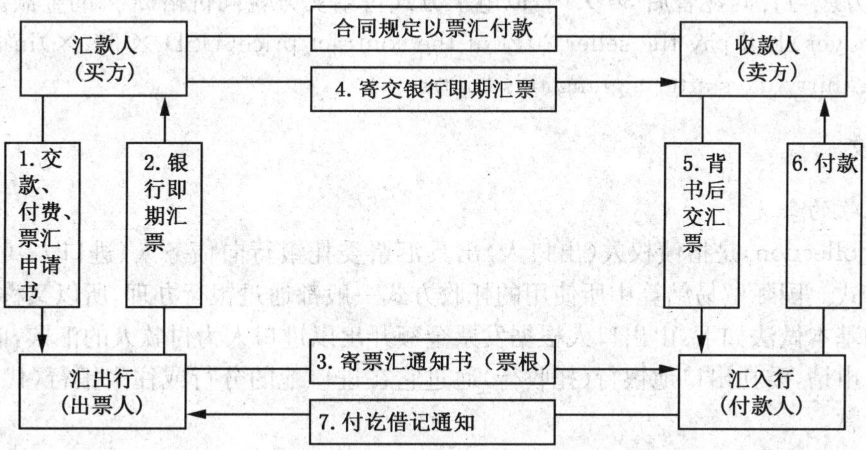

图 10.7　票汇的业务程序

规定外,经收款人背书,可以转让和流通;而电汇、信汇的收款人则不能将收款权转让。

（四）汇付方式在国际贸易中的使用

在国际贸易中,汇付方式通常用于货到付款、预付货款和赊销等业务。

1. 货到付款

货到付款(Payment after Arrival of the Goods)是指出口方在没有收到货款以前,先交出单据或货物,然后由进口方主动汇付货款的方法。这种方法实际上是一种赊账业务(Open Account Transaction)。出口方在发货后能否按时顺利收回货款,取决于买方的信用。

2. 预付货款

预付货款(Payment in Advance)是指在订货时汇付或交货前汇付货款的办法。订货时汇付即所谓"Cash with Order",多应用在一些客户提出特殊加工要求或专门为客户加工的特殊商品,或一些市场畅销而又稀缺的商品。采用这种方法可以优先取得供应。这种方式买方向卖方提供了信用,买方存在一定的风险。

（五）汇付的特点

第一，商业信用对于货到付款的卖方或对于预付货款的买方来说，能否按时收汇或能否按时收货，完全取决于对方的信用。如果对方信用不好，就可能钱货两空。

第二，采用顺汇法，资金流向与支付工具传递方向相同。

第三，资金负担不平衡。货到付款，卖方风险大，资金负担重；而预付货款，买方风险大，资金负担重。

第四，手续简便，费用少。

在交易双方相互信任的情况下，或在跨国公司各子公司之间的结算，可以采用汇付方式。

（六）合同中的汇付条款

合同中的汇付条款举例如下：

(1)买方应于××××年××月××日前将全部货款用电汇（信汇/票汇）方式汇付给卖方。

(The buyer shall pay the total value to the sellers in advance by T/T(M/M or D/D)not later than ×××.)

(2. 买方应与合同签署后 30 天内，以电汇方式付给卖方合同价格 20%的金额。

(The buyer shall pay the seller 20% of the contract price(USD × × ×)in advance by T/T within thirty days after signing this contract.)

二、托收

（一）托收的含义

托收(Collection)是指债权人(出口人)出具汇票委托银行向债务人(进口人)收取货款的一种支付方式。国际贸易结算中所使用的托收方式一般都通过银行办理，所以又称银行托收。

托收的基本做法如下：由出口人根据发票金额开出以进口人为付款人的汇票，向出口地银行提出托收申请，委托出口地银行(托收行)通过它在进口地的分行或往来银行(代理行)代进口人收取货款。

（二）托收的当事人

(1)委托人(Principal)，是指委托银行办理托收业务的客户，通常是出口人。

(2)托收银行(Remitting Bank)，是指接受委托人的委托，办理托收业务的银行。

(3)代收银行(Collecting Bank)，是指接受托收行的委托向付款人收取票款的进口地银行。代收银行通常是托收银行的国外分行或代理行。

(4)付款人(Payer)，通常是指买卖合同的进口人。

在托收业务中，有时还可能涉及另两个当事人：一是提示行(Presenting Bank)，即向付款人做出提示汇票和单据的银行。提示银行可以是代收银行委托与付款人有往来账户关系的银行，也可以由代收银行自己兼任提示银行。二是需要时的代理(Customer's Representative in Case-of-need)，即委托人指定的在付款地代为照料货物存仓、转售、运回等事宜的代理人。

（三）托收方式的种类及其业务程序

托收可根据所使用汇票的不同，分为光票托收(Clean Collection)和跟单托收(Documentary Collection)。国际贸易中货款的收取大多采用跟单托收。在跟单托收情况下，根据交单条件的不同，又可分为付款交单和承兑交单两种。

1. 光票托收和跟单托收

光票托收是指委托人仅签发金融单据不附有货运单据的托收,即提交金融单据委托银行代为收款。在国际贸易中,光票托收主要用于小额交易、预付货款、分期付款以及收取贸易的从属费用等。

跟单托收是指委托人签发的金融单据中附有货运单据的托收。在实务中,跟单托收所附货运单据主要有提单、保险单、装箱单等。

2. 在跟单托收情况下,根据交单条件的不同,又可分为付款交单和承兑交单

(1)付款交单(Documents against Payment,D/P)是指出口人的交单是以进口人的付款为条件。即出口人发货后,取得货运单据,委托银行办理托收,并在托收委托书中指示银行,只有在进口人付清货款后,才能把货运单据交给进口人。按付款时间的不同,付款交单又可分为以下两种:

①即期付款交单(Documents against Payment at sight,D/P at sight),是指出口人发货后开具即期汇票连同货运单据,通过银行向进口人提示,进口人见票后立即付款,进口人在付清货款后向银行领取货运单据。即期付款交单的一般业务程序见图 10.8。

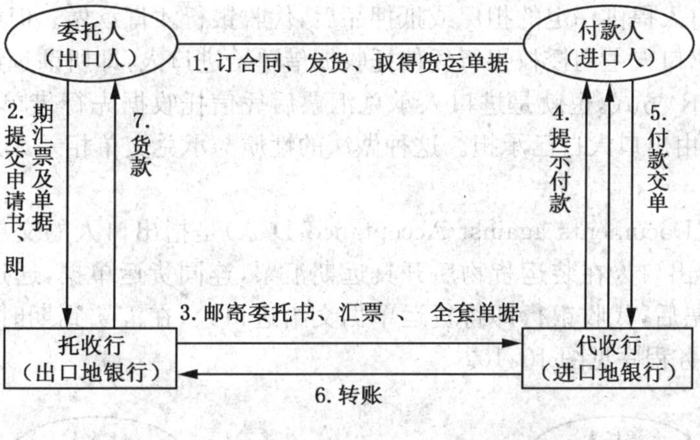

图 10.8　即期付款交单的一般业务程序

②远期付款交单(Documents against Payment after sight,D/P after sight),是指出口人发货后开具远期汇票连同货运单据,通过银行向进口人提示,进口人审核无误后即在汇票上进行承兑,于汇票到期日付清货款后再领取货运单据。远期付款交单的一般业务程序见图 10.9。

上述即期付款交单或远期付款交单两种做法都说明进口人必须在付清货款之后才能取得单据,提取或转售货物。在远期付款交单的条件下,如付款日与实际到货日基本一致,则不失为对进口人的一种资金融通。如果付款日期晚于到货日期,进口人为了抓住有利时机转售货物,可以采取两种做法:一是在付款到期日之前付款赎单,扣除提前付款日至原付款到期日之间的利息,作为进口人享受的一种提前付款的现金折扣;另一种做法是代收行对于资信较好的进口人,允许其凭信托收据(Trust Receipt)借取货运单据,先行提货,于汇票到期时再付清货款。

所谓信托收据,就是进口人借单时提供的一种书面信用担保文件,用来表示愿意以代收行的委托人身份代为提货、报关、存仓、保险或出售,并承认货物所有权仍属银行。货物售出后所得的货款,应于汇票到期时交银行。这是代收行自己向进口人提供的信用便利,而与出口人无

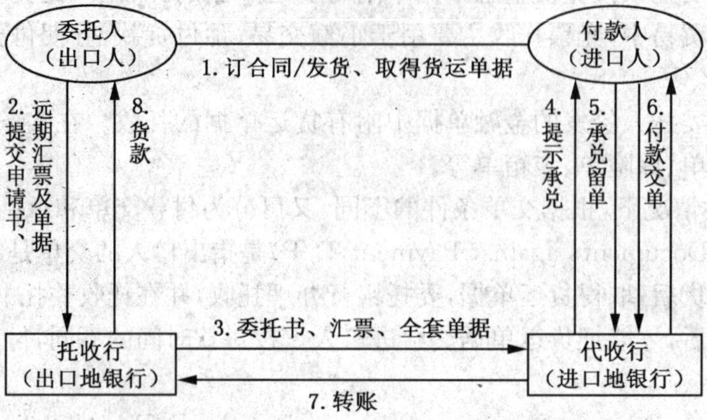

图 10.9 远期付款交单的一般业务程序

关。因此，如代收行借出单据后，到期不能收回货款，则应由代收行负责。因此，采用这种做法，必要时还要进口人提供一定的担保或抵押品后，代收银行才肯承做。但如系出口人指示代收行借单，就是由出口人主动授权银行凭信托收据借单给进口人，即所谓远期付款交单凭信托收据借单(D/P. T/R)方式，也就是进口人承兑汇票后凭信托收据先行借单提货，日后进口人到期拒付的风险应由出口人自己承担。这种做法的性质与承兑交单相差无几，因此，采用时必须特别慎重。

(2)承兑交单(Documents against Acceptance，D/A)是指出口人的交单以进口人在汇票上承兑为条件。即出口人在装运货物后开具远期汇票，连同货运单据，通过银行向进口人提示，进口人承兑汇票后，代收银行即将货运单据交给进口人，在汇票到期时方履行付款义务。承兑交单的一般业务程序见图 10.10。

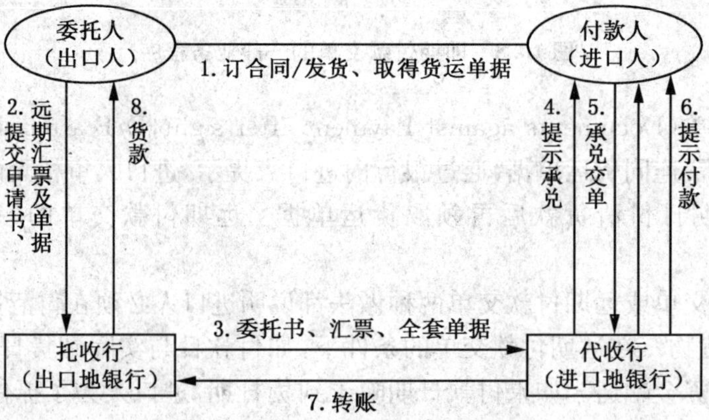

图 10.10 承兑交单的一般业务程序

承兑交单方式只适用于远期汇票的托收。由于承兑交单是在进口人承兑汇票后，即可取得货运单据，并凭以提货，这对出口人来说，已交出了物权凭证，其收款的保障只能取决于进口人的信用，一旦进口人到期不付款，出口人就有可能蒙受货物与货款两空的损失。所以，如采用承兑交单这种做法，必须从严掌握。

(四)托收方式的特点和应用

第一,托收属于逆汇性质,即资金流向与支付工具的传递方向相反。

第二,托收的性质是商业信用。

第三,在进口商拒不付款赎单后,除非事先约定,银行没有义务代为保管货物。要想银行保管货物,出口商必须委托银行并再次缴纳手续费或保管费。

第四,在承兑交单情况下,进口商只要在汇票上办理承兑手续,即可取得货运单据,凭此提取货物。如果进口商提取货物后拒不付款,卖方将遭受货款两空的损失,风险很大,因此,出口商一定要慎用这种方式。

5. 进出口双方资金负担不平衡。

(五)托收方式的国际惯例

国际商会第522号出版物《托收统一规则》(Uniform Rules for Collection, URC522)是托收方式使用的国际惯例。其内容包括总则、托收的形式和结构、提示方式、义务和责任、付款、利息和手续费及其他费用、其他规定共7个部分。

以下是该规则所涉及的部分内容:

(1)在托收业务中,银行除了检查所收到的单据是否与委托书所列一致外,对单据并无审核的责任。但银行必须按照委托书的指示行事,如无法照办,应立即通知发出委托书的一方。

(2)未经代收行事先同意,货物不能直接发给代收行。如未经同意就将货物发给银行或以银行为收货人,该行无义务提取货物,仍由发货人承担货物的风险和责任。

(3)远期付款交单下的委托书必须指明单据是凭付款还是凭承兑交单。如未指明,银行只能凭付款后交单。

(4)银行对于任何由于传递中发生的遗失或差错概不负责。

(5)代收行对于任何签字的真实性或签字人的权限不负责任。

(6)托收费用应由付款人或委托人负担。

(7)委托人应受国外法律和惯例规定的义务和责任的约束。

(8)汇票如被拒付,托收行应在合理时间内做出进一步处理单据的指示。如代收行发出拒绝通知书后60天内未接到指示,可将单据退回托收行,而代收行不再承担进一步的责任。

(六)托收的性质

根据《托收统一规则》的规定,银行在托收业务中,只提供服务,不提供信用。银行只以委托人的代理人身份行事,既无承担付款人必须付款或承兑的责任,也无审核货运单据是否符合合同的义务。托收方式与汇付方式一样,属纯商业信用性质。出口人由于货物已先期出运,一旦遭到拒付,就会陷入极为被动的境地。

(七)采用托收方式收款卖方应注意的问题

(1)交易前必须选择好可靠的交易伙伴,即使是多次打过交道的客户尤其是中间商,也应经常调查和考察其资信情况和经营作风,对不同进口人按其具体情况确定不同的授信额度,并根据情况的变化,及时调整授信额度。

(2)了解进口国家的贸易管制和外汇管制条例,以免货到目的地后,由于收不到外汇或不准进口甚至可能被没收处罚而造成损失的风险。为防范因货物被拒绝进口而不得不在当地处理或需运回而支出额外费用,成交时应规定进口人将领得的许可证或已获准进口外汇的证明在发运有关商品前寄达,否则不予发运货物,以策安全。

(3)应争取采用CIF或CIP贸易术语成交,由我方自办保险。投保的险别宜选一切险和战争险，必要时加保拒收险。若争取不到 CIF 或 CIP，非采用 CFR、CPT 或 F 组术语成交时，为防范风险，我方应为自己利益另行投保"卖方利益险"，以策安全。

(4)必须了解有关国家的银行对托收的规定和习惯做法，了解进口国家的商业惯例和海关及卫生当局的各种有关规定，以免违反进口地习惯或规定，影响安全迅速收汇，甚至使货物遭没收、罚款或销毁。对一些采用与托收惯例相悖的地区性惯例的进口商，应采用即期付款交单成交，不接受远期 D/P，以防止进口地银行将远期付款交单做成承兑交单的风险。

(八)合同中的托收条款

1. 即期付款交单(D/P at sight)

买方对卖方开具的跟单汇票于第一次见票时立即付款，付款后交单。

Upon first presentation the buyers shall pay against documentary drawn by the sellers at sight. The shipping documents are to be delivered against payment only.

2. 远期付款交单(D/P after sight)

买方对卖方开具的见票后××天付款的跟单汇票于第一次提示时给予承兑，并应于汇票到期日给予付款，付款后交单。

The buyers shall duly accept the documentary draft by the sellers at ×× days sight upon first presentation and make payment on its maturity. The shipping documents are to be delivered against payment only.

3. 承兑交单(D/A)

买方对卖方开具的见票后××天付款跟单汇票于第一次提示时给予承兑，并应于汇票到期日即付款，承兑后交单。

The buyers shall duly accept the documentary draft by the sellers at ×× days sight upon first presentation and make payment on its maturity. The shipping documents are to be delivered against acceptance.

第三节 信用证付款

目前，信用证付款已成为国际贸易中普遍采用的一种主要的支付方式。信用证支付方式把由进口人履行付款责任转为由银行付款，保证出口人安全、迅速地收到货款，买方按时收到货运单据，因此，在一定程度上解决了进出口人之间互不信任的矛盾；同时，也为进出口双方提供了资金融通的便利。所以，自出现信用证以来，这种支付方式发展很快，并在国际贸易中被广泛应用。

一、信用证的含义、特点与作用

(一)信用证的含义

根据国际商会《跟单信用证统一惯例》(UCP600)的解释，信用证是指由银行(开证行)依照客户(开证申请人)的要求和指示或以自身的名义，在符合信用证条款的条件下，凭规定单据实施以下行为之一：(1)向第三者(受益人)或其指定方进行付款，或承兑和/或支付受益人开立的汇票；(2)授权另一银行进行该项付款，或承兑和支付汇票；(3)授权另一银行议付。

简言之，信用证是一种银行开立的有条件的承诺付款的书面文件。

由此可见，信用证是开证银行对受益人的一种保证，只要受益人履行信用证所规定的条件，即受益人只要提交符合信用证所规定的各种单据，开证行就保证付款。因此，在信用证支付方式下，开证行成为第一付款人，故属于银行信用。

（二）信用证的特点

银行信用一般比商业信用可靠，故信用证支付方式与汇付及托收方式比较，具有不同的特点，主要表现在以下三个方面：

1. 开证行承担第一性的付款责任

信用证支付方式是一种银行信用，由开证行以自己的信用作出付款的保证。在信用证付款的条件下，银行处于第一付款人的法律地位。《跟单信用证统一惯例》规定："信用证是一项约定，按此约定，根据规定的单据在符合信用证条件的情况下，开证银行向受益人或其指定人进行付款、承兑或议付。信用证是开证行的付款承诺。因此，开证银行是第一付款人。在信用证业务中，开证银行对受益人的责任是一种独立的责任。"

课内思考题

某出口公司收到国外开来的信用证，出口公司按信用证的规定将货物装出，但未将单据送交当地银行议付之前突然接到开证行通知，称开证申请人已经倒闭，因此开证行不再承担付款责任。问：出口公司应如何处理？

2. 信用证是独立于合同之外的一种自足的文件

信用证的开立以买卖合同作为依据，但信用证一经开出并得到受益人的确认，就成为独立于买卖合同之外的另一种契约，不受买卖合同的约束。因此，一家银行作出付款、承兑并支付汇票或议付及/或履行信用证项下其他义务的承诺，不受申请人与开证行或与受益人之间在已有关系中产生索偿或抗辩的制约。

3. 信用证是一种纯单据业务

在信用证方式之下，实行的是凭单付款的原则。《跟单信用证统一惯例》规定："在信用证业务中，各有关方面处理的是单据，而不是与单据有关的货物、服务及/或其他行业。"所以，信用证业务是一种纯粹的单据业务。银行虽有义务"合理、小心地审核一切单据"，但这种审核，只是用以确定单据表面上是否符合信用证条款，开证银行只根据表面上符合信用证条款的单据付款，因此，银行对任何单据的形式完整性、准确性、真实性以及伪造或法律效力，或单据上规定的或附加的一般和/或特殊条件概不负责。在信用证条件下，实行严格符合的原则，不仅要做到"单证一致"（受益人提交的单据在表面上与信用证规定的条款一致），还要做到"单单一致"（受益人提交的各种单据之间的表面上一致）。

课内思考题

合同和信用证不符，按合同办还是信用证办？

（三）信用证的作用

采用信用证支付方式，给进出口双方以及银行都带来一定的好处。信用证在国际贸易结算中的作用主要表现在以下三个方面：

1. 对出口商的作用

(1)保证出口商凭单取得货款（无论出口商交付的货物是否符合合同的规定）。

信用证支付的原则是单证严格相符，出口商交货后提交的单据只要做到与信用证规定相符，“单证一致、单单一致”，银行就保证支付货款。

(2)使出口商得到外汇保证。

(3)可以取得资金融通。

2. 对进口商的作用

(1)可保证取得代表货物的单据。

(2)保证按时、按质、按量收到货物。

(3)获得资金融通，减少资金占用。

3. 对银行的作用

开证行接受进口商的开证申请，即承担开立信用证和付款的责任，这是银行以自己的信用作出的保证，以银行信用代替了进口商的商业信用。所以，进口商在申请开证时要向银行交付一定的押金或担保品，为银行利用资金提供便利。此外，在信用证业务中，银行每做一项服务均可取得各种收益，如开证费、通知费、议付费、保兑费、修改费等各种费用。在国际贸易结算中，信誉良好、作风正派的银行以及高质量的服务促进了银行自身的发展。

【案例 10－1】 我某公司按 CIF 条件，凭不可撤销信用证向某外商出售货物一批。该外商按合同规定开来的信用证经我方审核无误，我出口公司在信用证规定的装运期内将货物装上海轮，并在装运前向保险公司办理了货运保险，但装船完毕后不久，海轮起火爆炸沉没，该批货物全部灭失，外商闻讯后来电表示拒绝付款。

【任务】 分析外商拒付是否有理，以及我公司应如何处理。根据《国际贸易术语解释通则 2010》和 UCP600 的规定，分别说明理由。

二、信用证涉及的当事人

信用证支付方式所涉及的当事人较多，通常有以下几种：

(一)开证申请人

开证申请人(Applicant)是指向银行申请开立信用证的人，即进口人或实际买主，在信用证中又称开证人(Opener)。如由银行自己主动开立信用证，则此种信用证所涉及的当事人中没有开证申请人(一般情况下，银行不会主动开立信用证)。

(二)开证银行

开证银行(Opening Bank，Issuing Bank)指接受开证申请人的委托，开立信用证的银行，它承担保证付款的责任。开证银行一般是进口人所在地银行。开证银行是实际付款的银行。

(三)通知银行

通知银行(Advising Bank，Notifying Bank)指受开证行的委托，将信用证转交出口人的银行。它只鉴别信用证的表面真实性(印鉴)，不承担其他义务(如信用证有没有超出合同，有没有纰漏等)。通知银行是出口人所在地的银行。

(四)受益人

受益人(Beneficiary)是指信用证上所指定的有权使用该证的人，即出口人或实际供货人。

(五)议付银行

议付银行(Negotiating Bank)是指根据开证行的授权买入或贴现受益人开立和提交的符合信用证规定的汇票或单据的银行。议付银行可以是开证行指定的银行，也可以是非指定的银行，由信用证条款来规定。一般通知行扮演议付银行的角色，代替付款银行付钱。

（六）付款银行

付款银行（Paying Bank）是指开证银行指定代行信用证项下付款或充当汇票付款人的银行，一般是开证行，也可以是它指定的另一家银行，这要根据信用证条款的规定来决定。

（七）保兑银行

保兑银行（Confirming Bank）是指根据开证银行的请求在信用证下加具保兑的银行。保兑银行在信用证上加具保兑后，即对信用证独立负责，承担必须付款或议付的责任。保兑银行具有与开证银行相同的责任和地位。保兑银行可由通知银行兼任，也可由其他银行加具保兑。

（八）偿付银行

偿付银行（Reimbursement Bank）又称清算银行（Clearing Bank），是指接受开证银行的指示或授权，代开证银行偿还垫款的第三国银行，即开证银行指定的对议付行或代付行进行偿付的代理人（Reimbursement Agent）。偿付银行的出现，往往是由于开证银行的资金调度或集中在该第三国银行的缘故，要求该银行代为偿付信用证规定的款项。

（九）转让行

转让行（Transferring Bank）即应第一受益人的要求，将可转让信用证转让给第二受益人的银行。转让行一般为信用证的通知行。

三、信用证的付款程序

信用证方式的收付程序依据信用证类型的不同，其具体做法有所差异。但就其基本流程而言，大体要经过申请、开证、通知、议付、索偿、付款、赎单等环节。现以最为常见的即期不可撤销跟单议付信用证为例，简要说明其收付程序（见图 10.11）。

四、信用证的种类

信用证根据其性质、期限、流通方式等特点，可以从不同的角度分为以下几种：

（一）跟单信用证和光票信用证

以信用证项下的汇票是否附有货运单据，信用证可分为跟单信用证（Documentary L/C）和光票信用证（Clean L/C）。

跟单信用证是指开证行凭跟单汇票或仅凭单据付款的信用证。国际贸易所使用的信用证，大部分是跟单信用证。

光票信用证是指开证行仅凭不附装运单据的汇票付款的信用证。在采用信用证方式预付货款时，通常使用光票信用证。

（二）不可撤销信用证和可撤销信用证

以开证行所负的责任为标准，信用证可分为不可撤销信用证（Irrevocable L/C）和可撤销信用证（Revocable L/C）两种。

1. 不可撤销信用证

不可撤销信用证是指信用证一经开出，在有效期内，未经受益人及有关当事人的同意，开证行不得片面修改和撤销，只要受益人提供的单据符合信用证规定，开证行必须履行付款义务。这种信用证对受益人较有保障，在国际贸易中，使用最为广泛。

凡是不可撤销信用证，在信用证中应注明“不可撤销”（Irrevocable）字样，并载有开证行保证付款的文句。

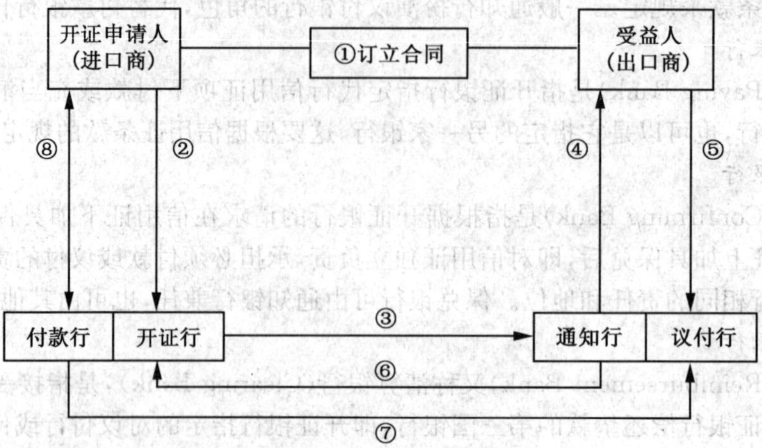

说明:①买卖双方签订合同以即期不可撤销跟单议付信用证付款。

②开证申请人根据合同填写开证申请书并缴纳押金或提供其他保证,请开证行开证。

③开证行根据申请书内容,向受益人开出信用证并寄交出口商所在地通知行。

④通知行核对印鉴无误后,将信用证交受益人。

⑤受益人审核信用证内容与合同规定相符后,按信用证规定装运货物、备妥单据并开出汇票,在信用证有效期内,送议付行议付。议付行按信用证条款审核单据无误后,把货款垫付给受益人。

⑥议付行将汇票和货运单据寄开证行或其特定的付款行索偿。

⑦开证行核对单据无误后,付款给议付行。

⑧开证行通知开证申请人付款赎单。

图 10.11 即期不可撤销跟单议付信用证的收付程序

2. 可撤销信用证

可撤销信用证是指开证行对所开信用证不必征得受益人或有关当事人的同意,有权随时修改或撤销的信用证。凡是可撤销信用证,应在信用证上注明"可撤销"字样,以资识别。这种信用证对出口人极为不利。因此,出口人一般不接受这种信用证。

鉴于国际上开立的信用证绝大部分是不可撤销的,因此,UCP600 规定,如信用证中无表明"不可撤销"或"可撤销"字样的信用证,应视为不可撤销信用证。

(三)保兑信用证和不保兑信用证

按是否有另一银行加以保证兑付,信用证可分为保兑信用证(Confirmed L/C)和不保兑信用证(Unconfirmed L/C)。

1. 保兑信用证

保兑信用证是指开证行开出的信用证,由另一银行保证对符合信用证条款规定的单据履行付款义务。对信用证加保兑的银行,称为保兑行(Confirming Bank)。

保兑行通常是通知行,有时也可以是出口地的其他银行或第三国银行。保兑行与开证行一样,都是负第一性的付款责任。保兑信用有开证行和保兑行两家银行对受益人负责,有利于安全收汇。

2. 不保兑信用证

不保兑信用证是指开证银行开出的信用证没有经另一家银行保兑。当开证银行资信好和成交金额不大时,一般都使用这种不保兑的信用证。

(四)即期信用证和远期信用证

根据付款时间不同,可分为即期信用证(Sight L/C)和远期信用证(Usance L/C)。

1. 即期信用证

即期信用证是指开证行或付款行收到符合信用证条款的跟单汇票或装运单据后,立即履行付款义务的信用证。即期信用证的付款时间为银行收到单据后的5个工作日内。

2. 远期信用证

远期信用证是指开证行或付款行收到信用证的单据时,并不立即付款,而是在信用证规定期限到来时才进行付款的信用证。

换句话说,开证行或付款行收到汇票后,首先会承兑或者一直等到信用证规定的付款日期将款项支付。持这种信用证,出口方交单在先、收款在后,实际上等于为进口方提供了资金融通的便利。

3. 假远期信用证

假远期信用证(Usance Letter of Credit Payable at sight)是指规定受益人开立远期汇票,由付款行负责贴现,并规定一切利息和费用由开证人承担的信用证。

假远期信用证具有以下四个条件:(1)贸易合同规定即期结算;(2)买方向开证行申请开立远期信用证,受益人提交远期汇票和相符单据,即可即期获得款项;(3)即期付款日与汇票到期日之间的贴现息、承兑费用由买方负担;(4)实质是卖方的即期信用证,买方的远期信用证。

采用假远期信用证作为支付方式,对进口商而言,可由银行提供周转资金的便利,但须支付利息;对出口商而言,可即期获得汇票的票款,但需承担汇票到期前被追索的风险。

(五)可转让信用证和不可转让信用证

根据受益人对信用证的权利可否转让,分为可转让信用证(Transferable L/C)和不可转让信用证(Non-transferable L/C)。

1. 可转让信用证

可转让信用证是指注明了"可转让"(Transferable)字样,受益人可将信用证的全部或部分转给另一受益人(第二受益人)的信用证。

根据UCP600的规定,唯有开证行在信用证中明确注明"可转让"(Transferable)字样,信用证方可转让。

可转让信用证只能转让一次,即只能由第一受益人转让给第二受益人,第二受益人不得要求将信用证转让给其后的第三受益人,但若再转让给第一受益人,不属被禁止转让的范畴。如果信用证不禁止分批装运,在总和不超过信用证金额的前提下,可分别按若干部分办理转让,该项转让的总和将被视为只构成信用证的一次转让。

信用证只能按原证规定条款转让,但信用证金额、商品的单价、到期日、交单日及最迟装运日期可以减少或缩短,保险加保比例可以增加,信用证申请人可以变动。信用证在转让后,第一受益人有权以自身的发票(和汇票)替换第二受益人的发票(和汇票),其金额不得超过信用证规定的原金额。如果信用证规定了单价,应按原单价开立。在替换发票(和汇票)时,第一受益人可在信用证项下取得自身发票和第二受益人发票之间的差额。

在实际业务中,要求开立可转让信用证的第一受益人通常是中间商。为了赚取差额利润,中间商要将信用证转让给实际供货人,由供货人办理出运手续。但信用证的转让并不等于买卖合同的转让,如第二受益人不能按时交货或单据有问题,第一受益人(原出口人)仍要负买卖合同上的卖方责任。

> 课内思考题
>
> A、B两家进出口公司共同对外成交了一批货物100件，双方约定各交50%，各自结汇，由B公司对外签订合同。事后，外方开来以B公司为收款人的不可撤销信用证，证中未注明"可转让"字样，但规定允许分批装运。B公司收到信用证之后，及时通知A公司，A、B公司按照信用证规定各出50%的货物并以各自的名义做了结汇单据。问：两家公司的做法是否妥当？他们能否顺利结汇？为什么？

2. 不可转让信用证

不可转让信用证是指受益人不能将信用证的权利转让给他人的信用证。凡信用证中未注明"可转让"字样的，就是不可转让信用证。

（六）循环信用证

循环信用证(Revolving L/C)是指信用证的金额全部或部分使用后，其金额又恢复到原金额，可再次使用，直至达到规定的次数或规定的总金额为止。循环信用证与一般信用证的不同之处就在于：一般信用证在使用后即告失效，而循环信用证可多次循环使用。这种信用证通常适合分批均匀交货分批付款的长期合同。

循环信用证的优点在于：进口方可以不必多次开证，从而节省开证费用，同时也可简化出口方的审证、改证等手续，有利于合同的履行。

循环信用证又分为按时间循环信用证和按金额循环信用证。循环信用证循环方式通常有以下三种：

1. 自动式循环使用

受益人按规定时间装运货物交单议付一定金额后，信用证即自动恢复到原金额，可再次按原金额使用。例如，信用证中规定："本证将再次自动恢复每月一期，每期金额50 000美元，总金额为150 000美元。"

2. 非自动式循环使用

受益人按规定时间装运货物交单议付一定金额后，必须等待开证银行的通知到达后，才能使信用证恢复至原金额，再次使用。例如，信用证中规定："本金额须在每次议付后，收到开证银行本证可以恢复的通知方可恢复。"

3. 半自动式循环使用

受益人每次装货交单议付后，在若干天内开证银行未提出中止循环的通知，信用证即自动恢复至原金额，并可再次使用。例如，信用证中可规定如下条款："议付银行在每次议付后7天内未被通知中止恢复，则信用证未用余额即增至原金额。"

（七）对开信用证

对开信用证(Reciprocal L/C)是指两张信用证的开证申请人互以对方为受益人而开立的信用证。

对开信用证的特点是第一张信用证的受益人（出口人）和开证申请人（进口人）就是第二张信用证的开证申请人和受益人，第一张信用证的通知行通常就是第二张信用证的开证行。两张信用证的金额相等或大体相等，两证既可同时互开，也可先后开立。

对开信用证多用于易货贸易或来料加工和补偿贸易业务，交易的双方都担心对方凭第一张信用证出口或进口后，另外一方不履行进口或出口的义务，于是采用这种互相联系、互为条件的开证办法，用以彼此约束。

(八)对背信用证

对背信用证(Back to Back L/C)又称转开信用证，是指受益人(中间商)收到进口商开来的信用证后，要求原证的通知行或其他银行以原证为基础，另开一张内容相似的新信用证。

对背信用证的受益人可以是国外的，也可以是国内的，对背信用证的开证银行只能根据第一张不可撤销信用证来开立。对背信用证的受益人在处理业务时必须特别谨慎，不能有丝毫的疏忽。

对背信用证的开立通常是中间商转售他人货物，从中图利，或两国不能直接办理进出口贸易时，通过第三者以此种方法来沟通贸易。

(九)预支信用证

预支信用证(Anticipatory L/C)是指开证行授权代付行(通知行)向受益人预付信用证金额的全部或一部分，由开证行保证偿还并负担利息，即开证行付款在前，受益人交单在后，与远期信用证相反。预支信用证凭出口人的光票付款，也有要求受益人附一份负责补交信用证规定单据的说明书，当货运单据交到后，付款行在付给剩余货款时扣除预支货款的利息。

(十)软条款信用证

由于信用证的开证申请人在信用证中加列了某些特殊条款，使受益人无法利用信用证，表面上的不可撤销信用证实际上是无效的信用证。

从法律上说，软条款信用证(Soft Clause L/C)从根本上违反了信用证的性质和原则，带有某些欺诈性，所以也把它称为陷阱信用证。因此，在实际业务中，要仔细审核信用证，如果遇到信用证中某些条款是受益人主观努力所无法做到的，对这样的条款要坚决要求开证申请人删除，否则不要轻易接受这类信用证。

五、信用证的主要内容及其开立的形式

国际商会自成立以来，一直致力于信用证格式的标准化。例如，1970 年国际商会通过《开立跟单信用证标准格式》(Standard Forms for the Issuing of Documentary Credit)，建议各国银行使用这种标准格式的信用证。

(一)信用证的主要内容

各国银行所使用的信用证并无统一的格式，其内容则因信用证种类的不同而有所区别。尽管如此，但信用证所包括的基本内容却不外下列几个方面：

1. 对信用证本身的说明

对信用证的说明包括信用证的种类、性质、信用证号码、开证日期、有效期和到期地点、交单期限等。

2. 对汇票的说明

在信用证项下，如使用汇票，要明确汇票的出票人、受票人、收款人、汇票金额、汇票期限、主要条款等内容。

3. 对装运货物的说明

在信用证中，应列明货物名称、规格、数量、单价等，且这些内容应与买卖合同的规定一致。

4. 对运输事项的说明

在信用证中，应列明装运港(地)、目的港(地)、装运期限以及可否分批、转运等项内容。

5. 对货运单据的说明

在信用证中，应列明所需的各种货运单据，如商业发票、运输单据、保险单及其他单据。

6. 其他事项

(1)开证行对议付行的指示条款。

(2)开证行保证付款的文句。

(3)开证行的名称及地址。

(4)其他特殊条款。例如，限制由××银行议付，限制船舶国籍和船舶年龄，限制航线和港口等。这些特殊条款根据进口国政治经济情况的变动可以有所不同。

(二)信用证开立的形式

信用证开立的形式主要有信开本和电开本两种。

1. 信开本

信开本(To Open by Airmail)是指开证银行采用印就的信函格式的信用证，开证后以航空邮寄送通知行。这种形式因其速度太慢现已很少使用。

2. 电开本

电开本(To Open by Cable)是指开证行使用电报、电传、传真、SWIFT 等各种电信方法将信用证条款传达给通知行。电开本又可分为以下三种：

(1)简电本(Brief Cable)，即开证行只是通知已经开证，将信用证主要内容，如信用证号码、受益人名称和地址、开证人名称、金额、货物名称、数量、价格、装运期及信用证有效期等预先通告通知行，详细条款将另航寄通知行。由于简电本内容简单，在法律上是无效的，不足以作为交单议付的依据。简电本有时注明"详情后告"等类似词语，如果有这种措辞，该简电本通知只能作为参考，不是有效的信用证文件，开证行应立即寄送有效的信用证文件。

(2)全电本(Full Cable)，即开证行以电信方式开证，把信用证全部条款传达给通知行。全电开证本身是一个内容完整的信用证，因此是交单议付的依据。

(3)SWIFT 信用证。SWIFT 是"环球银行金融电信协会"(Society for Worldwide Interbank Financial Telecommunication)的简称，于 1973 年在比利时布鲁塞尔成立，该组织设有自动化的国际金融电信网，其成员银行可以通过该电信网办理信用证业务以及外汇买卖、证券交易、托收等。目前，该组织已有 1 000 多家成员银行，凡参加 SWIFT 组织的成员银行，均可使用 SWIFT 办理信用证业务。(中国各大银行都是该体系的成员，我国很多信用证业务是通过中国银行作为开证行或议付行来进行的。)

凡按照国际商会所制定的电信信用证格式，利用 SWIFT 系统设计的特殊格式(Format)，通过 SWIFT 系统传递的信用证的信息(Message)，即通过 SWIFT 开立或通知的信用证称为 SWIFT 信用证，也称"全银电协信用证"。

目前，开立 SWIFT 信用证的格式代号为 MT700 和 MT701，如对开出的 SWIFT 信用证进行修改，则采用 MT707 标准格式传递信息。

采用 SWIFT 信用证后，信用证具有了标准化、固定化和统一格式的特性，且传递速度快捷，成本也较低，现已被西北欧、美洲和亚洲等国家与地区的银行广泛使用。我国银行在电开信用证或收到的信用证电开本中，SWIFT 信用证也已占很大比重。

开立 SWIFT 信用证采用固定格式 MT700，该格式按照条款内容的性质分门别类，并且以特定的格式书写：条款属性编号＋条款＋条款内容。例如：

44C　LATEST DATE OF SHIPMENT　110915

(44C　最迟装运期　2011 年 9 月 15 日)

（三）信用证的标准格式（参见附件）

附：信用证样本

中国银行 上海市分行
BANK OF CHINA SHANGHAI BRANCH

信用证通知书

致：SHANGHAI KEMP IMP AND EXP CO., LTD

通知编号：AD0604711000537

日期：2011-12-13

迳启者：

我行收到如下信用证一份：

开证行：HANA BANK Seoul 100-746 Korea

开证日：2011-12-12

信用证号：M12Y4112NS00146

金额：USD 34,633.00

现随附通知。贵司交单时，请将本通知书及正本信用证一并提示。其它注意事项如下：

本信用证之通知系遵循国际商会《跟单信用证统一惯例》第600号出版物。

如有任何问题及疑虑，请与中国银行股份有限公司联络。

电话：　　　　传真　　　　。

附言：drawee:issuing bank

中国银行股份有限公司

ADDRESS: 20F, 200 YIN CHENG ROAD（M），PUDONG　　SWIFT CODE: BKCHCNBJ300

中国银行 上海市分行
BANK OF CHINA SHANGHAI BRANCH

Eximbills Enterpriste Incoming Swift

==

Message Type:MT700
Send Bank:HNBNKRSEXXX

Recv Bank:BKCHCNBJ300

User Name:sh109003
Print Times:1
Print Date:2011-12-13 MIR:111212HNBNKRSEAXXX4671611028

==

:27:[Sequence of Total]
1/1
:40A:[Form of Documentary Credit]
IRREVOCABLE
:20:[Documentary Credit Number]
M12Y4112NS00146
:31C:[Date of Issue]
111212
:40E:[Applicable Rules]
UCP LATEST VERSION
:31D:[Date and Place of Expiry]
120114BENEFICIARY IN YOUR COUNTRY
:50:[Applicant]
SABC IMURE, INC
KILIN TOWER 2-13 CYUC YIN-XL
GAIE CITY。KOREA 03-4685-2150
:59:[Beneficiary]
SHANGHAI KEMP IMPORT AND EXPORT
CO., LTD.
1068 JINDU ROAD, SHANGHAI 201108
P.R. CHINA TEL:+ 86-21-54406066
:32B:[Currency Code, Amount]
USD34633,

ADDRESS: 20F, 200 YIN CHENG ROAD (M), PUDONG SWIFT CODE: BKCHCNBJ300

中国银行 上海市分行
BANK OF CHINA SHANGHAI BRANCH

:39A:[Percentage Credit Amount Tolerance]
05/05
:41D:[Available With...By...]
ANY BANK
BY NEGOTIATION
:42C:[Drafts at...]
BENEFICIARY DRAFTS AT SIGHT
FOR 100 PCT OF THE INVOICE VALUE
:42A:[Drawee]
HNBNKRSEXXX
:43P:[Partial Shipments]
ALLOWED
:43T:[Transshipment]
PROHIBITED
:44E:[Port of Loading/Airport of Departure]
SHANGHAI AIRPORT
:44F:[Port of Discharge/Airport of Destination]
INCHEON AIRPORT, KOREA
:44C:[Latest Date of Shipment]
111231
:45A:[Description of Goods and/or Services]
ORIGIN CHINA
FOB ×××× AIRPORT
H.S CODE : 6205.20.0099
PO NUMBER :PI11-KLN-SER-1018
Description QUANTITY AMOUNT
×××× 3,100 PCS USD 34,633.00
:46A:[Documents Required]
+AIRWAY BILLS CONSIGNED TO XXXX BANK MARKED FREIGHT
Collect AND NOTIFY APPLICANT.
+SIGNED COMMERCIAL INVOICE IN TWO FOLDS
+PACKING LIST IN TWO FOLDS
:47A:[Additional Conditions]
+5PCT MORE OR LESS IN Q'TY AND AMOUNT ALLOWED.
+SHIPPING DOCUMENTS(AIRWAY BILL. P/LIST, INVOICE)
SHOULD MAILED AND FAXED TO KOLON INDUSTRIES, INC. (FNC)
PROMPTLY
ATTN PARK YOUN SUK (E-MAIL : blueys75 at kolon.com

中国银行 上海市分行
BANK OF CHINA SHANGHAI BRANCH

FAX : 82- 2- 3677- 7509)
+THIRD PARTY DOCUMENTS ARE ACCEPTABLE.
+FORWARDING COMPANY :
ORIENTAL MERCHURY INT'L CARGO TRANSPORTATION CO., LTD.
ROOM 603 NO.2 GUO SHENG CENTER
LANE 388 ZHONGJIANG ROAD SHANGHAI, CHINA
TEL : 86-21-62646677 119
FAX : 86-21-32111219, 32111220
+EXCEPT SO FAR AS OTHERWISE EXPRESSLY STIPULATED HEREIN,
ALL DOCUMENTS MUST BE INDICATED L/C NUMBER AND MUST BE
FORWARDED DIRECTLY TO US IN ONE LOT BY COURIER SERVICES.
+ADDRESS OF THE ISSUING BANK
9-10, EULJIRO, 2-KA, JUNG-GU, SEOUL, KOREA
ZIP CODE : 100-720
ATTN : INTERNATIONAL BUSINESS OPERATION CENTER
:71B:[Charges]
+ALL BANKING CHARGES OUTSIDE KOREA
AND REMITTANCE
CHARGES ARE FOR ACCOUNT OF
BENEFICIARY
:48:[Period for Presentation]
DOCUMENTS MUST BE PRESENTED WITHIN
21 DAYS AFTER THE DATE OF SHIPMENT
BUT WITHIN EXPIRY DATE
:49:[Confirmation Instructions]
WITHOUT
:78:[Instructions to the Paying/Accepting/Negotiating Bank]
+T/T REIM IS NOT ALLOWED
+UPON RECEIPT OF DOCUMENTS IN ORDER, WE SHALL REMIT
PROCEEDS TO YOUR DESIGNATING ACCOUNT.
+IF DOCUMENTS ARE PRESENTED WITH DISCREPANCIES,
A DISCREPANCY FEE OF USD80.00(JPY9000.00 OR EUR80.00)
OR EQUIVALENT SHOULD BE DEDUCTED FROM THE REIMBURSEMENT
CLAIM. THIS FEE SHOULD BE CHARGED TO BENEFICIARY.
+THE NEGOTIATING BANK/PRESENTING BANK MUST SEND AN EXTRA COPY
OF EACH DOCUMENT TO US FOR OUR FILES ALONG WITH THE ORIGINAL
DOCUMENTS. IF NOT, USD10.- WILL BE DEDUCTED FROM PAYMENT.

ADDRESS: 20F, 200 YIN CHENG ROAD (M), PUDONG SWIFT CODE: BKCHCNBJ300

中国银行 上海市分行
BANK OF CHINA SHANGHAI BRANCH

:57D:["Advise through" Bank]
WEST NANJING ROAD SUB-BRANCH
-}{5:{MAC:1AF68E62}{CHK:310F02875C40}}

六、《跟单信用证统一惯例》

《跟单信用证统一惯例》(Uniform Customsand Practice for Documentary Credits, UCP)是国际银行界、法律界、学术界自觉遵守的“法律”,是全世界公认的、到目前为止最为成功的一套非官方规定。70 多年来,160 多个国家和地区的 ICC 和不断扩充的 ICC 委员会持续为 UCP 的完善而努力工作着。

2003 年 5 月,ICC 银行技术与惯例委员会批准对 UCP 进行修改。修改稿经 9 人起草小组的 15 次会议初拟,并参考了来自 26 个国家的 41 位银行和运输业专家组成的资讯小组的意见。2006 年 10 月 25 日,在巴黎举行的 ICC 银行技术与惯例委员会 2006 年秋季例会上,以点名形式,最终通过了 UCP600,并于 2007 年 7 月 1 日开始实施。UCP600 共有 39 个条款、比 UCP500 减少了 10 条,但却比后者更为准确、清晰,更易读、易掌握、易操作。

七、合同中的信用证支付条款

在进出口合同中,如约定凭信用证付款,买卖双方应将开证日期、信用证的类别、付款时间、信用证金额、信用证的效期和到期地点等事项作出明确、具体的规定。

【我国出口合同中信用证支付条款示例】

(1)即期信用证支付条款。

“买方通过一家卖方可接受的银行于装运月份 30 天前开立不可撤销即期 L/C 并送达卖方,至装运日后 15 天在中国议付有效。”

The Buyer shall open through a bank acceptable to the Seller an Irrevocable Letter of Credit payable at sight to reach the seller 30 days before the month of shipment, valid for negotiation in China until the 15th day after the date of shipment.

“买方应于××××年×月×日前(或接受卖方备货通知后×天内或签约后×天内)通过银行开出以卖方为受益人的(由××银行保兑的)不可撤销的(可转让的)全部发票金额的即期信用证。信用证有效期延至装运日期后 15 天在中国到期。”

The buyer shall arrange with × bank for opening an irrevocable (transferable) bank banker's sight letter if credit in favour of the seller before…(or with××days after receipt of seller's advice; or within××days after signing of this contract). the said letter of credit shall be available by draft(s) at sight (or after date of shipment) and remain valid for negotiation in china until the 15th after aforesaid time of shipment.

(2)远期信用证支付条款。

“买方应于××××年×月×日前(或接到卖方通知后×天内或签约后×天内)通过××银行开立以卖方为受益人的不可撤销的(可转让的)见票后×天(或装船日后×天)付款的银行承兑信用证。信用证议付有效期延至上述装运期后 15 天在中国到期。”

The buyer shall arrange with × bank for opening an irrevocable (transferable) bank banker's acceptance letter if credit in favour of the seller before…(or with××days after receipt of seller's advice; or within××days after signing of this contract). the said letter of credit shall be available by draft(s) at sight (or after date of shipment) and remain valid for negotiation in china until the 15th after aforesaid time of shipment.

(3)循环信用证支付条款。

"买方应通过为卖方所接受的银行于第一批装运月份前×天开立并送达卖方不可撤销即循环信用证,该证在20××年期间,每月自动可供××(金额),并保持有效至20××年1月15日在北京议付。"

The Buyer shall open through a bank acceptable to the Seller an Irrevocable Letter of Credit payable at sight to reach the seller 30 days before the month of shipment, valid for negotiation in China until the 15th day after the date of shipment.

第四节　信用融资(其他结算方式)

一、国际保理

(一)国际保理的含义

国际保理(International Factoring)又称承购应收账款,是指在以商业信用出口货物时(赊销或承兑交单),出口商交货后把应收账款的发票和装运单据无追索权地转让给保理商,即可取得应收取的大部分货款,日后一旦发生进口商不付款或逾期付款的情况,则由保理商承担付款责任。在保理业务中,保理商承担第一付款人的责任。常见的保理业务有融资保理及到期保理。国际保理服务的范围主要有资金服务、信用保险服务、管理服务和资信调查服务等。

(二)国际保理业务当事人

国际保险业务当事人包括出口人、进口人、出口保理商和进口保理商。

(三)国际保理业务程序

国际保理业务的一般流程如图10.12所示。

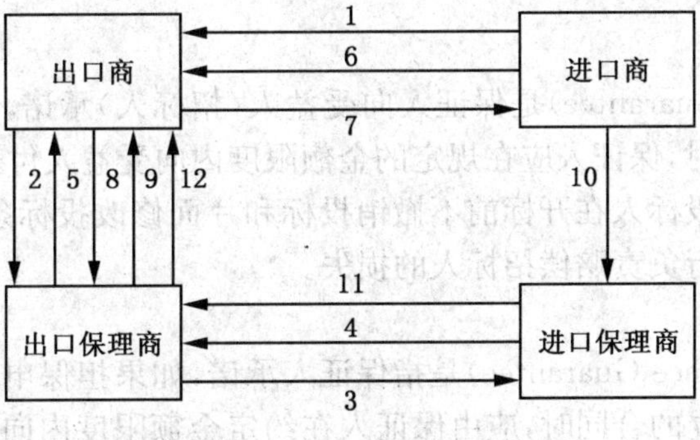

图10.12　国际保理业务的一般流程

(四)国际保理业务的适用范围及应注意的问题

第一,国际保理业务并不适用各类企业所有商品的交易,它通常适用于中小企业的中小额交易。

第二,供应商要严格按照保理商批准的信用额度与债务人成交合同,在交货时必须严格符合合同的规定。

第三,应慎重选择保理商。

第四，保理业务费用应事先估算在出口成本之中。

二、银行保函

（一）银行保函的含义及基本内容

银行保函（Banker's Letter of Guarantee, L/G）又称银行保证书，是银行作为保证人向受益人开立的保证文件。银行保证被保证人未向受益人尽到某项义务时将承担保函规定的付款责任。银行保函一般是见索即付保函，它是一种与买卖合同相脱离的独立性担保文件，并且是不可撤销的。

银行保函的内容随具体交易的不同而有所差异，但其基本内容一般包括以下几个方面：

1. 基本栏目

包括保证书的编号；开立日期；各当事人的名称、地址和所在国家和地区；有关工程项或其他标的物的名称；有关合同和标书的编号和签约或签发日期等。

2. 责任条款

即开立保函的银行在保函中承诺的责任条款，这是银行保函最主要的内容。

3. 保证金额

保证金额是出具保函的银行所承担责任的最高金额。它可以是一个具体的金额，也可以是有关合同金额的某个百分率。如果保证人可以按委托履行合同的程度减免责任，则必须做出具体说明。

4. 有效期

即最迟的索赔期限，或称到期日，它可以是一个具体的日期，也可以是有关某一行为或某一事件发生后的一个时期到期。例如："在交货后 3 个月或 6 个月"，"工程结束后 30 天"等。

5. 索偿方式

即索偿条件，是指受益人在何种情况下方可向保证人提出索赔。

（二）银行保函的种类

1. 投标保函

投标保函（Tender Guarantee）是保证人向受益人（招标人）承诺，当申请人（投标人）不履行其投标所产生的义务时，保证人应在规定的金额限度内向受益人付款。

投标保函主要担保投标人在开标前不撤销投标和片面修改投标条件，中标后要保证签约和交付履约金；否则，银行负责赔偿招标人的损失。

2. 履约保函

履约保函（Performance Guarantee）是指保证人承诺，如果担保申请人（承包人）不履行他与受益人（业主）之间订立的合同时，应由保证人在约定金额限度内向受益人付款。此保函除应用于国际工程承包业务外，同样适用于货物的进出口交易。

3. 还款保函

还款保函（Re-payment Guarantee）是指保证人应合同一方当事人的申请，向合同另一方当事人开立的保函。保函规定，如申请人不履行他与受益人订立的合同义务，如不将受益人预付或支付的款项退还给受益人，银行则向受益人退还或支付款项，也就是贷款人要求借款人提供的到期一定还款的保函。

（三）银行保函与信用证的区别

一是付款责任：前者的开证行既可能承担第一性付款责任，也可能承担第二性付款责任；

而后者承担第一性付款责任。

二是付款依据：银行保函支付的既可能是合同款，也可能是赔款或退款；而后者凭单据付款。

三是使用范围：前者使用范围大于后者，后者仅限于正常履约的合同。

四是使用的可能性：信用证用于履约收款，而保函用于违约赔偿。

三、备用信用证

（一）备用信用证的含义

备用信用证(Standby Letter of Credit)是指开证行根据开证申请人的请求对受益人开立的承诺承担某项义务的凭证。即开证行保证在开证申请人未能履行其应履行的义务时，受益人只要凭备用信用证的规定向开证行开具汇票（或不开汇票），并提交开证申请人未履行义务的声明或证明文件，即可取得开证行的偿付。

备用信用证属于银行信用，开证行对受益人保证，在开证申请人未履行其义务时，即由开证行付款。因此，备用信用证对受益人来说是备用于开证申请人发生毁约时取得补偿的一种方式。如果开证申请人按期履行合同的义务，受益人就无需要求开证行在备用信用证项下支付货款或赔款。这就是之所以称作“备用”(Standby)的由来。

备用信用证一般用在投标、履约、还款、预付货款和赊销等业务中，也有用于带有融资性质的还款保证。近年来，有些国家已开始把备用信用证用于买卖合同项下货款的支付。

（二）备用信用证与一般跟单信用证的异同

1. 备用信用证与一般跟单信用证的相同点

(1)两者都是在买卖合同或其他合同的基础上开立的，但一旦开立就都与凭以开立信用证的这些合同无关，成为开证行对受益人的一项独立的义务。

(2)两者的开证行所承担的付款义务均是第一性的。

(3)开证行及其指定的银行均为符合信用证规定的凭证（单据）付款，即跟单的。

此外，两者都可适用《跟单信用证统一惯例》。

2. 备用信用证与一般跟单信用证的不同点

(1)一般跟单信用证通常用于一笔具体交易的支付，且在受益人按约履行合同的过程中支付；而备用信用证适用于当开证申请人未履行其合同义务时，向受益人付款、退款或赔款。

(2)一般跟单信用证主要用于国际货物买卖；而备用信用证则可用于所有国际经济业务往来。

(3)一般跟单信用证通常须经进口商申请，开证行才能据以开立信用证；而备用信用证的开证行也可不经申请人的请求而按其自身需要主动开证。

(4)一般跟单信用证通常须要求受益人提交大量的商业单据，其中至少包括发票和运输单据；而备用信用证只需要受益人签发申请人违约证明以及在远期付款情况下签发并提示汇票，供开证行承兑，到期付款，至于是否需要提交商业单据，则视备用信用证的具体规定而定。

(5)一般跟单信用证的开证行，由于有押金或货运单据作抵押，承担的风险较小；而备用信用证的开证行开证的主要依据是开证申请人的信用和履约能力，因而风险较大。

随着我国对外经济贸易交往的不断发展，近年来，在实际业务中使用银行保函和备用信用证的交易有日渐增多的趋势。

第五节 货款支付方式的选用

一、信用证与汇付相结合

这是指一笔交易的货款，部分用信用证方式支付，余额用汇付方式结算。这种结合方式常用于允许其交货数量有一定机动幅度的某些初级产品的交易。对此，经双方同意，信用证规定凭装运单据先付发票金额或在货物发运前预付金额若干成，余额待货到目的地(港)后或经再检验后用汇付方式支付。使用这种做法时，必须首先订明采用的是何种信用证和何种汇付方式以及按信用证支付金额的比例。

二、信用证与托收相结合

这是指一笔交易的货款，部分用信用证方式支付，余额用托收方式结算。这种结合方式的具体做法通常是：出口商出货后，签发两张汇票，一张用于光票信用证项下的货款支付(相当于预付款)，另一张随附全额货运单据，按即期或远期付款交单托收。

这种做法，对出口商收汇较为安全，对进口商可减少资金，易为双方接受。但信用证必须订明信用证的种类和支付金额以及托收方式的种类，也必须订明“在全部付清发票金额后方可交单”的条款。

【信用证与托收相结合的支付条款示例】

60% of the value of goods by irrevocable sight letter of credit and remaining 40% on collection basis at sight, the full set of shipping documents are to accompany the collection item. All the documents are not to be delivered to buyer until full payment of the invoice value are paid.

(货款60%应开具不可撤销即期信用证，其余额40%见票付款交单，全套货运单据应附在托收部分项下，于到期时全数付清发票金额后方可交单。)

三、跟单托收与预付押金相结合

采用跟单托收须由进口商提交预付款或一定数量的押金作为保证。于合同货物装运后，出口商通过银行可获得货款的部分金额。若托收遭到进口商拒付，出口商可将货物运回，而从已获款额中扣除来往运费、利息及合理的损失费用。关于预付金和一定数量押金的数目，应经双方协商而定。

【跟单托收与预付押金相结合的支付条款示例】

Shipment to be made subject to an advanced payment or payment amounting xx to be remitted in favor of seller by T/T(M/T or D/D) with indication of L/C N0. xx and the remaining part on collection basis, documents will be released against payment at sight.

(装运货物系以第××号即期信用证规定的电汇(信汇/票汇)方式向卖方提交预付金××为前提，其余部分采用托收凭即期付款交单。)

四、备用信用证与跟单托收相结合

采用备用信用证与跟单托收相结合作为支付方式，是为了防止跟单托收项下的货款一旦遭到进口商拒付时，可利用备用信用证的功能追回货款。

【备用信用证与跟单托收相结合的支付条款】

Payment available by D/P at sight with a Standby L/C in favor of seller for the amount of xx as undertaking. The standby L/C should bear the cause: In case the drawee of the documentary collection under credit No. xx fails to honor the payment upon due date, the beneficiary has the right to draw under this L/C by their draft with a statement stating the payment on credit No. xx was not honored.

（凭即期付款交单与备用信用证相结合为付款方式，在备用信用证中应列明以卖方为受益人，其金额为××并明确依第××号信用证项下跟单托收，若付款人于到期拒付时，受益人有权凭本信用证签发汇票和出具证明书，依第××号信用证的规定收回货款。）

第六节 专业技能实训

任务一 汇票的填制

【目的要求】

通过填写汇票的训练，要求学生能根据实际业务的需要，熟练制作汇票。

【背景材料】

2011 年 8 月 18 日，湖南长沙纺织进出口公司（卖方）从中国银行长沙分行（通知行）处收到中国银行纽约分行（开证行）于 2011 年 8 月 10 日开来的金额为 USD 2 000 000.00 的不可撤销即期信用证，信用证的号码为 SUG1984022。信用证中要求卖方开立一张付款人为开证行，收款人为通知行的 30 天远期汇票。

请根据上述背景材料制作一张信用证项下的远期汇票。

【实训指南】

1. 出票依据（Drawn under）：又称出票根据，只有信用证汇票，必须标有说明与某银行某日期开出的某号信用证有关的出票条款，包含三个内容：开证行完整名称（不用写具体地址）、信用证号和开证日期。托收项下，一般只列明对价条款，内容包括发运货物的名称、数量和合同号或发票号。

2. 利息条款（Payable with interest ××% per annum）：按信用证要求，填写利息条款。

3. 号码（No.）：填写发票号码。

4. 汇票金额小写（Exchange for）：填写汇票小写金额，保留小数点后两位。

5. 汇票金额大写（The sum of）：填写汇票大写金额，金额后面如无尾数应加“整”（ONLY）。汇票金额的小写和大写必须一致。

6. 出票的地点、日期（Place、Date）：出票地点一般应是出口商所在地，出票日期一般填交单日，该日期不能早于运输单据，如提单日；信用证项下不得迟于信用证或 UCP600 规定的交单限期。日期需用英文，不能全用阿拉伯数字。一般由议付银行议付时代填。

7. 付款期限（At ××× sight）：如果是即期汇票，在 At 和 sight 中间的填写“×××”，注意此处不能留空；如果是远期汇票，有 3 种填法：(1)“At ×× days after sight”；(2)“At ×× days after date of Draft”；(3)“At xx days after date of B/L”。具体可根据信用证的规定填写。

8. 收款人（Pay to the order of）：一般在空白处填写××银行的名称。如信用证没有特别规定，我国国内的做法是将交单行作为收款人。无证托收的汇票，一般应以托收行(出口地银行)为收款人。

9. 付款人(To)：信用证项下一般填写开证行名称或开证行指定银行名称。托收项下，除非合同另有规定，应填写合同的买方。

10. 出票人：在汇票的右下角，一般由信用证的受益人(出口商)签章。按照我国的习惯，这一栏通常打上出口公司的全称，并由负责人签字盖章。

任务二 审核信用证

【目的要求】

通过审核训练，要求学生能够熟悉信用证的操作流程并熟练掌握信用证的内容。特别是受益人，收到信用证之后，能够按照合同审核信用证；如果信用证与合同不符，能够根据具体情况，采取稳妥的措施，确保安全收汇。

【背景材料】

根据合同内容审核信用证，指出不符之处并提出修改意见。

SALES CONTRACT

THE SELLER: NO. YH08039
SHANDONG YIHAI IMP. & EXP. CO.,LTD. DATE: DEC.1, 2008
NO. 51 JINSHUI ROAD, QINGDAO, CHINA SIGNED AT: QINGDAO,CHINA
THE BUYER:
LINSA PUBLICIDAD, S.A.
VALENCIA, 195 BAJOS. 08011. BARCELONA, SPAIN

This Sales Contract is made by and between the Sellers and the Buyers, whereby the sellers agree to sell and the buyers agree to buy the under-mentioned goods according to the terms and conditions stipulated below:

Commodity & Specification	Quantity	Price Terms	
		Unit price	Amount
CARDHOLDER DYED COW LEATHER BLACK BROWN	 5000PCS 8000PCS	FOB QINGDAO USD1.45/PC USD1.50/PC	 USD 7250.00 USD12000.00 USD19250.00
Total amount: U.S.DOLLARS NINETEEN THOUSAND TWO HUNDRED AND FIFTY ONLY			

Packing: 1PC/POLYBAG, 500PCS/CTN
Time of Shipment: DURING JAN. 2009 BY SEA
Shipping Mark: L.P. / BARCELONA / NOS.1-26
Loading Port and Destination: FROM QINGDAO TO BARCELONA
Partial Shipment and Transshipment: ALLOWED
Insurance: TO BE EFFECTED BY THE BUYER.
Terms of Payment: THE BUYER SHALL OPEN THROUGH A BANK ACCEPTABLE TO THE SELLER AN IRREVOCABLE SIGHT LETTER OF CREDIT TO REACH THE SELLER 30 DAYS BEFORE THE MONTH OF SHIPMENT AND TO REMAIN VALID FOR NEGOTIATION IN CHINA UNTIL THE 15th DAY AFTER THE FORESAID TIME OF SHIPMENT.

LETTER OF CREDIT

ISSUE OF DOCUMENTARY CREDIT

27:SEQUENCE OF TOTAL:1/1

40A:FORM OF DOC. CREDIT:IRREVOCABLE

20:DOC. CREDIT NUMBER:103CD137273

31C:DATE OF ISSUE:081215

40E:APPLICABLE RULES:UCP LATEST VERSION

31D:DATE AND PLACE OF EXPIRY:DATE 090202 PLACE IN SPAIN

51D:APPLICANT BANK:BANCO SANTANDER, S. A.

28660 BOADILLA DEL BARCELONA, SPAIN

50: APPLICANT: LINSA PUBLICIDAD, S. A. VALENCIA, 195 BAJOS. 08011. BARCELONA, SPAIN

59:BENEFICIARY:SHANDONG YIHAN IMP. & EXP. CO., LTD.

NO. 51 JINSHUI ROAD, QINGDAO, CHINA

32B: AMOUNT:CURRENCY EUR AMOUNT 19250.00

41A:AVAILABLE WITH…BY:ANY BANK IN CHINA BY NEGOTIATION

42C:DRAFTS AT…:30 DAYS AFTER SIGHT

42A:DRAWEE:LINSA PUBLICIDAD, S. A.

43P:PARTIAL SHIPMTS:NOT ALLOWED

43T:TRANSSHIPMENT:NOT ALLOWED

44E:PORT OF LOADING:ANY CHINESE PORT

44F:PORT OF DISCHARGE:VALENCIA, SPAIN

44C:LATEST DATE OF SHIPMENT:090115

45A:DESCRIPTION OF GOODS

GOODS AS PER S/C NO. YH08036 DATED ON DEC. 1, 2008

CARDHOLDER DYED COW LEATHER

BLACK COLOUR/8000PCS AT USD1.45/PC FOB QINGDAO

BROWN COLOUR/5000PCS AT USD1.50/PC FOB QINGDAO

PACKING: 200PCS/CTN

46A:DOCUMENTS REQUIRED

1. SIGNED COMMERCIAL INVOICE IN 3 COPIES

2. CERTIFICATE OF ORIGIN GSP FORM A ISSUED BY OFFICIAL AUTHORITIES

3. PACKING LIST IN 3 COPIES

4. FULL SET CLEAN ON BOARD BILLS OF LADING MADE OUT TO ORDER MARKED FREIGHT PREPAID AND NOTIFY APPLICANT

5. INSURANCE POLICY/CERTIFICATE IN DUPLICATE ENDORSEDIN BLANK FOR 110% INVOICE VALUE COVERING ALL RISKS AND WAR RISK AS PER CIC.

47A: ADDITIONAL CONDITIONS:

BILL OF LADING ONLY ACCEPTABLE IF ISSUED BY ONE OFTHE FOLLOWING SHIPPING COMPANIES: KUEHNE-NAGEL (BLUE ANCHOR LINE) VILTRANS (CHINA) INT'L FORWARDING LTD. OR VILTRANS SHIPPING (HK) CO., LTD.

71B: CHARGES:ALL CHARGES ARE TO BE BORN BY BENEFICIARY

48: PERIOD FOR PRESENTATION:WITHIN 5 DAYS AFTER THE DATE OF SHIPMENT, BUT WITHIN THE VALIDITY OF THIS CREDIT

49:CONFIRMATION INSTRUCTION:WITHOUT

任务三 思考与练习

一、单项选择题

1. 根据UCP600的规定,信用证的第一付款人是( )。

A. 进口人 B. 开证行 C. 议付行 D. 通知行

2. 信用证上若未注明汇票的付款人,根据UCP600的规定,汇票的付款人应是( )。

A. 开证人 B. 开证行 C. 议付行 D. 出口人

3. 英文缩写为D/D的是( )。

A. 信汇 B. 电汇 C. 票汇 D. 汇票

4. 在D/P付款条件下,商业汇票上的受票人应是( )。

A. 代收行 B. 托收行 C. 出口商 D. 进口商

5. 根据我国《票据法》的规定,凡签发( )的汇票无效。

A. 限制性抬头 B. 指示性抬头人 C. 记名抬头 D. 持票人或来人抬头

6. 在托收项下,单据的缮制通常以( )为依据。

A. 信用证 B. 发票 C. 合同 D. 提单

7. 凡制成限制性背书的汇票,只能由( )凭票取款。

A. 其他被背书人 B. 指定的被背书人 C. 银行 D. 买方

8. 承兑交单属于( )方式的一种。

A. 信用证 B. 汇付 C. 保理 D. 托收

9. 买卖双方以D/P和T/R条件签订合同,货到目的港后,买方凭T/R向代收行借单提货,事后收不回货款,( )。

A. 代收行应负责向卖方偿付 B. 由卖方自行负担货款损失

C. 由卖方与代收行协商共同负担损失 D. 代收行应负责向买方偿付

10. 使用L/C、D/P和D/A三种支付方式结算货款,就卖方的收汇风险而言,从小到大依次排序为( )。

A. D/P、D/A和L/C B. D/A、D/P和L/C C. L/C、D/P和D/A D. D/P、L/C和D/A

二、多项选择题

1. 国际货款收付的主要方式有( )。

A. 电汇 B. 汇付 C. 票汇 D. 托收

E. 信用证

2. 用于议付信用证项下结算的汇票可以是( )。

A. 即期汇票 B. 远期汇票 C. 商业汇票 D. 银行汇票

E. 以上均可

3. 出票人开具的汇票,如遭付款人拒付,( )有权行使追索权。

A. 开证行 B. 议付行 C. 保兑行 D. 付款行

4. 对于信用证与合同关系的表述,正确的是( )。

A. 信用证的开立以买卖合同为依据 B. 信用证业务的处理不受买卖合同的约束

C. 有关银行办理信用证业务应适当考虑合同 D. 合同是审核信用证的依据

E. 信用证业务的处理受买卖合同的约束

5. 一般跟单信用证与备用信用证的主要区别是( )。

A. 银行付款的条件不同 B. 适用的范围不同

C. 银行付款时需提供的单据不同 D. 适用的惯例不同

E. 前者属于银行信用,后者属于商业信用

三、判断题

1. 一张商业汇票上的收款人是:"仅付给 ABC 有限公司"(Pay to ABC Co. ,Ltd. only),这种汇票不能转让。(　　)

2. 汇票是信用证项下的必备单据。(　　)

3. 在票汇情况下,买方购买了银行汇票寄往卖方,由于采用的是银行汇票,因此这种付款方式属银行信用。(　　)

4. 采用托收方式结算时,如发现进口商财务状况恶化,出口商应采取承兑交单的交单方式。(　　)

5. 在我国进口业务中,对外开证一般不主动开出"可转让信用证",以免使我方处于被动。(　　)

6. 本票可以签发一式两份或多份。(　　)

7. 支票可以做结算和押汇工具,也可以做信贷工具。(　　)

8. 根据我国《票据法》,承兑附有条件的,视为拒付。(　　)

9. 银行本票可以是即期的,也可以是远期的。(　　)

10. 保兑信用证中的保兑行对保兑信用证负有第一性的付款责任。(　　)

四、简答题

1. 汇票必须记载哪些项目才是有效的?

2. 使用托收方式应注意哪些问题?

3. 为什么说信用证方式属于银行信用?其主要作用表现在哪些方面?

4. 国际保理业务的适用范围有哪些?

五、案例分析

1. 国外开了不可撤销信用,信用证中规定:最迟的装运期是 2001 年 12 月 31 日,议付日期是 2002 年 1 月 15 日。我方按证中规定的日期完成装运,并取得签发日是 12 月 10 日的提单,当我方备齐单据于 1 月 4 日到银行议付时,遭银行拒绝。

问:银行拒付是否有道理?为什么?

2. 我方按 CIF 大阪向日本出口一批货物。4 月 20 日由日本东京银行开来不可撤销即期跟单信用证,金额为 50 000 美元,装船期为 5 月份,证中规定偿付行为 Citibank New York(花旗银行)我中行收证后于 4 月 22 日通知出口公司。4 月底获悉进口方因资金问题濒临破产倒闭。

问:我方遇此情况应如何处理?

3. 我国 A 公司向泰国 B 公司出口一批货物,付款方式为 D/P 90 天。货物出运后,汇票及货运单据通过出口地的托收银行寄抵国外代收行,B 公司进行了汇票承兑。货抵目的港后,由于用货心切,B 商于是出具了信托收据向本地代收行借得货运单据,先行提货转售。当汇票到期时,B 商因经营不善,失去偿付能力。代收行以汇票付款人拒付为由通知托收行,并建议由 A 公司直接向 B 商索取货款。此时距离汇票到期日还有 30 天。

问:A 公司于汇票到期时收回货款的可能性是怎样的?并提出处理该案的建议。

4. 宁波市某进出口公司对外推销某种货物,该商品在新加坡市场的销售情况日趋看好,逐渐成为抢手货。新加坡贸发公司来电订购大批商品,但坚持用汇付方式支付。此时,在宁波公司内部就货款支付方式问题产生不同的意见,一些业务员认为汇付的风险较大,不宜采用,主张使用信用证方式;但有些人认为汇付方式可行;还有一部分业务员认为托收可行。

问:如果你是出口公司的业务员,应如何选择恰当的支付方式?并说明理由。

5. 请根据下面已填写好的托收汇票,回答以下相关问题:

(1)汇票出票人、付款人分别是谁?

(2)汇票是即期还是远期?

(3)有几份汇票?

BILL OF EXCHANGE

号码 汇票金额 上海

No. HLK356 Exchange for USD 56，000.00 Shanghai， 2008-10-17

见票 日后（本汇票之副本未付）付交

At 90 DAYS AFTER sight of this FIRST of Exchange(Second of Exchange being unpaid)

pay to the order of BANK OF CHINA，SHANGHAI BRANCH

金额

the sum of SAY US DOLLARS FIFTY SIX THOUSAND ONLY

此致

To MITSUBISHI TRUST & BANKING CO. LTD.，

4—5 MARUNOUCHI 1—CHOME

CHIYODA-KU，TOKYO 100，JAPAN

CHINA NATIONAL ANIMAL BYPRODUCTS

IMP. & EXP. CORP. SHANGHAI BRANCH

第十一章　订立合同中的商品检验条款

学习指导

通过本章的学习，要求理解进出口商品检验检疫的含义，明确商品检验的重要性，掌握商品检验的时间、地点、内容和程序，能够正确用英文订立合同中的商品检验条款。

导入案例

合同条款不明　工厂自遭损失

某年9月，CS市无线电二厂委托GZ省外总公司与XGXH进出口有限公司签订了4万套HFM-121型调频调幅袖珍收音机关键件的合同，总值27.9万美元。到货后，某商检局多次督促厂方检验，一直拖延了半年多才开箱检验。此时，不但发现数量短少，而且经装配后发现噪音很大，性能很差，厂方即到商检局要求检验出证对外索赔。

商检局向厂方详细了解了订货前后的情况，得知签订合同前，XGXH进出口有限公司曾向厂方提供一份电路原理图、两台整机和整机技术指标。经查阅有关单证，发现仅有的订货合同非常简单，只规定了每种元件的数量、单价，未对各元件的技术指标、参数做明确规定，也未将订货前提供的整机技术指标等规定列入合同或作附件。

鉴于上述情况，商检局认为：(1)该批货物缺少技术资料，没有检验依据，无法进行检验、鉴定出证索赔。(2)整机性能的好坏尚不能完全取决于元件质量，还决定于装配及调试等。虽数量短少、性能很差，但索赔期已过，商检无法出证。

思考：合同中该如何订立商品检验条款？

第一节　商品检验概述

一、商品检验的基本含义

商品检验(Inspection of Goods)是指商品的卖方、买方或者第三方在一定条件下，借助于某种手段和方法，按照合同、标准或国内外有关法律、法规、惯例，由有关机构对商品的质量、规格、重量、数量、包装、安全及卫生等方面进行检查，并做出合格与否或通过验收与否的判定或为维护买卖双方合法权益，避免或解决各种风险损失和责任划分的争议，便于商品交接结算而出具各种具有法律效力的有关证书的业务活动。

商品检验在商检学中有狭义和广义之分。从狭义来看，商品检验就是指对进出口商品的品质检验。其具体的含义是指在国家的授权下，以法律为依据，按照合同、标准或者来样的要求，运用各种手段，包括感官、物理测试、化学检验、仪器分析、微生物学的分辨分析方法，对进出口商品所含的各种原材料、成品以及半成品的品质、规格、等级等进行检查，确定其是否符合外贸合同、成交样品、标准等的规定的过程。

从广义来看，商品检验包含两个层次的含义：第一层包括检查管理的水平、效果，以衡量管理是否得力、有效；第二层包括检验商品的质量、规格、数量、重量、包装以及是否符合安全、健康、环保、卫生要求。其具体的含义是指根据国家的授权，对进出口的商品进行检验、监督管理以及公证鉴定。

二、商品检验的意义

第一，商检工作是使国际贸易活动能够顺利进行的重要环节，即商品检验是进出口货物交接过程中不可缺少的一个重要环节。

第二，它是一个国家为保障国家安全，维护国民健康，保护动物、植物和环境而采取的技术法规和行政措施。

第三，为了加强对进出口商品的检验工作，我国颁布了《中华人民共和国进出口商品检验法》。该法规定，我国商检机构和国家商检部门应对进出口商品实施检验；凡未经检验的进口商品，不准销售、使用；凡未经检验合格的商品不准出口。

三、检验机构

（一）我国的商检机构

1. 国家质检总局

中华人民共和国国家质量监督检验检疫总局（简称国家质检总局）是质检系统的最高管理机构，主管全国的出入境检验检疫工作。国家质检总局在全国 31 个省（自治区、直辖市）共设有 35 个直属出入境检验检验局，在各陆、海、空口岸和货物集散地设有近 300 个分支局和 280 多个办事处（统称出入境检验检疫机构，即商检机构）。国家质检总局对出入境检验检疫机构实行垂直管理。

2. 中国国家认证认可监督管理委员会

中国国家认证认可监督管理委员会为国家质量监督检验检疫总局管理的事业单位，是统一管理、监督和综合协调全国认证认可工作的主管机构。

3. 中国国家标准化管理委员会

中国国家标准化管理委员会为国家质量监督检验检疫总局管理的事业单位，是统一管理全国标准化工作的主管机构。

4. 直属检验检疫机构

国家质检总局主管全国进出口商品的检验工作，国家质检总局设在各地的直属检验检疫机构管理其所辖地区的进出口商品检验工作。

5. 出入境检验检疫分支机构

它是直属出入境检验检疫局的下设出入境检验检疫局（或办事处），负责办理具体的出入境检验检疫业务，是出入境检验检疫与监督管理职能的基本执行单位。出入境检验检疫分支机构一般设在口岸和检验检疫业务集中的地点。

根据《中华人民共和国进出口商品检验法》（以下简称《商检法》）的规定，我国出入境检验检疫机构实施进出口商品检验的基本任务有以下三项：

(1)法定检验检疫。法定检验检疫，是指根据《商检法》及其实施条例、《进出境动植物检验法》及其实施条例、《国境卫生检疫法》及其实施细则、《食品安全法》及其他有关法律法规的规定，由出入境检验检疫机构依法对出入境人员、货物、运输工具、集装箱及其他法定检验检疫物实施检验、检疫、鉴定等检验检疫业务，称为法定检验检疫，又称强制性检验检疫。

1999 年，国家质检总局发布了《出入境检验检疫机构实施检验检疫的进出境商品目录》（简称《法检商品目录》）。2009 年版的《出入境检验检疫机构实施检验检疫的进出境商品目录》涉及的编码达 4 815 个，其中，须实施进境检验检疫的编码 3 883 个，须实施出境检验检疫的编码 4 260 个。

(2)公证鉴定。公证检验是不带强制性的，完全根据对外贸易关系人的申请接受办理的各项鉴定业务检验。商品检验机构以非当事人的身份和科学、公正的态度，通过各种手段来检验与鉴定各种进出口商品是否符合贸易双方鉴定的合同要求或国际上的有关规定，得出检验与鉴定结果、结论，或是提供有关数据，以便签发证书或其他有关证明等。

(3)对进出口商品的检验工作实施监督管理。商检机构通过行政管理手段，对进出口商品有关企业的检验部门和检验人员进行监督管理；对生产企业的质量体系进行评审；对进出口商品进行抽查检验等，是我国商检机构对进出口商品执行检验把关的重要手段。例如，向列入《法检商品目录》的出口商品的生产企业派出检验人员，参与监督出口商品出口前的质量检验工作；进行进出口商品的质量认证工作；对重要的进出口商品及其生产企业实行质量认可制度；认可符合条件的国内外检验机构承担委托的进出口商品检验工作；对指定或认可的检验机构的进出口商品检验工作进行监督，抽查检验其已检验的商品，对经检查不符规定要求的检验机构取消检验资格；等等。

（二）重要的国外商检机构

(1)瑞士通用公证行(Societe Generale de Surveillance S. A. ,SGS)是当今世界上最大的检验鉴定公司；

(2)美国粮谷检验署(FGES)；

(3)美国食品药物管理局(U. S. Food and Drug Administration，FDA)；

(4)法国国家鉴定协会；

(5)日本海事鉴定协会(NKKK)，是日本最大的综合性商品检验鉴定机构；

(6)英国劳氏船级社(Lloyd's Register of Shipping，LR)是世界上规模最大、历史最久的船舶入级和海事鉴定权威公证机构；

(7)英之杰检验集团(Inchcape Inspection and Testing Services，IITS)；

(8)美国安全试验所(Underwrites Laboratories，UL)是美国最权威、在全球范围内享有信誉最大的从事安全检验和鉴定的民间机构；

(9)加拿大标准协会(Canadian Standards Association，CSA)。

第二节 商品检验的时间、地点、内容和程序

一、商品检验的时间和地点

根据当前国际上的习惯做法和我国的对外贸易实践，关于买卖合同中检验时间与地点的规定主要有以下几种：

(一)在出口国检验

1. 产地(或工厂)检验

由出口国产地检验机构的工作人员,或按照合约规定会同买方检验人员于货物在产地或工厂发运前进行检验,卖方承担货物离厂前的责任。在运输途中出现的品质、重量、数量等方面的风险,概由买方负责。这是国际贸易中普遍采用的习惯做法。在我国,按《商检法》的规定,在进口重要商品和大型成套设备时,收货人应按合同约定,在出口国装运前进行检验、监造或监装,主管部门应当加强监督;商检机构根据需要可以派出检验人员参加。

2. 装船前或装船时在装运港检验

出口货物在装运港装船前,以双方约定的装运港商检机构验货后出具的品质、重量、数量和包装等检验证明作为决定商品品质、重量和数量的最后依据,这称为离岸品质和离岸重量。最后依据是指卖方取得商检机构出具的各项检验证书时,就意味着所交货物的品质和重量与合同的规定相符,买方无权对此提出任何异议,从而否定了他对货物的复验权。除非买方能证明货到目的地时的变质或短量是由于卖方未能履行合同的品质、数量、包装等条款,或因货物固有的瑕疵,买方方可提出复验。

(二)在进口国检验

在目的港(地)卸货后检验或在目的地买方营业所所在地或最终用户所在地检验。这是指货到目的港(地)卸离运输工具后,由双方约定的目的港(地)进口方商检机构验货并出具品质、重量、数量检验证明作为最后依据,这称为到岸品质、到岸重量。如果发现货物的品质或重量与合同规定的不符,卖方要承担责任,买方可向其提出索赔或按双方事先的约定处理。这种做法对卖方十分不利。

(三)出口国装运港(地)检验重量,进口国目的港(地)检验品质

这种做法是以装运港检验机构验货后出具的重量证书为最后依据,以目的港检验机构出具的品质证书为最后依据,这称为离岸重量、到岸品质。这种做法多用于大宗商品交易的检验,以调和买卖双方在检验问题上存在的矛盾。

(四)装运港(地)检验,目的港(地)复验

出口国装运港商检机构验货后出具的检验证明作为卖方向银行议付或托收货款的单据之一,而不作为最后依据。货到目的港(地)后允许买方以双方约定的检验机构在规定时间内复验,如发现货物的品质、重量或数量与合同规定的不符而责任属于卖方时,买方可以根据检验机构出具的复验证明向卖方提出异议,并作为索赔的依据。这种检验办法对买卖双方都有好处,且比较公平、合理,符合国际贸易的习惯和法律规则,因而在国际贸易中应用广泛,在我国进出口业务中较为常用。

二、商品检验的内容

(一)品质检验

品质检验是根据合同和有关检验标准的规定或申请人的要求对商品的使用价值所表现出来的各种特性,运用人的感官或化学、物理等各种手段进行测试、鉴别。其目的就是判别、确定该商品的质量是否符合合同中规定的商品质量条件。

品质检验包括外观品质和内在品质的检验。

外观品质检验是指对商品外观尺寸、造型、结构、款式、表面色彩、表面精度、软硬度、光泽度、新鲜度、成熟度、气味等的检验。内在品质检验是指对商品的化学组成、性质和等级等技术

指标的检验。

（二）规格检验

规格表示同类商品在量（如体积、容积、面积、粗细、长度、宽度、厚度等）方面的差别，与商品品质优劣无关。例如，鞋类的大小、纤维的长度和粗细、玻璃的厚度和面积等规格，只表明商品之间在量上的差别，而商品品质取决于品质条件。商品规格是确定规格差价的依据。

由于商品的品质与规格是密切相关的两个质量特征，因此，贸易合同中的品质条款一般都包括了规格要求。

（三）数量和重量检验

它们是买卖双方成交商品的基本计量和计价单位，直接关系着双方的经济利益，也是对外贸易中最敏感而且容易引起争议的因素之一。它们包括商品个数、件数、双数、打数、令数、长度、面积、体积、容积和重量等。

（四）包装质量检验

商品包装本身的质量和完好程度不仅直接关系着商品的质量，还关系着商品的数量和重量的准确性。一旦出现问题，它是有关部门分清责任归属、确定索赔对象的重要依据之一。如检验中发现有商品数（重）量不足的情况，若包装破损，责任在运输部门；若包装完好，责任在供货方。

（五）安全、卫生检验

商品安全检验是指电子电器类商品的漏电检验、绝缘性能检验和 X 光辐射等。商品的卫生检验是指商品中的有毒有害物质及微生物的检验，如食品添加剂中砷、铅、镉的检验，以及茶叶中的农药残留量检验等。

对于进出口商品的检验除上述内容外，还包括海损鉴定、集装箱检验、进出口商品的残损检验、出口商品的装运技术条件检验、货载衡量、产地证明、价值证明以及其他业务的检验。

三、商品检验的程序

（一）接受报验

报验是指对外贸易关系人向商检机构报请检验。报验时，需填写“报验申请单”，填明申请检验、鉴定工作项目和要求，同时提交对外所签买卖合同、成交小样及其他必要的资料。

（二）抽样制样

商检机构接受报验之后，及时派员赴货物堆存地点进行现场抽样检查。抽样时，要按照规定的方法和一定的比例，在货物的不同部位抽取一定数量的、能代表全批货物质量的样品（标本）供检验之用。

（三）检验拟稿

商检机构接受报验之后，认真研究申报的检验项目，确定检验内容，仔细审核合同（信用证）对品质、规格、包装的规定，弄清检验的依据，确定检验标准、方法，对标本进行检测，然后拟制检验鉴定结果正稿。

（四）签发证书

在出口方面，凡列入《法检商品目录》内的出口商品，经商检合格后签发通关单。凡合同、信用证规定由商检部门检验出证的，或国外要求签发检验证书的，根据规定签发所需的检验合格证书。《法检商品目录》以外的出口商品，应由商检机构检验的，经检验合格发给相关证书。在进口方面，进口商品经检验后，分别签发“检验情况通知单”或“检验证书”，供对外结算或索赔用。凡由收、用货单位自行验收的进口商品，如发现问题，由商检机构出具证明材料供对外索赔用。对于验收合格的，收、用货单位应在索赔有效期内把验收报告送商检机构销案。

四、商品检验证书

根据证明内容或检验方式的不同，商品检验证书可分为以下几种：

（一）品质检验证书

品质检验证书（Inspection Certificate of Quality）亦称质量检验证书。它证明进出口商品品质、规格、等级、成分、性能等，检验证书包括抽样过程、检验依据、检验结果和评定意见四项基本内容。

（二）兽医检验证书

兽医检验证书（Veterinary Inspection Certificate）是证明出口动物产品经过检疫合格的检验证书。

（三）食品卫生检验证书

食品卫生检验证书（Sanitary Inspection Certificate）亦称健康证书（Inspection Certificate of Health），是证明出口动物产品、食品及其他需要实施食品卫生检验的货物等经过食品卫生检验或检疫合格的证件。证书上一般证明产品符合卫生要求，适合于人类食用或使用。

（四）消毒检验证书

消毒检验证书（Inspection Certificate of Disinfection or Sterilization）是证明出入境动植物及其产品、包装材料、废旧物品等已经过消毒处理的检验证书。

（五）温度检验证书

温度检验证书（Inspection Certificate of Temperature）是证明出口冷冻商品温度的检验证书，是交货、结汇、通关的依据。

（六）重（数）量检验证书

重（数）量检验证书（Inspection Certificate of Weight）是根据不同的计量方式证明商品的重（数）量的书面证明文件。证明的内容为货物经何种计重方法得出的实际重量或数量。

（七）价值证明书

价值证明书（Certificate of Value）是证明发票所列商品的价格真实、正确的书面证明文件，作为进口国外汇管理和关税征收的依据。

第三节　合同中的商品检验条款

由于商品检验关系到交易双方的利益，因此，在买卖合同中必须订明商品检验条款，以便有关商检机构按约定条件对进出口商品进行检验、鉴定和出具检验证明，以维护合同当事人的合法权益。

国际货物买卖合同中的检验条款主要包括检验时间与地点、复验期限与复验地点、检验机构与检验证书以及检验标准与方法等内容。

【商检条款示例】

(1)以装运港检验证书为最后依据。

“双方同意以装运港中华人民共和国国家质量监督检验检疫总局所签发的品质/数量检验证书为最后依据,对双方具有约束力。”

It is mutually agreed that the Certificate Of Quality/Quantity issued by the General Administration of Quality Supervision, Inspection and Quarantine of the People's Republic of China at the port of shipment shall be regarded as final and binding upon both parties.

(2)以装运港检验证书为议付货款的依据,货到目的港后买方有权复验。

“双方同意以装运港中华人民共和国国家质量监督检验检疫总局签发的品质和数量(重量)检验证书作为信用证项下议付所提交单据的一部分。买方有权对货物的品质和数量(重量)进行复验。复验费由买方负担。如发现品质或数量(重量)与合同不符,买方有权向卖方索赔,但须提供经卖方同意的公证机构出具的检验报告。索赔期限为货到目的港××天内。”

It is mutual agreed that the Certificate of quality and quantity (weight) issued by the AQSIQ at the port of shipment shall be part of the documents to be presented for negotiation under the relevant L/C. The buyers shall have the right to re-inspect the quality and quantity (weight) of the cargo. The re-inspection fee shall be borne by the Buyers. Should the Quality and/or Quantity(weight) be found not in conformity with that of the contract, the Buyers are entitled to lodge with the Sellers a claim which should be supported by survey reports issued by a recognized surveyor approved by the Seller. The claim, if any, shall be lodged within ×× days after arrival of the cargo at the port of destination.

第四节　专业技能实训

任务一　填写“出口检验申请单”

出口检验申请单

中华人民共和国北京进出口商品检验局:　　报验号:(1)

兹有下列商品申请报验,请照章办理。　　存货地点:(4)

报验单位:(2)

日期:(3)　年　月　日　　联系人:　　电话:　　地址:

发货人	(5)	生产部门	(9)
收货人	(6)	输往国别	(10)
品名	(7)	H. S. 编码 (8位)	(11)
报验数量	(8)	总净重	(12)
		总毛重	

续表

成交单价（美元）（13）	成交总值（美元）	收购单价（人民币）（14）		收购总值	
标记及号码	申请证书份数			运输方式	（15）
（16）	品质 文 份 分析 文 份 重量 文 份 数量 文 份 兽医 文 份 卫生 文 份 健康 文 份 换证凭证 份 其他	放行 更改证书		随附证件号： 合同号： 信用证号： 厂验单： 预验单： 换证凭单 包装性能检验结果单： 其他：	
				结汇方式：（17）	
	预约工作日期			出运口岸：（18）	
	领取证单	正副		商品包装情况：（19）	
	领取人	日期			

检验处评定意见	检验方式	贸易方式	一般贸易	三来一补	边境贸易	其他
	商品检验	自检	备注 （20）			
		共验				
		抽检				
	组织检验	认可				
		其他				
		免验				

流程	月	日	经办人	流程	月	日	经办人	计收费栏
受理				检务复审				预收：
送检				翻译				
抽样				制证				补收：
检验				校对				
化验				总校				
拟证				发证				共计实收：
审核				检验处				
签发								
返回				检验科				

填写说明：

（1）报验号：商检机构受理报验的编号，由商检机构受理报验人员填写。

（2）报验单位：填写报验单位全称并加盖公章或报验专用章（或附单位介绍信）。

（3）报验日期：填写报验当天的日期。

（4）存货地点：出口货物存放处的详细地址。联系人、电话、地址：按实际情况填写。

(5)卖方或发货人(Seller or Consignor):合同上的卖方或信用证的受益人要求用中文、英文填写,填写时要一致。

(6)收货人(Buyer or Consignee):合同上的买方或信用证的开证人。

(7)品名(Commodity):按合同、信用证中所列名称填写,但中英文要一致。

(8)报验数量(Quantity Declared):按实际申请检验数量填写,并注明计量单位,如××吨。

(9)生产部门:生产出口商品的企业名称。

(10)输往国别:出口货物的最终销售国。

(11)H. S. 编码:按《商品分类及编码协调制度》填写8位数字,如皮革服装的H. S. 编码为4203.1000。

(12)总净/毛重:按实际申请检验总净/毛重填写,并注明计量单位名称。

(13)成交单价及总值:按出口合同或发票所列货物的成交单价和总值填写并注明货币名称。

(14)收购单价及总值:外贸经营单位向生产经营部门收购商品的人民币值。

(15)运输方式:填海运、陆运、空运、邮运、多式联运等多种运输方式之一。

(16)标记及号码(Mark and No.):即唛头,按出口货物的报关单或明细单所列填写(应与实际货物运输包装上所示一致)。中性包装或裸装、散装商品应填"N/M",并注明"裸装"或"散装"。

(17)结汇方式:此为支付货款的方式。常用的有信用证方式(L/C)、汇付(包括信汇W/T、电汇T/T、票汇D/D)、付款交单(D/P)、承兑交单(D/A)等。

(18)出运口岸:办理报关出运的地点或口岸。

(19)商品包装情况:按实际包装填写。使用的包装材料及包装情况是否良好应加以注明,如箱装,填"纸箱包装,包装完好"。

(20)备注:如对检验证书的内容有特殊要求或有其他需要特别说明的可在此注明,如:①来证要求商检证书抬头为分析证书,则以品质/分析证书申请出证,即Inspection Certificate of Quality/Analysis;②来证要求列明收货人,或收货人栏需敬启者(To Whom It May Concern)、凭指示(To Order)出证的,都应写在此栏内,以供商检机构出证时参考,使报验人顺利结汇;③其他未加说明的栏目按实际情况填写或打"√"。其中,检验处评定意见、检验方式、计收费等由商检机构自填。

任务二 案例分析

【背景材料】

外商投机取巧以次充好 商检尽职尽责挽回损失①

某年9月,M省二轻局从XG贸易公司进口了一批柳桉木胶合板,共448件,89 600张。胶合板到货后,收货单位发现质量存在问题,及时申请商检,商检局立刻派员赶到现场,在收货单位的大力配合下,对所到货物进行了全面的检验。经检验,结果为:

(1)规格不符:合同规定所进货物为三层胶合板,所到的448件货物中,有374件(74 800张)是两层胶合板,占该批到货总数量的83.5%。

(2)短量:在三层板的货物中,每件短少数量不等,平均短少率为8.3%。

(3)外观缺陷严重:面板裂缝、中板压罗、开胶鼓泡,中板离缝、缺面背板、缺中板,背板虫眼等缺陷非常严重,外观质量不合格的占该批到货的86%。据此,商检局正式出具了品质、数量证书,向外商提出索赔。

索赔证书发出后,XG贸易公司负责人张先生于10月5日抵达我方到现场查验。两层胶合板的问题一目了然,无可非议。经抽取3件三层板开包检验,结果短少率为22.3%;外观质量不合格率为90%,均高于商检局出证结果。特别是在查验时发现,在一张胶合板的一个角上标有"格外品"字样。在事实面前,G商无言以对,只好承认商检证书是正确的。在索赔谈判中,G商一再向我方道歉,承认两层板是半成品,三层板是格外品即等外品,表示完全认赔,并当即签署了认赔协议书,同意赔偿人民币32万元(包括检验等费用6 762元)。

---

① 资料来源:选自中国检验检疫服务网。

【分析】

从这一索赔案例中可看出对进口商品检验把关的重要性和必要性。目前，在国际经济贸易往来中，某些外商确实存在着投机取巧、以次充好的不法行为，有关进口用货部门必须重视并加强对进口商品的验收及复验工作，切实做到"一切进口商品都必须在规定的限期内进行检验。未经检验的，不准安装投产，不准销售，不准使用"。严格把住进口商品质量关，以维护国家的经济利益和政治权益。

任务三　思考与练习

一、单项选择题

1. 货物在装运港装运前，由双方约定的检验机构对货物进行检验，该机构出具的检验证书作为决定交货质量、重量或数量的(　　)。

A. 初始依据　　B. 最后依据　　C. 粗略依据　　D. 次要依据

2. 国际货物检验时间与地点有多种规定办法，其中，照顾买卖双方利益，比较公平、合理的规定办法是(　　)。

A. 在出口国产地检验　　B. 在装运地检验

C. 在目的地检验　　D. 在装运地检验，货到目的地后复验

3. 商检机构实施进出口商品检验的内容包括商品的(　　)。

A. 质量、规格、数量、尺码　　B. 质量、规格、数量、体积

C. 质量、规格、数量、包装　　D. 质量、规格、数量、装潢

二、简答题

1. 商品检验证书有哪些种类？

2. 为什么要订立商品检验条款？商品检验条款的主要内容有哪些？

3. 在国际贸易中，买卖双方如何规定商检的时间和地点？哪种方法使用最广泛？

三、案例分析

1. 某公司与美国客户以 CFR 条件签订了一份机械产品出口合同。合同中的检验条款规定：货到目的港后 30 天内检验，检验机构是一家设在进口国的世界著名的检验机构。之后，出口商按期发货，进口商也按买卖合同规定支付了货款。6 个月后，出口商收到进口商的索赔文件，文件上称上述机械产品有 90％已生锈，索赔文件上还附有该检验机构出具的检验报告。

问：进口商的索赔要求有无道理？出口商对此应该如何处理？

2. 我出口 A 公司向马来西亚 B 公司以 CIF 吉隆坡条件出口一批粮食，转卖给马来西亚 C 公司。货到马来西亚后，B 公司发现货物的质量有问题，但 B 公司仍将原货转销至新加坡。其后，B 公司在合同规定的索赔期限内凭新加坡商检机构签发的检验证书，向 A 公司提出退货要求。

问：A 公司应如何处理？为什么？

第十二章 订立合同中的索赔、不可抗力与仲裁条款

学习指导

通过本章的学习，要求掌握进出口货物索赔的基本知识；了解不可抗力的含义，不可抗力事件的认定与处理原则；掌握仲裁条款的内容以及仲裁规则和仲裁裁决的执行等基本知识；能够正确用英文订立买卖合同中的索赔、不可抗力与仲裁条款。

导入案例

某年我国某公司与英国某公司成交某粮食 1 500 公吨，每公吨 348 英镑 CFR××港，总金额 522 000 英镑，交货期为当年 8～12 月。当时由于我方公司缺货，只交付了 500 公吨，其余的 1 000 公吨经双方协商同意延期到下一年度交货。次年，我国发生自然灾害。于是，我方公司以不可抗力为理由，要求免除交货责任。对方回电拒绝，并称该商品的市场价格上涨，由于我方公司未交货已经使其损失 15 万英镑，要求我方公司无偿提供其他品种的同类粮食抵偿其损失。我方公司对此项要求不同意。该外国公司根据仲裁条款规定向中国仲裁机构提出仲裁，仲裁申请中强调我方公司所称不可抗力理由不充分，并提出我方公司如不愿意以商品抵偿其损失，则坚持索赔 15 万英镑。

思考：

(1)案例中的情形是否构成不可抗力？

(2)仲裁的含义和特点是什么？

(3)你认为仲裁机构会做出怎样的裁决？

由于国际货物买卖履约时间长，涉及面广、业务环节多，买卖双方在合同履行过程中常常因各种原因发生争议，甚至导致索赔、仲裁或诉讼等情况的发生。在进出口合同中，如何合理订立索赔、仲裁和不可抗力条款？如何最大限度地保护有关当事人的合法权益？本章将讲述有关这些方面的知识。

第一节 违约与索赔

一、违约的含义

违约是指合同的一方当事人没有履行或没有完全履行其合同规定的义务的行为。例如，在合同成立后，卖方出现不按合同规定的时间和地点交付货物，或交付了不符合合同规定的货物，或者买方不按合同规定的时间支付货款等，都属于违约行为。除合同或法律规定的属于不

可抗力原因造成的外，违约方都要承担违约的责任。另一方当事人也就有权依据合同或有关法律规定向违约方提出违约救济。

二、违约的种类

（一）卖方违约

它包括：不履行交货，不按时交货，不按合同规定的品质、数量、包装等条件交货，提供的单证与合同和信用证规定不符等。

（二）买方违约

它包括：不按时开立信用证、不按时付款赎单、无理拒收货物、不按时派船接货等。

（三）买卖双方均有违约责任

譬如，合同是否成立、买卖双方国家的法律规定不一样或对惯例解释理解不同、合同条款规定不明确等，引发争议；在履行合同过程中，卖方和买方均有违约的行为，互相追究对方的责任。

三、违约的救济方法

（一）违约的责任归属

在进出口交易中，合同一经成立，当事人各方就应受合同的约束。任何一方当事人如不履行合同中所规定的义务或履行合同义务不符合约定的条件，均构成违约。

不同的违约行为应承担不同的法律责任，各国法律都有规定。如英国法把合同条款划分为要件和担保两类。但确定哪些属于要件，哪些属于担保并无明确的规定，通常把商品的质量、数量和交货时间、付款条件等视为要件，而把与商品无直接联系的其他条款视为担保。

《联合国国际货物销售合同公约》（以下简称《公约》）把违约分为根本性违约与非根本性违约两类。根本性违约是指一方当事人违反合同的结果，如使另一方当事人蒙受损害，以致实际上剥夺了他根据合同规定有权得到的东西，即为根本违反合同，违约方不但要承担损害赔偿，受害方也有权主张撤销合同。如果是非根本性违约就不能解除合同，只能要求损害赔偿。

（二）违约救济的一般方法

对违约的处理，各国的法律规定不尽一致，但概括起来主要有三种办法，即要求实际履行、损害赔偿和解除合同。因此，如何根据有关国家的法律规定，选择适当的处理办法，是一个十分重要的问题，否则会因选择的处理方法不当而告失败。

1. 实际履行

实际履行有两重含义：一重含义是指一方当事人未履行合同义务，另一方当事人有权要求他按合同规定完整地履行合同义务，而不能用其他的补偿手段，如用金钱来代替；另一重含义是指一方当事人未履行合同义务，另一方当事人有权向法院提起实际履行之诉，由法院强制违约当事人按照合同规定履行他的义务。

2. 损害赔偿

损害赔偿是指违约方用金钱或实物补偿另一方由于其违约遭受的损失。各国法律都认为损害赔偿是一种重要的救济方法。在国际贸易中，损害赔偿是使用最广的救济方法。

3. 解除合同

它是指合同当事人免除或终止履行合同义务的行为。各国法律均认为解除合同是一种法律救济方法。各国法律对构成解除合同的条件有不同的规定。《公约》认为，合同一方不履行义务构成根本性违约时，另一方有权解除合同。然而，解除合同必须向对方发出通知，如延迟交货或货物存在瑕疵，很难判断是否属于根本性违约，则《公约》还规定，可以规定一段合理的额外时限，让违约方履行义务。如果在这段时间内，违约方仍未履行合同，那么受害方可以根据违约情况，宣告合同无效。解除合同并不意味着受害方就丧失了可以采取其他救济方法的权利，其仍然有权要求给予损害赔偿。

【小资料】　关于损害赔偿金额

我国《合同法》规定，在确定损害赔偿金额时要遵循两个原则：首先，当事人的赔偿责任相当于另一方所受到的损失；其次，赔偿责任不得超过违约方在订立合同时应当预见的因违反合同可能造成的损失。由此可见，在订立合同时，要注意一方有必要让对方知道违约会给他带来严重的损失。

《公约》对损害赔偿的范围作了两项原则性的规定：首先，一方当事人违反合同应负的损害赔偿额应与另一方当事人因他违反合同而遭受的包括利润在内的损失额相等。这是确定损害赔偿范围的总原则。其次，守约方可以得到的损害赔偿"不得超过违反合同一方在订立合同时，按照他当时已知道或理应知道的事实和情况，对违反合同预料或理应预料到的可能损失"。此条规定与我国《合同法》的有关规定是相同的，均排除了对不可预料的损失提起损害赔偿的要求。

四、索赔的含义与对象

（一）索赔的含义

索赔（Claim）是指履行国际货物买卖合同的受损方向违约方提出损害赔偿的要求。违约方对受损方所提出的赔偿要求予以受理并进行处理，称为理赔（Settlement of Claim）。可见，索赔与理赔是一个问题的两个方面。对受损方而言，称作索赔；对违约方而言，称作理赔。

（二）索赔的对象

索赔的对象是指要对索赔方承担损失赔偿等责任的当事人。国际货物买卖涉及许多当事人，索赔对象即责任方不仅限于买卖双方，有时还会涉及其他当事人，如承运人、保险公司等。在实际业务中，经常会遇到保险索赔、运输索赔和买卖索赔等情况。

1. 保险索赔

它是以保险合同为基础的，当发生保险合同承保范围内的风险并由此造成损失，被保险人可向保险公司索赔。例如，按 CIP 条件成交的货物，在运输途中遭遇暴雨而水浸货物损坏。由于投保了水渍险，买方可凭保险合同向保险公司索赔。

2. 运输索赔

它是以运输合同（或契约）为基础的，当一方当事人违反运输合同（或契约）的规定时，受损人可以依据运输合同（或契约）的规定和违约事实提出索赔。如收货人持有清洁提单而收到的货物发生残损、短缺，这与发货人（卖方）无关，收货人只能凭运输合同（或契约）向承运人索赔。

3. 贸易索赔

它是以买卖合同为基础的，当一方当事人违反买卖合同的规定时，受损方可依据买卖合同的规定和违约事实提出索赔。属于卖方违约的主要是交货的时间、品质、数量、包装等不符合合同的规定；属于买方违约的，主要是不按时接货、付款、办理租船订舱等。

五、索赔条款

索赔事件多发生在交货期、交货品质和数量等问题上，一般来说，买方向卖方提出索赔的情况较多。当然，买方不按期接运货物或无理拒付货款的情况也时有发生，因此，也有卖方向买方索赔的情况。为了便于处理这类问题，买卖双方商订合同时，一般都应订立索赔条款，对索赔条件作出明确、具体的规定。

国际货物买卖合同中的索赔条款，通常有两种规定办法：一种是异议与索赔条款，多数合同采用这种办法，有的还同检验条款合订在一起。一般是针对卖方交货品质、数量或包装不符合同规定而订立的。另一种是罚金条款，又称违约金条款，多见于卖方延期交货或买方延期接货的场合，多用于大宗商品和机器设备的买卖。

(一)异议与索赔条款

国际货物买卖合同中的异议与索赔条款的主要内容有以下三方面：

1. 索赔依据

索赔的证据就索赔情形、对象而定。向贸易对方索赔，销售合同为主要依据；向承运人索赔，须提供运输合同；向保险公司索赔，保险单据为主要凭证，同时索赔方必须提供货物遭损的事实证据材料，而检验证书、货物残损鉴定证书等材料则是任何索赔均须出具的。关于检验证书的出具机构，买卖双方也须事先在合同中约定。对于规定买方有复验权的出口合同，则应在合同中规定，要以卖方同意的检验机构出具的检验报告作为索赔的依据。

2. 索赔期限

索赔期限是指索赔的一方向违约方提出索赔要求的有效期。索赔期限的长短应结合不同商品的特性而定。对于易变质的商品，索赔的期限应规定得短些；一般商品的索赔期限可定得长些，大约 30～45 天；成套设备的索赔期则可更长些，按照全套设备安装、调试所需时间而定。索赔期限一经约定，索赔就须在期限内提出，逾期则索赔无效。

3. 索赔处理办法和索赔金额

关于索赔的处理办法，由于事先无法预测违约的后果，因此，合同中不做具体规定，一般只做笼统规定，如整修、换货、退货、还款等。

(二)罚金条款

罚金条款又称违约金条款，一般应包括罚金的数额和罚金起算日的计算方法两项内容。罚金的数额大小，根据违约时间的长短，由买卖双方商定，并规定最高限额。

1. 关于违约金起算日期的计算方法

计算违约金日期的方法有两种：一种是以约定的交货期或开证期终止后立即起算；另一种是规定优惠期，即在约定的有关期限终止后再宽限一段时期，在此优惠期内仍可免于罚款，待优惠期届满后再起算罚金。

2. 确定违约金数额时应考虑的问题

(1)在一方违约没有给对方造成损失的情况下，按照约定的违约金支付。

(2)在当事人约定了违约金的情况下，一方违约同时给对方造成了损失时，确定违约金数额的参考标准就是损失的数额。

(3)违反合同的一方当事人支付违约金后，还应当履行合同义务。

3. 罚金条款举例

Unless caused by the Force Majeure Specified in Clause ×× of this contract, in case of delayed delivery, the Sellers shall pay to the Buyers for every week of delay a penalty amounting to 0.5% of the total value of the goods whose delivery has been delayed. Any fraction part of a week is to be considered a fu1l week. The total amount of penalty shall not, however, exceed 5% of the total value of the goods involved in 1ate delivery and is to be deducted from the amount due to the Sellers by the paying bank at the time of negotiation, Or by the Buyers direct at the time of payment. In case the period of delay exceeds ten weeks later than the time of shipment as stipulated in the contract, the Buyers have the right to terminate this contract but the Sellers shall not thereby be exempted from payment of penalty.

(除本合同第××条所列举的不可抗力原因外，卖方不能按时交货，在卖方同意由付款银行在议付货款中扣除罚金或由买方于支付货款时直接扣除罚金的条件下，买方应同意延期交货。罚金率按每7天收取延期交货部分总值的0.5%，不足7天者以7天计算。但罚金不得超过延期交货部分总金额的5%。如卖方延期交货超过合同规定期限10周时，买方有权撤销合同，但卖方仍应不延迟地按上述规定向买方支付罚金。)

六、索赔和理赔注意事项

索赔和理赔是政策性、法律性都很强的工作。在国际贸易中，既要维护我方当事人的政治经济利益，又要重合同、守信誉，树立良好的国家和企业信誉。

(一)索赔应注意的事项

(1)提供充分的索赔证据，其中包括检验检疫机构出具的检验证书。

(2)确定索赔金额，如合同预先有约定，应按约定的金额索赔；如未约定，应按实际损失确定索赔金额。

(3)须在索赔期限内提出索赔。如估计检验工作不能在规定期限内完成，则应及时向对方提出延长索赔期，并取得对方同意。

(二)理赔应注意的事项

(1)认真审查对方提出的索赔要求，其理由是否充分，出证机构是否合法，证据与索赔要求是否一致，是否在索赔期内提出等。

(2)判断是否属于我方赔偿范围，若确属我方责任的，应积极主动理赔。如属船公司或保险公司责任范围，应转请有关方面处理。

【案例12—1】 我国某出口商与美国某进口商在签订的货物买卖合同中约定以FOB上海价格条件销售棉布，合同价款共计514.50万美元。但在产品接受出口检验时被发现其中混有不合格产品，约占全部货物的39.4%，且卖方未予清理。因卖方在合同与信用证上均未标明在货物中混有不合格产品的比例，故当买方发现货物存在瑕疵后拒绝支付货款，并要求卖方赔偿损失。

【任务】

(1)买方可以采取什么方法维护自身权益？买方是否有权拒绝支付货款？

(2)卖方应如何妥善处理这起案件？

第二节 不可抗力

一、不可抗力的含义及产生的原因

不可抗力(Force Majeure)是指买卖合同签订后,不是由于合同当事人的过失或疏忽,而是由于发生了合同当事人无法预见、无法预防、无法避免和无法控制的事件,以致不能履行或不能如期履行合同,发生意外事故的一方可以免除履行合同的责任或推迟履行合同。因此,不可抗力是一项免责条款。

(一)不可抗力构成的条件

虽然国际贸易惯例和各国法律、法规对不可抗力的叫法不统一,解释也不一致,但其基本精神大体相同,主要包括以下几点:(1)意外事故必须是发生在合同签订以后;(2)不是由于合同当事人各方自身的过失或疏忽而导致的;(3)意外事故是当事人双方所不能控制的、无能为力的。

(二)不可抗力产生的原因

一是由于自然原因引起的,如地震、洪水、飓风、火山爆发、大雪、暴风雨等,人类无法控制的自然界力量所引发的灾害。

二是由于社会原因引起的,如战争、罢工、政府禁令、封锁等。

需要注意的是,并非所有能够阻碍合同履行的意外事故都可以构成不可抗力事故。对于不可抗力事件的认定必须慎重,并与诸如商品价格变动、汇率变化等正常的贸易风险严格区别开来。同时,要把不可抗力与某些社会现象如怠工、关闭工厂等区别开来,防止当事人随意扩大不可抗力事件的范围,推卸应承担的责任。

二、不可抗力事件的处理

发生不可抗力事件后,应按约定的处理原则和办法及时进行处理。不可抗力的后果有两种,即解除合同和延期履行合同。究竟如何处理,应视事件的原因、性质、规模及其对履行合同所产生的实际影响程度而定。对不可抗力事件的处理应遵循以下原则:

(一)解除合同或变更合同

究竟是解除合同还是变更合同,应视不可抗力事件对履行合同的影响情况和程度而定,或者视买卖双方在合同中对不可抗力事件的具体规定。一般来说,当合同履行成为不可能时,可以解除合同。

(二)免责的有效期间

《公约》规定:一方当事人享受的免责权利只对履行障碍存在期间有效。如果合同未经双方同时宣告无效,则合同关系依然存在;一旦履行障碍消除,双方当事人仍需继续履行合同义务。再者,一方当事人对于上述障碍不履行合同义务的免责,只以免除损害赔偿的责任为限,而且不妨碍另一方行使《公约》规定的要求损害赔偿以外的任何权利。

三、不可抗力条款的规定

不可抗力条款是合同中的一项重要条款,也是买卖合同中的一项免责条款。尽管各国法律对不可抗力的表述存在差异,但其原则大体相同。为了避免认定的差异,买卖双方可在合同中确定不可抗力事件的范围。

不可抗力条款的内容主要包括不可抗力事件的范围、不可抗力事件的处理原则和方法、事件发生后通知对方的期限和通知方式以及出具事件证明的机构等。

(一)不可抗力事件的范围

关于不可抗力事件的范围,应在买卖合同中订明。通常有下列三种规定办法:

1. 概括规定

即在合同中不具体规定不可抗力事件的范围,只作概括的规定。例如,如果由于不可抗力的原因导致卖方不能履行合同规定的义务时,卖方不负责任,但卖方应立即电报通知买方,并须向买方提交证明发生此类事件的有效证明书。(If the fulfillment of the contract is prevented due to force majeure, the Seller shall not be liable. However, the Seller shall notify the buyer by cable and furnish the sufficient certificate attesting such event or events.)

2. 列举式规定

即在合同中明确规定不可抗力事件的范围,凡在合同中没有订明的,均不能作为不可抗力事件加以援引。例如,如果由于战争、洪水、地震、雪灾、暴风的原因致使卖方不能按时履行义务时,卖方可以推迟这些义务的履行时间,或者撤销部分或全部合同。(If the shipment of the contracted goods is delayed by reason of war, flood, fire, earthquake, heavy snow and storm, the seller can delay to fulfill, or revoke part or the whole contract.)

3. 综合规定

即采用概括和列举综合并用的方式,克服了概括式的含糊、笼统和列举式的片面的缺陷,避免了列举式的局限。在我国进出口合同中,一般都采取这种规定办法。例如,如果因战争、地震、水灾、暴风雨或其他人力不可控制的原因,当事双方不能在规定的时间内履行合同,如此种行为或原因在合同有效期后继续3个月,则本合同的未交货部分即视为取消,买卖双方的任何一方不负任何责任。(If the fulfillment of the contract is prevented by reason of war, earthquake, flood, storm, or other causes of force majeure, which exists for three months after expiring the contract, the non-shipment of this contract is considered to be void, for which neither the Seller nor the buyer shall be liable.)

(二)不可抗力事件的通知期限、方式

不可抗力事件发生后如影响合同履行时,发生事件的一方当事人,应按约定的通知期限和以电报等最快捷的通知方式,将不可抗力事件情况如实通知对方,并在15天内以航空信件提供事故的详尽情况和影响合同履行的程度的证明文件。对方在接到通知后,应及时答复,如有异议也应及时提出。

(三)不可抗力事件的证明

在国际贸易中,当一方援引不可抗力条款要求免责时,必须向对方提交有关机构出具的证明文件,作为发生不可抗力的证明。在国外,一般由当地的商会或合法的公证机构出具。在我国,由中国国际贸易促进委员会或其设在口岸的贸促分会出具。为明确起见,在不可抗力条款中应对出证机构做出具体规定。

(四)合同中常见的不可抗力条款实例

不可抗力:卖方由于战争、洪水、火灾、暴风雨、大雪或人力无法控制的其他原因,对合同的货物未能交付或未能按时装运不负责任。但卖方必须将事故立即电告买方,同时在事故发生后15天内将中国国际贸易促进委员会出具的事故证明书航邮给买方。如果不可抗力引起的事故连续 60 天以上者，买方有权撤销全部合同或未交货部分合同。（Force Majeure: The Seller shall not hold liable for non-delivery or delay in delivery of the entire lot or a portion of the goods hereunder by reason of war, flood, fire, storm, heavy snow or other causes of Force Majeure. However, the Seller shall notify the Buyer as soon as possible and furnish the Buyer within 15 days by registered airmail with a certificate issued by the China Council for the Promotion of International Trade attesting such event(s). If the force majeure cause lasts over 60 days, the buyers shall have right to cancel the contract or the undelivered part of the contract）

（五）援引不可抗力条款和处理不可抗力事件应注意的事项

当不可抗力事件发生后，合同当事人在援引不可抗力条款和处理不可抗力事件时，应注意如下事项：

（1）发生事故的一方当事人应按约定期限和方式将事件情况通知对方，对方也应及时答复。

（2）双方当事人都要认真分析事件的性质，看其是否属于不可抗力事件的范围。

（3）发生事件的一方当事人应出具有效的证明文件，以作为发生事件的证据。

（4）双方当事人应就不可抗力的后果，按约定的处理原则和办法进行协商处理。处理时，应弄清事实真相，体现实事求是的精神。

【案例 12—2】 某年 10 月，我国某外贸公司与外商签订一份出口农产品的合同，交货期为当年 12 月。由于同年 7～8 月产区遭受水灾，产品无收。出口方不能依约交货，于是以遭受不可抗力为由，向对方提出解除合同要求。

【任务】 分析我方的要求是否合理，并说明理由。

第三节 仲 裁

一、争议的解决方式

争议（Dispute）也称异议，是指在国际贸易中买卖双方或其他有关当事人之间因为各自的权利、义务问题而引起的纠纷。在国际贸易中，情况复杂多变，买卖双方常会出现贸易摩擦导致合同不能正常履行，从而引发争议。通常解决争议的途径有以下几种：

（一）友好协商

争议双方通过友好协商达成和解是解决争议的好办法，但这种办法有一定的局限性。

（二）调解

在争议双方自愿的基础上，由第三者出面从中调解。实践表明，调解也是解决争议的一种好办法。我国仲裁机构采取调解与仲裁相结合的办法，收到了良好的效果。其具体做法是：结合仲裁的优势和调解的长处，在仲裁程序开始之前或之后，仲裁庭可以在当事人自愿的基础上，对受理的争议进行调解解决，如调解失败，仲裁庭仍按照仲裁规则的规定继续进行仲裁，直到作出终局裁决。因此，调解方法也有一定的限度。

（三）仲裁

国际贸易中的争议，如友好协商、调解都未成功而又不愿意诉诸法院解决，则可采用仲裁办法。仲裁已成为解决这种争议被普遍采用的方式。

仲裁的优势在于其程序简便、结案较快、费用开支较少，能独立、公正和迅速地解决争议，给予当事人以充分的自治权。它还具有灵活性、保密性、终局性和裁决易于得到执行等优点，从而为越来越多的当事人所选择并采用。

（四）诉讼

诉讼具有下列特点：

（1）诉讼带有强制性，只要一方当事人向有管辖权的法院起诉，另一方就必须应诉，争议双方都无权选择法官。

（2）诉讼程序复杂，当事人一方或双方对判决如果不服，可以上诉，处理问题比仲裁慢。

（3）诉讼处理争议，双方当事人关系紧张，有伤和气，不利于今后贸易关系的继续发展。

（4）诉讼费用较高。

在国际贸易实践中，由于友好协商和调解的方法都有其不足之处，而诉讼也存在一定的缺陷，所以仲裁就成为解决国际贸易争议广泛采用的一种行之有效的重要方式。

二、仲裁的含义与特点

（一）仲裁的含义

所谓"仲裁"（Arbitration），是指买卖双方在争议发生之前或发生之后，签订书面协议，自愿将争议提交双方所同意的第三者予以裁决（Award），以解决争议的一种方式。裁决一般是终局性的，对双方都有约束力，双方都必须遵照执行。仲裁必须以买卖双方的仲裁协议为前提。

（二）仲裁的特点

其一，仲裁机构是属于社会性民间的有权威的公证组织，它不是国家政权机关，不具有强制管辖权，对争议案件的受理，以当事人自愿为基础。

其二，当事人双方通过仲裁解决争议时，必须先签订仲裁协议；双方均有在仲裁机构中推选仲裁员以裁定争议的自由。

其三，仲裁比诉讼的程序简单，处理问题比较迅速、及时，而且费用也较为低廉，同时仲裁比诉讼的专业权威性更强。

其四，仲裁机构之间互不隶属，各自独立，实行一裁终局，所以仲裁机构的裁决一般是终局性的，已生效的仲裁裁决对双方当事人均有约束力。

三、仲裁协议的形式和作用

仲裁协议是双方当事人达成的、自愿将其已发生或将来可能发生的争议交付仲裁机构解决的书面表示，是申请仲裁的必备材料。

（一）仲裁协议的形式

1. 仲裁条款

仲裁条款（Arbitration Clause）是双方当事人在争议发生之前订立的，通常作为合同中的一项条款出现，表示自愿把将来可能发生的争议交付仲裁机构解决的书面文件。

2. 仲裁协议

仲裁协议（Submission）是双方当事人在争议发生以后订立的，表示自愿把已经发生的争议提交仲裁解决的协议。

这两种形式的仲裁协议的法律效力是相同的。

(二)仲裁协议的作用

第一,约束双方当事人只能以仲裁方式解决争议,且不得向法院起诉。

第二,排除法院对有关案件的管辖权。如果一方违背仲裁协议,自行向法院起诉,另一方可根据仲裁协议要求法院不予受理,并将争议案件退交仲裁庭裁断。

第三,使仲裁机构取得对争议案件的管辖权。

四、买卖合同中的仲裁条款

仲裁条款的规定应当明确、合理,不能过于简单,具体内容一般应包括仲裁地点、仲裁机构、仲裁程序、仲裁裁决的效力、仲裁费的负担等。

(一)仲裁地点

在仲裁条款中,确定在哪国仲裁,一般就适用该国的仲裁法律。关于仲裁地点,视贸易对象和情况的不同,由双方协商选择。一般采用以下三种规定方法之一:(1)力争规定在我国仲裁。(2)有时规定在被告所在国仲裁。(3)规定在双方同意的第三国仲裁(应考虑其公正性以及其与我国是否友好)。

(二)仲裁机构

仲裁机构有两种形式:一种是由双方当事人在仲裁协议中规定一个常设的仲裁机构。我国主要的常设仲裁机构是设在北京的中国国际经济贸易仲裁委员会及其分别设在深圳和上海的分会。另一种是由双方当事人指定仲裁员所组成的临时仲裁庭。当争议处理完毕,临时仲裁庭即自动解散。

(三)仲裁程序

仲裁程序主要是规定进行仲裁的手续、步骤和做法,各国仲裁机构一般都有自己的仲裁程序规则。在我国是 1994 年 6 月 1 日起执行的《中国国际经济贸易仲裁委员会仲裁规则》,主要包括仲裁申请、仲裁庭的组成、仲裁审理、仲裁裁决等。

(四)仲裁裁决及其效力

仲裁裁决是终局的,对双方当事人均有约束力。任何一方当事人都不得向法院起诉,也不得向其他任何机构提出变更裁决的请求,如败诉方不执行裁决,则胜诉方有权请求法院强制执行。

(五)仲裁费用的负担

仲裁费用的负担应在合同中订明。通常多规定由败诉方承担,也有的规定由仲裁庭酌情决定。根据中国仲裁规则的规定,仲裁庭有权裁定败诉方应补偿胜诉方因办理案件所支出的部分合理的费用,但补偿金额最多不得超过胜诉方所得胜诉金额的10%。

五、合同中常见的仲裁条款实例

凡因执行本合同所发生的或与本合同有关的一切争议,双方应通过友好协商办法解决,如果协商不能解决,应提交××国××地××仲裁机构,并根据其仲裁程序规则进行仲裁。仲裁裁决是终局性的,对双方都有约束力,仲裁费用由败诉方承担。

All deputies arising out of the performance of, or relating to this contract, shall be settled amicably through friendly negotiation. In case no settlement can be reached through negotiation, the case shall then be submitted to ______ for arbitration, in accordance with its arbitral rules. The arbitration shall take place in ______. The arbitral award is final and binding upon both parties. The charge arising from the arbitration shall be undertaken by the losing party.

六、仲裁裁决的执行

仲裁裁决对双方当事人都具有法律上的约束力，当事人必须执行。如双方当事人都在本国，一方不执行裁决，另一方可请求法院强制执行。如另一方当事人在国外，涉及一个国家的仲裁机构所作出的裁决要由另一个国家的当事人去执行的问题。在此情况下，如国外当事人拒不执行裁决，则只有到国外法院去申请执行，或通过外交途径要求对方国家有关部门或社会团体（如商会、同业公会）协助执行。为了解决在执行外国仲裁裁决问题上的困难，国际上除通过双边协定就相互承认与执行仲裁裁决问题作出规定外，还订了多边国际公约。1958 年 6 月 10 日，联合国在纽约召开了国际商事仲裁会议，签订了《承认与执行外国仲裁裁决公约》(简称《1958 年纽约公约》)。该公约强调了两点：一是承认双方当事人所签订的仲裁协议有效；二是根据仲裁协议所作出的仲裁裁决，缔约国应承认其效力并有义务执行。只有在特定的条件下，才根据被诉人的请求拒绝承认与执行仲裁裁决。

1986 年 12 月第六届全国人民代表大会常务委员会第十八次会议决定中国加入《1958 年纽约公约》，并同时声明：

(1)中国只有在互惠的基础上对在另一缔约国领土内作出的仲裁裁决的承认与执行适用该公约；

(2)中国只对根据中国法律认定为属于契约性和非契约性商事法律关系所引起的争议适用该公约。

【案例 12－3】 甲方与乙方签订了出口某货物的合同一份，合同中的仲裁条款规定："凡因执行本合同发生的一切争议，双方同意提交仲裁，仲裁在被诉方国家进行。仲裁裁决是终局的，对双方都有约束力。"在合同履行过程中，双方因品质问题发生争议，于是将争议提交甲国仲裁。经仲裁庭调查审理，认为乙方的举证不实，裁决乙方败诉。事后甲方因乙方不执行裁决向本国法院提出申请，要求法院强制执行，乙方不服。

【任务】 分析乙方可否向本国法院提起上诉？并说明理由。

第四节　专业技能实训

任务一　案例分析

【背景材料一】

我方某企业从日本进口 10 台仪器，每台 100 万日元。由于市场价格上涨到 120 万日元，卖方只交付了 6 台，其余 4 台不愿交货。买方如何维护自己的权利？

【分析】

在履行国际货物买卖合同过程中，因某种原因，卖方会有意或无意地不按时、按质、按量交付合同规定的货物，导致违约。买方对卖方这些情况的违约，为了维护自身的合法权益，可援引有关法律规定来解释合同，主张权利，以追究卖方的法律责任，这就是违约救济。《公约》规定，买方可采取的救济方法有：(1)卖方交付替代货物；(2)卖方对不符合合同的货物进行修补；(3)减低货价；(4)解除合同；(5)请求损害赔偿。

根据上述材料，卖方的违约属于交货数量与合同规定不符。对于此种违约，前三种救济方法显然不适合。又由于上述材料中卖方违约没有"以至于实际上剥夺了他根据合同规定有权期待得到的东西"，因此完全解除合同也是不妥的，而只能"规定一段合理的额外时间让卖方对不符之处进行补救"。

综上所述，我方企业可采取下列措施：

(1)敦促卖方尽快交付其余 4 台仪器。交付其余 4 台仪器是卖方必须履行的合同义务。如果卖方拒绝，则我方可依法宣告合同无效，同时要求损害赔偿。

(2)请求损害赔偿。如果合同订立了违约金条款，卖方支付我方违约金。如果合同未订立违约金条款，可要求对方赔偿我方因卖方违约而遭受的经济损失。

【背景材料二】

某公司(以下称我方)与欧洲某公司(以下称对方)于 2000 年 1 月通过函电签订了 5 份销售合同，由我方向对方出售化工磨料 3 110 公吨，订明价格条款为 CFR 欧洲某港口，总金额为 385 万德国马克，包装条款为适合于海运的包装。索赔条款:货物到达目的港后，数量和规格问题应于 15 天之内，质量问题应于 90 天之内，买方须凭经卖方同意的检验人的证明向卖方提出索赔要求。

在货物发运前，对方公司负责人到我方仓库查看了货物包装情况，表示满意。从 2000 年 3 月起我方开始发货，到 2001 年 5 月止货物出运完毕。每批装载，船方都出具了清洁提单。

货到目的港后，对方发现 10 批货物都有部分托盘和袋子损坏。于是，对方单方面聘请××公证行检验货物，出具的证明表明破损原因是:"由于托盘木条强度不够，不适宜海上运输，以及包装带捆扎不紧所致。"据此，对方两次写信给我方提出索赔，要求我方负责赔偿重新包装的人工费、材料费及检验费用，索赔金额为 215 961 荷兰盾，我方只同意赔偿 50%的损失。双方经过几次协商，未能达成协议。

最后，经中国国际贸易促进委员会调解，双方达成协议，我方给予适当补偿，主要是补偿直接以小包装装卸而增加的费用，其他费用不再提及，至此本案了结。

【分析】

第一，做 CFR 价格条件，由买方承担货物装船后的风险。我方既已提供清洁提单，理应对后来的包装损坏不承担责任。

第二，对方在货物装运前，到我方仓库查看货物包装后，未提出异议，说明我方包装符合合同规定，我方可不必承担货物责任。

第三，对方索赔也须提供经我方同意的检验人的证明，这是合同中明确规定的。因此，对方以其单方面聘请的公证行检验后出具的证明是无法律效力的，不足以作为索赔的证据。

第四，我方在协商理赔时轻易承诺赔偿 50%，这就给对方造成是因为我方包装有问题的口实，这是我方不该发生的失误。

第五，包装条款定得不严密，一般不应使用"适合海上包装"等用语，以免引起纠纷。

任务二　思考与练习

一、不定项选择题

1. 仲裁裁决一经作出，即对双方具有约束力，如果败诉方不肯自愿执行裁决，那么仲裁员(　　)。

A. 可以强制当事人执行　　B. 并无强制当事人执行裁决的权力

C. 可以向法院起诉，要求法院重新判决　　D. 可以向其他任何机构提出变更裁决的请求

2. 交易的一方认为对方未能全部或部分履行合同规定责任与义务的纠纷是(　　)。

A. 争议　　B. 违约　　C. 索赔　　D. 理赔

3. 不可抗力免除了遭受事故的一方当事人(　　)。

A. 履行合同的责任　　B. 对损害赔偿的责任

C. 交付货物的责任　　D. 支付货款的责任

4. 在合同中一一列明不可抗力事故范围，这是(　　)。

A. 综合式规定　B. 列举式规定　C. 概括式规定　D. 分类式规定

5. 不可抗力条款是一项(　　)。

A. 维护卖方权益的条款　B. 维护买方权益的条款

C. 免责条款　D. 无法免责的条款

6. 在我国，出具不可抗力事故发生证明的是(　　)。

A. 对外经济贸易合作部　B. 中国国际贸易促进委员会

C. 海关　D. 商检局

7. 仲裁条款中一般规定仲裁费的承担者是(　　)。

A. 败诉方　B. 胜诉方　C. 仲裁方　D. 提起仲裁方

8. 下列属于不可抗力事故的是(　　)。

A. 水灾　B. 地震　C. 政府禁令　D. 通货膨胀

9. 国际贸易中，解决交易双方所发生争议的方式很多，包括(　　)。

A. 协商　B. 调解　C. 仲裁　D. 诉讼

10. 关于仲裁地点有以下各种不同的规定，其中，对我方最有利的是(　　)。

A. 在双方同意的第三国仲裁　B. 在被诉人所在国仲裁

C. 在我国仲裁　D. 在对方国仲裁

11. 仲裁协议是仲裁机构受理争议案件的必要依据。仲裁协议(　　)达成。

A. 必须在争议发生之前　B. 只能在争议发生之后

C. 既可在争议发生前，也可在争议发生后　D. 必须在争议发生的过程中

二、简答题

1. 不可抗力事故的范围及其后果如何?

2. 仲裁的特点有哪些?

三、案例分析

1. 某国一公司以 CIF 鹿特丹出口食品 1 000 箱，即期信用证付款。货物装运后，出口商凭已装船清洁提单和已投保一切险及战争险的保险单，向银行收妥货款。货到目的港后，经进口商复验发现下列情况：

(1)该批货物共有 10 个批号，抽查 20 箱，发现其中 2 个批号涉及 200 箱内含有沙门氏细菌超过合同标准。

(2)收货人实际收到 998 箱，缺少 2 箱。

(3)有 15 箱货物外表状况良好，但箱内货物共缺少 60 千克。

问：根据上述案情，进口商应分别向谁索赔?

2. 我国某公司与美国企业订立了一项农产品出口合同，在合同中明确规定仲裁条款，约定在履约过程中如发生争议，在中国仲裁。后来，双方因为商品品质发生争议，美国企业在其所在地法院起诉我公司，法院发来传票，传我公司出庭应诉。

问：我公司该如何应对美方起诉? 并简述理由。

3. 有一份合同，印度 A 公司向美国 B 公司出口一批黄麻。在合同履行的过程中，印度政府宣布对黄麻实行出口许可证和配额制度。A 公司因无法取得出口许可证而无法向美国 B 公司出口黄麻，遂以不可抗力为由主张解除合同。

问：印度公司能否主张这种权利? 为什么?

4. 国内某研究所与某日商签订了一项进口合同，欲引进一台精密仪器。合同规定 9 月份交货，但到 9 月 15 日，日本政府宣布该仪器属高科技产品，禁止出口，自宣布之日起 15 天生效。后日方来电以不可抗力为由要求解除合同。

问：日方的要求是否有理? 我方如何处理较为妥当?

第十三章　订立进出口合同

学习指导

通过本章的学习，要求掌握合同成立的时间和有效条件，并能够正确用英文草拟销售合同书。

导入案例

美国A公司10月4日向我B公司以传真发盘，出售电子元器件，规定于当天下午5时复到有效。B公司于当天下午4时以传真答复，对发盘中的价格及检验索赔条件提出了不同意见。10月5日，A公司与B公司通过电话进行洽商，双方各作了让步，B公司同意接受A公司的价格，A公司同意B公司提出的检验索赔条件，至此，双方口头达成了一致意见，并一致同意两公司的代表在广交会上签署合同。10月20日，A公司的代表在广交会会见了B公司的代表，并交给他一份A公司已签了字的合同文本，B公司的代表则表示要审阅后再签字。三天后，A公司的代表再次会见B公司的代表，而B公司的代表仍未在合同上签字。A公司的代表即索回了未签字的合同。11月份，A公司致电B公司要求开证履约，B公司不同意，双方发生争议。

（资料来源：冷柏军. 国际贸易实务. 高等教育出版社，2010.）

思考：

(1)双方于5日通过电话协商达成一致意见是否表示合同已于此时成立？

(2)要求签署书面合同是否仅仅是一种形式而不会影响合同的有效成立？

(3)双方最终是否建立了合同关系？

第一节　合同概述

一、国际货物买卖合同的含义

按照《联合国国际货物销售合同公约》的规定，国际货物销售合同是营业场所在两个或两个以上不同国家的当事人之间就货物的进出口交易所达成的协议，是卖方为了取得货款而把货物的所有权移交给买方的一种双务合同。所谓“双务”(Bilateral)，是指合同双方相互承担义务，同时，双方都享有权利，一方所承担的义务正是另一方所享有的权利。

二、国际货物买卖合同的特点

(一)国际货物买卖合同具有国际性

国际性的标准采用第一种情况，即交易双方当事人的营业地处于不同的国家。

（二）国际货物买卖合同买卖的标的物是货物

《联合国国际货物销售合同公约》（以下简称《公约》）采取了排除法，即将下列产品排除在该公约的适用范围之外：（1）供私人、家属或家庭使用而进行的购买；（2）经由拍卖方式进行的买卖；（3）根据法律执行应进行的买卖；（4）各种债券或者货币的买卖；（5）船舶、气垫船或收音机的买卖；（6）电力的买卖。

（三）国际货物买卖合同的性质为买卖

所谓“买卖合同”，按照《英国货物买卖法》的规定，是指由卖方将货物的所有权转换给买方，以换取买方的金钱作为对价。

（四）调整国际货物买卖合同关系的法律是可选择的

一般国内合同只能使用国内法，而国际货物买卖合同可以选择处理合同纠纷所适用的法律。我国《民法通则》和《合同法》对此都做出了规定：国际贸易合同的当事人可以选择处理合同纠纷所使用的法律，但法律另有规定的除外。

第二节 合同的签订

一、合同成立的时间

合同一经订立，买卖双方即存在合同关系，彼此就应受到合同的约束。因此，买卖合同于何时订立是国际贸易中的一个十分重要的问题。

《公约》第 23 条规定：“合同于按本公约规定对发盘的接受生效时订立。”由此可见，合同成立的时间为接受生效的时间，而接受生效的时间又以接受通知到达发盘人或按交易习惯及发盘要求做出接受的行为为准。因此，合同成立的时间有两个判断标准：一是有效接受的通知到达发盘人时，合同成立；二是受盘人做出接受行为时，合同成立。

在现实经济生活中，有关合同成立的时间有特殊的规定。例如，我国《合同法》规定：“当事人采取合同书的形式订立合同的，自双方当事人签字或盖章时合同成立。签字或盖章不在同一时间的，最后签字或盖章时合同成立。”

此外，在实际业务中，双方当事人有时也可能约定，合同成立的时间以定约时合同上所写明的日期为准，或以双方确认合同的日期为准。

二、合同生效的条件

合同成立与合同生效是两个不同的概念。合同成立的判断依据是接受是否生效；而合同生效是指合同是否具有法律上的效力。买卖双方就各项交易条件达成协议后，并不意味着此项合同一定有效，根据各国合同法的规定，一项合同，除买卖双方就交易条件通过发盘和接受达成协议外，还需具备下列条件，才是一项有效的合同：

（一）合同当事人要具有签订合同的行为能力

签订销售合同的当事人主要为自然人或法人。

按各国法律的一般规定，自然人签订合同的行为能力，是指精神正常的成年人才能签订合同。未成年人对达成的合同可不负合同的法律责任；精神病患者在发病期间达成的合同，也可免去合同的法律责任。

关于法人签订合同的行为能力，各国法律一般认为，法人必须通过其代理人，在法人的经营范围内签订合同，越权的合同不发生法律效力。

另外，我国对某些合同的签约主体还做了一定的限制。例如，规定只有经政府允许和批准有外贸经营权的企业，才能从事对外贸易活动，才能就其有权经营的商品对外达成销售合同；没有取得对外贸易经营权的企业或经济组织如要签订对外贸易合同，必须委托有对外贸易经营权的企业代理进行。

（二）当事人必须在自愿和真实的基础上达成协议

大多数国家的法律都做了这项规定。我国《合同法》明确规定：当事人依法享有自愿订立合同的权利，任何单位或个人不得非法干预。《合同法》还明确规定：一方以欺诈、胁迫的手段或者乘人之危，使对方在违背真实意思的情况下订立的合同，受害方有权请求人民法院或者仲裁机构变更或撤销。

（三）合同必须具有对价或约因

对价（Consideration）是英美法中有关合同成立所必须具备的一个要素，约因（Cause）则是大陆法中提出的合同成立的要素之一。所谓"对价"或"约因"，均是指当事人为了取得合同利益所付出的代价，即双方行为有偿，双方都拥有权利又都承担义务，是互为有偿的。

在国际贸易合同中，要有对价或约因，法律才承认合同的有效性；否则，合同将得不到法律的保障。

（四）合同的标的内容必须合法

各国法律都规定合同不得违反法律，不得违反公共政策和公共秩序。我国《合同法》规定，订立合同必须遵守法律，并不得损害社会利益。在国际贸易中，对违禁品，如毒品、走私物品、严重败坏社会道德风尚的物品等签订贸易合同是不合法的；与敌国或国家明令禁止的贸易对象国签订贸易合同，也是不合法的。

对于不合法的合同，当事人之间没有权利和义务关系。

（五）合同必须符合法律规定的形式

各国法律对合同的形式有着不同的规定。有的国家法律规定必须采用书面形式，或超过一定金额的合同必须采用书面形式，而不承认口头合同的有效性；有的国家的法律则允许使用口头形式。我国的对外销售合同，根据规定，必须采用书面形式。

此外，世界各国除少数外都规定有不同程度的对外贸易管制措施，某些合同必须经过一定的审批手续方为有效。凡中国法律、行政法规规定应由国家批准的合同，获得批准时，方为合同成立。

（六）合同当事人的意思表示必须真实

国际货物销售合同是买卖双方当事人意思表示一致的结果。根据各国的法律规定，如果由于种种原因或事实，构成当事人表示的意思不是自愿和真实的，则合同不成立。例如，发现一方用诈骗、威胁或暴力等行为使另一方接受而达成的合同，在法律上是无效的。

三、合同的形式

《公约》第 11 条规定："销售合同无需以书面订立或书面证明，在形式方面也不受任何其他条件的限制。销售合同可以用包括人证在内的任何方法证明。"国外法律对货物买卖合同也没有作特别的规定。这就是说，买卖合同的形式既可以是具有一定格式的书面合同，也可以是信件、电报、电传、传真形式，甚至可以是口头形式、行为表达形式等，只要能证明这种形式存在。

但根据国际贸易的一般习惯做法，交易双方通过口头或来往函电磋商达成协议后，多数情况还签订一定格式的书面合同，以利合同的履行。在这里，签订书面合同主要具有以下三个方面的意义：

第一，书面合同是合同成立的证据。合同是否成立，必须要有证明，而书面合同即可以作为合同成立的极好证据。

第二，书面合同是履行合同的依据。交易双方通过签订合同，可以把双方通过口头谈判或函电磋商所达成的所有条件，最终归纳于一份规范的合同文本中，并由双方签署。这样的一份合同，既是一份完整、有效的法律文件，也是一份完整、明确的履约依据。

第三，书面合同有时是合同生效的条件。虽然按《公约》规定，在交易磋商中，一方的发盘为另一方所接受，合同即告成立；签订书面合同不是合同成立的必要法律步骤。但我国在参加《公约》时，对合同的形式作了保留，规定国际买卖合同必须采用书面形式，方为有效。因此，以下两种情况若达成交易，签订书面合同成为合同成立的法律步骤：(1)口头磋商达成的交易，必须签署一份书面合同，合同才能生效。(2)函电方式磋商达成的交易，如果其中一方曾声明以签订一定格式的正式书面合同为准，则即使双方已就交易条件达成一致，在正式签订书面合同时，合同才能生效。

第四，书面合同是仲裁、诉讼的依据。在国际贸易活动中，很可能发生争议和纠纷。一旦争议发生，可以通过协调、调解、仲裁或诉讼等方式来解决。但不管采用哪一种方式，明确责任及提出解决方法都需要有一个依据，而书面合同无疑就是最基本的、最重要的也是最好的依据。

关于书面合同的名称，国际上并无统一的规定，其格式、繁简也不一致。在我国的贸易实践中，书面合同形式包括合同(Contract)、确认书(Confirmation)、备忘录(Memo)和协议书(Agreement)等，其中以采用合同和确认书两种形式居多。

在实际业务中，合同或确认书通常是一式两份，由双方合法代表分别签字后各执一份，作为合同订立的证据和履行合同的依据。

第三节　合同的基本内容

合同的基本内容通常包括约首、主体、约尾三个部分。

一、约首部分

合同约首部分(Preamble)一般包括合同名称、编号，以及双方当事人的名称、地址、电话、传真号码等。除此之外，在合同序言部分常常写明双方订立的意愿和执行合同的保障。合同的序言对双方均具有约束力。因此，在规定序言时，应慎重考虑。

二、合同主体

合同的基本条款是合同的主体(Body)，一般包括品名、品质、数量、包装、价格、运输、支付、保险等项内容。

(一)商品品名(Name of Goods)条款和商品品质(Quality of Goods)条款

交易双方在洽商交易和签订买卖合同时，通常很少见到具体商品，一般只是凭借对拟行买卖的商品作必要的描述来确定交易的标的。

按照惯例，对交易标的物的描述是构成商品说明的一个主要组成部分，是买卖双方交接货物的一项基本依据。商品的品质是指商品的内在质量和外观形态的综合。若卖方交付的货物不符合约定的品名或品质的规定，买方有权提出损害赔偿要求，直至拒收货物或撤销合同。

(二)商品数量条款

商品的数量(Quantity)是国际货物买卖合同中不可缺少的主要条件之一。

《联合国国际货物销售合同公约》规定，按约定的数量交付货物是卖方的一项基本义务。如卖方交货数量大于约定的数量，买方可以拒收多交的部分，也可以收取多交部分中的一部分或全部，但应按合同价格付款；如卖方交货数量少于约定的数量，卖方应在规定的交货期届满前补交，但不得使买方遭受不合理的不便或承担不合理的开支，即使如此，买方也有保留要求损害赔偿的权利。

(三)商品包装条款

在当前国际市场竞争十分激烈的情况下，许多国家都把改进包装作为加强对外竞销的重要手段之一。因为良好的包装不仅可以保护商品，而且还能宣传和美化商品，提高商品身价，吸引顾客，扩大销路，增加售价，并在一定程度上显示出口国家的科技、文化水平。

(四)价格条款

价格条款一般包括商品的单价和总值两项基本内容。单价通常由四个部分组成，即计量单位、单位价格金额、计价货币和贸易术语。例如，每公吨 CIF 伦敦 350 美元(Per M/T US ＄350 CIF London)。

总值(或者称总价)是单价同数量的乘积，也就是一笔交易的货款总金额。

例如：USD800 PER CARTON FOB NANTONG，GROSS FOR NET.

USD85 PER PC. CIF NEW YORK LESS 2%DISCOUNT.

(五)装运条款

明确规定具体装运时间、装运港(地)、目的港(地)以及是否允许分批和转运等内容。

(六)保险条款

保险条款是国际货物买卖合同的重要组成部分之一，它涉及买卖双方的切实利益。保险条款所涉及的内容有保险金额、投保险别、保险费、保险单证和保险适用条款等。

(七)支付条款

支付条款是国际货物买卖合同中买方的基本义务，在合同中要明确规定支付方式、支付货币金额和付款时间等内容。

(八)格式条款

格式条款是当事人为了经常可以重复使用，并为国际社会普遍确认而预先拟定不必同对方协商的条款。格式交易条件所列条款是适用于所有合同的共性条款，主要包括商品检验、索赔、不可抗力和仲裁等条款。

三、约尾部分

合同的约尾部分(Witness Clause)一般包括订约日期、地点和双方有权签字人的签署。

四、备注部分

备注部分(Remark)一般包括索赔、检验、不可抗力和仲裁等。

第四节 专业技能实训

任务一 草拟合同

【目的要求】

交易双方经过反复磋商达成一致以后，本方往往会将拟好的合同书交由对方审议并签署，再寄回来给本方签署；或者双方共同草拟合同条款，再经双方会签和审核。作为对方寄来的合同书文稿，外贸业务员要能根据来往的函电磋商达成的交易条件，快速、准确地用英文草拟条款或者翻译合同，这是基本的业务素质要求。本模块要求学生根据往来电报及相关资料填制销售确认书。

【背景材料】

飞跃贸易有限公司(FEIYUE TRADING CO.，LTD.)与 英国 ABC 进出口有限公司(ABC IMP. &EXP. CO.，LTD.)洽谈蝴蝶牌 JA-1 型缝纫机的往来电传。

May 2

Incoming INTERESTED IN BUTTERFLY BRAND SEWING MACHINE MODEL JA-1 3000 SETS PROMPT SHIPMENT PLEASE QUOTE

May 3

Outgoing BUTTERFLY BRAND SEWING MACHINE MODEL JA-1 PACKED IN WOODEN CASES 3000 SETS USD62 PER SET CIF LONDON JUNE/JULY SHIPMENT SIGHT CREDIT SUBJECT REPLY HERE SIXTH

May 5

Incoming YOUR TLX THIRD REGRET UNABLE ACCEPT COMPETITORS QUOTING SIMILAR QRALITY USD55 PLEASE REPLY IMMEDIATELY

May 7

Outgoing OURS THIRD RENEW OFFER SUBJECT REPLY TENTH OUR TIME

May 9

Incoming YOURS SEVENTH ACCEPT PROVIDED USD55 D/P SIGHT PLEASE CONFIRMS

May 10

Outgoing YOURS NINTH BEST USD60 SIGHT CREDIT SUBJECT REPLY REACHING HERE TWELFTH

May 11

Incoming YOURS TENTH ACCEPT BOOK ADDITIONAL 500 SETS SAME TERMS REPLY PROMPTLY

May 12

Outgoing YOURS ELEVENTH CONFIRMED PLEASE OPEN L/C IMMEDIATELY

其他相关资料如下：

Seller：FEIYUE TRADING CO.，LTD.
　　NO358 SOUTH HUANGXING ROAD
CHANGSHA，CHINA

Buyer：ABC IMP. &EXP. CO.，LTD.
　　1203 Cambridge Street，
　　London，U. K.

Usual business terms：When business done on CIF basis，the seller shall cover insurance for 110% of CIF invoice value against all risks and war risk.

Port of Loading: Shanghai

【实训指南】

根据上述往来函电及相关资料缮制合同。

SALES CONFIRMATION

S/C No. : __________

Date: __________

The Seller: The Buyer:

Address: Address:

Commodity & Specification	Unit	Quantity	Unit Price	Total Amount
TOTAL CONTRACT VALUE:				

PACKING:

PORT OF LOADING & DESTINATION:

TIME OF SHIPMENT:

TERMS OF PAYMENT:

INSURANCE:

REMARKS:

1. The Buyer shall have the covering Letter of Credit reach the Seller 30 days before shipment, failing which the Seller reserves the right to rescind without further notice, or to regard as still valid whole or any part of this contract not fulfilled by the Buyer, or to lodge a claim for losses thus sustained, if any.

2. In case of any discrepancy in Quality, claim should be filed by the Buyer within 180 days after the arrival of the goods at port of destination; while for quantity discrepancy, claim should be filed by the Buyer within 150 days after the arrival of the goods at port of destination.

3. The Seller shall not hold liable for non-delivery or delay in delivery of the entire lot or a portion of the goods hereunder by reason of natural disasters, war or other causes of Force Majeure, however, the Seller shall notify the Buyer as soon as possible and furnish the Buyer within 15 days by registered airmail with a certificate issued by the China Council for the Promotion of International Trade attesting such event(s).

4. All deputies arising out of the performance of, or relating to this contract, shall be settle through negotiation. In case no settlement can be reached through negotiation, the case shall then be submitted to the China International Economic and Trade Arbitration Commission for arbitration in accordance with its Arbitral Rules. The arbitration shall take place in Shanghai. The arbitral award is final and binding upon both parties.

5. The Buyer is requested to sigh and return one copy of this contract immediately after receipt of the same. Objection, if any, should be raised by the Buyer within 3 working days, otherwise it is understood that the Buyer has accepted the terms and conditions of this contract.

Confirmed by:

THE SELLERTHE BUYER

(signature) (signature)

任务二 案例分析

【背景材料】

中国A公司于某年9月12日致函德国B公司,提出以每公吨1 000美元CIF汉堡价格向B公司出售1 000公吨山东大粒花生仁,发盘规定的有效期限为14天。9月24日,A公司获悉国际市场上花生仁价格上涨了20%。同日，A公司收到B公司发来的表示接受的传真，B公司表示完全接受A公司发盘的各项条件，并已做好履行合同的各项准备。25日，A公司向B公司提出将山东大粒花生仁的售价由原来的每公吨1 000美元增加至每公吨1 200美元，B公司未同意。后A公司将该批山东大粒花生仁以每公吨1 200美元的价格销售给了另一家德国公司。B公司遂向中国某仲裁机构提请仲裁，要求A公司赔偿其所遭受的损失。A公司则辩称，其与B公司间并不存在任何合同关系，B公司的索赔主张缺乏依据。

试分析B公司的索赔主张是否缺乏依据？此案中的A公司该如何避免因价格上涨带来的风险？

【分析】

1. 责任划分

此案中，A公司9月12日发出的发盘于到达受盘人B公司时生效，A公司作为发盘人应受其约束。B公司在发盘规定的有效期限内做出了接受发盘的承诺并已生效。根据相关法律的规定，合同于承诺生效时成立。A公司将合同所涉及货物出售给他人的行为违反了合同的约定，损害了B公司的利益，应当对B公司因此而遭受的损失承担赔偿责任。

2. 理由分析

我国是《联合国国际货物销售合同公约》(以下简称《公约》)的缔约国，《公约》及我国的《合同法》是处理国际贸易争端的主要法律依据。

(1)案件中发盘的生效与效力问题

《公约》第14条规定：凡向一个或一个以上特定的人提出的订立合同的建议，如果十分确定并且表明发盘人在得到接受时受约束的意旨，即构成发盘。

《公约》第15条规定：发盘于送达受盘人时生效。我国《合同法》第16条也规定：要约于送达受要约人时生效。

本案中，A公司9月12日的函件包含发盘生效的所有要素，因此，该发盘自送达B公司时生效，A公司应受该发盘的约束。

(2)案件中接受的生效与效力问题

《公约》规定："受盘人声明或做出其他行为表示同意一项发盘，即是接受。"我国《合同法》规定："承诺是受要约人同意要约的意思表示。"由此可见，接受的实质是对发盘表示同意。这种同意通常是以某种方式向发盘人表示出来。

接受作为一种法律行为，尽管各国法律对其何时生效有不同的规定，但我国《合同法》和《公约》均采纳了"到达主义"原则。《公约》第18条第2款明确规定："接受发盘于表示同意的通知送达发盘人时生效"。我国《合同法》也有类似的规定。

本案中，B公司9月24日送达A公司的电传，对A公司的发盘做出了表示同意的明确声明，并且该电传送达A公司的时间在发盘有效期内，因此，B公司的电传构成接受，且该接受于9月24日送达A公司时生效。

(3)案件中合同的成立问题

《公约》第23条规定："合同于按本公约规定对发盘的接受生效时订立"。本案中，B公司的接受于9月24日生效，因此，A公司与B公司存在合同关系，其合同订立时间为接受生效的时间：9月24日。

3. 结论

本案中，A公司向B公司发出的发盘中规定了14天的有效期限，B公司在有效期限内做出了承诺，A、B两公司的合同已告成立。事后，A公司将合同所涉货物出售给他人属违约行为，应向B公司承担赔偿责任。

A公司应接受的教训：对出口商品国际市场变动的趋势事先要有准确的预测，发盘的有效期不可太长，一般控制在2～3天内，或采取发虚盘(指在发盘中附加"仅供参考"、"以我方最后确认为准"或"有权先售" 等保留条件的发盘)，或用灵活报价等方式来避免因价格上涨带来的风险，维护自己的权益。

任务三 思考与练习

一、填空题

1. 贸易合同的书面形式主要分为________和________两种，其基本内容分为________、________、

________和________四部分。

2. 签订书面合同的意义是________、________和________。

3. 合同的基本内容是________、________。

4. 合同的主要条款有________、________、________、________、________、________等。

二、判断题

1. 双方口头成交，即意味着合同已经签订。(　　)

2. 外贸合同只要适合我国法律即可。(　　)

3. 合同无需规定有效期，信用证规定即可。(　　)

4. 仲裁机构只能选择我国机构。(　　)

5. 凡是有行为能力的人所订立的合同都是有效的。(　　)

三、简答题

1. 合同生效应具备哪些条件？

2. 对合同成立的时间有何要求？

3. 合同的基本内容有哪些？

四、案例分析题

1. 我方A公司向英国伦敦B公司发盘某商品100公吨，每公吨1 500美元CIF伦敦，写明收到信用证后45天内交货，以不可撤销即期信用证支付，3天内答复。第二天收到B公司回电称："Accept your offer shipment immediately." A公司未作答复。又过两天，B公司通过伦敦汇丰银行开来即期信用证，注明"Shipment immediately"。当时该货国际市场价格上涨15%，A公司拒绝交货，并立即退回信用证。

问：这种做法有无道理？有何依据？

2. 我国某对外承包公司于5月3日以传真请德国供应商发盘出售一批钢材。我方在电传中声明：要求这一发盘是为了计算一项承造一栋大楼的标价和确定是否参与投标之用，我方必须于5月15日向招标人送交投标书，而开标日为5月31日。德供应商于5月5日用电传就上述钢材向我方发盘。我方据以计算标价，并于5月15日向招标人递交投标书。5月20日，德供应商因钢材价格上涨，发来传真通知撤销他于5月5日的发盘。我方当即复电表示不同意，于是双方发生争议。5月31日开标，我方中标，随即传真通知德商我方接受5月5日发盘，但德商坚持该发盘已于5月20日撤销，合同不成立。

问：合同是否成立？为什么？

3. 我国香港某中间商A就某商品以电传方式邀请我方发盘，我方于6月8日向A方发盘并限6月15日复到有效。12日我方收到美国B商人按我方发盘条件开来的信用证，同时收到中间商A来电称："你8日发盘已转美国B商。"经查该商品的国际市场价格猛涨，于是我方将信用证退回开证银行，再按新价直接向美商B发盘，而美商B以信用证于发盘有效期内到达为由，拒绝接受新价并要求我方按原价发货，否则将追究我方责任。

问：对方的要求是否合理？为什么？

4. 某年11月4日顺达公司应瑞典TG公司的请求，报价棉花500吨，每吨斯德哥尔摩到CIF价格340欧元，即期装运实盘，要约有效期至11月24日。TG公司收到报盘后，请求顺达公司："降低价格，延长要约有效期。"顺达公司曾将价格每吨减至320欧元，延长要约有效期至11月30日。TG公司收到顺达公司来电后，又请求顺达公司："增加数量；再次延长要约有效期。"顺达公司再将数量增至800吨，延长要约有效期至12月10日。TG公司于12月6日来电接受该盘。顺达公司在接到TG公司承诺电报时，发现国际市场因受灾影响棉花产量，市场价格暴涨。顺达公司不愿意成交，复电称："由于世界市场价格变化，在接到承诺电报前已将货物售出，不能提供货物。"TG公司不同意这一说法，认为：承诺是在要约有效期内作出的，是有效的，坚持要求顺达公司按要约的条件履行合同，提出："执行合同或者赔偿差价损失6万欧元，否则将起诉。"

问：

(1)双方间的买卖合同是否成立？

(2)TG公司有无正当理由提起诉讼？为什么？

模块三 合同的履行

第十四章　出口合同的履行

学习指导

通过本章的学习，要求掌握履行出口合同的业务程序，能够熟练、准确地办理各环节的业务手续，正确、规范地缮制有关的业务单证，有效、合理地解决履行合同过程中可能发生的争议。

导入案例

我国某进出口公司与国外某公司按CFR条件签订一份出口合同，合同规定装运期为10月份，但未规定具体开证日期。外商拖延开证，我方见装运期快到，从9月中旬开始连续多次电催外商开证。10月5日收到开证行简电通知。我方怕耽误装运期，即按简电办理装运。10月28日外商开来信用证正本，正本上对有关单据做了与合同不符的规定。我方审核时未注意，交银行议付时银行也未发现，结果开证行以单证不符为由拒付货款。

思考：

(1)银行拒付货款有无道理？

(2)我公司应接受什么教训？应如何妥善处理？

重合同、守信用是我国对外贸易以至整个对外经济活动一贯遵循的重要原则，也是订立和履行国际货物买卖合同时必须遵循的一项原则。

在我国出口贸易中，多数按CIF条件成交，以信用证方式收款。履行出口合同一般包括备货、办证、催证、审证、报验、托运、投保、报关、制单、结汇等业务程序(见图14.1)。其中，做好“货、证、船、款”四个环节的工作尤为重要。

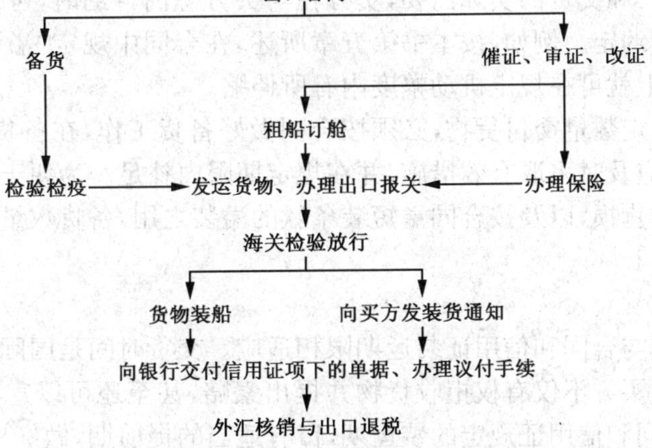

图14.1　出口基本流程(信用证支付方式的CIF程序)

第一节 备货与办证

一、备货

备货是出口商履行出口合同的一项基础性工作，主要包括按合同和信用证的要求，向生产加工或物流企业组织货源，核实货物加工、整理、包装和刷唛等工作，对应交的货物及时做好验收、清点及处理相关事宜，做到按时、保质、保量交货。

（一）质量

货物的质量必须与出口合同的规定相一致。严格按照买卖合同约定的质量要求交付货物，是卖方的一项基本义务。所交付货物的名称、品质、规格、标准等，必须严格符合合同的规定，如有不符，事先进行筛选，进行再加工、整理，直到达到要求为准，决不允许任何一件不符合合同规定的商品出境。

有必要指出，合同中的质量条款是买卖双方交接货物有关质量的依据，卖方所交货物的实际质量不能低于合同规定，低于合同规定就是违约行为，货物实际质量也不宜高于合同规定，高于合同规定有时也构成违约。如果依法有效的国际货物买卖合同，未规定货物质量或者规定不明确的，按照我国《合同法》，当事人可以协议补充，不能达成补充协议的，按照合同有关条款或者交易习惯、行业标准或符合合同目的的特定标准履行。

（二）包装

货物的包装必须符合出口合同的规定。货物包装如同品质一样也是买卖合同的主要条款，有的国家的法律把合同中的包装条款视作对货物说明的组成部分。卖方必须按照合同规定的包装方式交付货物。

按照合同约定的包装条件，检查核实货物包装材料、方式和规格，既要保证货物的运输安全，又要经济合理。在备货过程中对货物的内外包装盒装潢，均需认真进行核对和检查，如发现有包装不良或破损情况，应及时进行修整或更换包装，以免装运时取不到清洁提单，造成收汇困难。包装标识也应按合同规定或客户要求刷制。

（三）数量

货物的数量必须符合出口合同的规定。货物数量是国际货物买卖合同的主要条件之一。出口过程中，根据生产和交货的实际需要，卖方在与买方磋商订约时，可对交货数量留有一定的机动幅度达成特别约定。例如，按本书第五章所述，在合同中规定“溢短装条款”，则卖方在履行合同时，在数量上就可在规定机动幅度内有所伸缩。

为保证按合同规定数量交付货物，必须按合同做好备货工作，在备货过程中，如发现货物不符合合同需要时，应及时采取有效措施，并在规定期限内补足。为便于补足储存中的自然损耗和国内搬运过程的货损，以及按合同溢短装条款的溢装之用，备货数量一般以略多于出口合同规定的数量为宜。

（四）保证按期交货

货物备妥时间应与合同和信用证装运期限相适应。交货时间是国际货物买卖合同的主要交易条件，倘有违反，买方不仅有权拒收货物并提出索赔，甚至还可以宣告合同无效。为保证按期交货，应根据合同和信用证规定的装运期，留有适当的提前期，做好一切装货准备工作，做到船货衔接，防止出现船等货或货等船的现象。

凡出口合同规定收到买方信用证后若干天交货的，为保证按时履行合同，防止被动，应督促买方按照合同规定期限开到信用证。收到信用证后，还必须抓紧时间审核，认可后及时安排生产，组织进货和办理装运。至于是将合同货物全部一次装运，还是分期、分批装运，也必须按照合同规定办理。

（五）所有权

卖方对货物要有完全的所有权并不得侵犯他人权利。所谓不得侵犯他人权利，主要是指不得侵犯他们的工业产权和其他的知识产权。工业产权和其他知识产权是有地域限制的，在一个国家内获得批准的独占权，只在该国境内有效。

在我国出口业务中，当接受外商来样定制，来料加工中可能涉及有关商标、专利等工业产权和其他知识产权时，最好都在合同总规定："关于任何违反涉及工业产权与其他知识产权的行为概由买方负责，与卖方无关"的条款。这是实践证明通过双方协议排除卖方侵犯他们权力担保的有效做法。

在我国出口业务中，除应注意我国产品侵犯他人知识产权外，也应重视对我国自主知识产权的保护工作，对于我国的名牌商品，特别是在国际市场上已有一定声誉的商标，应当及早在目标市场的有关国家和地区办好商标注册手续，同时要防止外商将我方商标以他自己名义或仿冒影射我方商标抢先注册，从而阻碍我方正常出口，有的甚至在抢先注册后向我方漫天要价，使我方陷入被动。

（六）实行成本核算

为提高出口经济效益，在整个备货阶段要严格实行成本核算，在保证产品质量的前提下，尽可能节约开支，降低经营成本，为准确对外作价打基础，提高出口商品在国际市场的竞争力，增加外汇收入。

二、申领出口许可证

（一）出口许可证管理制度

出口许可证是国家授权机关批准商品出口的证明文件，是办理出口通关手续的重要证件之一。国家为加强对进出口贸易的管理，对有些商品的出口实行出口许可证管理制度，出口经营单位必须事先申请，经有关主管部门批准后凭发放的出口许可证，才能验放货物，装运出口。

（二）申领出口许可证手续

凡属经营许可证管理范围的货物出口，在同外商订合同前，必须办好出口许可证，按许可证规定的数量和期限同外商签订合同。如果未领到许可证之前同外商签合同，必须在合同中注明"以领到国家发给的许可证为最后生效"的字样。

国家对出口许可证实行一次使用有效的"一批一证"制，即一份出口许可证只能报关使用一次，无论签发数量是否用完，均不得重复使用，每份出口许可证的有效期自签发日期始，最长不得超过 3 个月。如因故原发许可证在有效期内不能及时出口货物，而合同仍需继续执行时，出口单位应于出口许可证有效期后 30 天内向原发证机关申明理由，交回原证，由原发证机关核发新证。

出口许可证申领单位要严格按要求准确填写出口许可证申请表，经发证机关审核批准签发出口许可证。其格式参见附件。

附：出口许可证

中华人民共和国出口货物许可证

A类 900039250

第一联：（正本）发货人办理海关手续　海关验放签注栏在背面

1.领证单位名称：　编码	3.出口许可证编号：
2.发货单位名称：　编码	4.许可证有效期： 至　年　月　日止
5.收款方式：	9.输往国家（地区）：
6.贸易方式：	10.收货人：
7.出运口岸：	11.运输方式：
8.商品名称：　编码	
12.合同号：	

13.规格、等级	单位	14.数量	15.单价	16.总值	17.总值折美元
18.总　计					

初审意见： 经办人：	备注： 申请单位盖章 年　月　日
处领导意见：	

第二节　催证、审证和改证

在使用信用证方式结算货款的交易中，落实信用证是履行出口合同不可缺少的重要环节，落实信用证通常包括催证、审证和改证三项内容。

一、催证

催开信用证是指通过信件或其他电信工具催促对方及时办理开立信用证手续并将信用证送达我方，以便我方及时装运货物出口，履行合同义务。在履行出口合同中，如买卖双方约定采用信用证付款，买方应严格按合同规定按时开立信用证。但是，在实际业务中，进口商在遇到市场发生对其不利的变化或资金发生困难等情况时，往往会拖延开证，使我方无法正常履行合同而造成经济损失。因此，应催促对方按时办理开证手续，必要时也可请驻外机构或有关银行协助催证。

二、审证

信用证和买卖合同是国际货物买卖中两个相互关联又各自独立的法律文件。信用证是以买卖合同为基础开立的。从理论上说，进口人办理开证申请手续时，是根据买卖合同办理的，开证银行是根据开证人的申请书开立信用证的。以此类推，受益人收到的信用证内容应当是与合同相一致的。可在实际业务中，经常发现国外来证的内容并不完全符合合同规定。

（一）审证的必要性

产生信用证与合同不符情况的原因各不相同：有的是开证人或开证行工作的疏忽和差错；有的是由于某些进口国家的习惯做法或另有特殊规定；有的是开证人对我国政策不了解；也有的是国外客户故意在信用证内加列一些额外要求；个别商人甚至出于不可告人的目的，在申请开证时故意设置陷阱。因此，审证的时候必须非常谨慎仔细，稍有疏忽就有可能影响履约，造成损失，甚至是重大损失。

在我国，审核信用证是银行与出口企业的共同责任。由于银行与出口企业的分工不同，因而在审核内容上各有侧重。银行着重审核有关开证行资信、付款责任以及索汇路线等方面条款和规定，出口企业着重审核信用证条款是否与买卖合同规定相一致。为保证安全收汇和顺利履行合同，维护自己的合法权利，出口商在收到信用证后，必须进行认真细致地审核，发现不符之处必须要求对方修改。

（二）审证的主要内容及应注意事项

（1）政治性、政策性审查。在我国对外经济政策的指导下，对来自不同国家和地区的信用证，要从政治上和政策上进行审查，例如，来证国家同我国有无经济贸易往来，来证内容是否符合政府间的支付协定等。

（2）开证行与保兑行的资信情况。为确保安全收汇，对开证行和保兑行所在国的政治、经济状况，开证行和保兑行的资信及经营作风等进行审查，若发现有问题，应采取适当措施，如要求另选我们认为可信的开证行等。

（3）信用证的性质和开证行对付款的责任。要审核信用证是否为不可撤销的信用证及合同中规定的其他条件，信用证是否已生效，对开证行的付款责任是否加列了“限制性”条款或其他“保留”条件。如果开来的信用证是保兑信用证，审核有无保兑行名称及保兑的条款等。

（4）信用证金额及使用的货币。信用证保证付款的金额应与合同的规定一致。如果合同订有溢短装条款，则信用证金额应包括溢装部分的金额。信用证采用的货币应与合同规定的货币一致。

（5）对有关货物的记载。信用证中有关货物的名称、品质、规格、数量、包装等各项条款必须与合同的规定相符，审核有无附加特殊条款。如发现信用证与合同规定有不符之处，应酌情做出是否接受或要求修改的决定。

(6)信用证中载明所使用的贸易术语必须与合同规定的一致。

(7)有关装运期、信用证有效期及到期地点的规定。按国际贸易惯例,一切信用证都必须规定交单付款、承兑或议付的到期日,未规定到期日的信用证不能使用。信用证中规定的到期日是指受益人最迟向出口地银行交单议付的日期。如果信用证规定进口国交单到期日,由于寄单花费时间并且有延误风险,应提请修改为出口地到期,或者要求延长到期日。

关于装运的规定必须与合同保持一致。如果因来证太迟,应及时要求买方延长装运期。信用证有效期应与装运期有一个合理的间隔,以便货物装运后有足够时间办理制单结汇手续。

(8)对单据的审查。对来证中要求提供的单据种类、份数及制作方法等要进行仔细审核,如发现不合理的规定,不能接受,必须要求修改。

(9)信用证应表明接受国际商会最新出版的《跟单信用证统一惯例》(UCP600)的约束。

(10)对其他条款的审查。除对上述各项内容的审查外,还要对信用证加列的其他对我方不利的特殊条款进行审查,如指定船公司、指定船龄、各种不合理的限制等,一般不宜接受。

附:信用证分析单

信用证分析单

银行编号		合约		受益人			
证号							
开证银行		进口商					
开证日期		索汇方式		起运口岸		目的地	
金额				可否转运		唛头	
汇票付款人				可否分批			
汇票期限	见票____天期			装运期限			
注意事项				效期地点			
				提单日____天内议付	____天内寄单		

单证名称	提单	副提单	商业发票	VISA商业发票	海关发票	装箱单	重量单	尺码单	保险单	产地证	CSP产地证	EEC产地证	贸促会产地证	出口许可证	装船证书	投保通知	寄投保通知邮据	寄单邮据	寄样证明	寄样邮据
银行																				
客户																				

提单	抬头		保险			
	通知					
运费预付				保额另加____%	赔款地点	

This Documentary Credit is subject to the Uniform Customs and Practice　　包括修改　　次

如分析单内容与合约有不符或疑问,请查核信用证原本。　　分析单编号:

三、改证

改证是指开证人通过开证行对信用证有关内容进行修改的行为。在信用证业务中，修改信用证是常有的事，信用证在其有效期内的任何修改，均需取得各有关当事人的同意，方能生效。修改信用证可由开证申请人主动提出，也可由受益人主动提出。

（一）要求改证应注意的问题

（1）在要求对方改证时，所有要求修改的各项内容应一次性向对方提出，尽量避免由于考虑不周而出现要求多次修改的现象。

（2）对修改后的信用证仍要再次认真审核，如果还不能接受，则应要求再次修改，直到符合要求时才能予以确认。

（3）如果一份修改通知书中包括多项内容，只能全部接受或全部拒绝，不能接受其中一部分而拒绝另一部分。

（二）改证的一般程序

开证申请人收到卖方的修改意见书后，向原开证行提交信用证修改申请书，经开证行同意后，向信用证原通知行发出修改通知书，通知行经验证通知书的表面真实性后，转交给受益人，受益人审查修改通知书，经确认后，信用证正式生效。若受益人对修改通知书拒绝接受，则应在合理时间内，一般为三个工作日，将修改通知书退回通知行，提出此项修改不能成立的理由，须再次修改，直到受益人接受为止。

对于需经修改方能使用的信用证，原则上在收到修改通知书并经审核认可方可发运货物，除非确有把握，否则绝不可仅凭国外客户（开证申请人）“已经照办”的通知就装运货物，防止对方言行不一而造成被动损失。

有必要指出，凡国外客户开来的信用证，其内容与买卖合同规定不符而我方能够接受并凭以办理，或者信用证开到后经过修改，不论是哪一方主动提出的，只要涉及买卖合同内容改变，原则上都应视同修改买卖合同，因此，应当向对方客户寄送合同修改书，以完善手续。

附：信用证修改单

上海市服装进出口公司

信用证修改单

通知号：A400485-1
通知日：Jan 11. 84

兹接到 ANZ Banking Group Ltd Sydney

Jan 11. 84 于 来电/函如下：

L/C No. ____________

Amend documentary credit Martin place Sydney NSW credit 8852/2002 cabled 9th January 11984 under special conditions insert instructions to negotiating bank please advise the issuing bank details of drawings in excess of CNY36. 140/ by full rate cable at the applicants expense.

合约号：____________

分析单号：____________

* 所附式样系由开证行以电传给通知行后，由通知行缮打的通知本。在正本上应有通知行印章，以证实其为有效。右上角通知号系通知行编号，其后“-1”表示该信用证的第一次修改书。

第三节 报检、托运、投保与报关

一、报检

(一)商品检验管理制度

我国法定检验主要由国家质量检验监督总局在各地所设的进出口商品检验机构及其他由该局许可的检验机构实施或合同约定的检验机构检验。在货物备妥后,应向商检机构申请检验。只有取得了检验合格证书,海关才能放行。凡检验不合格的货物,一律不得出口。

(二)出口检验手续

申请报验的一般程序是先填制出口报验申请单,一般包括品名、规格、标准、数量或重量、包装、产地等项目,并随附合同和信用证副本等有关文件,供商检局检验和发证时参考,然后缴纳手续费用,商检机构实施检验检疫。出境货物最迟在出口报关或装运前7天报检,个别检验检疫周期长的货物,应留有相应的检验检疫时间。法定的检验检疫货物,除了活动物由口岸检验检疫外,原则上在产地检验检疫。

货物经检验合格,商检局签发检验合格证书,出口单位在检验证书规定的有效期内将货物装运出口。若货物超过有效期才能装运出口,应向商检局申请展期,并经商检局复验合格后才能装运出口。

申请报验后若出口单位发现报验申请单内容的填写有误或因国外进口商修改信用证以致对货物规格、标准等要求有变动时,应及时提出更改申请,填写"更改申请单",说明更改事项和更改原因。

(三)报检应注意的事项

第一,报检必须按规定填写检验申请单,每份申请单只限填报一批商品,做到字迹工整、清楚,不得随意涂改,项目填写齐全,中文与译文内容一致。

第二,报检人应预先约定抽样检验、鉴定时间并提供进行抽样和检验、鉴定等工作条件。

(四)主要的商检证书

商检证书是商检局签发的各种进出口商品检验证书、公证鉴定证书、原产地证和其他证书的统称。商检证书是进出口商等履行合同义务和处理索赔争议等具有法律效力的凭证,也是各国通关验放的必要证明文件。

我国商检机构对进出口商品检验签发的证书主要有品质检验证书、衡量证书、卫生检验证书、动植物检疫证书、残损检验证书、包装检验证书、普惠制原产地证明书等。

二、托运、租船或订舱

(一)选择运输方式

按CFR或CIF条件成交时,由卖方负责及时办理托运、租船或订舱手续。出口商应根据合同规定,向运输公司索取船期表,依据实际情况选择租船或订舱,确定船期、船名、抵港日期、截止收单日期、受载日期和中途停靠港口名称等内容,以保证按期装运货物出口。

附:出口商品检验申请单

出口商品检验申请单

中华人民共和国上海进出口商品检验局:　　　　　　　　　　　　　　　　报验号:

兹有下列商品申请检验,请照章办理。

报验日期:　　年　　月　　日　　　　报验单位(盖章):

单位地址:　　　　　　　　　　　　　联系人:　　　　　　　　电 话:

发货人	(中文)	签运期	(约)月　日
		装运口岸	
	(译文)	包装情况	
收货人		报验数量	
商品名称 规　格	(中文)	报验重量	毛/净
	(译文)	输往国别或地区	

商品编码		商品出口总值(美元)		商品收购总值(元)			
产　地		生产厂		生产加工日期和批号			
贸易方式(√)		正常贸易		三来一补		其他贸易方式	标记及符号

检验依据	
合同、信用证对商检条款的特殊要求(详细填写)	

需要检证单(打√或补填)	质量证	数量证	重量证	兽医证	卫生证	健康证	消毒证	产地证	放行证	换证凭单		

报验人提供附件划(√)或补填	
合同	
发票	
信用证	
装箱单	
磅码单	
厂检单	
商检换证凭单	
商检预验结果单	
出口货物报关单	

备注	

(二)填制托运单

托运单(Shipping Note)是托运人根据合同和信用证条款填写的向船公司或其代理人办理托运的单证。承运人根据托运单内容,并结合航线、船期和舱位情况,如认定可以承运,即在托运单上签章,托运手续即告完成,运输合同成立。

附:海运出口托运单

海运出口托运单

托运人
Shipper ______________

编号　　　　　　　　船名
______________ S/S ______________

目的港
For ______________

<table>
<tr><td colspan="2" rowspan="2">标记及号码
Marks & Nos.</td><td colspan="2" rowspan="2">件　数
Quantity</td><td colspan="2" rowspan="2">货　名
Description of Goods</td><td colspan="2">重量千克
Weight Kilos</td></tr>
<tr><td>净
Net</td><td>毛
Gross</td></tr>
<tr><td colspan="2"></td><td colspan="2"></td><td colspan="2"></td><td></td><td></td></tr>
<tr><td colspan="2"></td><td colspan="2"></td><td colspan="2"></td><td colspan="2">运费付方式</td></tr>
<tr><td colspan="6">共计件数(大写)
Total Number of Packages in Writing</td><td colspan="2"></td></tr>
<tr><td>运费
计算</td><td colspan="3"></td><td colspan="2">尺　码
Measurement</td><td colspan="2"></td></tr>
<tr><td>备　注</td><td colspan="7"></td></tr>
<tr><td>抬头</td><td colspan="2">Order of</td><td>可否转船</td><td></td><td>可否分批</td><td colspan="2"></td></tr>
<tr><td rowspan="2">通
知</td><td rowspan="2"></td><td>装期</td><td></td><td>效期</td><td></td><td>提单
张数</td><td></td></tr>
<tr><td>金额</td><td colspan="5"></td></tr>
<tr><td>收货人</td><td></td><td>银行
编号</td><td></td><td>信用
证号</td><td colspan="3"></td></tr>
</table>

制　单　　　年　　月　　日

(三)签发装货单

船公司或其代理人在接受托运人的托运单后,即签发装货单(Shipping Order),凭以办理装船手续。装货单有三个方面的作用:一是通知托运人货物已配妥× ×船舶、航次、装货日期,让其准备装船;二是托运人凭以向海关办理出口申报手续;三是作为命令船长接受这批货物装船的通知。

附:装货单

装货单

中国外轮代理公司

CHINA OCEAN SHIPPING AGENCY

托运人 装 货 单

Shipper 中国对外贸易运输总公司上海分公司 SHIPPING ORDER

编号 船名

No ______________ S/S ______________

目的港

For ______________

兹将下列完好状况之货物装船后,望签署收货单。

Receive on board the under'mentioned goods apparent in good order and condition and sign the accompanying receipt for the same。

标记及号码 Mark & Nos	件数 Quantity	货 名 Description of Goods	重量千克 Weight Kilos	
			净 Net	毛 Gross

共计件数(大写)

Total Number of Packages in Writing

日期 时间

Date ______________ Time ______________

装入何舱

Stowed ______________

实收

Received ______________

理货员签名 经办员

Tallied by ______________ Approved by ______________

三、投保运输险

(一)投保手续

凡是按 CIF 条件成交的合同,卖方在办理了托运手续后,应及时向中国人民保险公司办理投保运输险手续。出口货物的投保手续都是逐笔办理,投保人填制投保单,将货物名称、保险金额、运输航线、运具名称、开航日期、投保险别等一一列明。保险公司接受投保后,立即签发保险单或保险凭证。

(二)投保应注意的事项

办理投保手续时,应根据货物的实际情况选择保险险别,防止多保、错保和漏保的现象。

开立的保险单日期应早于提单日期或其他货运单据日期，最迟可与提单或其他货运单据同一日期，以免造成不应有的损失，影响结汇工作的顺利进行。

中国人民保险公司对投保出口货物运输险，有时为简化手续可不填保险单，只要双方事先协商同意，可采用有关装运出口单据副本代替，加注保险金额和保险险别并签章，作为办理投保的代用保险单。

附：国外运输险投保单

中国人民保险公司

兹将我处出口物资依照信用证规定拟向你处投保国外运输险计开：

<table>
<tr><td colspan="8">（中 文）
被保险人　　　　　　　　　　过户
（英 文）</td></tr>
<tr><td colspan="2">标记或发票号码</td><td>件　数</td><td colspan="3">物资名称</td><td colspan="2">保险金额</td></tr>
<tr><td colspan="2"></td><td></td><td colspan="3"></td><td colspan="2"></td></tr>
<tr><td>运输工具
及转载工具</td><td colspan="2"></td><td colspan="3">约
启
于　　年　　月　　日
运</td><td>赔款偿
付地点</td><td></td></tr>
<tr><td>运输路程</td><td colspan="3">自　　经　　到</td><td>转载
地点</td><td colspan="3"></td></tr>
<tr><td colspan="6">要保险别</td><td colspan="2">投保单位签章

年　　月　　日</td></tr>
</table>

四、出口报关

（一）海关对进出口货物报关的管理

出口报关是指出口货物在装货出运之前，向海关办理申报货物出口通行的手续。经营进出口业务和专营报关业务的企业，必须向海关申请办理注册登记手续，取得报关资格才能从事报关业务，未向海关办理注册登记的单位，海关不予受理报关手续。按照我国《海关法》的规定，凡是进出关境的货物，必须经由设有海关的港口、车站、国际航空站进出，并由货物所有人或其代理人向海关申报，经海关查验合格后，货物才能放行提取或者装运出口。

我国《海关法》规定，进出口货物收、发货人或其代理人办理进出口货物的海关申报手续，应采用纸质报关单和电子数据报关单的形式。可见，纸质报关和电子数据报关是法定的两种申报方式，纸质报关单与电子报关单具有同等的法律效力。一般条件下，进出口货物收、发货人或其代理人应当同时采用两种方式申报，在特殊条件下，经海关许可可以采取其中一种方式申报。

（二）出口报关手续

1. 出口货物报关单

出口货物报关单是申请人在办理货物出口报关手续时，必须向海关交验的申报单证。出口货物报关单的格式由海关总署和国家统计局共同制定，由海关印制。出口货物报关单由出口货物的发货人或其代理人的取得报关资格的报关员逐项按规定准确填写。《进出口货物报关单》中的 47 项内容，除了“税费征收情况”和“海关审单批注及放行日期（签章）”由海关批注外，其余 45 项都是报关内容，均由进出口货物收发货人或其代理人按货物真实情况填制并向海关申报。如填写不规范或有差错，不予办理通关手续。随同出口货物报关单还需递交合同或合同副本、商品检验证书、发票、装货单、装箱单、出口货物许可证及其他有关单证。

附：出口货物报关单

中华人民共和国海关出口货物报关单

预录入编号：　　　　　　　　　　　　　　海关编号：

出口口岸	备案号	出口日期	申报日期	
经营单位	运输方式	运输工具名称	提运单号	
发货单位	贸易方式	征免性质	结汇方式	
许可证号	运抵国（地区）	指运港	境内货源地	
批准文号	成交方式	运费	保费	杂费
合同协议号	件数	包装种类	毛重（千克）	净重（千克）
集装箱号	随附单据	生产厂家		
标记唛码及备注				

项号	商品编号	商品名称、规格型号	数量及单位	最终目的国（地区）	单价	总价	币制	征包

税费征收情况		
录入员　录入单位	兹声明以上申报无误并承担法律责任	海关审单批注及放行日期（签章） 审单　　审价
报关员 申报单位（签章）		征税　　统计
单位地址 邮编　　电话　　填制日期		查验　　放行

2. 报关的业务程序

办理出口货物报关手续一般经历四个环节:第一步申报,填制出口货物报关单并随附有关单证。第二步查验单证和货物。海关只接受已经运抵监管区接受监管出口货物的报关。在实际工作中,一般海运出口货物在船离境 48 小时前进入海关监管区,空运出口货物在飞机起飞 24 小时前进入空港机场。第三步依法纳税。我国出口商品一般都免征关税,国家在不同时期根据实际情况对需要控制出口的极少数商品征收出口关税。按《海关法》的规定,从海关签发税款缴款书之日起 15 日内,纳税人或其代理人向指定银行缴纳税款。逾期不缴的除限期追缴外,由海关按规定征收滞纳金。第四步核对放行。经海关查验审核符合要求后,由海关签发放行单或在装货单上签印放行。

3. 出口货物报关应注意事项

(1)根据《海关法》的规定,出口货物自向海关申报到出境为止,应接受海关监管。在海关监管期的货物,未经海关许可,任何单位和个人不得开拆、提取、交付、发运、调换、改装、抵押、转让或更改标记。

(2)海关查验货物时,出口货物的发货人应到现场,并负责搬移货物,开拆和重封货物的包装。必要时,海关还要开验、复验或提取货样。

(3)货物的查验一般在海关规定的时间和监管场所进行。在特殊情况下,报经海关同意,海关也可派员到发货人的仓库、场地查验,但必须按规定缴纳规费。

五、装运

船方接到装货单后,在出口商办好通关手续之后,就要组织货物装船,待货物装船后,船长或大副签发收货单即大副收据,作为货物已装妥的临时收据,托运人凭此据即可向船公司或其代理人交付运费,并换取正式的海运提单。如收货单上有大副批注,换取提单时应将大副批注移注到提单上,这样的提单就是不清洁提单。不清洁提单是无效提单,买方或开证行收到不清洁提单,有权拒收货物和拒付款。为此,出口商要特别注意所得到的提单必须是有效的提单,以确保自己应得的权益。如果双方是按 FOB 或 CFR 条件成交,卖方在装船后应立即用适当方式通知买方,以便买方及时办理投保手续。

附:收货单

收货单

中国外轮代理公司
CHINA OCEAN SHIPPING AGENCY

托运人　　　　　　　　　　　　　　　　　　　　　　　　　　收货单
Shipper 中国对外贸易运输总公司上海分公司　　　　　　　　　MATE'S RECEIPT

编号　　　　　　　　　船名
No ____________　S/S ____________________

目的港
For ______________________________

下开完好状况之货物业已收妥无损
Receive on board the following goods apparent in good order and condition:

标记及号码 Mark & Nos	件数 Quantity	货　名 Description of Goods	重量千克 Weight Kilos	
			净 Net	毛 Gross

共计件数(大 写)
Total Number of packages in Writing

____

日期　　　　　　　　　时间
Date ____________　Time ____________________

装入何舱
Stowed ______________________________

实收
Received ______________________________

理货员签名
Tallied by ____________　Chief Officer ____________

____

第四节 制单结汇

货物装运后，出口企业应立即按照信用证的规定，正确缮制各种单据，并在信用证规定的交单到期日或之前，将各种单据和必要的凭证送交指定的银行办理承兑或议付手续，并向银行进行结汇。

一、制作单据

（一）对出口单据的基本要求

1. 制单前的准备

制单前的主要准备工作是找全合同和信用证。在信用证付款的条件下，要分析判断信用证对单证的具体要求，并将有关内容一一列表，以便办理单证时查核，防止发生差错和遗漏，同时要查核有关银行和当事人的名称和各种单证的份数等，还要查核有关单据有无抬头和背书等。

2. 制单的基本要求

在信用证付款的条件下，开证行审核单证与信用证要求完全相符后，才承担付款的责任，如发现任何不符之处，均有拒绝付款的可能，因此，在制单时要慎之又慎。对于结汇的单据，要求做到“正确、完整、及时、简明、整洁、规范”。正确就是“单证一致，单单相符”；完整即必须严格按信用证规定提供所有的单证，单据的份数、每份单据的项目和内容必须完整无缺；及时是指要在信用证有效期内将单据寄交议付行，以便银行及早出单，按时收汇；简明是指单据的内容按信用证要求和国际惯例填制，做到简洁明了；整洁是指单据的字据布局合理、美观，打印的字迹清楚，单据表面清洁；规范是指所提供的单据格式属国际标准化的单据。

（二）出口结汇的主要单据

1. 汇票

填制汇票应注意汇票的编码与发票号码一致，汇票的出票日期同提单日或晚于提单日期，严格、规范地按汇票各栏目的要求填制。

2. 发票

发票的种类主要有商业发票、海关发票、领事发票、厂商发票、联合发票、形式发票及银行发票等。

3. 运输单据

运输单据随不同的运输方式而异。海洋运输时大多使用海运提单。在我国，海运填单通常由运输代理制作，在货物装船后由船公司签署后交出口企业。提单是各种单据中最重要的单据，所提供的提单必须十分严格按信用证的要求填制。

4. 保险单

所提供的保险单的被保险人应是信用证上的受益人，并加空白背书，便于办理保险单转让，保险金额和保险险别应与信用证规定一致，保险单签发日期应早于或同提单日。

5. 包装单据

包装单据是指一切记载或描述商品包装情况的单据，也是商业发票的补充单据。在向银行交单要求付款、承兑或议付时，除散装货物外，一般要求提供包装单据。不同商品有不同的包装单据，常用的有装箱单、重量单和尺码单等。

6. 产地证明书

产地证明书是一种证明货物原产地或制造地的文件，也是进口国海关核定进口货物应征税率的依据。产地证分为普通产地证和普惠制产地证以及政府间协议规定的特殊原产地证等。

7. 检验证书

检验证书是出入境检验检疫机构对出口商品实施检验或检疫后，根据检验检疫结果，结合出口合同和信用证要求，对外签发的证书。

附：商业发票

COMMERCIAL　INVOICE

1) SELLER	3) INVOICE NO.	4) INVOICE DATE
	5) L/C NO.	6) DATE
	7) ISSUED BY	
2) BUYER	8) CONTRACT NO.	9) DATE
	10) FROM	11) TO
		13) PRICE TERM
	12) SHIPPED BY	

14)MARKS	15)DESCRIPTION OF GOODS	16)QTY.	17)UNIT PRICE	18)AMOUNT

19) ISSUED BY
20) SIGNATURE

二、交单结汇

交单是指出口人（信用证受益人）在信用证到期日前和交单期限内向指定银行提交符合信用证条款规定的单据。这些单据经银行审核确认无误后，根据信用证规定的付款条件，由银行办理结汇。我国出口结汇主要有以下几种方式：

（一）信用证项下的三种结汇方式

1. 收妥结汇

即“先收后结”，又称收妥付款，是指议付行收到出口人的出口结汇单据并审查无误后，将单据寄交国外付款行索取货款，待付款行将货款拨入议付行账户时，就按当日外汇牌价，折算成人民币拨交给出口人。

2. 出口押汇

出口押汇又称买单结汇、议付，是指议付行在审单无误的条件下，按信用证条款买入受益人的汇票及结汇单据，从票面金额中扣除从议付日到估计收到票款之日的利息，将余款按议付日外汇牌价折成人民币拨付给出口人。

3. 定期结汇

定期结汇是指议付行根据向国外付款行索偿所需时间，预先确定一个固定的结汇期限，到期后主动将票款金额折成人民币拨交给出口人。

（二）汇付方式

一般是买方按合同规定的条件和时间，将货款通过银行汇交给卖方。

（三）托收方式

出口商根据发票金额开出以进口人为付款人的汇票，并随附有关单据，向出口地银行提出托收申请，托收行通过它在进口地的代理行或往来银行向进口人收取货款。

（四）综合方式

在实际业务中，往往合同会规定以信用证付款为主，结合汇付或托收方式的综合运用，既可以是信用证与汇付的结合或信用证与托收的结合，也可以是信用证、汇付、托收三者的结合。

三、外汇核销

外汇核销是指企业在货物出口后的一定期限内向当地外汇管理部门办理出口收汇核销，证实该笔货物的出口价款已经收回或按规定使用的一项外汇业务。

（一）出口收汇核销概述

出口收汇核销制度建立于 1991 年 1 月 1 日，是国家加强出口收汇管理、确认国家外汇收入、防止外汇流失的一项重要措施。凡是在中华人民共和国境内注册，并经省、市主管部门批准的经营出口业务的企业，包括有对外贸易经营权的中外合资企业向境外出口货物，均应在其注册所在地外汇管理局办理出口收汇核销手续。出口单位凭出口收汇核销单报关出口，收汇后到外汇管理局办理核销，再向税务机关申请出口退税。

2001 年，国家外汇管理局与海关总署开发了“中国电子口岸出口收汇系统”，在中国电子口岸的公共数据中心建立了出口收汇核销单、出口报关单电子底账，实现了管理部门间电子信息的共享，有助于打击违法活动、提高企业经营效率。

为适应我国加入世贸组织后出口贸易发展的新局面，进一步提高核销管理效率，2002 年国家外汇管理局设计开发了“出口收汇核报系统”，目前已在全国运行。该系统能够通过国际收支申报等渠道从银行获取出口收汇电子信息，从“中国电子口岸出口收汇系统”获得出口报关单和出口收汇核销单数据信息。随着该系统的推广运行，国家外汇管理局制定了《出口收汇核销管理办法》，根据系统设计、出口贸易发展状况和当前我国新的经济形势，对出口收汇核销方面的原有法规进行了修改和完善。

（二）外汇核销的特点

1. 以核销单为核心

外汇管理部门的出口收汇核销管理贯穿于发放和收回核销单并办理核销的全过程，出口单位凭核销单及其附件办理报关或委托报关和有关核销手续。海关见核销单受理有关出口货物的验讫手续。出口退关时，海关在核销单上签注意见并盖章。

2. 以事后为基调

出口收汇核销手续是在货物出口后，并且及时收汇或明确“去向”后，方可受理。换言之，出口单位除事先需向外管部门领取一定数量的核销单外，出口货物能否报关、何时报关无需也不应经外管部门认可。但收汇或明确“去向”后，办理核销手续，确能起到促进收汇、便于核销、避免麻烦的作用。

3. 以全方位为范畴

一方面覆盖面广，出口收汇核销在全国各地贯彻执行；另一方面涉及点多，核销业务涉及所有的出口单位、外运、海关、金融机构、外管部门诸方面并渗透在货物出口、货款收妥或实物进口或明确"去向"的全过程。

4. 以增加收汇为宗旨

出口收汇核销制度通过核销单的发放和出口单位不同、报关地点不一，规定了不同的交回核销单的时间以及对不同的出口地区、贸易方式和结算方式明确了不同的最迟日期和相同的核销工作日等办理核销环节，从而全面、准确地掌握出口收汇实绩，并及时、有效地促进安全收汇、催促逾期收汇。

（三）出口收汇系统的作用与企业须知

"出口收汇系统"是"中国电子口岸"中企业专用的一个子系统。该系统利用现代信息技术，借助国家电信公网，在公共数据中心建立出口收汇核销单的电子底账数据库。通过该系统，海关和税务部门可分别在出口报关和出口退税环节实现对核销单数据的联网核查；通过该系统，出口单位可在网上凭操作员 IC 卡向外汇管理局申请领用核销单份数、向出口报关地海关进行核销单报关前的口岸备案、待报关出口后向外汇局进行网上交单，并可随时随地对核销单领取、使用的各项信息进行综合查询，使出口报关、收汇核销及退税业务更加方便、快捷。

1. 出口收汇核销出口单位备案登记

出口单位取得出口经营权后，应当到海关办理"中国电子口岸"入网手续，并到有关部门办理"中国电子口岸"企业法人 IC 卡和"中国电子口岸"企业操作员 IC 卡认证手续。

出口单位办理核销备案登记时，应当向外汇局提供下列材料：(1)单位介绍信、申请书；(2)商务主管部门批准经营进出口业务批件正本及复印件；(3)《企业法人营业执照》(副本)或《企业营业执照》(副本)及复印件；(4)《中华人民共和国组织机构代码证》正本及复印件；(5)海关注册登记证明书正本及复印件；(6)外汇局要求提供的其他材料。

外汇局审核上述材料无误后，为出口单位办理登记手续，建立出口单位电子档案信息。出口单位在外汇局备案登记的电子档案内容发生变更时，应当在办理工商、海关等部门的变更登记手续后一个月内，持有关部门的变更通知，到外汇局办理变更登记手续，外汇局需在"中国电子口岸"变更该出口单位 IC 卡权限。

出口单位终止经营或被取消对外贸易经营权的，应当在一个月内持相关部门的有关文件到外汇局办理注销登记手续，外汇局需在"中国电子口岸"注销该出口单位 IC 卡权限。

2. 核销单的申领

自 2001 年 6 月 1 日起，出口企业可上网申领新版核销单(即加贴或加印了"条形码"的纸质核销单)。空白新版核销单无需填写有效期，视同长期有效，出口企业仅需在正式使用前填写单位名称或加盖单位名称章并加盖单位公章。

3. 核销单遗失处理

企业遗失新版空白核销单，应当自行上网挂失后再向外汇管理局申请注销，如因未及时挂失而造成经济损失或导致违规行为的，责任由企业承担。

（四）出口收汇核销的基本程序

1. 出口企业向外汇管理局申领核销单

出口企业需上网向外汇管理局申请所需份数的核销单，再凭操作员的 IC 卡到外汇管理局领取有编号和条形码并加盖"国家外汇管理局监制章"的纸制核销单。

2. 出口报关时海关在核销单上签注

出口企业在报关前须上网向海关进行核销单备案，并于领单 90 天内持已缮制好的出口收汇核销单、注明核销单编号的出口报关单和其他有关单据向海关报关。

海关核准无误后，在核销单“海关签注栏”处加盖“验讫章”，将核销单、出口报关单（收汇证明联）、出口报关单（出口退税专用联）退还出口企业。

3. 向外汇管理局网上备案

出口企业于报关后 90 天内，将核销单存根联、出口报关单（收汇证明联）、发票等其他规定文件向外汇管理局网上备案。

4. 委托银行收汇

出口企业委托银行收汇，收汇后银行出具出口收汇核销结汇水单或收账通知。出口企业在汇票和发票上注明核销单编号，持全套结汇单据向银行办理托收或议付。收汇后银行向出口企业出具注明核销单编号的出口收汇核销结汇水单或收账通知。

5. 出口企业到外汇管理局办理核销

出口企业持经海关签章的出口收汇核销单、结汇水单或收账通知、出口报关单（出口退税专用联）到外汇管理局办理核销，即期支付的应在出口报关之日起 100 天内办理，远期支付的应在合同规定的收付日起 10 天内办理。

外汇管理局在核销单正本和出口退税专用联上盖章确认，并将核销单出口退税专用联、出口报关单（出口退税专用联）退还给企业。

核销完毕后，出口企业凭核销单（经外汇管理局盖章确认的出口退税专用联）、出口报关单（出口退税专用联）、增值税发票、商业发票（现已改为已输入外管软件的光盘）等向税务机关申请退税。

（五）出口收汇核销的方式

外汇局可以根据各地业务量和出口单位的具体情况，按照下列规定分别采取逐笔核销、批次核销、自动核销的出口收汇核销方式。

1. 逐笔核销

即由出口单位按核销单证一一对应进行报告，外汇局按照一一对应的原则逐笔为出口单位办理核销手续的核销方式，适用于出口收汇高风险企业以及差额核销和无法全额收汇的出口收汇数据。

2. 批次核销

即由出口单位集中报告，外汇局按批次为出口单位办理核销手续的核销方式，是按照核销单与核销专用联总量对应的原则进行。适用于除出口收汇高风险企业外的所有出口单位的全额收汇核销，以及来料加工项下和进料加工抵扣项下需按合同核销的出口收汇数据。

3. 自动核销

即出口单位无需向外汇局报告，外汇局根据从“中国电子口岸出口收汇系统”采集的核销单信息和报关信息，以及从“国际收支统计申报系统”采集的收汇信息进行总量核销的核销方式，适用于国际收支申报率高以及符合外汇局规定的其他条件的出口收汇荣誉企业的一般贸易项下及其他出口贸易项下全额收汇的出口收汇数据。

四、出口退税

（一）退税的含义

出口退税就是将出口货物在国内生产和流通过程中缴纳的间接税退还给出口企业，使出口商品以不含税价格进入国际市场。出口货物退税制度是国家税收的重要组成部分。出口退税主要是通过退还出口货物的国内已纳税款来平衡国内产品的税收负担，使本国产品以不含税成本进入国际市场，与国外产品在同等条件下进行竞争，从而增强竞争能力，扩大出口创汇。

为加强出口退税的管理，我国实行出口退税与出口收汇核销挂钩的政策，也就是说，出口企业只有按规定办理了核销手续才能获得退税。

（二）享受出口退税的企业和货物

我国规定的出口退税企业为：(1)具有出口经营权的企业；(2)委托上述企业代办出口业务的企业；(3)外轮代理、远洋运输供应公司等特定企业。

出口退税货物须同时具备如下条件，才有资格办理出口退税：(1)属于增值税或消费税范围的货物；(2)经出口报关离境；(3)已结汇；(4)财务会计上已作出口销售处理。

（三）出口退税的方法

1. 先征后退

先征后退的方法是指出口货物时，先视同内销货物计算缴纳增值税（由生产企业先缴纳，外贸企业按含税价收购出口货物），待货物出口报关离境后，由税务机关将其在生产、流通环节中缴纳的税款退还给外贸出口企业。此方法主要适用于外贸出口企业。

2. 免、抵、退

免、抵、退的方法是指出口货物根据其生产经营情况的不同，分别采用免税、抵税和退税的方法，此方法主要适用于生产企业。其中，“免”税，是指对生产企业自营出口或委托外贸企业代理出口的自产货物，免征本企业生产销售环节的增值税；“抵”税，是指生产企业自营出口或委托外贸企业代理出口的自产货物应予免征或退还的所耗用原材料、零部件等已纳税款抵扣内销货物的应纳税款；“退”税，是指生产企业自营出口或委托外贸企业代理出口自产货物占本企业当期全部货物销售额50%及以上的，在一个季度内，因应抵扣的税额大于应纳税额而未抵扣完时，经主管出口退税的税务机关批准，对未抵扣完的税额部分予以退税。当生产企业自营出口或委托外贸企业代理出口自产货物占本企业当期全部货物销售额不足50%时，未抵扣完的进项税额，结转下期继续抵扣。

（四）出口退税的计算公式

对有经营权的外贸公司收购货物直接出口或委托其他外贸公司代理出口货物的，应依据购进出口货物所取得的增值税专用发票上列明的销售额和该货物使用的退税率计算退税。其公式是：

$$\text{出口退税额}=\frac{\text{出口进货价格(含增值税)}}{1+\text{增值税率}}\times\text{出口退税率}$$

（五）不予退税的情形

一是出口货物的货源不实的；二是虚抬出口货物国内收购价格的；三是出口退税凭证有涂改、伪造或内容不实的；四是在“四自”、“三不见”情况下成交的出口货物。“四自”、”三不见”是指客商或中间人自带客户、自带货源、自带汇票、自行报关和出口企业不见出口产品、不见供货货主、不见外商的交易。

（六）出口退税的现行基础性法律法规

国家税务总局于 2005 年 3 月 16 日颁布了《出口货物退（免）税管理办法（试行）》，是自1994 年国家税务局颁布的《出口货物退（免）税管理办法》之后又一次对出口退税的全面归纳管理，是目前出口退税管理方面最基本的指导性文件。

对出口产品实行退税政策是国际惯例，是国家支持外贸出口的重要手段。根据WTO规则的要求，各成员国可以对本国出口产品实行退税，但退税的最大限度不能超过出口产品在国内已征的税款。在此范围内，各成员国可以根据自身经济发展的需要和国家财政承受能力，确定恰当的出口退税水平。我国从1985年开始实行退税政策，在推动外贸体制改革和出口增长方面发挥了重要作用。

(七)出口退税程序

1. 出口退税登记

凡经批准有出口经营权、实行独立经济核算的企业、单位，均应持工商营业执照，填写“出口企业退税登记表”，向所在地主管退税业务的税务机关办理出口企业退税登记。新开业、拆并、变更的出口企业，应当自变更之日起30天内办理退税登记。登记之后，方可申请退税。

2. 出口产品的退税鉴定

凡经营出口产品的企业，均应填写“出口产品退税鉴定表”，报经所在地主管退税业务的税务机关审核批准后执行。

3. 出口退税申报

出口企业在货物报关出口并在财务上作销售处理后，按月、旬或按批如实填写“出口产品退税申请表”申请退税。

(1)预申报。正式退税前，出口商须将有关信息输入国税局的软件，在电子口岸网页上将报关信息报送国税局，做成软盘，办理预申报。

(2)正式退税。办理正式退税须提供以下材料：①购进出口货物的增值税专用发票(税款抵扣联，已认证的)；②已输入外管软件的光盘(包括三张表：进货明细表、出口明细表、汇总申报表)；③盖有海关验讫章的《出口货物报关单》(出口退税专用黄色联，附核销单编号)；④已办完核销手续的出口收汇核销单(出口退税专用)。

国税局在完成有关工作后，另行通知出口企业退税款到达的日期。自报关出口90天内必须申报，逾期不予以申报退税。预申报未获得通过的和经批准同意补办报关单的，可以自预申报之日(或批准同意之日)起延长90天申报。

小资料　　出口退税的四个时限

出口企业在办理出口退税时要特别注意申报程序和时间，以免造成损失。出口企业在办理出口退税时，应注意四个时限规定：

一是“30天”。外贸企业购进出口货物后，应及时向供货企业索取增值税专用发票或普通发票，属于防伪税控增值税发票的，必须在开票之日起30天内办理认证手续。

二是“90天”。外贸企业必须在货物报关出口之日起90天内办理出口退税申报手续，生产企业必须在货物报关出口之日起三个月后的免、抵、退税申报期内办理免、抵、退税申报手续。

三是“180天”。出口企业必须在货物报关出口之日起180天内，向所在地主管退税部门提供出口收汇核销单(远期收汇除外)。

四是“3个月”。出口企业出口货物的纸质退税凭证丢失或内容填写有误，按有关规定可以补办或更改的，出口企业可在申报期限内向退税部门提出延期办理出口货物退(免)税申报的申请，经批准后，可延期3个月申报。

第五节　专业技能实训

任务一　单证制作

【目的要求】

依据一份《出口货物明细单》所提供的有关数据、资料，在老师的指导下，要求每位学生独立、正确和规范地制作一套有关的业务单证。

【背景材料】

出口货物明细单实例见下表。

出口货物明细单

唛头 SHIPPING MARK：N/M

备货单号：N163501F010/202

经营单位：HUNAN MACHINERY IMP & EXP CORP.　　信用证号 L/C No.：DRG-HMLC01

客户名称地址	SEAPRODUCTS IMPORT CO. OF CENTRAL VIETNAM (SEAPRCDEX DAANG)								
收货人	TO ORDER	通知人	SEAPRODUCTS IMPORT CO. OF CENTRAL VIETNAM (SEA-PRCDEX DAANG)						
运输方式	BY SEA 海运	合同号	48-01/SEA＋UMA	核销单号		结汇方式	L/C	分批	ALLOWED
出口口岸	FUZHOU 福州	启动地点	FUZHOU 福州	贸易国别	VIETNAM越南	税目号			
消费国别	VIETNAM越南	目的港	HOCHIMINH CITY PORT 胡志明市	险别	一切险	转船	ALLOWED		
过户银行									
备注		装期	07.07.10	效期	07.07.22	业务员		日期	2010.06.19

品编码	关编码	商品描述	件数量	数量/单位 PIECES	价	总价	件净重	净重(kg)	单件毛重	毛重(kg)	包装件数/包装种类	体积(m^3)
		SPARE PARTS FOR ALTERNATORS & WATER PUMP		2 950PCS		19 763.00		19 783		20 908	86PKCS	22.51
Total:				2 950PCS		19 763.00		19 783		20 908	86PKCS	22.51

CIF HOCHIMINH CITY PORT USD 19 763.00

INSURANCE　－120.00

GREIGHT　－287.00

FOB USD 19 357.00

【操作指南】

1. 填制一份商业发票

按商业发票各栏目要求，对照出口货物明细单实例进行填制。商业发票的主要内容：发票编号、开制日期、合同号码、收货人名称、运输标志、商品名称、规格、数量、包装方式、单价、总值和支付方式等。

发票的制作及注意事项：

(1)收货人(Consignee)，如属信用证方式付款，除少数信用证另有规定外，一般均应填写来证的开证申请人；如属托收方式，收货人一般为合同的买方。

(2)对货物的名称、规格、单价、数量、贸易术语、包装等项目，凡属信用证方式，必须完全与信用证相符；若属托收方式则按合同规定填制。

(3)信用证规定在发票内加列船名、原产地、生产企业的名称，进口许可证号码等应一一逐次列明。

(4)开具日期应早于提单日期和汇票日期。

凡属信用证方式，发票总额不得超过信用证规定的最高金额。

(5)由于各国法令或习惯不同，有的来证要求在发票上加注“证明所列内容真实无误”(Certified true and correct)或有关出口人国籍、原产地证明文句，我们应根据情况酌情办理。出具证实发票时，应将发票的下端通常印有的“有错当查”(E. & O. E)字样删去，并加小签，以免自相矛盾。另外，如信用证有要求，发票上就必须显示与其一致的条文和证明句。

2. 开立一份信用证

依据《出口货物明细单》的有关数据和资料填制信用证的各项条款。

3. 制作一份保险单

4. 制作一份海运提单或铁路运单

5. 分别以进出口商的名义填制进出口货物检验申请单

6. 卖方向开证行开立一份汇票

7. 分别以进出口商的名义填制出口货物报关单和进口货物报关单

任务二　出口收汇核销单的内容及缮制

【目的要求】

熟悉出口收汇核销单各联的填制方法。

【背景材料】

出口货物报关单如下：

中华人民共和国出口货物报关单

预录入编号：　　　　　海关编号：555920110795871392

出口口岸 外港海关 25	备案号	出口日期 2011.06.29	申报日期 2011.06.27
经营单位 上海海鸥进出口公司 3110900123	运输方式 江海运输	运输工具名称 KOTA ANGSA/WSA129	提运单号 SHAVL095505
发货单位 上海海鸥进出口公司	贸易方式 一般贸易	征免性质 一般征税	结汇方式 电汇
许可证号	起运国（地区） 加拿大	装货港 温哥华	境内货源地 上海浦东新区

批准文号 087099208	成交方式 FOB	运费	保费	杂费
合同协议号 MH3566	件数 120	包装种类 纸箱	毛重（千克） 1 110	净重（千克） 870
集装箱号 CSTU5664782/20/****	随附单据			用途

标记唛码及备注
N/M

项号	商品编号	商品名称、规格型号	数量及单位	最终目的国（地区）	单价	总价	币值	征免
01		女士化纤制上衣		加拿大	8.79	7 849.47	USD	照章
02		女士猪皮夹克		加拿大	14.28	4 284.00	USD	照章

税费征收情况

录入员　　录入单位	兹证明以上申报无讹并承担法律责任	海关审单批注及放行日期（签章）
报关员		审单　　审价
单位地址	申报单位（签章）	征税　　统计
邮编　　电话	填制日期	查验　　放行

【操作指南】

出口单位在出口报关之前,必须向其注册所在地的外汇管理机构申领出口收汇核销单。

出口收汇核销单分为存根联、正文联、出口退税专用联三部分(见表 14.2)。出口企业应该按照栏目要求,如实正确填写。

表 14.2 **出口收汇核销单**

国家外汇管理局
出口收汇核销单
存根
编号:11885247

出口单位:上海海鸥进出口公司
单位代码:53136692-1
出口币种总价:USD12 133.47
收汇方式:电汇
预计收款日期:2011.07.29
报关日期:2011.06.29
备注: 外港海关 2225
此单报关有效期截止到

(出口单位盖章)

国家外汇管理局
出口收汇核销单
编号:11885247

出口单位:				
单位代码:				
银行签注栏	类别	币种金额	日期	盖章
海关签注栏:				
外汇局签注栏: 年 月 日(盖章)				

(出口单位盖章)

国家外汇管理局
出口收汇核销单
出口退税专用
编号:11885247

出口单位:上海海鸥进出口公司		
单位代码:53136692-1		
货物名称	数量	币种总价
女士化纤制上衣	120C	USD12
女士猪皮夹克	ART ON	133.47
报关单编号: 555920110795871392		
外汇局签注栏: 年 月 日(盖章)		

(海关盖章)

(一)存根联的填制

出口收汇核销单存根联的填制应以本套出口贸易单证的发票和出口报关单为依据,在出口报关后交外汇管理局备案。

1. 编号

事先已由国家外汇管理局统一印就。

2. 出口单位名称

注明合同的出口单位全称,并加盖公章。

出口单位名称应与发票和出口报关单的同项内容一致。

3. 单位代码

此栏填写出口单位的税务登记代码。

4. 出口币种总价

填写收汇原币金额,通常与发票金额相同。

5. 收汇方式

按实际填写信用证、托收(D/P 或 D/A)、T/T 等收汇方式。

6. 预计收款日期

根据具体的收汇方式,将推算出的预计收款日期填入此栏。具体推算方法如下:

(1)即期信用证或托收项下,对方属近洋的,为寄单日后25天;属远洋的,为寄单日后35天。

(2)远期信用证或托收项下,对方属近洋的,为汇票规定付款日后35天。属远洋的,为汇票规定付款日后45天。

(3)自寄单据项下,自出口报关日起50天内结算。

(4)分期付款的,注明每次收款的日期和金额。

(5)寄售项下的,在出口报关日起360天内必须结汇。

7. 报关日期

填写海关放行日期。

8. 备注

填写收汇方面需要说明的事项。例如:原来的出口商品发生变更,填写原出口收汇核销单的编号;代理出口使用代理出口单位核销单的,代理出口单位在此注明委托单位名称,并加盖代理单位公章;两个或两个以上单位联合出口的,应由其中的报关单位在此栏加注联合出口单位名称和各单位出口金额,并加盖报关单位公章。

(二)正文联的填制

正文中与存根联相同的项目缮制方法一致,此外,还有以下栏目:

1. 银行签注栏

由银行填写商品的类别号、货币名称和金额,注明日期,并加盖公章。

2. 海关签注栏

海关审单放行后,签注日期,并加盖报关验讫章。

3. 外汇局签注栏

由外汇管理局批注有关内容,注明日期,并加盖公章。

(三)出口退税专用联的填制

出口退税专用联中与上述两联相同的项目缮制方法一致,此外,还有以下栏目:

1. 货物名称

按实际出口货物的名称填写,与发票、出口报关单同项内容一致。

2. 数量

填写出口货物外包装数,与出口报关单、发票同项内容一致。

3. 币种总价

与存根联的"出口币种总价"一致。

4. 报关单编号

按实填写出口报关单编号。

根据以下报关单内容,将出口核销单填制完整。

有关填表内容如下:

单位:上海海鸥进出口公司

单位代码:53136692-1

预计收款日期:出口后一个月

任务三　案例分析

【背景材料】

有一份CIF合同,出售1 000吨大米,合同规定为一级大米,每吨200美元,总值200 000美元。卖方交货时,实际交货的品质为二级。按订约时的市场价格,二级大米每吨为150美元。

问:如果买方同意收货,买方可要求赔偿多少?如果交货时市场价格下跌,一级大米每吨为100美元,二级大米每吨为75美元,买方又应该如何处理?为什么?

【分析】

按本案例所述的情况,因卖方交货品质不符而构成违约。如果这种违约严重损害买方的利益,则买方有权拒绝收货,并主张撤销合同。现在买方同意收货,并以损害赔偿代替撤销合同,这种要求是合理的。按有关法律和贸易习惯的有关规定,对于差价的计算可作如下处理:

第一种处理方法:按本例合同的规定,买卖标的是一级大米,单价为每吨 200 美元。但卖方所交的货物只相当于二级大米,按订约时的市场价格,每吨为 150 美元。两者每吨的差价为 50 美元,1 000 吨大米则差价总额为50 000美元。如果买方已付货款,则卖方应当退给买方 50 000 美元以了结此案。这种处理方法是依据《联合国国际货物销售合同公约》(以下简称《公约》)第 74 条所规定的原则处理。该条规定:"一方当事人违反合同应负的损害赔偿,应与另一方当事人因他违反合同而遭受的包括利润在内的损失额相等。这种损害赔偿不得超过违反合同一方在订立合同时(依照他当时已知道或理应知道的事实和情况)对违反合同预料到或理应预料到的可能损失。"

第二种方法:按本例所说的另一情况,假如交货时该商品的市场价格下跌,即一级大米每吨为 100 美元,二级大米每吨为 75 美元,那么,买方主张减价的标准可以按照这种方法计算。按订合同时的一级大米每吨为 200 美元,而在交货时二级大米已下跌到 75 美元,两者差价为 125 美元。如果买方已按合同价付清了货款,那么,买方可以按 125 000 美元提赔。这样处理对买方是十分有利的。当然,卖方可以提出异议。卖方可主张按实际交货时的市场价格标准计算差价,即 25 000 美元。卖方认为价格下跌的风险本来就是属于买方承担的。卖方按上述计算差价,依据的是《联合国国际货物销售合同公约》第 50 条的规定:"如果货物不符合合同,不论价款是否已付,买方都可以减价,减价按实际交付的货物在交货时的价值与符合合同的货物在当时的价值之间的比例计算……"

第三种方法:假如在实际交货时,大米的市场价格上涨,一级大米每吨为 400 美元,二级大米每吨为 300 美元,折价的比例又应如何计算?若按第一种方法处理,买方扣价总额为50 000美元,这是卖方所乐于接受的。而买方可以要求按 100 000 美元[(400－300)×1 000]赔偿。在这种情况下,与第二种方法正相反,卖方则可强调依据《公约》第 74 条的规定处理,而买方则可强调按《公约》第 50 条的规定处理。

结论:在卖方违约的情况下,对于买方来说,掌握了索赔的主动权,在交货时市场价格下跌时买方应当争取按《公约》第 74 条规定处理;当交货时市场价格上涨时,买方则应当争取按《公约》第 50 条规定处理。

任务四　思考与练习

一、名词解释

审证　改证　报检　报关　收妥结汇　出口押汇　定期结汇　出口退汇

二、单项选择题

1. 出境货物报检最迟在出口报关或装运前(　　)天。

A. 2　B. 7　C. 20　D. 30

2. 法定检验检疫的货物,除了活动物由口岸检验检疫外,原则上在(　　)检验检疫。

A. 产地　B. 港口　C. 机场　D. 车站

3. 在实际工作中,一般海运出口货物在船舶离境前(　　)小时进入码头海关监管区接受查验。

A. 24　B. 120　C. 48　D. 12

4. 海关对纳税人或其代理人应当自海关填发税款缴款书之日起(　　)日内缴纳税款。

A. 14　B. 7　C. 15　D. 3

5. 海关对逾期缴纳的进出口货物的关税、进口增值税、消费税等,由海关按日征收应纳税款(　　)的滞纳金。

A. 0.5%　B. 0.05%　C. 0.01%　D. 1%

6. 国家对享受出口退税待遇的出口货物,出口企业必须自货物出口(　　)天内申报,逾期不予以申报退税。

A. 30　B. 60　C. 90　D. 120

7. 出口公司收到银行转来的信用证后，侧重审核(　　)。

A. 信用证内容与合同是否一致　　B. 信用证的真实性

C. 开证行的政治背景　　D. 开证行的资信能力

8. 信用证的到期地点应视信用证规定而定，在我国外贸实务中，通常使用的到期地点为(　　)。

A. 出口地　　B. 进口地　　C. 第三地　　D. 开证行所在地

9. 所谓“单证相符”的原则，是指受益人必须做到(　　)。

A. 单据与合同相符　　B. 单据与信用证相符

C. 信用证与合同相符　　D. 修改后信用证与合同相符

三、判断题

1. 信用证修改申请只能由受益人本人提出。(　　)

2. 海关发票是海关发票、估价和原产地联合证书、证实发票的统称。(　　)

3. 受益人对修改的信用证可以全部接受，也可以部分接受。(　　)

4. 商业发票无需签字。(　　)

5. 凡迟于信用证有效期提交的单据，银行有权拒付。(　　)

6. 汇票无论份数多少，每份具有同等效力。(　　)

7.《跟单信用证统一惯例》规定正本单据必须注有“Original”字样。(　　)

8. 海运提单要求空白抬头和空白背书，就是指不填写收货人和不要背书。(　　)

9. 在信用证未有规定的情况下，银行将接受以单独一份作为整套的正本出具的海运提单。(　　)

四、简答题

1. 履行出口合同主要有哪些业务环节？

2. 出口商在审核国外开来的信用证时应注意哪些事项？

3. 什么是押汇？它与收妥结汇有什么区别？

4. 制作商业发票应注意哪些问题？

5. 办理出口报关手续时有哪些要求？一般应向海关递交哪些单证？

6. 收货单与海运提单有什么联系和区别？

7. 依据下列有关资料的内容，以卖方的名义向买方开立一张商业发票。

Seller: Hunan Tea Import and Export Corp.
Buyer: Whp. Holdings Australia
Name of Commodity: BLACK TEA
Quantity: 4 000 kgs
Unite Price: USD 4 per kg CIF SYDNEY
Terms of Payment: D / P at sight
Contract and No. XD 02023/2006
Mark and No. : N/M

INVOICE

The Exporter: ____________　　No. ____________

The Importer: ____________　　Date: ____________

____________　　Contract No. ____________

Mark & No.	Description	Quantity	Unit price	Amount
The sum of				

依据上列资料内容，以卖方名义向买方开立一张汇票。

No. ____________ Exchange for ____________ Changsha China ____________

At ____________ sight of this FIRST of Exchange (Second of Exchange being unpaid)

pay to the order of ____________________________

The sum of ______________________________

To ____________________________

____

____

____

五、案例分析

1. 有一份按 CIF 条件订立的出口一批农产品的合同，从亚洲某港口运往伦敦。合同规定"按 CIF 条件交货，凭单据或提货单支付货款。"当货运到时，卖方只提交一份提货单要求买方付款，遭到买方拒付。卖方争辩："这是一份到货合同，而且合同规定可凭提货单支付货款。"买方不服，双方发生争议。

问：这是一份什么性质的合同？买卖双方的基本责任是什么？买方拒付货款有无理由？为什么？

2. 中国南方某公司与丹麦 AS 公司在 2004 年 9 月按 CIF 条件签订了一份出口圣诞灯具的商品合同，支付方式为不可撤销即期信用证。AS 公司于 7 月通过丹麦日德兰银行开来信用证，经审核与合同相符，其中保险金额为发票金额的 110%。在我方备货期间，丹麦商人通过通知行传递给我方一份信用证修改书，内容为将保险金额改为发票金额的 120%。我方没有理睬，仍按原证规定投保、发货，并于货物装运后在信用证交单期和有效期内，向议付行议付货款。议付行审单无误，于是放款给受益人，后将全套单据寄丹麦开证行。开证行审单后，以保险单与信用证修改书不符为由拒付。

问：开证行拒付是否有道理？为什么？

3. 一批货物由印度的马得拉斯港装船经新加坡转船运往温哥华的不列颠哥伦比亚，承运人签发了全程运输提单。在新加坡转船时，货物在码头等候装第二程时，在露天仓库受雨遭损。货主向承运人索赔，船方以货物不在船上而是在陆地上受损，不属于海上运输为由拒赔。

问：承运人拒赔理由是否充分？为什么？如果该货物的提单是分别由第一程和第二程船的承运人签发的，那么该批货损应由第一程船还是第二程船或其他方负责赔偿？

4. 某公司与国外客户签订了一批合同规定按照 CIF 即期信用证支付，合同规定 11 月装运，但未规定具体开证日期，后因该商品市场价格趋降，外商便拖延开证。我方为了防止延误装运期，从 10 月中旬起多次催开信用证，终于使该商在 11 月 16 日开来了信用证。但由于该商品开证太晚，使我方安排装运困难，遂要求对方信用证的装运期和议付有效期进行修改，分别推迟一个月，但外商拒不同意，并以我方未能按期装运为由单方面宣布解除合同，我方也就此作罢。

问：我方处理是否得当？应从中吸取哪些教训？

5. 某外贸公司出口后，由于产品质量原因，导致出口收汇金额与出口金额有差额 4 000 美元。

问：出口收汇核销时该如何办理相关手续？

第十五章　进口合同的履行

学习指导

通过本章的学习，要求掌握履行进口合同的业务程序，能够熟练、准确地办理各环节的业务手续，正确、规范地缮制有关的业务单证，有效、合理地解决履行合同过程中可能发生的争议。

导入案例

我国A纺织品公司以童装每包500美元FOB横滨港的条件与日本B公司签订进口合同，我方开立的不可撤销跟单信用证规定4月5日前装船。由于受异常台风影响，横滨港无法装货，直到4月8日才装船启运。

思考：

(1)日方是否违约？

(2)我方可以采取什么措施处理？

我国进口货物大多是按FOB条件并采用信用证付款方式。买方履行进口合同主要应完成开立信用证、租船接货、投保、审单付款、报关验货及索赔等业务手续(见图15.1)。

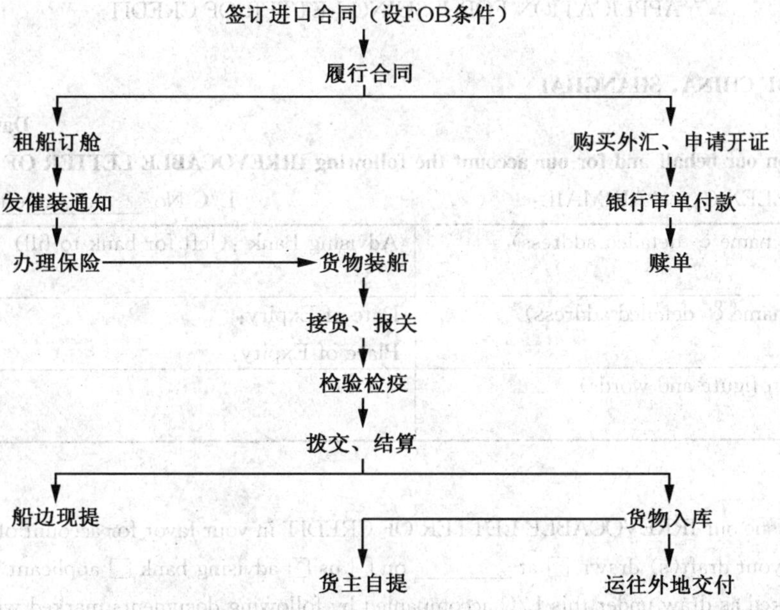

图15.1　进口合同履行信用证支付方式的FOB程序

第一节 信用证的开立与申请

一、开立信用证

(一)办理开证手续

买卖双方签订合同后,如合同规定用信用证付款,进口商要按确定期限办理开证手续。申请开证时,进口商应向当地银行(中国银行)提供有关单据资料、外汇管理部门出具的有关证明材料,填制开证申请单,向银行交付一定的保证金,开证行则接受办理开证手续。

(二)填制开证申请单

开证申请单是进口商(开证人)向开证行申请开证时填制的书面文件,是开证人与银行之间的契约。开证申请单包括的主要内容为:信用证种类、金额对汇票的规定、对单据的要求、对装运的要求等。

(三)开立信用证应注意事项

第一,信用证的开立时间严格按合同规定办理。

第二,及时向开证行办理信用证修改手续。当对方提出修改信用证请求,经我方同意即可向开证行办理改证手续。

第三,开证申请单的内容必须与合同、进口许可证保持一致,申请单中的有关条款不能与进出口国家的有关外汇、贸易管理制度相抵触。

第四,开证申请单条款的文字表述要确定,数据要准确,不可含糊不清、模棱两可。

附:开证申请单

开证申请单(正面)

APPLICATION FOR ISSUING LETTER OF CREDIT

To: BANK OF CHINA, SHANGHAI

Date: ________

Please issue on our behalf and for our account the following IRREVOCABLE LETTER OF CREDIT

By ( ) TELEX ( ) AIRMAIL: L/C No. ________ (left for bank to fill)

Beneficiary (full name & detailed address)	Advising Bank: (left for bank to fill)
Applicant (full name & detailed address)	Date of Expiry: Place of Expiry:
Amount: (both in figure and words)	

Dear Sirs,

We hereby issue our IRREVOCABLE LETTER OF CREDIT in your favor for account of the above applicant available by your draft(s) drawn □ at ________ on □ us □ advising bank □ applicant for ________ . of invoice value marked as draw under this L/C accompanied by following documents marked with ×:

A1 □ Signed commercial invoice in ________ copies indicating Contract № ________

A2 □ Full set 33 clean on board ocean Bills of Lading ____________________ ____________ Notifying □ China National Foreign Trade Transportation Corp. at destination □ applicant □ China National Foreign Trade Transportation Corp. at destination and applicant marked freight □ to collect □ prepaid □ indicating freight amount.

A3 □ Airway Bill ______ consigned to □ China National Foreign Trade Transportation Corp. at destination □ applicant □ us marked air freight □ to collect □ prepaid □ indicating freight amount.

A4 □ Memorandum issued by China Travel Service (H,K) Ltd ,Hongkong ______________

A5 □ Forwarding Agent's cargo receipt ________________________

A6 □ Insurance policy or certificate in ________ copies endorsed in blank covering □ All Risks ( ) Air Transportation All Risks □ Overland Transportation All Risks War Risks including __per ___ clause for ____ % of invoice value.

A7 □ Packing list weight memo in ____ copies indicating quantity gross and net weight of each package.

A8 □ Quality certificate in ____ copies issued by □ below mentioned manufacture □ public recognized surveyor □ ________

A9 □ Copy of your telex advising applicant within ________ hours after Shipment indicating Contract №. L/C. №. goods name. quantity . invoice value. vessel's name . air flight №. Packages loading port and Shipping date .

AA □ Copy of applicant's ZHONGZU's or it's agent's shipping instruction indicating vessel name . Contract №. Approximate Shipment date .

AB □ Your letter certifying that one extra copy of each document called for herein has been □ disposed of according to relative contract supplication □ ____________

AC □ Other documents if any:

B. Evidencing shipment of:

Packing　　　　　　　　　Price term: CIF& FOB ________________________

Manufacturer:　　　　　　Shipping mark:

C. Special instruction: (if any market with ×)

C1 □ Your signed receipt instead of draft is acceptable.

C2 □ The remaining ________ % of invoice value ________.

C3 □ Both quantity and amount ________ % more or less are allowed.

C4 □ All banking charges □ outside China □ in Hongkong are for beneficiaries account.

C5 □ Prepaid freight drawn in excess of L/C amount is acceptable against presentation of original charges voucher issued by Shipping Co. Air Line or it's agent.

D. Documents should be presented within ________ days from the date of shipment, but in any event within the validity of this L/C.

E. Shipment from ________ to ________ not late than ________ transshipment is □ allowed □ not allowed ;partial shipments are □ allowed □ not allowed ; on deck shipment is □ allowed □ not allowed ;third party transport documents are □ allowed □ not allowed.

May leave in blank:

Sealed &Signed by : ________________

Account No. ________________ with

Telephone No. ________________

二、信用证的修改

UCP600规定,信用证都是不可撤销的。信用证开出后,未经开证行、保兑行及受益人同意,既不得修改,也不得撤销。信用证开出后,如发现内容与开证申请书不符,或因情况发生变化或其他原因,需对信用证进行修改,应立即向开证行递交修改申请书,要求开证行办理修改信用证的手续。

UCP600规定,信用证经修改后,开证行即不可撤销地受该修改的约束。受益人可决定其接受修改抑或拒绝修改,但他应发出其接受或拒绝修改的通知。在受益人告知通知修改的银行他接受修改之前,原信用证的条款对受益人仍具有约束力。如受益人未发出其接受或拒绝的通知而其提交的单据与原信用证条款相符,则视为受益人已拒绝了该修改;但提交的单据与经修改的信用证条款相符,则视为受益人已发出接受该修改的通知,从那时起,该信用证已被修改。申请人在修改通知中不应规定受益人必须在某一时间内拒绝修改,否则修改生效。即使修改通知中有这样的规定,银行也将不予理会。

总之,我国进口企业对信用证的开立和修改应持慎重态度。在申请开立信用证时应做到开证申请书与合同相符,以避免不必要的修改,并避免不符条款被受益人利用而遭受损失;在修改信用证时,也应注意修改内容的正确,并应考虑到受益人有可能拒绝修改而按原证履行。

除信用证支付方式外,进口业务还有使用汇付、托收,或两种甚至两种以上的支付方式结合使用的。如使用汇付方式,我方应在合同规定时间内,按合同规定将货款汇付给卖方;如使用托收,则应根据合同规定,以付款交单方式付款、赎单或以承兑方式承兑后先取得货运单据,到期再付款;对于一些资信不是很好的客户,在进口合同中应规定在对方开到保证履约的银行保证书后,我方再开信用证,目的是为了防止对方欺骗。银行保证书是不可撤销的,并详细说明保证书的内容,银行保证书有效期要晚于卖方履行义务的时限,否则有可能造成卖方尚未按时履行义务而银行保证书已经过期失效,银行不再承担任何责任而造成的损失。

三、申领进口许可证

(一)进出口许可证管理制度

进出口许可证是国家授权机关批准商品进出口的证明文件。实行进口许可证制度是世界各国进行贸易管制、限制进口的一项重要措施。我国根据实际需要,规定对某些商品的进口必须先申领进口许可证,没有进口许可证,一律不得同外商订立合同。海关凭进口许可证验放货物进口。

(二)申领进口许可证

进口商申领进口许可证时,先要向主管机关填制进口货物许可证申请书,递交有关的文件,经发证机关审核后发给进口许可证。领证单位领到许可证后,只限于本单位使用,不准转让给其他单位。进口许可证一般有效期为6个月,领证单位必须在许可证有效期内进口货物,因故不能在有效期内进口货物,可以申请延期,但延期只许一次,最长不超过6个月。

附:进口许可证

中华人民共和国进口货物许可证

<table>
<tr><td colspan="3">1. 我国对外成交单位:　　　编码 □□□□□□□□□□</td><td colspan="3">4. 进口许可证编号:</td></tr>
<tr><td colspan="3">2. 申请单位:(部、委,省、市、区)
3. 使用单位:(部、委,省、市、区)</td><td colspan="3">5. 许可证有效期:
至　年　月　日止</td></tr>
<tr><td colspan="3">6. 商品用途:</td><td colspan="3">9. 进口国家(地区):</td></tr>
<tr><td colspan="3">7. 外汇来源:</td><td colspan="3">10. 商品原产地:</td></tr>
<tr><td colspan="3">8. 贸易方式:</td><td colspan="3">11. 到货口岸:</td></tr>
<tr><td colspan="6">12. 商品名称:　　　　　　　　商品编码 □□□□□□□□□□</td></tr>
<tr><td>13. 商品规格、型号</td><td>单位</td><td>14. 数量</td><td>15. 单价</td><td>16. 总值</td><td>17. 总值折美元</td></tr>
<tr><td></td><td></td><td></td><td></td><td></td><td></td></tr>
<tr><td></td><td></td><td></td><td></td><td></td><td></td></tr>
<tr><td></td><td></td><td></td><td></td><td></td><td></td></tr>
<tr><td></td><td></td><td></td><td></td><td></td><td></td></tr>
<tr><td>18. 总　计</td><td></td><td></td><td></td><td></td><td></td></tr>
<tr><td colspan="3">19. 备注:</td><td colspan="3">20. 发证机关盖章:

发证日期:　　年　月　日</td></tr>
</table>

商务部监制　　　　第一联:(正本)提货人报关时交海关作验放凭证

四、申领进口付汇核销单

(一)含义

申领进口付汇核销单是外汇局对已汇出货款的进口单位,通过核对注销的方式审核其购买的货物是否及时、足额到货的一种事后管理制度。

(二)进口付汇核销流程

1. 进口单位经商务部或授权单位批准或备案取得进出口权,并取得中国电子口岸 IC 卡。

2. 进口单位持有关材料向注册所在地外汇局申请办理列入“对外付汇进口单位名录”。

3. 外汇局审核无误后,为进口单位办理“对外付汇进口单位名录”手续。

4. 进口单位付汇或开立信用证前,判断是否需要到外汇局办理“进口付汇备案表”手续。需要持有关材料到外汇局办理进口付汇备案手续,领取进口付汇备案表;如不需要,进口单位持有关材料到外汇指定银行办理开证或换购手续。

5. 进口单位在有关货物报关后一个月到外汇局办理进口核销报审手续。

第二节　接运货物与投保

在进口业务中，货物大多通过海洋运输，凡以 FOB 或 FCA 贸易术语成立的合同，均由我方安排运输，订立运输合同。我国外贸企业的大部分进口货物都委托中国对外贸易运输公司、中国租船公司或其他外运代理机构代办运输，并与其订立运输代理协议；也有直接向中国远洋运输公司或其他对外运输的实际承运人办理托运手续的。

一、租船接货与催装

(一)租船接货

在 FOB 条件下买方负责租船或订舱，在我国一般是委托外运公司办理的。我方在接到卖方备妥货物的通知后，委托外运公司派船接货，并及时通知卖方船名、船期，以便卖方准时装船。对于进口数量大或重要的货物，必要时可请我驻外机构就地了解或派员前去监督。在办理租船接货工作中，要注意做好以下几项业务：

(1)及时掌握卖方备货和准备装货的情况，催促对方按时装货，做到船货衔接。

(2)填制进口订舱联系单。委托外运公司装运货物，单据上应列明货物名称、数量、合同号、交货期、发货人及地址、装货和卸货港名称等项目。

(3)填制委托订舱更改单。如果已办理委托订舱业务，因故需要更改原提供的订舱内容时，应及时填制委托订舱更改单，单据中应列明需要更改的原来内容和更改后的具体要求。

附：进口订舱联系单

进口订舱联系单

第　　号　　　　　　　　　　　　　　　　　　　　　　　　年　　月　　日
Credit No.　　　　　　　　CARGO NOTE　　　　　　　　Date

货　名 Cargo Description					
数　量 Weight		交货期 Delivery Date			
合同号 Contract №		尺码 Measurement		包装 Packing	
装卸港 Loading/Discharge Port				买卖条款 Terms	FOB
发货人 Shipper 名称地址 Address					
发货人电传 Telex №					
订妥船名 Vessel		航次 Voy.		受载期 Loading Date	
备　注：				委托单位	

注：危险品须注明性能。重大件注明每件重量及尺码，买货条款须详细注明。SINOTRANS

(二)催装

在进口业务中,国外供货商往往由于原料或劳动力成本上涨,出口许可证未及时获得、国际市场该商品价格上扬或无法按期安排生产等各种原因,不能或不愿按期交货。为此,进口企业除在合同中订立迟交罚款等约束性条款外,还需随时了解和掌握对方备货和装船前的准备工作情况,督促对方按期装运。对于大宗货物或重要的、用户急需的物资,在交货期前一两个月即应发函电催装,必要时还可派员前往装运地点监督装运。对逾期未交合同,如责任在卖方,我方有权撤销合同并提出索赔;如仍需要该批货物者,则可同意对方延迟交货但可同时提出索赔。

在装货数量很小的情况下,有的 FOB 合同规定,由卖方向我运输代理人或其他船公司洽订舱位,以简化手续,节省时间。对此,我方应检查、督促、了解和掌握对方的备货和订舱、装船的情况。

二、办理货运保险

在以 FOB 和 CFR 等条件成交的合同条件下,进口商应负责办理货物运输保险手续。目前,我国的进口货物保险业务由中国人民保险公司按各进出口公司同保险公司所订立的预约保险协议办理。按照预约保险协议的规定,所有按 FOB 和 CFR 条件进口的货物,当进口公司收到国外的已装船通知后,只要把船名、提单号、开航日期、商品名称、数量、装运港、目的港、保险金额、险别等内容及时通知保险公司,该公司便承担自动保险的责任。

由于保险直接涉及买方的利益,及时办理投保手续十分必要,防止发生误保、漏保或迟保的现象。

进口商若没有订立预约保险协议,要对保险货物逐笔办理保险手续,进口商收到国外已装船通知后,立即向保险公司填制并提交"进口货物国际运输预约保险起运通知书",保险公司签章后即完成了投保手续。

保险公司对海运货物保险的责任期限,一般是从货物在国外装运港装上海轮时起开始生效,到保险单据载明的国内目的地收货人仓库或储存地为止。应注意的是:散装货物以及木材、化肥、粮食等一些货物,保险责任均至卸货港的仓库或场地终止,但以货物卸离海轮 60 天为限,不实行国内转运期间保险责任的扩展。

第三节 审单与付款

我国进口业务大部分使用信用证方式结算货款,这就要求对方提交的单据完全符合我方开立的信用证的条款。为保证我方权益,必须认真做好审单工作。

一、审单

审单泛指审核单据,是指进口商办理付款赎单手续时,对国外寄交的单证进行审核。审单的基本原则是"单证一致"和"单单相符"。在信用证付款条件下,我开证行在收到国外寄来的汇票和随附的单据后,首先应对照信用证核实单据种类、份数及内容,如经审核无误,银行便对外付款,并通知进口商按当时外汇牌价买汇赎单。如果审单时发现有单证不一致、单单不符等现象,应立即通知国外议付行经改正后再行议付。

审单的时限一般规定在接到单证后的 3 个工作日完成审核工作。

二、承付或拒付

(一)承付

收到单据后,指定银行、保兑行(如有的话)及开证行须审核交单,并仅根据单据本身确定其是否在表面上构成相符交单。UCP600 规定,当开证行确定交单相符时,必须承付。当保兑行确定交单相符,必须承付或者议付并将单据转递给开证行。开证行在向外承付的同时,即通知进口企业向开证行付款赎单。

付款是进口商按一定方式通过银行向出口商支付货款的行为。在我国实行外汇管制的条件下,进口商必须先向外汇管理局申请外汇使用权,待外汇管理局批准后,向指定银行以本国货币购买外汇,通过银行结算付款。付款方式根据合同或信用证的规定,一般采取凭跟单汇票付款、跟单托收付款和跟单信用证等方式付款。

(二)拒付

UCP600 规定,当按照指定行事的指定银行、保兑行(如有的话)或开证行确定交单不符时,可以拒绝承付或议付。当指定银行、保兑行(如有的话)或开证行决定拒绝承付或议付时,它必须给交单人一份单独的关于拒付的通知。

在实际业务中,如开证行发现单据表面上有不符信用证条款,一般先与我进口企业联系,征求进口企业意见是否同意接受不符点,对此,我进口企业如表示可以接受,即可指示开证行对外付款;也可表示拒绝,即指示开证行对外提出异议,或通过寄单行通知受益人更正单据或由国外银行书面担保后付款;或改为货到检验认可后付款。按我国习惯,如进口企业在 3 个工作日内没有提出异议,银行即按信用证规定的付款期限对外承付或向指定银行偿付。因此,进口企业对单据的审核必须认真对待,绝不能疏忽。

第四节 进口报关、报检与索赔

一、进口报关

当进口货物运抵目的港后,进口商应及时向海关办理进口报关手续。

(一)填制进口报关单和办理报关手续

进口商或其委托的外运公司根据合同填制进口货物报关单,并随附商业发票、海运提单、保险单等单据向海关申报,如属法定检验的进口商品,还需附商品检验证书、产地证明书等。当货、证经海关查验无误,依据规定缴纳关税后放行。

办理进口货物申报的期限为自载运货物的运输工具申请进境之日起 14 天内。申报期限的最后一天是法定节假日或休息日的,顺延到法定节假日或休息日后的第一个工作日。超过时限未向海关申报的,由海关按日征收进口货物 CIF 或 CIP 完税价格 0.5‰的滞报金。超过 3 个月未向海关申报的,由海关提出变卖,所得货款在扣除运输、装卸、储存等各项费用和税款后,余款自变卖之日起 1 年内,经收货人申请可予以发还。

附:进口货物报关单

中华人民共和国海关
进口货物报关单

申报单位编号　　　　　　　　　　　　　　　　　　　　　　海关编号

<table>
<tr><td colspan="2">进口口岸</td><td colspan="6">运输工具名称及号码</td></tr>
<tr><td colspan="2">经营单位</td><td colspan="3">贸易性质(方式)</td><td colspan="3">进口日期</td></tr>
<tr><td colspan="2">收货单位</td><td colspan="3">贸易国别(地区)</td><td colspan="3">提单或运单号</td></tr>
<tr><td colspan="2">合同(协议)号</td><td colspan="3">原产国别(地区)</td><td colspan="3">运杂费</td></tr>
<tr><td colspan="2">批准机关及文号</td><td colspan="3">外汇来源</td><td colspan="3">保险费/率</td></tr>
<tr><td colspan="8">标记唛码　件数　毛量(千克)　净重(千克)　包装种类</td></tr>
<tr><td rowspan="2">海关统计
商品编号</td><td rowspan="2">货名规格及货号</td><td colspan="2">数　量</td><td colspan="2">成交价格</td><td colspan="2">到岸价格</td></tr>
<tr><td>数量</td><td>单位</td><td>单价</td><td>总价</td><td>人民币</td><td>外币</td></tr>
<tr><td></td><td></td><td></td><td></td><td></td><td></td><td></td><td></td></tr>
<tr><td colspan="8">关税完税价格￥______　工商税完税价格￥______　关税交款书号______
税则号列及税率%______　工商税税率%______　工商税交款书号______
关税税额￥______　工商税税额￥______　交款书签发日期______年___月___日</td></tr>
<tr><td>备
注</td><td colspan="2"></td><td colspan="2">集装箱号:</td><td colspan="3">随附单据:</td></tr>
</table>

海关放行日期　　　　年　　月　　日　　　　以上各项申报无讹　　　　　　　　此　致
海关经办人(签章)　　　　　　　　　　　　______海关

申报单位(盖章)

申报日期　　　年　　月　　日

(二)接受海关查验货物

进口货物一般都要接受海关查验,以确定申报进口的货物是否与报关单证所列明的一致。查验货物应在海关指定的时间和场所进行。验关时,收货人或其代理人应当到现场。在特殊情况下,由报关人申请,经海关同意也可以由海关派员到货物的仓库、场地查验。

(三)缴纳关税

海关根据《中华人民共和国海关进口税则》的规定,对进口货物计征进口关税,货物在进口环节由海关征收包括代征的税种主要有关税、产品税、增值税等。

按《海关法》的规定,从海关签发税款缴款书之日起15日内(非营业日除外),纳税人向指定银行缴纳税款,逾期不缴纳进口货物的关税、进口增值税、消费税等,海关除依法限期追缴外,按日征收应纳税款额0.5‰的滞纳金,起征额为50元。

(四)海关放行

当进口商向海关办完进口货物申报、接受查验并缴纳关税后,海关即在运单上签字或盖章放行,收货人或其代理人即可持海关签发的放行单提取货物。凡未经海关放行的进口货物,任何单位和个人均不得提取或发运。

二、验收货物

(一)验收货物的重要性

验收货物是指进口商对进口的货物办理报验和检验货物的工作。在国际货物买卖中,除另有规定外,卖方交货后,买方应该有合理机会对货物进行检验,以确定货物是否符合买卖合同规定。发现卖方所交货物与合同规定不符,买方有权要求损害赔偿直至拒收货物并要求损害赔偿。因此,在买方有一个合理的机会对货物加以检验以前,不能认为买方已接受了货物。但是,如果买方表示已接受了货物,或在合理机会对货物进行检验以后买方未表示拒收货物;或买方作出了与卖方的所有权相抵触的行为,就不能再拒收货物;但如果货物与规定不符,买方还可以要求以其他方式进行补救。因此,买方在收到货物后,对货物进行检验是十分重要的。

(二)验收货物应注意的事项

在办理验收货物时,要注意处理好以下几个问题:

(1)收货人向检验检疫机构申请报验,正确填制"进口货物报验单"并提供合同和有关单证资料。

(2)买方为了保证在规定的有效期内对外提出索赔,凡属下列货物,均应在卸货口岸就地报验:①合同订明必须在卸货港检验的货物;②货到检验合格后付款;③合同规定的索赔期限较短的货物;④卸货时已发现残损、短少或有异状的货物。

(3)凡属法定检验的进口货物,收货人必须向卸货口岸的检验检疫机构登记,经检验检疫机构在报关单上加盖"已接受登记"的印章,海关即凭印章验放。法定检验的进口货物经登记后,收货人立即向检验检疫机构报验,检验机构应在索赔期内检验完毕,并出具相应的检验检疫证书。

(4)非法定检验的进口货物,如合同规定由检验检疫机构检验的,按法定检验货物的要求实施报验和检验。如合同未规定由检验检疫机构检验,但在卸货口岸已发现有残损、短缺情况时,应及时向口岸检验机构申请检验并出具检验证书。在其他情况下,由收货人按合同规定验收。

三、提货与拨交货物

在完成进口报验和报关手续后,收货人凭海关放行单即可从海关监管仓库提取货物。在港区仓库提取货物时,要填写"进口货物现提出库申请单"。本单一式三份,第一份是进口货物出库申请单,第二份是进口货物费用账单,第三份是进口货物现提出库凭证,分别由提货单位、港区财务部门和仓库留存。

收货人如果是代理进口商,提取货物后若用货单位在卸货口岸附近,则就近拨交货物;如用货单位不在卸货地区,则委托货运代理将货物转运到内地,并拨交给用货单位。货物拨交后,进口商再与用货单位结算。若用货单位在验收货物过程中发现货物有问题,应及时向当地检验检疫机构申请检验,并要求出具检验证明,以便在有效期内对外索赔。

四、索赔

在进口业务中,有时会发生卖方不履行或不完全履行合同规定义务的情况,需向有关责任方提出索赔。

(一)向卖方索赔

1. 宣告合同无效

按《联合国国际货物销售公约》规定，如果卖方完全不交付货物，或不按照合同规定交付货物，等于根本违反合同时，买方可以宣告整个合同无效，还可以向卖方提出索赔。买方向卖方要求的损害赔偿，应与因卖方违反合同而使买方遭受包括利润在内的损失相等。

2. 其他补救措施

如果卖方不履行合同或不完全履行合同，结果使买方遭受了损失，但并未剥夺买方根据合同规定有权期待得到的东西，即未构成根本违反合同，买方不能宣告合同无效，但可以要求损害赔偿。此外，买方还可以采取其他补救方法：可以规定一段合理时间的额外时间，让卖方履行其义务；如果货物不符合合同，买方可以要求卖方通过修理对不符合合同之处做出补救，或买方可以降低价格，减价按实际交付的货物交货时的价值与符合合同的货物在当时的价值两者之间的比例计算。

(二)向承运人索赔

在进口业务中，凡到货数量少于运输单据所载数量，或由于承运人的过失造成货物残损、损失，应由承运人负责。进口人可根据不同运输方式的有关规定，向承运人或其代理发出索赔通知。

向船公司索赔期限为货物到达目的港交货后1年之内。

(三)向保险公司索赔

如进口货物在保险责任有效期内发生属于自然灾害、意外事故、外来原因或在运输装卸过程中发生其他事故致使货物受损，并在保险公司责任范围内的，不论合同中采用FOB、CFR、FCA、CPT还是采用CIF、CIP贸易术语，都应由进口人向保险公司提出赔偿要求。此外，进口人还应迅速对受损货物采取必要、合理的施救、整理措施，防止损失的扩大；因抢救、阻止或减少货损的措施而支付的合理费用，可由保险公司负担。

向保险公司提出海运货损索赔的期限为被保险货物在卸载港全部卸离海轮后2年内。

第五节　专业技能实训

任务一　案例分析

【背景材料】

我国华东某公司以CIF术语于2002年5月从澳大利亚进口巧克力食品2 000箱，即期不可撤销信用证支付，目的港为上海。货物从澳大利亚某港口装运后，出口商凭已装船清洁提单和投保一切险及战争险的保险单，向银行议付货款。货到上海港后，经我方公司复验后发现下列情况：(1)该批货物共有8个批号，抽查16箱，发现其中2个批号涉及300箱内含沙门氏细菌超过进口国的标准；(2)收货人实收1 992箱，短少8箱；(3)有21箱货物外表情况良好，但箱内货物共短少85千克。

问：进口商就以上损失情况应分别向谁索赔？并说明理由。

【分析】

进口商常常因货物的品质、数量、包装等不符合合同的规定而需向有关方面提出索赔。根据造成损失原因的不同，进口索赔的对象主要有三个，即卖方、轮船公司和保险公司。进口索赔时，需要提供充足的证据。如证据不足、责任不明或与合同索赔条款不符，都有可能遭到理赔方的拒绝。

在本案中，如果合同中已明确注明货物必须符合进口国的衡量标准，则货物由于不符合规定而导致的损失应由出口方赔偿，反之则应由进口方自行承担；对于收货时出现的数量短少问题，鉴于该案例中船公司签发的是已装船清洁提单，因此而短少的数量应由船公司负责，但如果已投保一般附加险，则可以“偷窃提货不着险”向保险公司索赔；至于箱内货物的短少情况，由于船公司只负责审查货物外表情况是否良好、货物件数是否符合合同规定，并没有义务核实货物的实质情况，因此，货物内在瑕疵问题所导致的损失应向出口方索赔。

任务二　模拟履行合同的业务技能训练

【目的要求】

依据一份合同实例中的各项条款规定，买卖双方开展履行合同的实训。

【背景材料】

合同样本如下：

SALES CONFIRMATION

S/C No.：________

Date：________

The Seller：　　　　The Buyer：

Address：　　　　Address：

E-mail：　　　　E-mail：

Item No.	Commodity & Specifications	Unit	Quantity	Unit Price (US$)	Amount (US$)
TOTAL CONTRACT VALUE：					

PACKING：

PORT OF LOADING & DESTINATION：

TIME OF SHIPMENT：

TERMS OF PAYMENT：

INSURANCE：

REMARKS：

1. The buyer shall have the covering letter of credit reach the Seller 30 days before shipment, failing which the Seller reserves the right to rescind without further notice, or to regard as still valid whole or any part of this contract not fulfilled by the Buyer, or to lodge a claim for losses thus sustained, if any.

2. In case of any discrepancy in Quality/Quantity, claim should be filed by the Buyer within 130 days after the arrival of the goods at port of destination; while for quantity discrepancy, claim should be filed by the buyer within 150 days after the arrival of the goods at port of destination.

3. For transactions concluded on C. I. F. basis, it is understood that the insurance amount will be for 110% of the invoice value against the risks specified in the Sales Confirmation. If additional insurance amount or coverage required, the Buyer must have the consent of the Seller before Shipment, and the additional premium is to be borne by the Buyer.

4. The Seller shall not hold liable for non-delivery or delay in delivery of the entire lot or a portion of the goods hereunder by reason of natural disasters, war or other causes of Force Majeure, However, the Seller shall notify the Buyer as soon as possible and furnish the Buyer within 15 days by registered airmail with a certificate issued by the China Council for the Promotion of International Trade attesting such event (s).

5. All deputies arising out of the performance of, or relating to this contract, shall be settled through negotiation. In case no settlement can be reached through negotiation, the case shall then be submitted to the China International Economic and Trade Arbitration Commission for arbitration in accordance with its arbitral rules. The arbitration shall take place in Shanghai. The arbitral award is final and binding upon both parties.

6. The Buyer is requested to sign and return one copy of this contract immediately after receipt of the same. Objection, if any, should be raised by the Buyer within 3 working days, otherwise it is understood that the Buyer has accepted the terms and conditions of this contract.

7. Special conditions: (These shall prevail over all printed terms in case of any conflict.)

Confirmed by:

THE SELLER　　　　THE BUYER

【实训指南】

1. 建立交易小组。将学生每2～3人为一方，分别扮演买方和卖方，要求学生进入角色，各自履行合同的义务，办理各环节的业务手续，出具有关业务单证，主张自己的权利。

2. 卖方办理出口许可证手续，出具出口许可证；买方出具进口许可证。

3. 卖方催证、买方开证、卖方审证，提出修改意见，买方修改信用证，双方信用证合同订立。

4. 卖方备货，出具商业发票，办理报验手续，出具检验合格证书；卖方办理托运、投保手续，出具托运单、保险单和海运提单。若合同规定由买方负责保险，则由买方出具保险单。

5. 卖方办理出口报关和装运货物出口手续，填制出口货物报关单，并提供相关的单据，接受海关的审查，经海关放行后，组织货物装运并向轮船公司索取符合要求的有效提单。

6. 卖方制单结汇；卖方负责开立汇票，整理结汇所随附的所有单据，到议付行办理结汇手续。

7. 买方办理进口报关、报验及提货或拨交货物手续，出具进口货物报关单、进口货物检验合格证，整理进口报关所随附的各种单据。当进口货物经海关验放后，买方到海关监管仓库或货场，办理提取或拨交货物手续。

任务三　思考与练习

一、不定项选择题

1. 进口货物的质量与合同规定不符，则进口方应向(　　)提出索赔。

A. 卖方　　B. 承运人　　C. 保险公司　　D. 银行

2. 信用证开出后，对方要求修改某些条款，则应(　　)。

A. 区别情况处理　　B. 不得批准　　C. 按统一规定处理　　D. 在半月内处理

3. 海关规定进口货物的申报期限为自载运货物的运输工具申请进境之日起(　　)内。

A. 一周　　B. 14日　　C. 20日　　D. 2日

4. 依据《海关法》的规定，海关对未在法定期限内申报进口货物的收货人采取加收滞报金。滞报金按日征收进口货物完税价格的（　　）。

A. 0.05%　　B. 0.5%　　C. 1%　　D. 0.01%

5. 进口“短卸报告”的签发者为（　　）。

A. 船方　　B. 港务局　　C. 商检局　　D. 海关

6. 按照国际保险市场上的一般习惯，保险金额是以发票的（　　）价格为基数，再加上适当的保险加成率计算得出。

A. FOB　　B. CFR　　C. FAS　　D. CIF

7. 按照《跟单信用证统一惯例》的规定，当银行发现单证不符拒收单据时，应在收到单据次日起（　　）个工作日内通知受益人。

A. 6　　B. 7　　C. 5　　D. 14

8. 进口单位采用逐笔保险方式一般是在（　　）。

A. 进口数量较大时　　B. 进口数量不大时　　C. 进口产品贵重时　　D. 进口产品廉价时

9. 租船订舱工作应按合同规定及时办理，大宗货物一般在交货期前（　　）天向运输机构提出，以便运输机构有足够时间落实舱位工作。

A. 10　　B. 30　　C. 45　　D. 60

10. 按照《联合国国际货物销售合同公约》的规定，如买卖合同中未规定索赔期限，买方行使索赔权的最长期限为自实际收到货物起不超过（　　）。

A. 1 年　　B. 60 天　　C. 2 年　　D. 30 天

11. 进口的货物如发生残损或到货数量少于提单所载数量，而运输单据是清洁的，则应向（　　）提出索赔。

A. 卖方　　B. 承运人　　C. 保险公司　　D. 银行

12. 在我国，产地证明书一般由（　　）签发。

A. 中国出入境检验检疫局　　B. 各进出口公司

C. 贸促会　　D. 中国商务部

13. 开证行拒付货款的理由可以是（　　）。

A. 单证不符　　B. 货物不符合合同规定

C. 单单不符　　D. 货物未装运

14. 进口报关的程序不包括（　　）。

A. 收货人或其代理人待货物抵达卸货港后，应即填具“进口货物报关单”向海关申报。

B. 进口货物运达港口时，港务局要进行卸货核对

C. 就近转交货物给用货单位

D. 进口货物经申报，海关依法验关

E. 货证经查验无误，即签章放行

15. 进口索赔的对象主要有（　　）。

A. 卖方　　B. 买方　　C. 银行　　D. 保险公司

E. 承运人

二、判断题

1. 汇票一般为一式两份，每份都具有同等的效力，其中一份付讫，另一份则自动失效。（　）

2. 进口国要求提供海关发票主要是作为其海关减免关税的依据。（　）

3. 提单的签发日期可早于信用证规定的最迟装运日期。（　）

4. 提单的被通知人应与信用证的规定一致，通常是出口人。（　）

5. 一切信用证必须规定一个到期日和一个交单付款、承兑的地点。（　）

6. 信用证的到期日与最迟装运期应有一定的时间间隔，通常要求信用证的到期日规定在装运期后最长

21天。(　　)

7. 修改信用证时不必经过开证行,而直接由申请人修改后交给受益人即可。(　　)

8. UCP600规定的交单期为“单据必须在提单日后15天内提交”。(　　)

9. 在履行FOB或FCA术语成交的进口合同中,进口企业负责洽租运输工具或指定承运人。(　　)

三、简答题

1. 在FOB条件下,进口合同的履行主要包括哪些业务环节?

2. 进口商审核结汇单据的基本原则是什么?应注意哪些事项?

3. 办理进口报关手续时主要有哪些环节?应注意哪些事项?

4. 在进口业务中为什么强调做好进口索赔工作?办理索赔手续时应注意哪些问题?

四、案例分析题

1. 中国某公司通过香港某公司签订进口一份电子仪器配件的合同。合同规定货到付款。在货物进口时,海关发现该批配件实际上是电子仪器的整件,只不过把机芯和外壳分开包装。因此,该批货物被海关扣押,并依法追究责任。事后卖方来电催促中国进口公司立即付款。

问:该批货物为什么被海关扣押?中国某公司应承担什么责任?卖方要求付款有无理由?为什么?

2. 进口商已开信用证(可转让、可分批装货),到了装货期,出口商要求修改信用证。而进口商答应10天内修改,但出口商由此提出先运出80%的数量,其余20%要求加价。

问:从进口商的立场看,应如何处理?

模块四 综合训练

第十六章　进出口贸易综合实训

第一节　进出口商拟订营销策划方案

一、背景资料

(一)出口商的相关资料

1. 名称和地址

上海杰依工贸有限公司

SHANGHAI JIEYI INDUSTRIAL TRADING COMPANY

地址:中国上海浦北路 906 号

ADD: 906 PUBEI ROAD,SHANGHAI

TEL:0086－21－6475××××　FAX:0086－21－6475××××

2. 基本情况

上海杰依工贸有限公司是一家拥有自己生产厂商的纺织品经营公司。

在整理资料的过程中发现 HASSAN AL KAMAR FOR GENERAL TRADING 公司是也门一家颇有信誉的中间商,专营各类纺织品,具有广阔的销售渠道。本公司曾与其做过几笔交易,但由于去年一批货物出了质量问题,发生了一些摩擦,至今未再有联系。为了开拓市场,公司决定去函沟通重建正常关系,信中介绍本公司的发展情况,了解当地的市场信息,向其推荐天乐牌晴棉毯(TENDER BRAND BABY BLANKET),并随寄最新商品目录。

3. 交易商品资料

商品大类		
儿童用品		
货号(ART NO.)	品　名	包装方式
WP101	Tender Brand Baby Blanket	1 条/塑料袋,20 条/纸箱
包装尺码	包装重量(毛/净)	含税采购成本
95×55×32cm	43/40kgs	42.50 元/条

4. 国内额定费用率:6%

5. 增值税率:17%

6. 退税率:9%

7. 国外佣金率:3%

8. 出口保险费率:一切险加战争险计 0.4%

9. 海洋运费:20 英尺集装箱 2 200 美元,40 英尺集装箱 3 620 美元

10. 预期利润率:自定

11. 美元汇价:CNY 6.30/USD

(二)进口商的相关资料

也门 HASSAN AL KAMAR FOR GENERAL TRADING 公司

联系人和详细地址:

PURCHASING MANAGER

LAMIA KHASHOGGI

ADD: P. O. BOX 20242 TAIZ STREET

SANA'A REPUBLIC OF YEMEN

TEL: 245757—24×××× FAX: 0098—26—24××××

二、具体要求

根据已知资料,交易双方各自根据交易的标的、市场行情等因素,确定成交价格、数量、品质、包装等条件,对交易的各项条款合理把握。

(一)进行成本核算,拟定报价策略

主要内容包括:

(1)国际市场行情、价格水平、供求关系、发展趋势;

(2)出口或进口的各项费用,有关的经济政策和贸易习惯;

(3)预测经营成本、利润水平;

(4)进行可行性论证。

(二)双方各自草拟进出口经营方案

主要内容包括:

(1)经营目标,实现盈利的预算;

(2)市场环境分析,经营条件评估;

(3)选择目标市场,确定交易对象;

(4)有关产品、价格、促销等策略的运用;

(5)主要合同条款的把握。

第二节 模拟商务谈判磋商交易条件

双方根据既定的背景资料进行磋商,从询盘→发盘→还盘→接受,学生须用英文信函的方式交流。

一、具体要求

(1)进口方询盘。要求:撰写询盘函。

(2)出口方进行报价核算,分别按 FOB、CFR、CIF 价核算。要求:写出计算公式和计算过程。

注意:须根据商品包装规格和尺寸计算出成交量。全部采用集装箱运输,20 英尺集装箱计容积 25 立方米,40 英尺集装箱计容积 55 立方米。

(3)出口方报价。要求:撰写发盘函。

(4)进口方还价。要求:撰写还盘函。

(5)出口方再还盘。要求:撰写还盘函。

注意:出口方自行决定是否接受对方上一步的还价。

(6)进口方接受并发订单。要求:撰写接受函和订单。

二、报价核算公式

实际成本=含税采购成本×(1+增值税率-退税率)/(1+增值税率)

FOBC=(实际成本+国内费用)/(1-佣金率-预期利润率)

CFRC=(实际成本+国内费用+出口运费)/(1-佣金率-预期利润率)

CIFC=(实际成本+国内费用+出口运费)/(1-佣金率-投保加成×保险费率-预期利润率)

三、发盘函操作要点

出口商通常会在两种情形下拟写发盘函:一是直接向客户发盘,二是在收到客户询盘后做出答复。由于场景不同,两者的拟写技巧也有所区别。前者要多考虑发盘的完整性和吸引力;后者则要注重针对性,必须以对方感兴趣或符合对方要求的商品货号为中心,做到有的放矢。

完整、准确地拟写发盘函可以避免争议,有利于缩短交易磋商的时间,尽快达成协议。一般而言,一封规范的发盘函应包括以下三方面的内容:

(1)准确阐明各项主要交易条件。这里所指的主要交易条件,一般包括品名规格、价格、数量、包装、装运、付款、保险七大要件。

(2)声明此发盘的有效期及其他约束条件。为了防止日后的争议或是敦促对方早下订单,我们通常会在发盘函中明示该报价的有效期,或指出其有效的条件。

(3)鼓励对方订货并保证供货满意。发盘的目的是为了获得订单,所以我们通常会以一些鼓励、刺激对方下订单的语句来结尾。

当然,在适当的情况下,我们也可对产品的优点作进一步的阐述和强调。若是在收到对方询盘后进行发盘,我们通常还需要在信的开头首先对对方的来函表示感谢,并针对询盘函中提出的其他问题作具体回复。

总之,由于发盘函是具有法律约束力的,我们必须特别注重其准确性和完整性。虽然发盘函又称报价信,但其内容绝不仅仅是价格,还应包括足以明确该交易的各项交易条件。

四、还盘函操作要点

价格可以说是进出口双方都极为关注的交易条件。在出口方发盘后,进口方往往会就价格进行还盘。这时出口方通常面临三种选择:一是完全接受对方的报价,交易即告达成;二是坚持原价,即拒绝对方的还价;三是针对对方的还价进行再还价,或是有条件地接受对方的还价。虽然这三种情形在具体语言运用上有所不同,但一般均需包含如下内容:

(1)确认对方来函。还价函总是一封回信,因此在信的开头,我们会礼节性地感谢对方的来函。通常会简洁地表明我方对来函的总体态度。

(2)强调原价的合理性,并列明理由。无论最后是否接受对方的还价,我们一般都会先坚持原报价的合理性,同时给出各种适当的理由,或认为报价符合市价,或强调产品品质超群,或言明利润已降至极限,或指出原料价格上涨、人工成本提升等。

(3)提出我方条件,并催促对方行动。这部分的写法非常灵活,并没什么定式可言,关键是要具有说服力,而且常常带有促销的性质,如以数量折扣吸引对方大批订购,以库存紧张来激励对方早下订单等。即便是在拒绝还价、不做任何让步的情况下，我们一般也会推荐一些价格低廉的替代品，以寻求新的商机。

第三节 草签买卖合同书

出口方收到进口方的接受函和订单后，拟定销售合同一式两份送进口商会签并附成交函。

一、具体要求

(1)出口方订立合同各项条款并草签(空白合同附后)；

(2)出口方写成交函附合同交进口方确认；

(3)进口方对合同条款进行修订(如需要)并以信函方式通知卖方；

(4)双方达成一致后，签订合同。

二、合同的主要条款

(一)品名条款

要求按《联合国国际贸易标准分类》规定的同一名称，要具体，不可笼统，特殊商品注明产地，品种复杂的商品的品名写总称，具体名称另附表。

(二)品质条款

磋商品质条款时应注意三点：第一，正确运用品质的表达方法；第二，品质的确定要符合实际，凡能用一种方法表示的，就不能用两种或两种以上的方法；第三，凡用科学指标表示的，必须明确、具体，又要有灵活性，否则会给交货带来困难。

(三)数量条款

订立数量条款时应注意两点：第一，按重量计算的商品应注明计重方法，即按毛重、净重还是以毛作净；第二，使用溢短装条款时，应注明溢短装的百分比、由谁选择以及溢短装部分计价方法等。

(四)包装及运输标志条款

订立包装条款时应注意两点：第一，条款中必须包括包装材料、包装方式，有时还要规定包装费用的支付、包装物料交送方法，以及交易者所在国对包装材料的特殊要求；第二，严格按合同规定刷制运输标志，运输标志一般由卖方确定，如买方要求由其出具运输标志也可接受，但应明确在装运前若干天提供，否则由卖方自行决定。设计唛头时最好按国际标准化组织的规定办理。

(五)价格条款

订立价格条款时应注意四点：第一，单价的四个组成部分缺一不可(计价货币、单价金额、计量单位和贸易术语)，并正确使用贸易术语的变形；第二，如价格为含佣价，在价格中要体现佣金率；第三，总值有大、小写两部分，单价、数量与总值要吻合，计价货币要一致；第四，若交货数量允许有增减或用约量，则总金额也应允许有增减。

(六)装运条款

订立装运条款一般包括以下内容：第一，装运时间应规定某一段时间，装运期若受信用证限制时，要规定信用证开出和开到的时间。第二，装运港、目的港一般由一方提出，经另一方确认。港口的确定要明确具体名称，最好确定一个装运港和一个目的港。特殊情况下，允许采用多港或选港的方法，但数量一般不超过3个，并且必须在一个航线上邻近的港口，计算价格以运费最高的为基础。第三，力争采用允许转船的规定，特殊情况下可同意允许分批装运条款，但对等量分批装运的条件，接受时要特别慎重。

（七）保险条款

合同中的保险条款应与采用的贸易术语保持一致。保险条款包括四部分内容，即由哪方办保险、保险金额、险别以及以哪个保险条款为准。

（八）支付条款

（1）当采用跟单信用证支付时，应在合同中规定开证时间、开证行、信用证种类、金额、装运期、有效期、有效地点等内容。

（2）采用托收方式时，要具体说明托收方式，是即期还是远期付款交单或者是承兑交单。

（3）采用汇付时，应在合同中明确规定汇付时间和汇付方式。

（九）装运单据

合同中对于装运单的种类、份数和对单据的要求等应做出明确的规定，主要的单据有：

（1）全套清洁的已装船海运提单，注明运费预付或到付，做成指示抬头，空白或记名背书，注明被通知人。

（2）商业发票若干份，注明合同号和装运标志。

（3）装箱单若干份，注明装运重量、件数尺码以及有关发票的日期和编号。

（4）出具商检证书的若干种类和份数。

（5）装船后立即向买方用电讯方式发出已装船的通知。

（6）其他有关的单据。

（十）商检条款

商品检验一般采取出口检验，进口方目的港复验的规定。经复验如发现品质、重量或数量与合同不符，并证明确属卖方责任的，买方有权凭目的港卖方所同意的检验机构出具的检验证明向卖方提出索赔。索赔条款的主要内容包括提出索赔期限和依据等。

（十一）不可抗力条款

不可抗力条款的主要内容包括：不可抗力事故的范围、事故的后果、发生事故通知对方的方式及出具事故证明的机构等。

（十二）仲裁条款

关于仲裁条款的规定，一种是由中国国际贸易促进委员会对外贸易仲裁委员会仲裁，另一种是由被告人所在国或第三国仲裁。内容主要包括有关合同的一切争议，应通过协商友好解决，如协商不能解决时应提交仲裁，规定仲裁机构的名称、仲裁裁决是终局的、对双方均有约束力，以及仲裁费由谁承担等。

三、成交函操作要点

在进出口交易中，一方的发盘或还盘被另一方接受，合同即宣告成立。同时，为了便于履约和监督，双方通常会签订一份正式的书面合同（确认书）。当出口方向进口方寄送出口合同或销售确认书时，往往会附上一封短信，也就是成交函，内容一般包括：（1）成交函最主要的目的是要告诉对方销售合同已寄出，希望予以会签；（2）对本次成交表示高兴，并希望合同顺利履行；（3）希望对方能及时开立信用证。

四、签订合同应注意的问题

合同属于法律文件，一旦签订对双方均有约束力，在签订合同时要特别注意以下几个问题：

(1)签订合同前要对市场状况、对方的资信、该国的法律和政策、贸易习惯等做出翔实的调查，避免盲目性。

(2)合同的条款要与磋商的内容一致，防止出现错列、漏列等问题。

(3)合同应规定开证时间，以防对方拖延开证，导致我方被动。

(4)要严格规定合同的订立形式。我国一般坚持采用书面的正式合同形式，要保存好书面合同的正本，直至合同履行完毕后一段时间才能另行处理。在拟订书面合同时，应使用规范的商业用语，遵循比较固定的条款模式，尽可能采用习惯用语，力求措辞准确、严谨，行文简洁，不留漏洞，以免引发分歧。

(5)订立合同条款时，应尽可能把合同条款订得完备、明确，并要逐条仔细核查，防止出现差错。

(6)合同要有法律适用条款。由于进出口贸易合同涉及不同国家的法律、国际法规及贸易惯例，为防止在执行合同时发生法律上的冲突，通常在合同中订明该合同适用哪国的法律。

(7)对外贸易合同只有本企业的法人代表才能签字。经企业法人代表授权的业务人员，可以在授权范围内进行签约。外方签约人必须是本合同外方署名公司的法人代表或其授权人。双方在合同签约前必须先确认签约人的资格。

第四节　履行合同条款、办理有关业务手续及单证处理

买卖双方根据订立的合同，履行合同条款。注意：单据日期的逻辑性和合理性。

一、进口方开立信用证

操作要求：

(1)进口方缮制开证申请书并交开证行开出信用证。注意：开证申请书与上面已给的合同应严格一致。

(2)如收到出口方的改证函，审查后由进口方要求开证行改证。要求：撰写改证函(致开证行)。

(3)开证行作出信用证修改书。

二、出口方落实信用证

(一)出口方撰写催证函

一般在“售货确认书”上列明“信用证必须在装运期多少天前开到卖方，并且装船后在上述装运港继续有效15天”；未列明开证日期的，按国际惯例，买方应在我方装运期前一定期限(如15天)内开证。催证是一个例行程序，要求买方及时开证，不耽误装船日期。

附:合同样本

合　同

SALES CONFIRMATION

S/C No.：AD-MASSC02

Date：April 1st，2010

The Seller：SHANGHAI ANDE INTERNATIONAL TRADE CORP.

The Buyer：MASRI BRO. CO.，LTD.

Address：16(B) NO. 1 BUILDING，Address：P. O. BOX：14/5873，

2005 LANE HUANGXING RD.，　　ALEXANDRIA EGYPT

SHANGHAI，CHINAHOT LINE：019112575

FAX：1. 212—4782432

Item No.	Commodity & Specifications	Unit	Quantity	Unit Price (USD)	AMOUNT (USD)
THREE FIVES BRAND STAINLESS STEEL				CIFC5 ALEXANDRIA	
1	SERVER SET ART NO. S9420—7	SET	365	57.03	20 815.95
2	TABLE WARE ART NO. S8310	SET	3 650	7.97	29 090.50
3	WHISTLING KETTLE ART NO. S6320	PIECE	1 800	17.31	31 158.00
4	4—PIECE TEASET ART NO. 5130	SET	1 800	21.31	38 358.00
				TOTAL：	119 422.45
TOTAL CONTRACT VALUE	SAY US DOLLARS ONE HUNDRED AND NINTEEN THOUSAND FOUR HUNDRED AND TWENTY TWO AND CENTS FORTY FIVE.				

PACKING：ART NO. S9420—7，ONE SET PER CARTON，365 CARTONS TO ONE 20'FCL.
ART NO. S8310，10 SETS PER CARTON，365 CARTONS TO ONE 20'FCL.
ART NO. S5130，6 SETS PER CARTON，300 CARTONS TO ONE 20'FCL.
ART NO. S6320，6 PIECES PER CARTON，300 CARTONS IN ONE 20'FCL.
TOTAL：1330 CARTONS

SHIPMENT：TO BE EFFECTED BY THE SELLER FROM SHANGHAI TO HODEIDAH NOT LATER
THAN MAY 31ST 2003 WITHIN 30 DAYS ON RECEIPT OF THE RELEVANT L/C WITH
PARTIAL SHIPMENT AND TRANSHIPMENT NOT ALLOWED.

PAYMENT：THE BUYER SHALL OPEN THROUGH A BANK ACCEPTABLE TO THE SELLER AN IRREVOCABLE
SIGHT LETTER OF CREDIT TO REACH THE SELLER BEFORE APRIL 25TH 2003
AND REMAIN VALID FOR NEGOTIATION IN CHINA UNTIL THE 15TH DAY AFTER THE DATE OF SHIPMENT.

INSURANCE: THE SELLER SHALL COVER THE INSURANCE FOR 110% OF TOTAL INVOICE VALUE AGAINST ALL RISKS AND WAR RISK AS PER AND SUBJECT TO THE RELEVANT OCEAN MARINE CARGO CLAUSES OF PEOPLE'S INSURANCE COMPANY OF CHINA DATED 1/1/1981.

Confirmed by:

THE SELLE	THE BUYER
SHANGHAI ANDE INTERNATIONAL TRADE CORP.	MASRIBRO. CO., LTD.
XXX	ALEXANDRIA HUSSID
SALES MANAGER ASSISTANT	MANAGER

REMARKS:

1. The buyer shall have the covering letter of credit which should reach the Seller 30 days before shipment, failing which the Seller reserves the right to rescind without further notice, or to regard as still valid whole or any part of this contract not fulfilled by the Buyer, or to lodge a claim for losses thus sustained, if any.

2. In case of any discrepancy in Quality/Quantity, claim should be filed by the Buyer within 30 days after the arrival of the goods at port of destination; while for quantity discrepancy, claim should be filed by the Buyer within 15 days after the arrival of the goods at port of destination.

3. For transactions concluded on C. I. F. basis, it is understood that the insurance amount will be for 110% of the invoice value against the risks specified in the Sales Confirmation. If additional insurance amount or coverage required, the Buyer must have the consent of the Seller before Shipment, and the additional premium is to be borne by the Buyer.

4. The Seller shall not hold liable for non—delivery or delay in delivery of the entire lot or a portion of the goods hereunder by reason of natural disasters, war or other causes of Force Majeure, However, the Seller shall notify the Buyer as soon as possible and furnish the Buyer within 15 days by registered airmail with a certificate issued by the China Council for the Promotion of International Trade attesting such event(s).

5. All deputies arising out of the performance of, or relating to this contract, shall be settled through negotiation. In case no settlement can be reached through negotiation, the case shall then be submitted to the China International Economic and Trade Arbitration Commission for arbitration in accordance with its arbitral rules. The arbitration shall take place in Shanghai. The arbitral award is final and binding upon both parties.

6. The Buyer is requested to sign and return one copy of this contract immediately after receipt of the same. Objection, if any, should be raised by the Buyer within it is understood that the Buyer has accepted the terms and conditions of this contract.

7. Special conditions: (These shall prevail over all printed terms in case of any conflict.)

(二)出口方审证并改证

要求:列出审证结果。

审证提示:

1. 信用证与合同比较常会出现的问题

(1)L/C 的商品货号与合同不符。

(2)金额(大写/小写)与合同不一致。

(3)L/C 条款与合同相应条款不符。(例如,保险条款在合同中写明 ICC(A)as per ICC dated 1/1/2012. 但 L/C 显示 War Risk and All Risks.)

(4)付款方式不符合同要求。(例如,合同中为 by sight L/C,而信用证中为 draft at 30 days' sight.)

注意:信用证的规定可以比合同条款宽松。

2. 信用证本身常出现的问题

(1)注意 L/C 的到期地点。

(2)信开本信用证应写明"subject to UCP 600"。

(3)注意信用证"三期",即有效期、装运期和交单期。

(4)L/C 中的"软条款"(例如,要求卖方提交客检证书;正本 B/L 全部或部分直寄客户)。

(三)出口方撰写改证函(致开证申请人)

改证函提示:须列出原信用证内容和修改后的内容,如:

…

The L/C is to be amended as follows:

—The place of expiry: In China, in stead of 'In U. S. A.'

…

出口商在审核信用证后,如发现有不符合买卖合同或不利于出口方安全收汇的条款,应及时联系进口商通过开证银行对信用证进行修改。修改信用证的要求应尽可能一次性具体、明确地提出,以避免或减少往返改证,延误时间。诚然,从业务的角度而言,改证函的质量主要取决于审核信用证的质量,但同时,准确的表达和明晰的结构也是其必备的要素。

作为一封规范的改证函,应包括三方面的内容:一是感谢对方开来的信用证,二是列明不符点并说明如何修改,三是感谢对方合作,并希望信用证修改书早日开到,以利于继续履约。

三、出口备货与报检

出口方按合同和信用证的要求,向生产加工或物流企业组织货源,核实货物加工、整理、包装和刷唛等工作,对应交的货物及时做好验收、清点及处理相关事宜,做到按时、保质、保量交货。

操作要求:出口商填写报检单、原产地证明书申请书——"商检局"出具通关单/商检证书、原产地证明书。

四、出口租船订舱

操作要求:

(1)出口商缮制商业发票、装箱单;

(2)出口商填写托运单——承运人出具装货单;

(3)出口商缮制出口收汇核销单。

五、出口报关与投保

操作要求:

(1)出口商填写报关单——保险公司出具保险单据;

(2)出口商填写报关单,并附上相关单证(发票、装箱单、装货单、出口收汇核销单、通关单)办理报关手续,报关——海关签章放行;

(3)出口商持出口收汇核销单存根到外汇管理局备案;

(4)出口商持经海关签章放行的装货单要求船方装船——承运人出具提单。

六、出口方向进口方发装船通知

出口商用电讯方式出具装船通知，通知书的主要内容包括合同号、信用证号、货名、件数、唛头、装运口岸和装运日期。

七、制单结汇

操作要求：

(1)出口商缮制汇票及其他所需单据，如发票、装箱单、保险单、提单、检验证书、产地证、受益人证明、船公司证明(由船公司签字盖章)等。

(2)出口方审单人员审核单据；

(3)出口商交单议付；

(4)议付行审核单据，如无误则议付，同时在核销单上签章，并出具结汇水单；如审单有误，则自行决定如何处置。

由于国际商会制定的《跟单信用证统一惯例》在国际贸易中的普遍应用，国际上对于信用证项下的单据有明确的要求。特别是UCP600的实行，对单据的填制给予了更加明确的规范。信用证项下议付单据填制的要求如下：

(一)单证、单单一致

在采用信用证交易的条件下，出口人(即信用证受益人)必须明确以下内容：第一，信用证业务中，各有关当事人处理的是单据，而不是与单据有关的货物、服务或其他行为。第二，受益人提交的单据必须表面上与信用证条款相符，单据之间表面互不一致，即视为表面与信用证不符。对于这个条款应该从两个方面去理解：一方面，受益人提交的单据要做到"单证一致"和"单单一致"。议付单据的内容首先要与信用证的有关规定一致，同时单单之间不能自相矛盾。此外，需要引起重视的是："单证一致"不仅指单据的内容要与信用证一致，还包括单据提交的份数、提交的方式以及提交的时间要与信用证的规定一致。另一方面，本条款提到了"表面相符"这个概念。这就是说，银行在审核与信用证有关的单据时无需调查单据的真实性，只凭单据表面上显示的内容与信用证条款一致，即可付款。

(二)单同一致

信用证是买方(开证申请人)依照买卖合同及有关贸易惯例向银行申请开立的，作为银行审核单据以决定是否付款的依据。因此，一般买方都会要求开证银行在信用证中加列一些关于货物描述的条款，以便约束受益人单据上所列的货物与买卖双方在合同中约定的一致。但是，信用证毕竟不能代替买卖合同。特别是对于一些比较复杂的货物买卖，如大型的成套设备，信用证中没有也不可能详细规定货物的具体规格型号、技术指标、单价以及包装情况。对于这些内容，受益人在制单时只能按照合同的有关规定缮制，但需注意，这些内容不能与信用证的规定相抵触。

(三)单据本身内容正确、完整、符合有关法规及商业习惯

虽然议付单据的填制有信用证的规范以及买卖合同的制约，但就单据制作本身来说，信用证和合同的规定也不能包罗万象。例如，在信用证及合同中，一般不会规定汇票必须由出票人签署。但一张没有出票人签署的汇票肯定是不符合各国关于票据法律的有关规定的。一般国家票据法律都规定：汇票要由出票人签署，否则视为无效。其次，单据的制作还需要符合有关国家的行政规定。譬如，法国海关规定，法国进口的商品在进口清关时所提交的商业发票必须

是法文的，至少品名应用法语书写，所以制单时一定要做到这一点，否则就会给进口商提货造成很大的不便。最后，单据的填制还要符合有关商业习惯的做法。譬如，保险单的出单日期通常不迟于提单日期，而商业发票的日期一般都早于保单、提单的日期等。

(四)及时制单

货物出口所涉及的单据多达几十种，各种单据之间的关系又是错综复杂的，而单据的制作又是一项和发货装运联系在一起的综合性工作。出口货物的认证、商检、托运、报关、装运等诸方面工作的进行都需要提供一定的单据给有关部门。因此，议付单据的制作一定要及时。

八、出口核销与退税

操作要求：

(1)出口商收汇后凭银行收汇水单、出口收汇核销单等向外汇管理局办理核销手续——外汇管理局在核销单“出口退税专用联”注明“已核销”并签章；

(2)出口商凭出口报关单(退税联)、出口收汇核销单(出口退税专用联)、商业发票副本、增值税发票、银行结汇水单等到税务机关办理申请退税手续。

核销退税流程见图16.1。

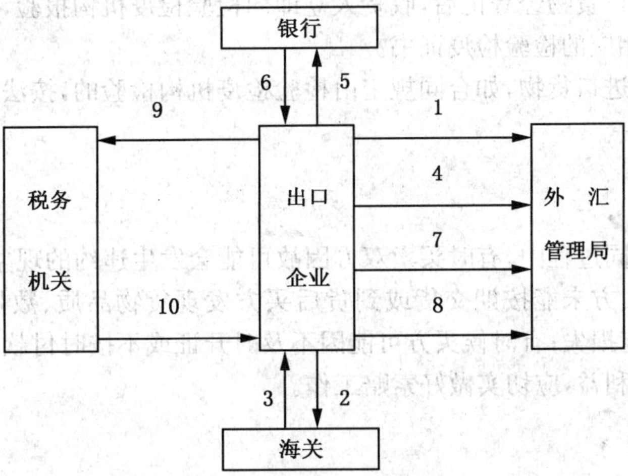

说明：

1. 出口企业凭有关单证，向外汇管理局申领有编号并加盖“国家外汇管理局监制章”的核销单。

2. 出口企业于领单90天内凭已缮制的核销单、注明核销单编号的出口报关单和其他有关单据，向海关报关。

3. 海关核准无误后，在核销单“海关签注栏”处加盖“验讫章”，退还出口企业。

4. 出口企业在规定时限内，将出口报关单、出口收汇核销单存根和发票交外汇管理局备案。

5. 出口企业在汇票和发票上注明核销单编号，将全套结汇单据向银行办理托收或议付。

6. 银行结汇后，在出口收汇核销水单或收账通知上注明核销单号交出口企业。

7. 出口企业持经海关签章的收汇核销单、结汇水单或收账通知，及其他有关文件，到外汇管理局办理核销。

8. 外汇管理局在核销单上加盖“已核销”章后，将核销单和报关单(出口退税专用)给出口企业。

9. 出口企业向税务机关申请办理退税手续。

10. 税务机关核准后，向出口企业退税。

图16.1　核销退税流程图

九、进口方审单付款

审单一般规定在接到单证后的3个工作日完成。基本原则是“单证一致”和“单单相符”。在信用证付款条件下，我开证行在收到国外寄来的汇票和随附的单据后，首先应对照信用证核实单据种类、份数及内容，如经审核无误，银行便对外付款，并通知进口商按当时外汇牌价买汇赎单。如果审单时发现有单证不一致或单单不符等现象，应立即通知国外议付行，经改正后再行议付。

十、进口报关，验收货物

操作要求：

(1)填写进口报关单；

(2)收货人向检验检疫机构申请报验，填制“进口货物报验单”并提供合同和有关单证资料。

注意：

①凡属法定检验的进口货物，收货人必须向卸货口岸的检验检疫机构登记，经检验检疫机构在报关单上加盖“已接受登记”的印章，海关即凭印章验放。

②法定检验的进口货物经登记后，收货人立即向检验检疫机构报验，检验机构应在索赔期内检验完毕，并出具相应的检验检疫证书。

③非法定检验的进口货物，如合同规定由检验检疫机构检验的，按法定检验货物的要求实施报验和检验。

十一、索赔

在履行进出口合同过程中，有时买卖双方因故可能会发生违约的现象，而一般以卖方发生违约的情况较多，如卖方未能按期交货或到货后买方发现货物品质、数量或包装等方面有问题，致使买方遭受一定损失；有时候买方可能因不及时开证或不按时付款等发生违约现象。受害方为了维护自身的利益，应切实做好索赔工作。

十二、交易总结

进出口双方在交易完毕后，分组写出交易总结，要求：(1)总结本次交易的实施过程；(2)计算出口换汇成本和出口盈亏率，并作出交易总结和评价。

注：进口方不必计算换汇成本和盈亏率。

$$出口换汇成本=\frac{出口总成本(人民币)}{出口外汇净收入(外币)}$$

$$=\frac{实际成本+含税采购成本\times 国内定额费用率}{FOB出口外汇净收入(外币)}$$

$$出口盈亏率=\frac{出口销售人民币净收入-出口总成本}{出口总成本}\times 100\%$$

注意：在整个训练过程中，进口方学生组同时充当承运人、保险公司、银行、海关、商检局、外汇管理局等身份，对出口方的单证进行审核。开证行和税务机关由教师担任。

附录　有关商务单证

附表 1　装箱单

PACKING　LIST

1) SELLER	3) INVOICE NO.	4) INVOICE DATE
	5) FROM 7) TOTAL PACKAGES(IN WORDS)	6) TO
2) BUYER	8) MARKS & NOS.	

9) C/NOS.　10) NOS. & KINDS OF PKGS.　11) ITEM　12) QTY. (pcs.)　13) G. W. (kg)　14) N. W. (kg)　15) MEAS(m^3)

16) ISSUED BY

17) SIGNATURE

附表 2 装船通知

Contract No. :

L/C No. :

SHIPPING ADVICE

To

From

Commodity

Packing Conditions   As called for by the L/C(以下列明详细的包装条件)

Quantity

Gross Weight

Net Weight

Total Value

Port of Loading

Port of Discharge

Ocean Vessel

Voyage No.

Shipment Date

B/L No.

We herewith certify this message to be true and correct.

(受益人)

As Beneficiary

(地点、日期)

附表 3　汇票

BILL OF EXCHANGE

No.

凭
Drawn Under ____________________

信用证第　　　　　　　　　号
L/C No. ____________________

日期　　　　　　年　月　日
Dated ____________________

1

按息　　　　　　　付款
Payable with interest @ __________% per annum

号码　　　　汇票金额　　　　中国　　　　年　月　日
No. __________ Exchange for __________ China _____ 20 ______

见票　　　　日后(本汇票之副本未付)付
At ______________ sight of this FIRST of Exchange (Second of Exchange being unpaid)

Pay to the order of ____________________

金额
The sum of ____________________

____

此致
To ____________________

附表 4　提单

Shipper		SINOTRANS B/L NO. 中国对外贸易运输总公司 CHINA NATIONAL FOREIGN TRADE TRANSPORTATION CORP. 直运或转船提单 BILL OF LADING DIRECT OR WITH TRANSSHIPMENT
Consignee or Order		
Notify Address		
Pre-carriage by	Place of Loading	
Vessel	Port of Transshipment	
Port of Discharge	Final Destination	

Container, Seal No. or Marks & Nos.	Number and Kind of Packages	Description of Goods	Gross Weight(kgs)	Measurement (m^3)

ABOVE PARTICULARS FURNISHED BY SHIPPER

FREIGHT & CHARGES			REGARDING TRANSSHIPMENT INFORMATION PLEASE CONTACT
Ex. Rate	Prepaid at	Freight Payable at	Place and Date of Issue
	Total Prepaid	Number of Original B/L	Signed for or on Behalf of the master

附表 5　普惠制产地证书

ORIGINAL

1. Goods consigned from (Ex-porter's business name, address, country)

Reference No.

GENERALIZED SYSTEM OF PREFERENCES
CERTIFICATE OF ORIGIN
(Combined declaration and certificate)
FORM A
Issued in THE PEOPLE'S REPUBLIC OF CHINA
(country)

See Notes overleaf

2. Goods consigned to (Consignee's name, address, country)

3. Means of transport and route (as far as known)

4. For official use

5. Item number	6. Marks and numbers of packages	7. Number and Kind of packages; description of goods	8. Origin criterion (see Notes overleaf)	9. Gross weight or other quantity	10. Number and date of invoices

11. Certification
It is hereby certified, on the basis of control carried out, that the declaration by the exporter is correct.

Shanghai

刘影萍

Place and date. signature and stamp of certifying authority

12. Declaration by the exporter
The undersigned hereby declares that the above details and statements are correct; that all the goods were

produced in ______________ (country)

and that they comply with the origin requirements specified for those goods in the Generalized System of

Preferences for goods exported to

______________ (importing country)

Place and date. signature and stamp of certifying authority

附表 6　一般产地证

ORIGINAL

<table>
<tr><td>1. Exporter (full name and address)</td><td rowspan="4" colspan="3">Certificate No.
CERTIFICATE OF ORIGIN
OF
THE PEOPLE'S REPUBLIC OF CHINA

5. For certifying authority use only</td></tr>
<tr><td>2. Consignee (full name, address, country)</td></tr>
<tr><td>3. Means of transport and route</td></tr>
<tr><td>4. Destination port</td></tr>
<tr><td>6. Marks and Numbers of packages</td><td>7. Description of goods: number and kind of packages</td><td>8. H. S. Code</td><td>9. Quantity or weight</td><td>10. Number and date of invoices</td></tr>
<tr><td colspan="2">11. Declaration by the exporter
The undersigned hereby declares that the above details and statements are correct; that all the goods were produced in China and that they comply with the Rules of Origin of the People's Republic of China.

Place and date. signature and stamp of certifying authority</td><td colspan="3">12. Certification
It is hereby certified that the declaration by the exporter is correct.

Shanghai　CHINA COUNCIL FOR THE PROMOTION OF INTERNATIONAL
李远达

Place and date. signature and stamp of certifying authority</td></tr>
</table>

China Council for the Promotion of International trade is China Chamber of International Commerce.

附表 7　检验证书

中华人民共和国上海进出口商品检验局

SHANGHAI IMPORT & EXPORT COMMODITY INSPECTION BUREAU

OF THE PEOPLE'S REPUBLIC OF CHINA

正　本

ORIGINAL

地址:上海市中山东一路 13 号

Address: 13. Zhongshan Road

(E. 1.), Shanghai

检验证书

INSPECTION　CERTIFICATE

No.

日期

Date:

电　报:上海 2914

Cable: 2914, SHANGHAI

电话 Tel: 63211285

QUALITY

发货人:

Consignor ____________________

收货人:

Consignee ____________________

品　名:　　　　　　　　　　标记及号码:

Commodity ____________　Marks & No. ____________

报验数量/重量:

Quantity/Weight

Declare ____________________

检验结果:

RESULTS OF INSPECTION:

We hereby certify that the goods are of the above-mentioned quantity and of sound quality.

主

CI

附表 8 保险单

中　国　人　民　保　险　公　司
THE PEOPLE'S INSURANCE COMPANY OF CHINA
总公司设于北京　　　　一九四九年创立
Head Office: BEIJING　　　　Established in 1949
保　险　单　　　　号次
INSURANCE POLICY　　　　No.

中国人民保险公司(以下简称本公司)
This Policy of Insurance witnesses that The People's Insurance Company of China (hereinafter called "the Company")
根据
at the request of ....
(以下简称被保险人)的要求,由被保险人向本公司缴付约定
(hereinafter called "the Insured") and in consideration of the agreed premium paid to the Company by the
的保险费,按照本保险单承保险别和背面所载条款与下列
Insured, undertakes to insure the undermentioned goods in transportation subject to the conditions of this Policy
条款承保下述货物运输保险,特立本保险单。
as per the Clause printed overleaf and other special clauses attached hereon.

标　记 Marks & Nos.	包装及数量 Quantity	保险货物项目 Description of Goods	保险金额 Amount Insured

总保险金额:
Total Amount Insured: ....

....

保　费　　　　费率　　　　装载运输工具
Premium: as arranged　　　　Rate　as arranged　　　　Per
开行日期　　　　自　　　　至
Slg. on or abt.　As Per B/L　　From .... to ....
承保险别
Conditions

所保货物,如遇出险,本公司凭本保险单及其他有关证件给付赔款。
Claims, if any, payable on surrender of this Policy together with other relevant documents.
所保货物,如发生本保险单项下负责赔偿的损失或事故,
In the event of accident whereby loss or damage may result in a claim under this Policy immediate notice applying
应立即通知本公司下述代理人查勘。
For survey must be given to the Company's Agent as mentioned hereunder:
赔款偿付地点
Claim payable at ....
日期　　　　中国人民保险公司上海分公司
Date ....　　　　THE PEOPLE'S INSURANCE CO. OF CHINA
地址:中国上海中山东一路 23 号　　　　SHANGHAI BRANCH
Address: 23 Zhongshan Dong Yi Lu Shanghai, China.
Cables: 42001 Shanghai.　　　　× × ×
Telex: 33128 PICCS CN　　　　General Manager

附表 9 结账水单

贷记通知

CREDIT ADVICE

结汇水单

TO: OUR REF

致: DATE

日期:

敬启者:

1. 贵司上述业务项下的境外实际收汇款项,我行已于即日贷记贵司待结汇账户:

金额为 USD

2. 根据外汇管理局待结汇政策和贵司结汇的意愿,已于即日借记贵司待结汇账户:

金额为 USD

3. 我行已于即日将上述款项结汇后贷记贵司人民币账户

金额为 CNY 大写金额为人民币

特此通知。

4. 具体业务细节如下:

REMIT 汇入金额	EQUIVALENT 等值汇入金额	RATE 汇率(百元)	CREDIT AMT 贷记金额	CREDIT A/C(S) 贷记账户
USD	USD		CNY	
BENEFICIARY: 收款人				
RENT BANK: 汇款行				
THEIR REF: 参考号				
RENMITTER: 汇款人				
DETAILS: 附言				
OUR CHGS: 我行费用	NON EXCH COMM CABLE CHARGE SPECIAL NON EXCH COMM	无兑换费:CNY 电报费:USD 特殊无兑换费:USD		
BRIEF: 摘要	VALUE DATE INVOICE NO. OVERSEAS CHGS CHECH NO. DECLARE NO.	起息日: 发票号: 国外扣费: 核销单号: 申报号码:		

____________银行

签章

附表 10　入境通关单

中华人民共和国出入境检验检疫

入境货物通关单

编号：

<table>
<tr><td colspan="3">1. 收货人</td><td rowspan="2">5. 标记及号码</td></tr>
<tr><td colspan="3">2. 发货人</td></tr>
<tr><td>3. 合同/提(运)单号</td><td colspan="2">4. 输出国家或地区</td><td></td></tr>
<tr><td>6. 运输工具名称及号码</td><td colspan="2">7. 目的地</td><td>8. 集装箱规格及数量</td></tr>
<tr><td>9. 货物名称及规格</td><td>10. H.S. 编码</td><td>11. 申报总值</td><td>12. 数/重量、包装数量及种类</td></tr>
<tr><td colspan="4">13. 证明
上述货物业已报检/申报，请海关予以放行。
签字：　　　　日期：　年　月　日</td></tr>
<tr><td colspan="4">14. 备注</td></tr>
</table>

参考文献

1. 国际商会(ICC)编写/国际商会中国国家委员会翻译. 2000年国际贸易术语解释通则. 中信出版社，2000.

2. 国际商会(ICC)编写/国际商会中国国家委员会翻译. 国际贸易术语解释通则2010. 中国民主法制出版社，2011.

3. 黎孝先. 国际贸易实务. 对外贸易大学出版社，2002.

4. 戴晓红，王涛生. 国际贸易实务. 中南大学出版社，2006.

5. 张卿. 进出口贸易实务. 对外经济贸易大学出版社，2005.

6. 刘文广，项义军，张晓明. 国际贸易实务. 高等教育出版社，2002.

7. 王欣阳，苏龙. 国际贸易理论与实务. 武汉理工大学出版社，2005.

8. 张亚芬. 国际贸易实务与案例. 高等教育出版社，2004.

9. 王耀中，张亚斌主编. 国际贸易理论与实务. 高等教育出版社，2003.

10. 吕红军. 国际贸易实务. 中国对外经济贸易大学出版社，2002.

11. 祝卫. 出口业务模拟操作教程. 上海人民出版社，2002.

12. 姚新超. 国际货物运输. 对外经济贸易大学出版社，2001.

13. 姚大伟. 国际货运代理实务. 中国对外经济贸易大学出版社，2001.

14. 刘德标，于又燕. 国际商务案例选编. 对外经济贸易大学出版社，2003.

15. 杨长春. 国际贸易欺诈案例集. 对外经济贸易大学出版社，2002.

16. 汪伟钰. 全球经贸大案. 工商出版社，2001.

17. 王健著. 期货市场理论与实务. 对外经济贸易大学出版社，1996.

18. 王健著. 电子商务——为企业成功和个人发展撰写的指导性全书. 学苑出版社，1999.

19. 邵望予. 国际贸易方式教程. 中国海关出版社，2002.

20. 吴百福. 进出口贸易实务教程. 上海人民出版社，2003.

21. 张国福. 美国市场准入规则. 江苏人民出版社，2003.

22. 王朝晖. 实用外贸英语谈判函电. 对外经济贸易大学出版社，2006.

23. 葛萍. 外贸英语函电. 上海财经大学出版社，2006.

24. 左彪. 商务函电. 高等教育出版社，2004.

25. 彭福永. 国际贸易实务教程. 上海财经大学出版社，2004.

26. 张卿，孟祥年. 新编出口贸易实务. 对外经济贸易大学出版社，2004.

27. 冷柏军. 国际贸易实务. 高等教育出版社，2010.

28. 冯正强 王国顺，国际贸易——理论、政策与运作，武汉大学出版社，2007.

29. 石玉川，张家瑾. 国际贸易实务. 对外贸易大学出版社，2009.

30. 中国对外贸易经济合作企业协会. 国际贸易理论基础教程. 科学技术文献出版社，2011.

31. 张燕芳，林卫. 国际贸易实务. 人民邮电出版社，2010.

32. 孙国忠. 国际贸易实务. 机械工业出版社，2009.

33. 戴国武，陈希望. 国际贸易实务. 中国物资出版社，2011.

34. 杨前卫，刘颖主编. 国际贸易实务. 科学出版社，2010.

35. 余世明. 国际贸易实务练习题及分析解答. 暨南大学出版社,2004.
36. 孙继红. 新编国际贸易实务,上海财经大学出版社,2008.
37. 中国国际货运代理协会. 国际海上货运代理理论与实务,中国商务出版社,2010.
38. 傅龙海,陈剑霞,傅安妮. 国际贸易实务. 对外经济贸易大学出版社,2009.
39. 刘静华,张华,刘珉. 国际货物贸易实务. 对外经济贸易大学出版社,2009.
40. 钟达祥. 新编国际贸易理论与实务. 吉林大学出版社,2009.
41. 王小兰. 国际贸易实务,科学出版社,2010.